U0720297

新編諸子集成

白虎通疏證

上

〔清〕陳立 撰

吴則虞 點校

中華書局

出版説明

白虎通是白虎通義的省稱，漢班固撰。漢代的經學分爲今文經學和古文經學兩大派，而每一大派之内，對同一經的解釋又各有不同的家法，造成了經義（對經的解釋稱「經義」）的分歧，令學者無所適從，因此需要由當時的皇帝出面來統一經義。統一經義乃出於當時政治的需要，這種事情在西漢時代就做過，如漢宣帝於甘露三年「詔諸儒講五經同異，太子太傅蕭望之等平奏其議，上親稱制臨決」（漢書宣帝紀）即是。東漢章帝時也做過。後漢書章帝紀：「於是下太常，將、大夫、博士、議郎、郎官及諸生、諸儒會白虎觀，講議五經同異，使五官中郎將魏應承制問，侍中淳于恭奏，帝親稱制臨決，如孝宣甘露石渠故事，作白虎議奏。」同書班固傳也説：「天子會諸侯講論五經，作白虎通德論，令固撰集其事。」

這裏有一個問題，即白虎議奏、白虎通德論和白虎通義這三個名稱，究竟是指同一部書，還是指不同的兩部書或三部書？唐李賀注後漢書，於白虎議奏下云：「今白虎通。」然則他認爲白虎議奏就是白虎通，指的是同一部書。宋崇文總目著録白虎通而稱之爲白虎通德論，然則它認爲白虎通德論和白虎通指的也是同一部書。此一問題後來的學者有不同看法，我們傾向於認爲是不同的書這種意見。當時漢章帝下詔統一經義，命有關官吏及學者等在白虎觀「講議五經同異」，也就是要大家議論各家經義的是非，以求得出統一的看法。會議間由魏應負責傳達皇帝提出的應討論的問題，然後由淳于恭將各家的看法、討論的情況、最後的結論上奏章帝，有些議論不決的問題，則由章帝作出最後的決斷，這就是所謂「使五官中郎將魏應承制問，侍中淳于恭奏，帝稱制臨決」。將當時的奏章及皇帝的批答編輯成一部書，就稱爲白虎議奏，可以説它是較原始的材料。班固依據這些原始材料，將議論産生的統一看法、皇帝的決斷等集中編寫成書，就稱爲白虎通義。「通義」二字表示它不是代表某一家的看法，而是統一的、可以通行天下的結論。因此，白虎議奏與白虎通義實際是兩部不同的書，應不成問題。清代學者莊述祖在其白虎通義考（見本書附録二）中已提出了較爲有力的證據，證明了這一點，讀者可以參看。至於白虎通德論，四庫全書總目在白虎通義一書的提要中認爲「其議奏統名白虎通德論」，也即是認爲白虎議奏和白虎通德論實際是同一部書。劉師培在其白虎通義源流考（見本部附録七）中則認爲漢書班固傳中的「白虎通德論」本應作「白虎通、功德論」，後脱去「功」字，白虎通與功德論是兩種不同的著作，功德論的内容不是談經義，而是歌頌漢章帝召集白虎觀會議統一經義的功德。這兩種不同看法誰是誰非，由於現在只有白虎通義一書流傳下來，我們很難加以論斷。

白虎通的内容，可以說涉及了古代社會生活、政治制度、文化、倫理道德等各個方面。隋書、舊唐書、新唐書均著録爲六卷，宋史藝文志著録爲十卷，崇文總目著録十卷凡十四篇，陳振孫書録解題作十卷凡四十四門，四庫全書總目提到元大德本爲四卷凡四十四篇，篇數與書録解題相符，提要中認爲「崇文總目所云十四篇者，乃傳寫脱一『四』字耳」，這是對的。現在存世的最早版本是元大德五年無錫州學刻十卷本，後來的主要版本有黄丕烈跋元刻本二卷，明嘉靖元年傅鑰刻本、明萬曆二十二年蔣傑刻本、清康熙七年汪士漢刻秘書二十一種本均二卷，清盧文弨抱經堂叢書本八卷，後附補遺二卷，莊述祖輯的闕文一卷，關中叢書本、武英殿聚珍版叢書本、子書百家本均四卷。此外還有各種明、清刻本，卷數往往不同。按各本雖分卷不同，實際内容無大差異。但在流傳過程中闕佚了一部份是可以肯定的。

清代陳立撰的白虎通疏證十二卷，對白虎通作了全面疏證，對莊述祖輯的七篇闕文也作了通釋。陳立，字卓人，江蘇句容人。生於公元一八〇九年，卒於公元一八六九年。道光二十一年進士，二十四年補應殿試，選翰林院庶吉士。後改刑部主事，升郎中，授雲南曲靖知府。陳立初治公羊學，「因及漢儒説經師法，謂莫備於白虎通，先爲疏證，以條舉舊聞、暢隱抉微爲主，而不事辨駁」。陳立在自序中也説：「只取疏通，無資辨難。」「析其滯疑，通其結轄，集專家之成説，廣如綫之師傳」。可以説，白虎通疏證是到目前爲止校釋白虎通最好的著作。

這次整理點校白虎通疏證還附録了盧文弨的今本四十四篇闕文、莊述祖的白虎通義考和劉師培的白虎通義斠補、白虎通義闕文補訂、白虎通義佚文考、白虎通義定本、白虎通義源流考、白虎通德論補釋，可以説已將清以來補輯、校釋、研究白虎通的著作大體搜集完備。

這次點校是以光緒元年淮南書局刊本爲底本，正文和疏證文字分别參校了有關版本和資料。這項工作由吴則虞先生負責初步校點，沈嘯寰先生負責訂正標點並補校，最後由中華書局編輯部修訂定稿，並寫校記。整理點校工作可能還存在不少缺點錯誤，歡迎讀者批評指正。

中華書局編輯部

一九九一年四月

自序

緬惟端門化帛，嬴秦肆破術之謡，祕室談經，漢氏開獻書之路，時則意存罔括，志切蒐羅，下幣詔于平津，坐安輪于申傳，是以河間真本，競出民間，東魯佚編，間來壁下。然而詩則魯、韓各授，書則今古攸區，禮溯后蒼，慶、戴遞傳其緒，樂原制氏，常山竟絶其傳。向、歆則父子殊歸，毛、孟則師生異讀，源其授受，本異參商，稽厥指歸，殊淆黑白。班氏位參玄武，生值東京，待詔金馬之門，珥筆白虎之觀，臚羣言之同異，衷師説之是非，立學官者十有四家，著藝略者三十八種。桼經故訓，雜出西州；蝌字佚文，仍遺東觀。雖一尊之定説未伸，而六藝之微言斯在。今欲疏其指受，證厥源由，暢隱抉微，有四難焉。蓋以石渠典佚，天禄圖湮，汝南存異義之名，中郎蝕熹平之舊，董、曹兵燹，劉、石憑陵，南國清談，欽崇玄妙，北郊戎馬，滅絶典墳，重以妄生異義，横裂聖經，高才者蔗肆雌黄，末學者蜿求青紫，而欲溯微文于既汩，尋佚論于久湮，紹彼先民，暢兹墜緒，其難一也。至若緯著七篇，讖傳百首，鑿度、運樞之説，推災、考燿之文，敘郊邱則旁徹禮經，論始際則隱符風、雅，辨殷、周文質，而春秋義昭，剖卦象盈虚，而易爻指晰，雖雜以占候，未底于醇，而徵諸遺經，間合乎契。

故皆以識斷禮，以緯儷經，内學之稱，諒非徒爾。迄乎莊、老横流，康壺自寶，僭僞謬託，贋鼎雜陳，遂禁絶于天監之年，燔滅于開皇之世。華容著録，片羽僅存，候官集遺，塵珠略見，而欲旁搜星緯，遠索苞、符，求鄭、宋之絶學，述曹、史之玄經，其難一也。昔班氏之入此觀也，習魯詩者首重魯恭，肄歐陽者并崇桓郁，景伯則專精古義，丁鴻則兼習今經，共述師承，咸資採析。今則淳于之奏，莫考舊聞，臨制之章，無由資溯，師守之源流莫覩，專門之姓氏誰尋，而欲綜七畧之遺文，滙百家之異旨，津逮殊迷，淵源何自？其難三也。況其舊人祕書，久同佚典，毛公古義，莫遇司農，楊子玄文，誰爲沛國，是以魯魚互錯，亥豕交差，同酒誥之俄空，若冬官之闕畧，雖餘姚校正，畧可成書，武進補遺，差堪縷述，然亦終非全璧，祇録羽琌，而欲披精論于殘編，捃微旨于墜簡，其難四也。立質賦顓愚，學慚俗陋，恥鄉壁之虚造，守先儒之舊聞，不揣檮昧，爲之疏證，凡十二卷。祇取疏通，無資辨難，訪沖遠作疏之例，依河間述義之條，析其滯疑，通其結轖，集專家之成説，廣如綫之師傳。口傳耳剽，固未究其枝葉，管窺莛擊，或有補于涓埃云爾。

道光壬辰九月既望，句容陳立譔于揚州寓宅之惜分軒。

目録

卷五

卷八

卷十

嫁娶（共三十章）

紼冕（共六章。當與衣裳篇合爲一篇。）

卷十一

喪服（共十六章）

崩薨（共二十三章）

卷十二

闕文

附録

白虎通疏證卷一

爵（共十章）

天子者，爵稱也。此易說、春秋今文說也。周易乾鑿度云：「孔子曰：易有君人五號：〔一〕帝者，天稱也；王者，美行也；天子者，爵號也；大君者，興盛行異也；〔二〕大人者，聖明德備也。」曲禮疏引五經異義云：「天子有爵不？易孟、京說，易有周人五號，帝天稱一也。」說與乾鑿度文同，是天子有爵。「古周禮說，天子無爵。同號于天，何爵之有？謹案春秋左氏云施于夷狄稱天子，施于諸夏稱天王，施于京師稱王，知天子非爵稱也。從古周禮說。」鄭駁之云：「案士冠禮，古者生無爵，死無謚。自周及漢，天子有謚，〔三〕此有爵甚明。云無爵，失之矣。」是鄭氏以天子爲爵稱也。初學記引尚書刑德放亦云：「天子，爵稱也。」兩漢之世，易孟京、春秋公羊立于學官，古周禮、古左氏尚未盛行，故與白虎通多異也。案孟子序班爵之制云：「天子一位，公一位，侯一位，伯一位，子男同一位。」以天子與五等之爵並稱，安見天子非爵也？顧氏炎武日知録云：「爲民而立之君，故班爵之意，天子與公侯伯子男一也，而非絶世之貴。代耕而賦之禄，故班禄之意，君卿大夫士與庶人在官一也，而非無事之食。是故知天子一位之義，〔四〕則不敢肆于民上以自尊；知

〔一〕「易有」二字上原脱「孔子曰」三字，據周易乾鑿度補。　〔二〕「與」上原衍「興」字，下「盛」字原作「上」，據周易乾鑿度改。　〔三〕「謚」原作「爵」，據文義改。　〔四〕「義」原作「意」，據日知録改。

禄以代耕之義，〔一〕則不敢厚取于民以自奉。不明乎此，而侮奪人之君，常多于三代以下矣。」而禮記王制云「王者之制禄爵，〔二〕公侯伯子男凡五等」者，蓋以王者之制言之，則不數天子；以作君作師之義言之，則天子亦儕乎公侯也。

爵所以稱天子何？王者父天母地，爲天之子也。乾鑿度云：「天子者，繼天理物，改一統各得其宜，父天母地，以養萬民，至尊之號也。」後漢書注引感精符云：「人主日月同明，四時合信，故父天母地，兄日姊月。」宋注：「父天，于圜丘之祀也。母地，于方澤之祭也。」董子繁露三代改制篇：「天佑而子之，〔三〕號稱天子，故聖王生則稱天子。」〔四〕蔡邕獨斷云：「父天母地，故稱天子。」太平御覽引應劭漢官儀云：「號曰皇帝，道擧措審諦，父天母地，爲天下主。」詩時邁云：「昊天其子之。」鄭箋：「天其子愛之。」何氏公羊成公八年傳注：「聖人受命，皆天所生，謂之天子。」御覽引保乾圖云：「天子至尊也。神精與天地通，血氣含五帝精，天愛之子之也。」後漢李固傳云：「王者父天母地。」是也。故援神契曰：「天覆地載，謂之天子，上法斗極。」鉤命決曰：「天子，爵稱也。」援神契、鉤命決，皆孝經緯篇名。説苑修文篇：「天覆地載，謂之天子。」御覽引佐助期亦云「天子法斗，諸侯應宿」，皆與孝經緯説同也。帝王之德有優劣，所以俱稱天子者何？獨斷云：「上古天子，庖羲氏神農氏稱皇，堯舜稱帝，殷周稱王。稱謂不同，明德有優劣也。」御覽引斗威儀云：「帝者得其英華，王者得其根核，霸者得其附支。」意林引新論云：「三皇以道治，五帝以德化，三王由仁義，五霸用權智。」阮籍通考論：「三皇依道，五帝仗德，三王施仁，五霸行義，强國任智。蓋優劣之異，厚薄之降

〔一〕「義」原作「意」，據日知録改。　〔二〕「王者」下「之」原脱，據禮記王制補。　〔三〕「子」下「之」字原作「者」，據春秋繁露改。　〔四〕「聖王」原作「聖人」，據春秋繁露改。

也。」以其俱命于天，古微書春秋緯演孔圖云：「天子皆五帝之精寶，〔一〕各有題序，次第相據起，〔二〕必有神靈符紀，諸神扶助，使開階立遂。是以王者嘗置圖録坐旁，以自立也。」毛詩序云：「文王受命作周也。」箋云：「受命者，受天命而王天下也。」詩疏引鄭氏六藝論云：「太平嘉瑞圖書之出，必龜龍銜負焉。黄帝、堯、舜、周公，是其正也。若禹觀河見長人，皐陶于洛見黑公，湯登堯臺見黑鳥，至武王渡河，白魚躍，文王赤雀止于户，秦穆公白雀集于車，是其變也。」故緯候皆載帝王受命之事。詩疏引春秋元命苞云：「鳳皇銜圖置帝前，黄帝再拜受。」古微書元命苞云：「堯游河渚，赤龍負圖以出。」路史注引尚書中候考河命曰：「若稽古帝舜，曰重華，欽翼皇象。」鄭注言「敬奉皇天之曆數」。御覽引中候握河紀云：「伯禹在庶，四岳師舉薦之。〔三〕「帝曰：『何斯若真出爾命，圖示乃天。』」〔四〕又引中候洛予命云：「天乙東觀于洛，降三分璧沉于洛水，退立，榮光不起，黄魚雙躍出，濟于壇，黑鳥以雄隨魚，亦止，〔五〕化爲黑玉赤勒，曰：『玄精天乙，受神符伐桀，〔六〕克三年，天下悉合。』」詩疏引中候稷起篇云：「堯受河圖洛書，后稷有名録，苗裔當王。」是黄帝、堯、舜、夏、商、周受命于天事也。而王治五千里内也。此今文尚書説也。王制疏引五經異義云：「今尚書歐陽説，中國方五千里。古尚書説，五服旁五千里，相距萬里。謹案：以今漢地考之，自黑水至東海，衡山之陽至于朔方，經界萬里。」鄭無駮，與許同。則許、鄭并用古文尚書也。易繫辭下云：「陽一君而二民，君子之道也。陰二君而一民，小人之道也。」王制疏引鄭注云：

〔一〕「帝」字原作「氣」，據古微書春秋緯演孔圖改。〔二〕「次」上原衍「以」字，「第」原作「運」，據古微書春秋緯演孔圖删改。〔三〕〔四〕「之」下原衍「帝堯」二字，「天」下原衍「文」字，據中候握河紀删改。〔五〕〔六〕「止」原作「至正」，「符」原作「福」，據中候洛予命改。

「一君二民，謂黄帝、堯、舜地方萬里，爲方千里者百，中國之民居七千里，七七四十九，方千里者四十九，夷狄之民居千里者五十一，是中國夷狄二民共事一君。二君一民，謂三代之末，以地方五千里，一君有五千里之土，五五二十五，更足以君二十五，始滿方千里之方五十，乃當堯舜一民之地，故云『二君一民』。實無此二君一民，假之以地廣狹爲優劣也。」鄭氏注易時，以三代方五千里，五帝時方萬里，與今古尚書文并不合。白虎通于易、書、詩、禮、春秋多用今文説，于古文説間及之。此用今文尚書説。御覽引孫子云「夫帝王處四海之内，居五千里之中」，亦與今尚書同也。**尚書曰：「天子作民父母，以爲天下王。」**周書洪範文，引以證天子治天下之義也。御覽引伏生大傳云：「聖人者，民之父母也。母能生之，能養之，父能教之，能誨之，聖人曲備之者也。能生之，能食、能教誨之也。爲之城郭以居之，爲之宫室以處之，爲之庠序之學以教誨之，爲之列地制畝以飲食之。故書曰『天子作民父母，以爲天下王』。此之謂也。」**何以知帝亦稱天子也？〔一〕以法天下也。中候曰：「天子臣放勛。」**御覽引中候運衡篇云：「帝堯刻璧，率羣臣東沉于洛。」書曰：「天子臣放勛德薄，施行不元。」鄭注：「元，善也。」放勛即堯典之「放勳」。説文力部「勳」古文作「勛」。又彳部「徂」字下，引「勛」乃「徂」。蓋孔壁之古文。周禮司勳注：「故書勳作勛。」是「勛」乃古文書也。案曲禮上云：「君前臣名。」據中候言堯告天自稱放勛，則放勳者，堯名也。閻氏若璩四書釋地又續云：「古帝王有名有號。如堯、舜、禹，其名也；放勳、重華、文命，皆其號也。非史臣之贊詞。」江氏聲尚書集注音疏云：「大戴帝系篇云少典産軒轅，是爲黄帝。又昌意産高陽，是爲帝顓頊。又蟜極産高辛，是爲帝嚳。帝嚳産放勳，是爲帝堯。」是放勳與軒轅同稱也。漢書古今人表云：「黄帝

〔一〕「也」字原脱，據盧校本、白虎通義定本補。

軒轅氏，帝顓頊高陽氏。」左傳亦稱高陽氏、高辛氏，軒轅、高陽等。既皆是氏，則放勳當同。案史記五帝本紀云，黃帝者，名曰軒轅。虞舜者，名曰重華。以重華、軒轅論之，則堯亦當名放勳矣。果如江氏據大戴禮爲信，則當以堯舜等爲名。然則黃帝亦爲名乎？蓋古時尚質，名號通稱。淮南子原道訓「則名實同居」，高注：「勢位爵號之名也。」周書謚法解「大行受大名，細行受細名」，注：「名謂號謚。」故孟子滕文公注以放勳爲號，于萬章注又以放勳爲名也。書亡逸篇曰：

「厥兆天子爵。」小字本、元本俱無「亡」字，「亡」字當是衍文。案漢初伏生口傳二十八篇，作書傳四十九篇，後有歐陽、大、小夏侯并傳其學，三家立于學官，訖漢東京，相傳不絕，是爲今文尚書。漢武帝時，魯恭王壞孔子宅，得古文。孔安國以今文讀之，增多得二十四篇，遭巫蠱事，未得立于學官，爲中古文。劉向父子校理祕書，皆見之。後漢賈徽父子、孔僖、衛宏、徐巡、馬融、鄭康成并傳其學，又兼通杜林漆書，是爲古文尚書。然孔壁之二十四篇，馬融謂絕無師說。漢人重師承，無師說不敢强爲之解，故東京之習古文尚書者，亦第解伏生之二十八篇，及河內女子所得之泰誓一篇耳。其餘皆未之注釋，故又稱逸書。至二十九篇及二十四篇以外，則謂之亡。亡者，并其文字盡亡之也。逸者，但逸其說也。然則此所引逸篇，當是孔壁之古文也。董豐垣輯書大傳，以此句收入無佚篇，蓋未考耳。且無佚周書，白虎通引以證帝亦稱天子，其非周書可知。何以言皇亦稱天子也？〔一〕以其言天覆地載，俱王天下也。故易曰：

「伏羲氏之王天下也。」繫辭傳下文也。今王弼本作庖犧氏，集解引虞翻本亦作庖犧，又引鄭注本作包犧，與此不同。惟易釋文引孟喜古文易本，作「伏戲氏之王天下也」。注：「伏，服也。戲，化也。」又引京房章句本，與孟氏同。考京

〔一〕別本「何以」下均有「言」字，據補。

氏本從梁人焦延壽學易，延壽常從孟喜問易。喜死，房以延壽易即孟氏學，故京氏說易，多與孟氏同。先儒以孟、京并稱，此之故也。白虎通蓋引用京、孟本也。

右論天子爲爵稱舊無細目，今依盧本。

爵有五等，以法五行也。或三等者，法三光也。或法三光，或法五行何？質家者據天，故法三光。文家者據地，故法五行。公羊桓十一年注云：「質家爵三等者，法天之有三光也。文家爵五等者，法地之有五行也。」王制疏引元命苞云：「周爵五等，法五精，春秋三等，法三光。」注：「五精是總法五行，分之則法五剛，諸侯之臣則法五柔。」公羊疏引元命苞又云：「質家爵三等者，法天之有三光也。文家爵五等者，法地之有五行也。」鄭注王制亦云：「象五行剛柔十日，」公羊家以春秋變周之文，從殷之質，故春秋緯以春秋爲質家也。」然則白虎通亦用今文春秋說也。漢書袁盎傳：「殷道質，質者法天，周道文，文者法地。」是質者據天，文者法地也。含文嘉曰：「殷爵三等，周爵五等。」各有宜也。禮緯篇名也。大戴禮注引含文嘉又曰：「質以天德，文以地德。殷授天而王，周據地而王。」王制疏引含文嘉又云：「殷爵三等，殷正尚白，白者兼中正，故三等。夏尚黑，亦從三等。」若然，夏亦尚文，而爵三等者，文家五等，質家三等。是春秋家說不可通之于禮說也。且五等之爵，至周始備，故下引王制五等之制爲周制，則夏世不得有五等矣。繁露三代改制篇：「周爵五等，春秋三等。春秋何三等？曰：王者以制，一商一夏，一質一文。商質者主天，夏文者主地，春秋者主人，故三等也。」王制曰：「王者之制禄爵，凡五等。」謂公侯伯子男也。此據周制也。王制曰：「王者之制禄爵，公侯伯子男凡五等。」此則以「公侯伯子男」五字爲白虎通釋王制之詞，與本經不同者，白虎通引書多與本經異，或所引不全，或見本不同，或寫字有訛也。知據周制者，以春秋緯及公羊家皆以殷爵三等，又禮緯言夏爵亦三等，故以五等爲周制也。「據」字舊脱，盧依御覽百九十八補。春秋傳曰：「天子三公稱公，王者之後稱公，其餘大國稱侯，小者稱伯子男也。」〔一〕公羊隱五年傳文也。天子三公稱公者，僖九年經「公會宰周公」是也。注：「宰，治也。三公之職號尊名也。」王者之後稱公者，隱三年經書「宋公和卒」，注：「宋稱公，殷後也。王者封二王後，地方百里，爵稱公，客待之，不臣也。」若然，春秋之世，杞不稱公者，公羊莊二十七年「杞伯來朝」注云：「春秋黜杞，新周而故宋。」以春秋當新王，則公羊家等周于二王之後，故杞不稱公也。若左氏家杜預等，以杞與滕、薛并爲時王所黜，與公羊不同。其餘大國稱侯，小者伯子男者，彼注云：「大國，謂百里也。小國，謂伯七十里，子男五十里。」鄭氏王制注云：「春秋變周之文，從殷之質，合伯子男以爲一。則殷爵三等者，公侯伯，而子男則上統于伯，并爲小國也。」王制疏引鄭志云：「張逸問：『殷爵三等，公侯伯，尚書有微子、箕子何？』答曰：『微子、箕子實是圻内采地之爵，非圻外治民之君，故云子也。』」然則殷之世，惟圻内得有子男之爵也。舊脱「天子三公」句，又「其餘」下問以「人皆千乘，象雷震百里所潤同」十二字，今依盧以隱五年傳文爲定。王制曰：「公侯田方百里，伯七十里，子男五十里。」孟子萬章下：「天子之制，地方千里，公侯皆方百里，伯七十里，子男五十里，凡四等。」注：「凡此四等，皆土地之等差也。」此以公侯爲一等，伯爲一等，子男爲一等，與公羊説又殊，先儒以爲夏制也。所以名之爲公侯者何？公者，通也。公正無私之意也。公羊疏引元命苞云：「公之言公，公正無私。」古公、通同義。後漢來歷傳注：「通，共也。」禮

〔一〕「小者」下原脱「稱」字，據叢書集成本及公羊隱公五年傳補。

運「天下爲公」注：「公共展轉相訓。」又釋名云：「公，廣也。惟廣故能通。」淮南原道訓「此俗氏庸民之所公見也」，謂通見也。修務訓：「何以爲公論，謂通論也。」荀子解蔽篇「此心術之公患也」，謂通患也。私，說文作「厶」，云奸衺也。韓非曰：「蒼頡造字，自營爲厶。」于「公」字下注云，「八猶背也。」韓非曰背厶爲公。左傳疏引環濟要畧云：「自營爲厶，八厶爲公。」廣雅釋詁云：「公，正也。」是公正無私之意也。

侯者，候也。候逆順也。公羊疏引元命苞云：「侯之言候，候逆順，兼伺候王命。」孝經釋文引鄭注云：「侯者，候伺。」周禮職方氏「其外方五百里，謂之侯服」，注：「侯爲王者斥候也。」廣雅釋言：「侯，候也。」侯、候同音。周禮小祝云：「侯禳禱祈之祝號。」注：「侯之言候也。」是也。說文：「矦，春饗所射矦。」以射義云「射中則得爲諸侯」，故引伸爲諸侯之矦字。至候逆順之候，則人部云：「候，司望也。」是也。「所以名之」以下至此，舊在「春秋傳曰」上，依盧校正。

人皆千乘，禮坊記云：「故制國不過千乘。」注：「古者方十里，其中六十四井出兵車一乘，此兵賦之法也。成國之賦千乘。」疏引司馬法云：「成方十里，出革車一乘。」司馬法又云：「甸方八里，出長轂一乘。」鄭注小司徒云：「若通溝洫之地，則爲十里。若除溝洫之地，則爲八里也。」又鄭注小司徒云：「井十爲通，士一人，徒二人。通十爲成，革車一乘，士十人，徒二十人。十成爲終，革車十乘，士百人，徒二百人。十終爲同，革車百乘，士千人，徒二千人。」則千乘之國，適得士萬人，徒二萬人，與魯頌「公車千乘，公徒三萬」合。漢書刑法志：「因井田而制軍賦。地方一里爲井，井十爲通，通十爲成。成方十里。成十爲終，終十爲同。同方百里。同十爲封，封十爲圻。圻方千里。有稅有賦，稅以足食，賦以足兵。故四井爲邑，四邑爲邱。邱，十六井也。戎馬一匹，牛三頭。四邱爲甸。甸，六十四井也。有戎馬四匹，兵車一乘，牛十二頭，甲士三人，步卒七十二人，干戈備具。是爲乘馬之法。一同百里，提封萬井，除山林、沈斥、城池、邑居、園囿、術路三千六百井，定出賦六千四百井，戎馬四百匹，兵車百乘。此卿大夫采地之大者也。是爲百乘之家。一封三百十六里，提封十萬井，定出賦六萬四千井，戎馬四千匹，兵車千乘。此諸侯之大者也。是爲千乘之國。天子圻外千里，提封百萬井，定出賦六十四萬井，戎馬四萬匹，兵車萬乘。故稱萬乘之主。」論語學而「道千乘之國」，何晏集解引馬融注云：「司馬法步百爲畝，畝百爲夫，夫三爲屋，屋三爲井，井十爲通，通十爲成，成出兵車一乘。」然則千乘之賦，其地千成，居地方三百十六里。惟公侯之封，乃能容之。又引包咸注云：「千乘之國者，百里之國也。古者井田，方里而井，井十爲乘。百里之國，適千乘也。」宣十五年公羊注「聖人制井田之法，十井共出兵車一乘」，與包氏說同。杜預注左傳，謂「周禮九夫爲井，四井爲邑，四邑爲邱，四邱爲甸。甸六十四井，出車一乘」。案以開方計之，方百里者，爲方百里者百，則爲一萬井之地。考以杜氏之說，則六十四井出一乘，六千四百井出百乘。萬井之中，三分去一，止得六千四百井，但能出百乘耳。刑法志及馬融之說，并謂千乘須得方十萬里，與杜說同也。惟何休、包咸之說，則以一萬井正得千乘。然使十井出一甸之賦，則其虐又甚于邱甲矣。馬氏等據周禮，包氏等據王制。依周禮，則百里千乘之制不合。依王制，則百里出千乘，又嫌于非情。而說多以千乘爲三百一十六里，故并録存之焉。

象雷震百里所潤同。

御覽引援神契曰：「二王之後稱公，大國稱侯，皆千乘。象雷震百里所潤雲雨同。」易蠱「不事王侯」，集解引虞注：「震爲侯。」易象上傳「親諸侯」，集解引虞注：「震爲諸侯。」易震云：「震亨。」詩疏引鄭注云：「震爲雷，雷，動物之氣也。雷之發聲，猶人君出政教之以動國中之人也。故謂之震。」又云：「震驚百里，不喪匕鬯。」儀禮疏引鄭注云：「雷發聲聞于百里，古者諸侯之象。諸侯之出教令，能警戒其國疆之內，則守其宗廟社稷，爲之祭主，不亡其匕與鬯也。」

梁氏同書校云：「周禮注，同方百里。疏謂之同者，取象雷震百里所聞同。易震疏，雷之發聲，聞于百里。古帝王制國，公侯地方百里，故以象焉。」此既無「雲雨」字，似當從周禮疏作「所聞同」爲是。案下封公侯篇亦云「地不過百里，象雷震百里所潤雲雨同」，或涉下文誤也。**伯者，白也。**舊作「百也」，盧改。案古多以「伯」爲「百」。食貨志「有仟伯之得」，孟子滕文公「或相什伯」，皆謂百也。但以百訓侯伯之伯未安。風俗通皇霸篇：「伯者，長也，白也。言其咸建五長，功實明白。」元命苞云：「伯之言白，明白于德。」見禮疏。盧氏據之，謂此下亦當有「明白于德」四字。又以此句下當有「伯七十里」，蓋以上下文互證之也。獨斷云：「伯者，白也。明白于德，其地方七十里。」當依盧氏校正。**子者，孳也。孳孳無已也。**禮疏引元命苞云：「子者，孳恩宣德。」獨斷云：「子者，滋也。奉天王之恩德，其地方五十里。」史記注引張君相老子注云：「子，孳也。」大戴禮本命、廣雅釋言皆同。宋書引詩推度災云：「子者，滋也。」淮南天文訓：「子者，兹兹益大也。」兹兹猶孳孳。兹兹言日大無已，孳孳言相續無已時也。下三綱六紀篇亦云：「子者，孳也。孳孳無已也。」釋名釋親屬云：「子，孳也，相生蕃孳也。」子、孳、兹、滋音義通。**男者，任也。人皆五十里。**禮疏引元命苞云：「男者任功立業，皆上奉王者之政教禮法，統理一國，修身潔已矣。」獨斷云：「男者，任也。立功業以化民，其地方五十里。」盧謂此亦當有「任功立業」四字。孝經釋文引鄭注云：「男者，任也。」職方氏注：「男，任也。任王爵。」古「男」與「任」通。書禹貢「二百里男邦」，夏本紀作「任國」。「男」亦作「南」。左傳昭十三年「鄭伯男也」，疏引賈逵注云：「男當作南。」家語正論「鄭伯，南也」，王肅注：「南，左氏作男。古字作南，南亦訓爲任。」下五行篇：「南方者任養之方。」南夷之樂謂之南。詩鼓鍾「以雅以南」是也。亦謂之任。禮明堂位「任南蠻之樂」是也。此篇所釋公侯伯子男之義，皆疊韻爲訓，男、南、任通也。盧云：「此『人』字當作『子男』。」差次功德。禮疏引孝經云：「德不倍者不異其爵，功不倍者不異其土。」故轉相半別優劣，即差次之義也。蓋孝經說語。小者不滿爲附庸。附庸者，附大國以名通也。禮疏引元命苞曰：「王者封國，上應列宿之位，其餘小國不中星辰者，以爲附庸。」禮王制「不合于天子，附于諸侯，曰附庸」，注：「不合謂不朝會也。小城曰附庸。附庸者，以國事附于大國，未能以其名通也。」孟子萬章「不能五十里，不達于天子，附于諸侯，曰附庸」，注：「小者不能特達于天子，因大國以名通，曰附庸也。」此云「不滿」者，亦不能五十里之義也。孔氏廣森經學卮言云：「不達于天子者，春秋所謂未能以其名通也。」繁露爵國篇曰：「附庸字者方三十里，名者方二十里，人氏者方十五里。」書大傳曰：「古者諸侯始受封，則有采地。百里諸侯以三十里，七十里諸侯以二十里，五十里諸侯以十五里。其後子孫雖有罪黜，其采地不黜，使其子孫賢者守之，世世以祠其始受封之人。此之謂興滅國，繼絕世。」昔齊人滅紀，紀季以酅爲齊附庸。酅者，紀之采也。然則附庸多亡國之後，先世有功德者，故追録之，使世食其采，以臣屬于大國。王三十里者，其先公侯也。二十里者，其先伯也。十五里者，其先子男也。董仲舒正與書傳相合。王制疏引元命苞云：「庸者，通也。官小德微，附于大國以名通，若畢星之有附耳然，〔一〕故謂之附庸。」庸與通亦疊韻爲義也。百里兩爵，公侯共之。七十里一爵。五十里復兩爵何？公者，加尊二王之後；侯者，百里之正爵。上可有次，下可有第，〔二〕中央故無二。五十里有兩爵者，所以加勉進人也。小國下爵，猶有尊卑，亦以勸人也。公羊隱元年傳注：「公者，五等之爵最尊者也。」然則公侯之位正同，但以其爲二王後，故特加以公

〔一〕「若」上衍「也」字，據元命苞删改。　〔二〕兩「可有」原倒，據各本改。

之虚名，表異之耳。「上可有次」上，舊衍一「土」字，依盧校删。「所以名之爲公侯」以下，皆依王制文通之。**殷爵三等，謂公侯伯也。**此下皆今文春秋説也。王制注云「此地殷所因夏爵三等之制也。殷有鬼侯、梅伯」，故此謂「惟周爵五等」。**所以合子男從伯者何？王者受命，改文從質，無虚退人之義，故上就伯也。**公羊桓十一年傳「春秋伯子男一也，詞無所貶」，注：「春秋改周之文，從殷之質，合伯子男爲一，詞無所貶。」王制注：「春秋變周之文，從殷之質，合伯子男以爲一。則殷爵三等者，公侯伯也，異畿内謂之子。」鄭氏之意，以子男皆上從伯稱，與伯爲一，故以伯與公侯爲三等。此云「上就伯也」，則與鄭氏義合。蓋公羊先師舊有此義，故班、鄭二家并依而用焉，與何氏徵異。**尚書曰「侯甸任衛作國伯」，謂殷也。**周書酒誥文也。今本作「侯甸男衛邦伯」，〔一〕男卽任，國卽邦也。唯臢一「作」字，盧謂欲證子男之從伯，似「作」字亦非衍文。王氏鳴盛尚書後案云：「邦伯當兼當州之牧，并天下二伯而言，若運屬卒，恐不可名伯。」孫氏星衍尚書今古文疏云：「邦伯者，王制云：『千里之外設方伯，五國以爲屬，二百一十國以爲州。〔二〕州有伯，八州八伯。』注云：〔三〕『伯帥，殷之州長曰伯，虞、夏及周皆曰牧。』又云：『八伯各以其屬屬于天子之老二人，〔四〕分天下以爲左右二伯。』此邦伯未必是二伯，蓋卽方伯也。」〔五〕皆不以伯爲侯伯之伯。白虎通所據，蓋今文尚書也。酒誥本非完書，法言問神篇云：「而酒誥之篇俄空焉，今亡。」故劉向以中古文較歐陽、大、小夏侯三家經文，酒

〔一〕「邦伯」原作「邦國」，據尚書酒誥改。〔二〕「百」上原脱「二」字，據禮記王制補。〔三〕「云」字原脱，據孫星衍尚書今古文疏補。〔四〕「八」原作「二」，據禮記王制、孫星衍尚書今古文疏改。〔五〕「也」字原脱，據孫星衍尚書今古文疏補。

誥脱簡一。」「俄空」卽脱簡之謂。而大傳引酒誥「王曰封，惟曰若圭璧」，今無此句，疑所脱卽此等句。白虎通所稱之「作國伯」，亦此類也。又彼書曰「在昔殷先哲王」，下云「越在外服，侯甸男衛邦伯」，則爲殷制明矣。若然，周禮職方并詳侯甸男采衛之服制，則侯甸任衛周制也。而得謂之殷者，王氏鳴盛尚書後案又云：「或殷本沿虞夏甸侯綏荒之名，此特借周名以言殷制，或周因殷禮。但鄭謂殷時中國最小，僅方千里，必無九服之名，此節必借周名以言之耳。」是也。春秋傳曰：「合伯子男爲一爵。」卽桓十一年公羊傳文也。繁露三代改制篇：「春秋鄭忽何以名？春秋曰：〔一〕『伯子男一也。』詞無所貶何？以爲一曰『周爵五等，春秋三等』。」是伯子男爲一，自是春秋制也。或曰：合從子，貴中也。公羊先師異説也。白虎通雜論經傳，多以前一説爲主，或曰皆廣異聞也。何休公羊注曰：「合伯子男爲一，詞無所貶，皆從子，夷狄進爵爲子。」是也。合三從子者，制由中也。則何意以伯子男合爲一，皆稱子也。考休受學于羊弼，本傳云休與弼追論李育意。後漢儒林傳：「李育習公羊春秋，建初元年，衛尉馬廖舉育方正，爲議郎，後拜博士。四年，詔與諸儒論五經于白虎觀。育以公羊義難賈逵，往返皆有理證，最爲通儒。」然則此蓋李育説也。李育之義，未知爲嚴氏春秋，顔氏春秋，然休序以二家并非。又云「依胡母子都條例」，則李育之説亦本之胡母子都也。以春秋名鄭忽，忽者，鄭伯也。此未踰年之君，當稱子，嫌爲改伯從子，故名之也。公羊何休注：「忽稱子，則與諸侯改伯從子詞同於成君，無所貶損，故名也。名者，緣君薨有降，既葬名義也。此非罪貶也。」案此亦卽或曰一説之義，言未踰年之君當稱子，春秋僖九年宋子是也。忽稱子，則嫌爲合三從子，故降而稱名。不然，則伯與子同與成君不降無異，不見在

〔一〕「曰」字原脱，據春秋繁露補。

喪除喪之別。故在喪降而稱名也。「改伯從子」舊作「改赴」二字，訛。盧據公羊注校正。地有三等不變，至爵獨變者何？地比爵爲質，故不變。禮王制注云「此地殷所因夏爵三等之制」，知夏亦夏等地也。以哀七年左傳「禹合諸侯于塗山，〔一〕執玉帛者萬國」，若非三等受地，烏能容彼萬國，故皋陶謨「州十有二師」，疏引鄭注云：「言執玉帛者，〔二〕則九州之内諸侯也。蓋百國一師，州十有二師，則州千二百國也。〔三〕計一州方百里之國二百，七十里之國四百，五十里之國八百，共一千四百國，除二百國爲名山大川不封之地，餘有一千二百國。「八州得九千六百國。其餘四百國在圻内，以王制之法準之，八州通率封公侯百里之國一，伯七十里之國二，子男五十里之國四，方百里者三，封國七十有畸。至于圻内，則子男而已。」〔四〕禮疏引異義：「古左氏説，禹會諸侯于塗山，執玉帛者萬國。其侯伯七十里，子男五十里，餘爲天子閒田。」是左氏説以虞夏之制爲三等。然則王制所謂公侯百里，伯七十里，子男五十里者，虞夏制也。唯異義所載左氏説，以公百里，侯與伯七十里爲異耳。而虞夏之爵有五者，堯典云「輯五瑞」，史記注引馬注云：「五瑞，公侯伯子男所執以爲信也。」又云「修五禮」，公羊疏引鄭注云：「公侯伯子男之禮也。」是也。若殷家，則王制云：「州建百里之國三十，七十里之國六十，五十里之國百有二十，凡二百一十國。」又云：「天子之縣内，方百里之國九，七十里之國二十一，五十里之國六十三，凡九十三。」又云：「凡九州千七百七十三國。」此其殷制亦土三等也。至周制，鄭氏則據周禮司徒之制，謂武王時仍循殷制，至成王周公，大斥土境，定爲公五百，侯四百，伯三百，子二百，男一百里，是爵五等，而土亦

〔一〕「禹」下「合」字原作「會」，據左傳哀公七年改。　〔二〕〔三〕「玉帛」下「者」字、「則」下「州」字原脱，據鄭注補。

〔四〕「則」字原脱，據鄭注補。

五等。閻氏若璩釋地又續云：「孟子一則公侯皆方百里，再則大國地方百里。證以周公太公，其封齊魯，不過各方百里耳。〔一〕而孟子時，魯地且五倍之，以爲有王者作，魯必在所削，安得成王封周公于曲阜，地方七百里之説哉？爲此説者，乃明堂位篇中多誣，不可勝舉。余嘗上稽周易「雷聞百里」，公侯國制，厥象取此。下徵魯頌「革車千乘」，〔二〕惟百里國數適相應。子産曰：『昔天子之地一圻，列國一同。』同方百里也。今晉地多數圻矣，皆侵小。故管仲曰：『昔賜我先君履，南至于穆陵，北至于無棣。』穆陵山名，今在沂水縣，無棣溝名，今爲海豐、慶雲二縣，南北相距七百里，亦應是後來侵小所至也。」白虎通于上云「殷爵三等，周爵五等」，于此又云爵變而土獨不變，則班氏以周制亦三等定土，古周禮説時未盛行，王制當時正立學官，又證以孟子，故班氏從之焉。蓋爵者所以榮人，故爲文；地者所以食人，故爲質焉。

王者有改道之文，無改道之實。漢書董仲舒傳「故王者有改制之名，亡變道之實」，下三正篇亦云「王者有改道之文，無改道之實」，並用今文春秋説也。殷家所以令公居百里，侯居七十里，何也？封賢極于百里，其改也，不可空退人，示優賢之意，欲褒尊而上之。王制：「州建百里之國三十，七十里之國六十，五十里之國百有二十。」注：「立大國三十，十三公也。立次國六十，十六卿也。立小國百二十，十二小卿也。」孟子云：「天子之卿受地視侯，大夫受地視伯。」以此推之，知天子之上公視公。然則公大國百里，侯次國七十里，伯小國五十里矣。周氏柄中辨正云：「王制『天子之三公之田視公侯，〔三〕天子之卿視伯，天子之大夫視子男』，與孟子不合，當以孟子爲正。」案

〔一〕「各」字原脱，據釋地又續補。〔二〕「革」字原作「黄」，據釋地又續改。魯頌「革」作「公」。〔三〕「天子」下「之」字原脱，據王制補。

王制所言，乃虞夏之制，孟子所云，與殷制合也。「改」舊訛「政」，依盧校改。此語義不明。蓋謂夏制公侯同百里，殷改侯爲七十里，因欲尊公而上之，故退侯于下。不可空退人，故又改百里爲七十里也。何以知殷家侯不過七十里？曰：土有三等，有百里，有七十里，〔一〕有五十里。其地半者其數倍，制地之理體也，多少不相配。盧云：「『其數倍』似當作『其附庸數倍』，末句疑當作『多少亦相配』。」又舊「侯」下衍「人」字，「七十里」下衍「者也」字，「土」誤作「士」，又衍「上」字，依盧據御覽刪。案此語意亦不明，意當謂侯爵多於公，伯子男多於伯，爲其地半，故其數倍，故爲制地之理體也。知半者，王制疏引援神契云：「其七十里者倍減于百里，五十里者倍減于七十里。故孝經云：『德不倍者不異其爵，功不倍者不異其土。』故轉相半倍優劣。〔二〕按以王制開方計之，方百里者，爲方百里者百，是爲萬里；方七十里者，七七四千九百里；方五十里者，五五二千五百里。故方七十里者，半于方百里；方五十里者，半于方七十里。而州建百里之國三十，七十里之國六十，五十里之國百二十，是其數倍也。

右論制爵五等三等之異

公卿大夫者何謂也？〔三〕內爵稱也。喪服傳注：「爵謂天子卿大夫士也。」太宰「一曰爵」注：「爵謂公侯伯子男卿大夫士也。」司儀注：「爵，卿也，大夫也，士也。」士相見注：「異爵，謂卿大夫士也。」是內臣亦稱爵也。內爵

〔一〕「七十」上原脱「有」字，據各本補。

〔二〕據玉函山房輯佚書卷五十八援神契無「其七十里者」至「倍減於七十里」之文，有「德不倍者」一條，惟兩「不倍」作「不信」，「半倍優劣」之「倍」作「別」。此引作「孝經云」，未知所據。

〔三〕「大夫」下「者」字原脱，據各本補。

稱公卿大夫何？爵者，盡也。各量其職，盡其才也。廣韻：「爵，量也。量其職，盡其才。」隱元年左傳：「未王命，故不書爵。」疏引服注云：「爵，醮也。所以醮盡其材也。」醮亦訓爲盡。荀子禮論篇「利爵之不醮也」，注：「醮，盡也。醮與釂音義同。」曲禮「長者舉未釂」，注：「盡爵曰釂。」是也。案爵本酒器。說文：「爵，禮器也。」毛詩疏引韓詩說曰「爵，盡也，足也」，亦取盡意。因引伸爲爵秩之字，以並取乎盡意也。爵、盡雙聲爲訓。「內爵稱」三字舊作「曰」字，盧據御覽改。王制疏引作「所以盡人才也」。**公之爲言公正無私也。**義見上。此謂天子上公也。典命：「王之三公八命。」獨斷云：「三公者，天子之相。」**卿之爲言章也，章善明理也。**「章也」二字舊脱，據孝經疏補。廣雅釋言：「卿，章也。」說文卯部：「卿，章也。六卿，天官冢宰，地官司徒，春官宗伯，夏官司馬，秋官司寇，冬官司空。从卯，皀聲。」卿、章疊韻爲訓。王制疏引作「卿之言嚮也，爲人所歸嚮」，亦取義于疊韻也。**大夫之爲言大扶，扶進人者也。**舊脱一「扶」字，盧據孝經、御覽補。下五行篇云：「大者，大也。」嫁娶篇云：「夫者，扶也。」廣雅釋詁云：「大夫，君也。」大夫即卿大夫之總號。對文則卿爲上大夫，大夫爲下大夫，散則卿亦謂之大夫。故春秋之例，皆稱大夫也。王制疏引作「大夫者，達人。謂扶達于人也」。**故傳曰：「進賢達能，謂之卿大夫。」**〔一〕說苑修文篇：「進賢達能，謂之卿大夫。」蓋當時書傳有此語，故各引用也。孝經云：「蓋卿大夫之孝也。」禮記疏引鄭注云：「張官設府，謂之卿大夫。」**王制曰：「上大夫卿。」**〔二〕大戴記盛德篇云：「三少皆上大夫也。」案太師、太傅、太保爲三公。三少下于三太一等，明指卿也。王制又云：「諸侯之下大夫倍上士，卿四大夫禄，次國之卿三大夫禄，小國之卿倍大夫禄。」下大夫之上

〔一〕武英殿本作「謂之大夫也」。　〔二〕盧本「卿」下有「也」字。

卽爲卿，故知上大夫卿也。江氏永鄉黨圖考云：「案卿與大夫，春秋皆謂之大夫。分言之，卿爲上大夫，其大夫皆爲下大夫也。諸侯三卿：司徒、司馬、司空。就三卿分之，司徒執政一人爲上卿，亦曰冢卿。其餘爲下卿，亦曰亞卿、介卿。總之皆爲上大夫。如杜洩之言季孫恒爲司徒，叔孫爲司馬，孟孫爲司空。故三卿并將，經書季孫斯、叔孫州仇、仲孫何忌，是其次也。孔子爲司寇，下大夫，當時與上大夫言，與卿言，與下大夫言，與其同列言也。然魯自成、襄以來，有四卿，叔肸之後爲叔氏，皆書于經。蓋三卿之外又有小卿，亦上大夫也。」士者，事也。任事之稱也。詩褰裳「豈無他士」，祈父「予王之爪士」，傳並云：「士，事也。」繁露察名號篇：「士者，事也。」祭統「作率慶士」，注：「士之言事也。」假樂「百辟卿士」，箋云：「卿士，卿之有事者。」北山「偕偕士子」，傳：「士子，有王事者。」說文：「士，事也。數始于一，終于十，从一从十。〔一〕孔子曰：『推十合一爲士。』」皆以士爲事也。「士」又作「仕」，曲禮「前有士師」，注：「士或爲仕。」四月「盡瘁以仕」，箋：「仕，事也」。表記注：「仕之言事也。」文王有聲「武王豈不仕」，傳亦云：「仕，事也。」荀子修身篇「好德而行，士也」，注：「士，事也，謂能治其事也。」堯問注又云：「士謂臣下掌事者。」以士、仕爲事，皆疊韻爲訓也。故傳曰：「通古今，辯然否，謂之士。」說苑修文篇：「辯然否、通古今之道謂之士。」繁露服制篇：「夫能通古今，别然否，乃能服此也。」玉篇士部引傳曰：「通古今，辯不然謂之士。」何以知士非爵？禮士相見、喪服傳，太宰、司儀注，并以士爲爵，與此不同。檀弓云「士之有誄」，注：「殷大夫以上爲爵。」則周時以士爲爵也。班氏所言，蓋據夏殷制。禮曰「四十强而仕」，不言「爵爲士」。此曲禮文也。何允中本「仕」作「士」。古仕、士字通，疑班所據禮本亦作「士」。蓋謂四十

〔一〕「从一」下「从」字，據說文補。

始仕爲士也。況曲禮言「五十始服官政」，則「强而士」異乎「服官政」明矣。至五十爵爲大夫。郊特牲「古者五十而后爵，何大夫冠禮之有」，注：「言年五十乃爵爲大夫也。」曲禮：「五十曰艾，服官政。」是大夫始爲爵也。又王制云「五十而爵」，注：「賢者命爲大夫。」以王制殷禮故也。若然，喪服小功章「大夫爲昆弟之長殤」，五十爲大夫，復有長殤之兄者，蓋謂有賢德之人則不限常格，得早爲大夫也。舊夫下衍一「何」字，又誤置「何以知士非爵」句於此，今依盧校正。何以知卿爲爵也？以大夫知卿亦爵也。何以知公爲爵也？春秋傳曰：「諸侯四佾，諸公六佾。」合而言之，以是知公卿爲爵。隱五年公羊傳云：「天子八佾，諸公六，諸侯四。」是也。內爵所以三等何？亦法三光也。所以不變質文何？內者爲本，故不改內也。此據諸侯臣卿大夫士爵三等言也。若天子，則公一等，孤卿一等，大夫一等，士一等，差於外爵止四等。周禮序官所載，有卿，有中大夫、下大夫、上士、中士、下士。蓋以卿當上大夫也。沈氏彤周官田禄考：「周天子具六官之爵六等，曰公，曰孤卿，曰中大夫，曰下大夫，曰上士，曰中士，曰下士，庶人在官者屬焉，是也。其實分言者之，則公一，孤一，卿一，中大夫一，下大夫一，上士一，中士一，下士一，凡八等。合言之，則公一，孤卿一，大夫一，士一，止四等也。」諸侯所以無公爵者，下天子也。故王制曰：「上大夫，下大夫，上士，中士，下士，凡五等。」此謂諸侯臣也。今王制「上大夫」下有「卿」字。案彼鄭注云：「上大夫曰卿。」若正文已有「卿」字，則注爲贅語，疑鄭所據本與此同無「卿」字也。諸侯之臣無公爵，其自孤以下，唯上公之國得備之，故周禮典命有公之孤，四命也。而春秋晉爲侯爵，有太傅陽子，太師賈佗，又士會將中軍，且爲太傅者，蓋亦三孤之職。晉爲伯主，多置羣友，不能如禮也。然春秋亦止稱大夫，故晉殺陽處父，經書大夫也。何者，孤、卿同等。故典命言「王之三公八命，其卿六命」，不別言三孤命數，則并孤於卿明矣。大戴盛德篇云：「三少皆上大夫也。」

大夫但有上下，士有上中下何？明卑者多也。「士有上中下」五字舊脱，盧補。王制疏云：「士既命同，而分爲三等者，言士職卑德薄，義取漸進，故細分爲三。卿與大夫，德高位顯，各有別命，不復細分也。」而襄十一年公羊傳云「古者上士下士」者，蓋周初侯伯國之制歟。焦氏循孟子正義云：「惟子男不當有中士耳。若子男而有中士，則田禄不皆以四爲差，而國亦不足於用矣。」未知所據。爵皆一字也，大夫獨兩字何？春秋傳曰：「大夫無遂事。」以爲大夫職在之適四方，受君之法，施之於民，故獨兩字言之。公羊僖三十年傳文也。彼云：「大夫無遂事。此其言遂何？公不得爲政爾。」何注：「不從公政令也。時見使如京師，而横生事，矯君命聘晉，故疾其驕蹇自專，當絶之。」〔一〕是大夫之適四方，俱宜受君之法，非然則自專當罪也。或曰：大夫，爵之下者也。稱大夫，明從大夫以上受下施，皆大自著也。此亦據夏殷制也。周則士亦爲爵，不得以大夫爲爵之下矣。天子之士獨稱元士何？〔二〕士賤，不得體君之尊，故加元以別於諸侯之士也。禮經曰「士見於大夫」，諸侯之士也。王制曰：「王者八十一元士。」舊無「於」字，盧據御覽補。王制注云：「元，善也。善士謂命士也。」疏云：「天子之士所以稱元者，異於諸侯之士也。蓋周制天子上士三命，中士再命，下士一命，故稱元士。公侯伯之士，雖一命亦不得稱元也。」天子爵連言天子，諸侯爵不連言王侯何？卽言王侯，以王者同稱，爲衰弱僭差生篡弑，猶不能爲天子也。故連言天子也。「以王者同稱」，盧云：「以猶與。」言諸侯與王者

〔一〕「之」字原在「當」上，據公羊傳僖公三十年何注改。　〔二〕「天子之士」之「士」，原作「子」，各本均作「士」，據改。

並稱，則生覬覦之漸，所以嚴名分之辨，猶孤卿大夫朝天子東西面，三公則抑之使北面。「猶不能爲天子也」二句，文有訛脱，「即」字疑誤。或曰：王者天爵，王者不能王諸侯，故不言王侯。諸侯人事自著，故不著也。盧云：「『故不著也』疑當作『故不著王也』。」案春秋之義，貴賤不嫌同詞，又王人雖微，必序於諸侯之上，所以別嫌明疑，故諸侯不連言王侯。或説非也。

右論天子諸侯爵稱之異

王者太子亦稱士何？舉從下升，以爲人無生得貴者，莫不由士起。是以舜時稱爲天子，必先試于士。禮士冠經曰：「天子之元子，士也。」王制云：「諸侯世子世國，未賜爵，視天子之元士，以君其國。」天子諸侯之制同，已成君，未賜爵，猶同于士，則未稱君者亦稱士明矣。公羊僖五年傳注：「自王者言之，以屈遠世子在三公下。」禮斬衰章曰：「公士大夫之衆臣。」是也。是太子稱士焉。

右論王者太子稱士

婦人無爵何？陰卑無外事。是以有三從之義：未嫁從父，既嫁從夫，夫死從子。列女傳母儀篇一：「孟母曰：『夫婦人之禮，精五飯，羃酒漿，養舅姑，〔一〕縫衣裳而已矣。故有閨內之修，而無境外之志。易曰：「无攸遂，在中饋。」詩曰：「無非無儀，惟酒食是議。」以言婦人無擅制之義，〔二〕而有三從之道也。故年少則從乎父母，出嫁則從乎夫，夫死則從乎子也。』」故夫尊于朝，妻榮于室，隨夫之行。故禮郊特牲曰：「婦人無爵，

〔一〕「養」字上原衍「以」字，據列女傳母儀篇删。

〔二〕「言」字上原脱「以」字，據列女傳母儀篇補。

坐以夫之齒。」通典引五經異義云：「婦人以隨從爲義，故夫貴于朝，妻榮于室。」此篇及下謚篇，並以夫人無爵無謚爲正解，而附載夫人有爵謚之異説也。禮曰：「生無爵，死無謚。」春秋録夫人皆有謚，何以知夫人非爵也？論語曰：「邦君之妻，君稱之曰夫人，國人稱之曰君夫人。」即令是爵，君稱之與國人稱之不當異也。此據夫人有謚，以難婦人無爵也。舊作「夫人何以知非爵也」，誤。

右論婦人無爵

庶人稱匹夫者，匹，偶也。與其妻爲偶，陰陽相成之義也。皇侃論語義疏引云：「匹夫匹婦者，謂庶人也。言其無德及遠，但夫婦相爲匹偶而已。」詩文王有聲云「作豐伊匹」，傳：「匹，配也。」禮三年問云「失喪其匹」，注：「匹，偶也。」孟子梁惠王注：「匹夫一夫者，以其與妻相對，則訓爲偶；以與衆人相對，故匹又訓爲獨。」公羊僖三十三年「匹馬隻輪無反」，注：「匹馬，謂一馬。」是也。一夫一婦成一室。意林引風俗通云：「論語曰：『匹夫匹婦。』傳曰：『一晝一夜成一日，一男一女成一室。』案古人作衣用二匹，今人單衣，故稱匹夫。」案匹止取匹偶之義，應劭説傅會。明君人者，不當使男女有過時無匹偶也。〔一〕故論語曰：「匹夫匹婦。」毛詩序：「桃夭，后妃之所致也。不妒忌，則男女以正，婚姻以時，國無鰥民也。」又云：「摽有梅，男女及時也。召南之國，被文王之化，男女得以及時也。」〔二〕周禮媒氏云「使男女無夫家者會之」，即不使男女失時之意也。舊引論語連「之爲諒也」四字，盧據禮器正義所引無。

右論庶人稱匹夫

〔一〕「時」字上原衍「失」字，據各本删。

〔二〕「男女」下「得以」二字原脱，據詩序補。

爵人于朝者，示不私人以官，與衆共之義也。說苑叢説篇：「爵人于朝，論人于市，古之通法也。」御覽引司馬法云：「夏賞于朝，貴善也。殷戮于市，威不善也。周賞于朝，戮于市，勸君子，威小人也。」則周之爵人亦宜于朝。王制疏專以爵人于朝爲殷法，恐非。封諸侯于廟者，示不自專也。明法度皆祖之制也，舉事必告焉。王制曰：「爵人于朝，與衆共之焉。」詩曰：「王命卿士，南仲太祖。」禮祭統曰：「古者明君，爵有德必于太祖，君降立于阼階南，南向，所命北面，史由君右執策命之。」禮祭統云：「古者明君，爵有德而禄有功，必賜爵禄于太廟，示不敢專也。故祭之日，一獻，君降立于阼階之南，南鄉。所命北面，史出君右執策命之，再拜稽首，受書以歸，而舍奠于其廟。此爵賞之施也。」書洛誥：「烝祭歲，文王騂牛一，〔一〕武王騂牛一。王命作册，逸祝册，惟告周公其後。」是封必於廟也。盧云：「衆當據本書作士，太祖本作太廟。自專，自一作敢。」詩見常武篇，毛傳「王命南仲於太祖」，與此合。鄭氏以南仲爲文王時武臣，云「乃用其以南仲爲太祖者，今太師皇父是也」。義似迂曲。彼疏引孫毓異同評云：「宣王之大將，復字南仲，傳無聞焉。且古之命將皆於禰廟，未有於太祖后稷之廟者，箋義爲長。」然祭統明云「爵有德必於太祖」，又如左傳隱十一年鄭伯授兵於太宮，安見命將必於禰廟也？

右論爵人於朝封諸侯於廟

大夫功成未封而死，不得追爵賜之者，以其未當股肱也。春秋穀梁傳曰：「追錫死者，非禮也。」此今文春秋説也。通典引五經異義云：「春秋公羊、穀梁説，王使榮叔錫魯桓公命，追錫死者，非禮也。死者功可

〔一〕「文王」原作「文三」，據尚書洛誥改。

追而錫，如有罪，又可追而刑耶？春秋左氏説譏其錫簒弒之君，無譏錫死者之文也。」案此文所引穀梁傳，今原書無此語，蓋亦穀梁説也。王制曰「葬從死者，祭從生者」，所以追養繼孝也。今王制作「喪從死者」，鄭注云：「從死者，謂衣衾棺槨。從生者，謂奠祭之牲器。」本疏引盧植注云：「從生者，謂除服之後，吉祭之時，以子孫官祿祭其父祖，故云從生者。若喪中之祭，虞祔練祥，仍從死者之爵。」又引或説云：「在喪中祭，尚從死者爵，〔一〕至吉祭，乃用生者祿耳。」盧與或説皆以祭從生者指除服之後，鄭氏言祭從生者包有喪中之祭。或據小記以難鄭氏云：「小記『士祔于大夫則易牲』。又云『其妻，爲大夫而卒而后其夫不爲大夫，而祔于其妻，則不易牲』。」又雜記云：「上大夫之虞也，少牢，卒哭成事祔皆太牢。下大夫之虞也，特牲，卒哭成事祔皆少牢。」則是喪中之祭仍從死者之禮。若生者有爵，則祭從生者之法。喪祭尚爾，喪後吉祭可知。案班氏所據王制本正作「葬從死者」，是專指衣衾棺槨可知。葬從死者何？子無爵父之義也。禮中庸記曰「父爲大夫，子爲士，葬以大夫，祭以士。子爲大夫，父爲士，祭以大夫，葬以士」也。子無爵父之義，春秋三傳家説各微異。通典引異義云：公羊説，士庶起爲人君，母不得稱夫人。父母者，子之天也，子不得爵命父母。至于妾子爲君，得爵其母，以妾本接事尊者。穀梁説雖妾子亦不得尊其母稱夫人。左氏則謂母以子貴。許慎謹案：「舜爲天子，瞽瞍爲士，明起于士庶者，子不得爵父母也。至于魯僖本妾子，尊成風爲小君，用公羊、左氏義。」案葬從死者，祗宜施于大夫士，若天子諸侯，但不得追爵祖父耳。至喪葬之事，亦宜從權。曲禮下云：「已孤暴貴，不爲父作謚。」注：「子事父無貴賤。今葬禮而從子，如鄙父之賤然，當亦謂公卿大夫也。」通典引鄭

〔一〕「從」上「尚」字原作「當」，據禮記王制疏改。

志云：「趙商以周追王太王以下，與曲禮文違，議而未決。鄭答以『周家王迹起于太王。若禹、湯則不追尊也』。」是則天子不得追尊布衣之祖父。故漢祖但尊父太公曰太上皇也。至如諸侯，但于入承大統，亦不得追尊本親。故師丹傳：「丹議定陶共皇長爲一國太祖，萬世不毁，恩義已備。陛下既繼體先帝，持重大宗，承宗廟天地社稷之祀，義不得復奉定陶共皇祭入于廟。今欲立廟于京師，而使臣下祭之，是無主也。」是也。然至位爲天子諸侯，若仍葬從死者之義，則漢高卽帝位而太上皇崩，猶葬以士庶之禮，似亦子孫所不忍，臣下所不安也。若然，則禮父爲士，子爲天子，祭以天子，其尸服以士服者，葬時之不可直以士庶之制者，禮屈于情，一時之權也。至祭時，乃人子之常事，而尸則死者之所憑，又不可服以天子之服，則仍依父生時之制也。

右論追賜爵

父在稱世子何？繫于君也。通典禮五十三引「繫」作「厭」，非。此以下皆今文春秋説也。公羊僖五年傳：「曷爲殊會王世子？世子貴也。世子猶世世子也。」注：「解貴意也。言當世父位。」時惠王在，故襄王會諸侯稱世子。凡經書陳世子欵、鄭世子華、齊世子光，皆父在之稱也。世子之稱，止可施于天子諸侯，其大夫之長子，不得稱世，以大夫不世爵禄也。大子則通乎大夫之子。服問云「君所主夫人妻大子嫡婦」，鄭注：「言妻，見大夫已下，亦爲此三人爲喪主，嫡子則通于士。凡嫡妻所生，謂之嫡子，士有一妻一妾故也。又士有二廟，亦取嫡嫡相承之義。至冢子則通乎庶人。」内則「冢子則太牢」，鄭注：「冢子猶言長子，通乎下也。」喪服「父爲長子」，鄭注：「不言嫡子，通上下也。」通典引異義云：「未踰年之君，繫于父否？公羊説，未踰年之君皆繫于父。晉里克殺其君之子奚齊，未踰年之君，猶繫于父。」則父在稱子，爲繫于君明矣。莊三十二年公羊傳「君存稱世子」，注：「明當世父位爲君。」是也。若然，昭十一年楚滅蔡，執世子，有非父在而稱世子者。彼注云：「稱世子，不與楚之滅蔡也。」**父歿稱子某者何？屈于尸柩也。**莊三十二年公羊傳「君薨，稱子某」，注：「名者，尸柩尚存，猶以君前臣名也。」禮雜記「君薨，號稱子，待猶君也」，注：「謂未踰年也。雖稱子，與諸侯朝會，待如君矣。」春秋魯僖公九年：「夏，葵邱之會，宋襄公稱子，而與諸侯序。」正義謂鄭用左氏之說。案通典引五經異義云：「諸侯未踰年，出朝會與不出會何稱？春秋公羊說云，諸侯未踰年不出境，在國中稱子，以王事出亦稱子，非王事而出會，同安父位不稱子。鄭伯伐許，〔一〕未踰年以本爵，譏不子也。左氏說，諸侯未踰年，在國內稱子，以王事出則稱爵，詘于王事，不敢申其私恩。〔二〕鄭伯伐許是也。春秋不得以家事辭王事，諸侯蕃衛之臣，雖未踰年，以王事稱爵。」然則左氏之義，惟在國內稱子，出朝會則稱爵。鄭氏禮注，既引宋子以證未踰年稱子之義，則所據者公羊說也。又左氏之義，但別既葬與未葬，未葬稱子，出會亦稱子。故僖九年，凡在喪，王曰小童，諸侯曰子。既葬，雖未踰年，則稱君。孔氏蓋以雜記爲未葬之稱，而鄭氏引宋子之事，故謂爲用左氏也。然通典又引鄭駁異義云：「昔武王卒父業，既除喪，出至孟津之上，猶稱太子者，是爲孝也。今未除喪而出稱爵，是與武王義反矣。春秋僖九年，宋子卽未踰年君也，出與天子大臣會，是非王事而稱子耶？」鄭駁異義，既用公羊之說，不應禮注獨宗左氏。禮疏謂其用左氏之說，非也。若然，宋桓公未葬，襄公應稱子某，而止稱子者，何休注云：「宋未葬，不稱子某者，出會諸侯，非尸柩之前，故不名。」然則非出會而稱子某者，爲屈于尸柩。莊三十二年子般卒，襄三十一年子野卒，皆是也。**既葬稱小子者，卽尊之漸也。**

〔一〕「許」字下原衍「是也」二字，據五經異義刪。

〔二〕「不」下「敢」字原作「得」，據五經異義改。

通典無「小」、「者」字，盧以爲衍文，是也。禮曲禮「天子未除喪，曰予小子。生名之，死亦名之」，注：「謙未敢稱一人，生名之曰小子王，死亦名之曰小子王也。晉有小子侯，是偺取于天子號也。」然則小子之稱，唯施于天子。此釋莊三十二年公羊傳語。公羊無「小」字。又公羊說，諸侯之稱謂，則無小字明矣。何休注云：「不名者，無所屈也。」文十八年，子惡卒，經書子卒在葬文公之後，是既葬稱子也。以漸至踰年正即位之禮，然猶未成君，故云「即尊之漸也」。齊昭公卒未踰年，公子舍未成君，而文公十四年書齊公子商人弒其君舍者，公羊傳云「成死者而賤生者也」，注：「惡商人懷詐無道，故舍舍之君號，以賤商人之所爲。」若左氏之義，未踰年即稱君，故舍書君，與公羊義異也。案後漢安帝崩，立北鄉侯，未踰年薨。周舉傳：「永和元年，災異數見，省內惡之，詔召公卿中二千石尚書詣顯親殿問曰：『言事者多云，昔周公攝天子事，及薨，成王欲以公禮葬之，天爲動變，及更葬以天子之禮，天即有反風之應。北鄉侯親爲天子，而葬以王禮，故數有災異，宜加尊謚，列于昭穆。』舉獨對曰：『昔周公有請命之應，隆太平之功，〔一〕故皇天動威，以彰聖德。北鄉侯本非正統，奸臣所立，立不踰歲，年號未改，皇天不祐，大命天昏，春秋王子猛不稱崩，魯子野不書葬。』」是亦用公羊立不踰歲，不成爲君之義也。若然，桓十一年，鄭忽出奔衛，既葬矣，而猶稱名者，公羊傳云：「伯子男一也，詞無所貶。」何注直以喪降稱名，無餘罪致貶。然則鄭本伯爵，與子無異，不嫌其降，故仍稱名，以見在喪也。踰年稱公者，緣民臣之心不可一日無君也。〔二〕文九年公羊傳：「以諸侯之踰年即位，亦知天子之踰年即位也。以天子三年然後稱王，

〔一〕「詔」下「召」字原脱，「及薨」原作「既薨」，「欲以」下原脱「公」，「及更」下原脱「葬」，「隆」原作「降」，據後漢書周舉傳改。

〔二〕「民臣」原倒，據公羊文公九年傳乙。

亦知諸侯于其封内三年稱子。」注：「俱繼體，其禮不得異，各信恩于其下。」鄭注坊記引春秋傳曰：「諸侯于其封内，三年稱子，至其臣子，踰年則謂之君矣。」鄭用公羊之説，則公羊家以踰年稱君者，臣子之詞。故奚齊于僖九年死，時獻公卒未踰年，故書「殺其君之子奚齊」；卓子于十年死，則稱君也。若孝子未除喪則猶稱子，故周襄王于文八年崩，至文九年，毛伯來求金，頃王不稱使。公羊傳云：「何以不稱使？當喪未君也。踰年矣，何以謂之未君？〔一〕即位矣，而未稱王也。」是也。若然，襄二十九年，吴子使札來聘，時未踰年，而已稱爵者，賢季子，故録之也。又内諸夏而外四夷，不必備責之也。若左氏以未踰年即得稱爵，則踰年後，無論臣子稱君，與君之自稱，皆得稱爵矣。桓十三年衛惠公稱侯，成三年宋共公稱公，衛定公稱侯，此并先君未葬。曲禮疏引服虔注云：「明不失子道。」論左氏之義，則既葬出會，當稱本爵，而猶稱子，故杜預云：「善其成父之志，故上繫于父。」若公羊未踰年稱子，正合在葬之正稱也。莊三十二年何注：「緣民臣之心不可一日無君，故稱子某，明繼父也。」但何指既葬稱子之時，此指踰年稱公之時，其大義則同。文九年公羊傳云：「緣民臣之心不可一日無君。」〔二〕是也。緣終始之義，一年不可有二君。公羊莊三十二年傳云「既葬稱子」，何注：「緣終始之義，一年不二君，故稱子也。」公羊文九年傳云：「緣終始之義，一年不二君也。」舊衍一「也」字，通典無。故踰年即位，所以繫民臣之心也。公羊文九年傳「不可曠年無君」，注：「故踰年稱公。」莊二十三年傳「踰年稱公」，何注：「不可曠年無君。」文九年何注又云：「故君薨稱子某，既葬稱子，明繼體以繫民臣之心。」則知踰年即位之義亦同也。凡即位有二：一則君薨之時，即嫡子主喪之位；一則踰年即人君之位也。三年然後受爵者，緣孝子之心，未忍

〔一〕「君」下原衍「矣」，據公羊文公九年傳删。

〔二〕「民臣」原倒，據公羊文公九年傳乙。

安吉也。公羊文九年傳「緣孝子之心，則三年不忍當也」，注：「孝子三年志在思慕，不忍當父位，故雖即位，猶于其封內三年稱子。」論語憲問：「子張曰：『書云高宗諒闇，三年不言。何謂也？』孔子曰：『何必高宗，古之人皆然。君薨，百官總己以聽冢宰三年。』」然則嗣君三年然後受爵，故于封內三年稱子。若左氏之義，踰年已于封內稱君，則不必三年然後受爵也。繁露二曰：「春秋之法，以人隨君，以君隨天。緣民臣之心不可一日無君，一日不可無君，而猶三年稱子者，爲君心之未當立也。〔一〕此非以人隨君耶？孝子之心三年不當，〔二〕而踰年即位者，與天數俱終始也。此非以君隨天耶？」

故春秋魯僖公三十三年十二月乙巳，公薨于小寢。文公元年，春，王正月，公即位。四月丁巳，葬我君僖公。

此公羊之義也。新君踰年，雖先君未葬，即得行即位之禮。故通典博士徐禪議曰：「案魯文公之書即位也，僖公未葬，蓋改元之道，宜其親告，不以喪闕。昔代祖受終，亦在諒陰，既正其位于天郊，必告其位成命于父祖。子莫大于正位，禮莫大于改元。傳曰：『元，始也，首也，善之長也。』故君道重焉。」但公羊以王者然後改元立號。萬氏斯大學春秋隨筆云：「一統天下，咸奉正朔，同軌同文，安有諸侯改元之理？即曰國自有史，亦必大書天子之年而分繫其事。」是也。博士議以即位爲改元，與公羊説異。

韓詩內傳曰：「諸侯世子三年喪畢，上受爵命于天子。

此當是大雅韓奕章，韓侯受命傳也。以諸侯薨，使臣歸瑞珪于天子，故嗣君除喪之後，上受爵命于天子也。禮有受命，無來錫命，故文公元年天王使毛伯來錫公命。文公新即位，功未足施，故春秋譏之也。

所以名之爲世子何？

〔一〕「之」下「未」字原作「非」，據春秋繁露玉杯篇改。

〔二〕春秋繁露玉杯篇「三年不當」下重「三年不當」四字。

言欲其世世不絶也。」此亦屬韓詩内傳語。文選注引韓詩内傳云:「所以爲世子何?言世世不絶也。」則凡言世者,皆取其相繼不絶之意。荀子强國篇「有天下者之世也」,注:「世,繼也。」吴語「吴國猶世」,注:「世,繼世也。」周語:「昔我先世后稷。」史記注引唐固注云:「父子相繼曰世。」言當世父子之位,又取義于世世不絶也。何以知天子之子亦稱世子也?春秋曰:「公會王世子于首止。」禮文王世子云:「文王之爲世子也。」又云:「抗世子之法于伯禽。」是天子之子亦稱世子也。上論諸侯稱世子之義,恐人疑世子之名止于諸侯之子,故此又言天子之子亦稱世子也。所引春秋者,僖五年經文。公羊傳云:「曷爲殊會王世子?世子貴也。世子猶世世子也。」注:「言當世父位,儲君副主,不可以諸侯會之爲文,故殊之,使若諸侯爲世子所會也。」穀梁傳云「世子,世天下也」,引以證天子之子稱世子也。或曰:天子之子稱太子。此又一稱也。曲禮下「不敢與世子同名」,注:「世或爲太。」是諸侯之適子亦稱太子也。僖五年「晉太子申生」是也。古「世」與「太」通。春秋之「太」字,公羊皆作「世」。如文十三年,太室屋壞作「世室」,衞太叔儀爲世叔儀,宋樂太心爲樂世心,春秋之鄭子太叔,論語作「世叔」。古「世」、「太」音義同,故通用也。尚書傳曰:「太子發升王舟。」詩疏及後漢書注引書大傳曰:「太子發升舟,中流,白魚入王舟。」史記周本紀云:「爲文王木主,載以車。武王自稱太子發,言奉文王以伐,不敢自專。」詩疏引中候我應云:「文王之戒武王曰:『我終之後,但稱太子發。』河、洛復,告遵朕稱王。』」御覽引中候云:「予稱太子發,明慎父以名卒考。」注:「予,我也。父死曰考。文王命我王,我終之後,恒稱太子者,明慎文王之命也。」君存稱世子,薨稱太子,未葬稱子,已葬稱公。今踰年稱太子者,父業未成,不敢自專之意。此天子之子稱太子也。中候曰:「廢考,立發爲太子。」明文王時稱太子也。此十八字,盧據御覽引補。

御覽引中候云：「文王廢伯邑考，立發爲太子。」注：「定王業也。」又云：「修我度，〔一〕遵德紀，後恒稱太子發。」禮檀弓云：「文王舍伯邑考而立武王。」鄭注：「文王之立武王，權也。」舊本有「或曰諸侯之子稱代子，則傳曰晉有太子申生，鄭有太子華，齊有太子光。由是觀之，周制太子、代子亦不定也。漢制，天子稱皇帝，其嫡嗣稱皇太子，諸侯王之嫡稱太子，後代咸因之。」共六十九字，見初學記。盧以爲徐堅說，故避唐諱，非白虎通正文也。從之。**世子三年喪畢，上受爵命于天子何？明爵者天子之所有，臣無自爵之義。**舊「畢」下有「必」字，「明爵」下有「上」字，「所有」下有「也」字，盧并據通典刪。此亦韓詩說也。禮記疏引韓詩內傳云「上受爵命于天子，乃歸自即位何？明爵者天子有也，臣無自爵之義」也。〔二〕公羊隱三年傳：「其稱武氏子何？譏。何譏爾？父卒，子未命也。」注：「時雖世大夫，緣孝子之心不忍便當父位，故順古先試一年，乃命于宗廟。武氏子父新死，未命而便爲大夫，薄父子之恩，故稱氏言子，見未命以譏之。」然則世子三年乃受爵者有二義：一則不忍當父位，二則無自爵之義也。若然，成四年「鄭伯堅卒」，而冬「鄭伯伐許」，書爵者，何休云：「時樂成君位，親自伐許，故如其意以著其惡。」是背殯興師，春秋誅其志也。**童子當受爵命者，使大夫就其國命之。明王者不與童子爲禮也。**〔三〕謂嗣君未冠而即位者也。舊「受」下有「父」字，無「者」字，盧從通典刪補。**以春秋魯成公幼少，與諸侯會，不見公，經不以爲魯恥。明不與童子爲禮也。**此今文春秋說也。春秋成十六年「公會諸侯于沙隨，不見公，公至自會」。公羊傳曰：「何以致會？不恥也。曷爲不

〔一〕「修」字上原衍「日」字，據中候刪。〔二〕「臣」下原衍「民」字，據韓詩內傳刪。〔三〕各本「禮也」上均有「爲」字，據補。

恥？公幼也。」注：「據扈之會，公失序恥。」盧云：「案公初卽位數年，與盟會者非一，〔一〕何至此十六年始言幼？左氏成四年傳云：公如晉，晉侯見公不敬，公歸，欲求成于楚，得季文子諫而止。其非年幼顯然。又公衡爲質于楚，在成二年，杜預以爲公之子，卽以爲公之弟，而已自能逃歸，則其年亦非甚幼矣。公羊之說，未足信也。」今案左傳襄九年云：「國君十五而生子，冠而生子，禮也。」〔二〕天子諸侯十二而冠，定昏之時，當在十四五歲。成公以十四年始遣叔孫僑如迎昏于齊，則成公卽位時，不過一二年，計至十七年會沙隨之時，當在十七八歲，非公幼之明證乎？杜以公衡爲成公之子，可謂不考之甚。且左氏之學，漢時未盛，兩漢重師承，三傳之說，各相矛盾，盧氏不得據左氏以駁公羊也。舊本作「與諸侯會，公不見」，云「經不以魯恥」。通典作「與童子爲禮者，諸侯會，公不見，經以爲魯恥」。文皆舛，依盧校。

世子上受爵命，衣士服何？謙不敢自專也。故詩曰「韎韐有赩」，謂世子始行也。

禮曲禮「既葬見天子曰類見」，注：「代父受國。」王制云：「諸侯世子世國，未賜爵，視天子之元士，以君其國。」注：「列國及縣内之國也。」則世子未受爵命之時，視士禮，故衣士服也。周語「晉侯端委以入」，韋注：「昭謂此士服也。諸侯之子，未受爵命，服士服也。」典命：「凡諸侯之適子，誓于天子，〔三〕攝其君，則下其君之禮一等，未誓則以皮帛繼子男。」此已成君，反服士服者，周禮謂代父行禮，故得比于卿。故桓九年「曹伯使其世子射姑來朝」，「賓之以上卿」。若父死繼位，非代父從政，不得繼于父，又不忍安然自同于人君之禮，故服士服也。所引詩者，小雅瞻彼洛矣文。毛詩序云：「思古明王，能爵命諸侯。」箋云：「此諸

〔一〕「盟會」原倒，據盧校本乙。　〔二〕「生子」下「禮也」二字原脫，據左傳襄公九年補。　〔三〕「天子」原作「君」，據周禮典命改。

侯世子也。除三年之喪，服士服而來，未遇爵命之時，時有征伐之事。天子以其賢，任爲軍將，使代卿士將六軍而出。〔一〕是毛詩家亦以此爲諸侯世子上受爵命之詩也。今毛詩「有奭」，與此作「赩」異。案「赩」字見于説文赤部新附，當作「赫」。説文：「赫，大赤貌。」〔二〕邶風「赫如渥赭」，毛傳云「赤貌」。今詩作「奭」，亦當作「赫」。采芑云「路車有奭」，瞻彼洛矣「韎韐有奭」，毛公二傳并訓爲赤貌。「奭」字説文訓盛也。釋訓云：「赫赫躍也。」釋文舍人本作「奭」，蓋二字通用。訓盛貌者，「奭」爲正字，「赫」爲假借。訓赤貌者，「赫」爲正字，「奭」爲假借。後人又因「赫」作「赩」。廣雅釋詁：「赩，色也。」釋器：「赩，赤也。」一切經音義引字林：「赩，赤貌。」文選注引通俗文作「青黑曰赩」。義微異。此以韎韐爲士服，則爵弁服與鄭箋同。鄭云：「韎韐，祭服之韠，爵弁服，紂衣纁裳也。」是也。韋氏以玄端當士服者，士弁而祭于公，冠而祭于己。故見天子則爵弁，入己廟則端委也。

右論諸侯襲爵

天子大斂之後稱王者，明民臣不可一日無君也。舊「民臣」作「士」，譌。公羊春秋桓公元年「公即位」，何注：「即者，就也。先謁宗廟，明繼祖也。還之朝，正君臣之位也。事畢而反凶服焉。」〔三〕南史沈文阿傳：「文帝即位，尅日謁廟。文阿議曰：『人物推移，質文殊軌，聖賢因機而立教，王公隨時而制宜。〔四〕夫千人無君，不敗則亂；萬乘無主，不危則亡。當隆周之日，公旦叔父，呂、召爪牙，成王在喪，禍幾覆國。是以既葬便有公冠之儀，始殯受麻冕之

〔一〕「代」上「使」原作「始」，據鄭箋改。〔二〕「大」字原作「火」，據段注本改。〔三〕「即」下「者」字原脱，「位」下「也」字原脱，「服」下「焉」字原作「也」，據公羊春秋桓公元年傳注補改。〔四〕「制宜」，南史沈文阿傳作「適宜」。

策。斯蓋示天下以有主，〔一〕慮社稷之艱難。逮乎末葉縱横，漢承其弊，雖文、景刑措，〔二〕而七國連兵。或踰月即尊，或崩日稱詔。此皆有爲而爲之，非無心于禮制也。今國諱之日，雖抑哀于璽紱之重，〔三〕猶未序于君臣之儀。古禮朝廟，退就正寢，聽羣臣之政。今皇帝拜廟還，宜御太極前殿，〔四〕此即周康王在朝，一二臣衞者也。」南齊禮儀志左丞蕭琛議：「竊見祗見厥祖，義著商書，朝于武廟，事光晉策。豈有正位居尊，繼業承天，而不虔敬祖宗，格于太室？」毛詩序：「烈文，成王即政，諸侯助祭也。」鄭箋云：「新王即政，必以朝享之禮祭于祖考，告嗣位也。」又曰：「閔予小子，嗣王朝廟也。」鄭箋云：「嗣王者，謂成王也。除武王之喪，將始即政，〔五〕朝于廟也。」則隆周令典，焕炳經記也。然則自周以後，天子大斂之後即告廟稱王，以繫民臣之心，亦但臣子稱之之詞。其自稱于天下，猶未得遽稱王也。**故尚書曰：「王麻冕黼裳。」此大斂之後也。**顧命文也。以上云：「乙丑，王崩。」又云：「越七日癸酉。」案曲禮「生與來日，死與往日」，注：「與猶數也。〔六〕死數往日，謂殯斂以死日數也。此士禮貶于大夫者，大夫以上皆以來日數。」然則天子以來日數矣。計成王以乙丑崩，自丙寅至壬申，則壬申爲大斂之期，故書疏引鄭注，以癸酉爲大斂之明日。「王麻冕黼裳」，諸文皆承「癸酉」之下。是稱王在大斂之後也。若即位之後，則當在阼階。文王世子云「成王幼，不能涖阼」，今下云「由賓階」，是猶未忍當王禮，故知大斂之後也。春秋繁露玉英篇：「天子三年然後稱王，經禮也。有故則未三年而稱王，變禮

〔一〕「有」下「主」字原作「父」，據南史沈文阿傳改。　〔二〕「刑措」，南史沈文阿傳作「刑厝」。　〔三〕「雖」下「抑」原作「仰」，據南史沈文阿傳改。　〔四〕「御」上「宜」字原作「而」，「殿」上原脱「前」字，據南史沈文阿傳改補。　〔五〕「政」上原衍「令」字，據詩序删。　〔六〕「與猶」二字原作「死」，據禮記曲禮注改。

也。」康王以子繼父，非有他故，而稱王者，史臣之詞也。然則大斂稱王，暫時卽吉，令臣民之心皆知共戴，史臣不得不以王稱之，而王實未敢以王禮自居也。先儒有以康王冕服見羣臣爲非禮者，是執陋見以疑經文也。麻冕黼裳者，御覽引鄭書注云：「麻冕，三十升布冠也。績麻三十升布爲之。」鄭注周禮云：「衮之衣五章，裳四章。鷩冕之衣三章，裳四章。毳冕之衣三章，裳二章。」孔穎達以黼裳當衮衣，王氏鳴盛尚書後案以黼裳當毳衣，未知孰是，姑兩存焉。**何以知不從死後加王也？以上言迎子釗，**〔一〕**不言迎王也。**舊作「何以知王從死後加王也」，通典作「何以知不是後加王也」，語意不明，今依盧氏校正。言何以知成王死後不卽稱康王爲王也。以顧命上云「太保命仲桓、南宮毛，俾爰齊侯呂伋，以二干戈，虎賁百人，逆子釗于南門之外」，〔二〕不言迎王于南門之外也。案上云「元子釗」，元子，太子也。又云「爾無以釗」，下云「迎子釗」，則子非康王名，與未殯稱子某之例同也。時成王新崩，故稱子釗，大斂之後卽稱王，其義甚明。盧氏以爲不可據以爲未殯稱子、既殯稱王之實證，非也。**王者既殯而卽繼體之位何？緣民臣之心不可一日無君也。**〔三〕**故先君不可得見，則後君繼體矣。**顧命云：「太史秉書由賓階隮，御王册命。」書疏引鄭注云：「御猶嚮也。王此時正立賓階上少東，太史東面于殯西南而讀策書，〔四〕以命王嗣位之事。」又曰：「皇后憑玉几。」說文：「后，繼體君也。」是王者既殯，而卽繼體之位也。繼體者，公羊莊四年傳云：「國君一體也。」「國君以國爲體，諸侯世，故國

〔一〕「迎」上原脱「言」字，據各本補。武英殿本作「何以知王從死後加王也，以尚書言迎子釗」。〔二〕「子釗」上「逆」原作「迎」，據尚書顧命改。〔三〕「民臣」原倒，據各本乙。〔四〕「西南」下「而」原作「隅」，據尚書鄭注改。

君爲一體也。」〔一〕言先君既没，新君即位，臣民于先君既不得見矣，今見繼體之君，亦如仍見先君也。故爲繫民臣之心也。舊脱「也」字，盧據通典引補。〔二〕通典無「王者」二字，又「何」作「者」。故尚書曰「王再拜興對」，「乃受銅瑁」，〔三〕明爲繼體君也。亦顧命文也。通典引作「王再拜興，祭嚌，宅乃授宗人同」。案此方言世子即位，不當遽引及「授宗人同」之文。作「銅」者，舊本皆爾。盧氏改「銅」爲「同」，非也。吴志注引馬本作「同」，云「同者，大同天下」。書疏引鄭本亦作「同」，云「同，酒杯」。案馬、鄭并習古文，則作「同」者古文也。吴志引虞翻别傳云：「今經益『金』就作『銅』字，〔四〕詁訓言天子副璽。」今經者，今文也。則作「銅」者今文也。白虎通多據今文尚書，作「銅」明矣。今文作「銅瑁」，蓋以爲二物。説文土部：「璽，王者印也。所以主土，籀文作壐。」王氏鳴盛以璽起秦漢，周初安有此？案御覽引大傳云：「湯伐桀而歸于亳，三千諸侯大會。湯取天子之璽置之于天子之坐，左復而再拜，從諸侯之位。」左傳襄二十八年：「季武子璽書追而與公冶。」周禮掌節「貨賄用璽節」，鄭注：「璽節，今之印章也。」則璽于夏殷之際已有，但古者上下通名，至秦始以璽專屬天子。獨斷云：「皇帝玉璽，皆玉螭虎紐。」是也。故今文家以銅爲副璽，白虎通之義，亦當然也。作「瑁」者，亦今文。説文玉部：「瑁，諸侯執圭朝天子，天子執玉以冒之，〔五〕似犂冠。周禮曰『天子執瑁四寸』。从『王』『冒』，冒亦聲，古文从『珇』。」段氏玉裁注云：「此蓋壁中顧命字。」是古文尚書作「瑁」也。古文作「同珇」，蓋以爲一物也。文質篇

〔一〕「國君」下原脱「爲」字，據公羊傳莊公四年補。〔二〕「引」下當有「補」字，據文義補。〔三〕武英殿本「尚書」上無「故」字，「再拜」上無「王」字，「銅瑁」作「同瑁」，下有「也」字。盧校本「銅」亦作「同」。白虎通義定本「尚書」下無「曰」字。〔四〕「作」上原脱「就」字，據三國志虞翻傳注補。〔五〕「執」下「玉」字原作「圭」字，據説文改。

云：「瑁之言冒也。上有所覆，下有所冒，故爲大同也。」虞翻別傳又引鄭玄解尚書違失事四，以顧命康王執瑁，古「冃」似「同」，從誤作「同」，既不覺定，復訓爲杯，誤莫甚焉。虞意蓋以經文本作「上宗奉冃瑁」，言冃圭者瑁也，冃訓瑁也。然文義迂回，不可從。古「銅」、「同」二字通用，周禮典同注：「故書『同』爲『銅』。」是也。顧命先云「道揚末命，命汝嗣訓，臨君周邦，率循大卞，燮和天下，用答揚文武之光訓」，而後言「王再拜興」，故知明爲繼體君也。「故」字「王」字，盧據通典補。俗間本作「乃受銅瑁也」，小字本、元本俱無「瑁也」二字。然「同」既作「銅」，則「銅瑁」明二物，似未可删去也。**緣終始之義，一年不可有二君。故尚書曰：「王釋冕喪服。」**亦今文顧命文也。書疏引鄭注云：「王釋冕反喪服。」禮喪服：「臣爲君，諸侯爲天子，皆斬衰。」古文尚書有「反」字，白虎通無者，蓋今文也。盧據通典補「反」字者，從古文改也。舊「二君」下有「也」字，據通典删，「終始」舊倒，從公羊傳。**吉冕服受銅，稱王以接諸侯。明已繼體爲君也。**顧命于「受銅」之上，云「王麻冕黼裳」，書疏引鄭注云：「麻冕，三十升布也。黼裳，冕服之有文者。」是吉冕服也。史記周本紀云：「太子釗遂立，是爲康王。康王卽位，徧告諸侯。」今文顧命又云：「庶邦侯甸男衛，惟予一人釗報告。」禮疏引熊安生説云：「天下不可一日無主。今謂予一人者，以麻冕黼裳卽位，受顧命，從古暫稱予一人。」是稱王以接諸侯之義也。**釋冕藏銅反喪服，明未稱王以統事也。**書不言藏銅。檀弓云：「古者君薨，王世子聽于冢宰三年。」則銅亦宜藏也。隱三年「武氏子來求賻」，公羊傳：「何以不稱使？當喪未君也。」注：「當喪，謂天子也。未君者，未三年也。未可居君位稱使也。」文九年「毛伯來求金」，〔一〕公羊傳：「何以不稱使？當喪未君也。踰年

〔一〕「九」字原作「三」，據公羊傳改。

矣，何以謂之未君？以天子三年然後稱王也。」是未稱王也。然則緣臣民之心不可一日無君，故斂後即稱王，以明繼體。緣孝子之心不忍安吉，則雖踰年猶不稱王，釋冕後猶不統事也。舊無「服」字，盧據通典補。不可曠年無君，故踰年乃即位改元。元以名年，年以紀事，君統事見矣，而未發號令也。春秋隱元年云「元年春，王正月」，公羊傳：「元年者何？君之始年也。」疏引春秋説云：「元者，端也。」注云：「元爲氣之始，如水之有泉。泉流之原，無形以起，有形以分，窺之不見，聽之不聞。」又云：「王不上奉天文以立號，則道術無原，故先陳春，後言王。天不深正其元，〔一〕則不能成其化。故先起元，後陳春矣。」故春秋五始之義，元者氣之始，春者四時之始，王者受命之始，正月者政教之始。繫正月于王，繫春于元年，是元以名年，年以紀事之義也。國不可久無主，故事必統之君，又未忍儼然成君，故未發號令也。故孟子萬章云：「踐天子位焉。」史記注引劉熙注云：「天子之位，不可曠年，于是遂反格于文祖，而當帝位。」「可」字盧據通典補。又「元以名年」，舊作「名元年」，亦據通典正。舊作「君名其事矣」，亦訛，盧依御覽改。何以知踰年即位改元也？春秋傳曰：「以諸侯踰年即位，亦知天子踰年即位也。」公羊文九年傳文也。舊「知」訛「言」，又「改元也」訛「謂改元位」，皆盧據通典改。春秋曰：「元年春，王正月，公即位。」改元位也。王者改元，即事天地。諸侯改元，即事社稷。春秋桓、文、宣、成、襄、昭、哀元年并有其文。案公羊家何氏無諸侯改元之説。何休云：「惟王者然後改元立號。春秋託新王，受命于魯，故因以録即位。明王者當繼體奉元，養成萬物。」萬氏斯大學春秋隨筆云：「天子爲天下共主。五等諸侯出作屏藩，入爲卿士，依然臣也。一統天下，咸奉

〔一〕「無原」原作「無由」，「先陳」原作「先稱」，「其元」原作「其源」，據公羊傳隱公元年注改。

正朔，同軌同文，安有諸侯改元之理？即曰國自有史，亦必大書天子之年，而分繫其事。」是用何氏說。而孔氏廣森公羊通義則謂「古者諸侯分土而守，分民而治，有不純臣之義，故各得紀元于其境內。」案班氏所用公羊說，或與何氏異。然春秋之世，諸侯即位即改元。故桓二年左傳云「惠之二十四年」，又云「惠之三十年」，是東遷之前，諸侯已有改元者矣。故玉海引樂資春秋後傳云：「惟王者改元。諸侯改元，汾王以前未之有也。」蓋諸侯改元，衰世之事，公羊以春秋立法，故定諸侯不改元之經也。

王制云：「夫喪三年不祭，唯祭天地社稷，爲越紼而行事。」鄭彼注云：「不敢以卑廢尊。」疏引鄭志答田瓊云：「天地郊社至尊，不可廢，故越紼祭之。六宗山川之神則否。其宮中五祀，在喪內則亦祭之。故曾子問云：『君薨，五祀之祭不行，既殯而祭之。自啟至于反哭，五祀之祭不行，既葬而祭之。』」又答田瓊云：「五祀，宮中之神，喪時朝夕出入所祭，不爲越紼也。天地社稷之祭，預卜時日，今忽有喪，故既殯越紼行事。若遭喪之後，當天地郊社常祭之日，其啟殯至于反哭，則避此郊社祭日而爲之。」案郊社尊，故啟殯至反哭，皆避其日。若五祀之祭則廢，未殯之先，雖郊社亦不行。故曾子問云：「天子嘗禘郊社五祀之祭，簠簋既陳，天子崩，后之喪，如之何？〔一〕孔子曰廢。」是指初崩時言也。若然，郊社以至尊，故越紼而祭，宮中五祀之神微，故不必越紼而自祭，則宗廟諸祭不行矣。杜預注僖三十三年左傳云：「新主既特祀于寢，則宗廟四時常祀，三年禮畢又大禘，乃皆同于吉。」其說與禮乖，不可從也。繁露郊祭篇：「春秋之義，國有大喪，止宗廟之祭而不止郊祭，不敢以父母之喪廢事天地之禮也。」是也。

春秋傳曰：「天子三年然後稱王者，謂稱王統事發號令也。」通典引此文，以此節即承上春秋傳曰節，無上「春秋曰」

〔一〕「如」下「之」字原脫，據禮記曾子問補。

至「行事」五十三字，而以此作「又曰」，蓋脱也。所引春秋傳，亦文九年公羊傳文也。尚書曰「高宗諒闇三年」，〔一〕是也。此古文逸篇説命文也。儀禮經傳通解續引伏生大傳説命云：「書曰『高宗梁闇，三年不言』，何謂梁闇也？傳曰：『高宗居凶廬，三年不言，百官總己以聽于冢宰而莫之違，此之謂梁闇。』」無逸、坊記、喪服四制、繁露竹林、家語正論、論語憲問，并引書文「高宗諒闇，三年不言」之説。或作「亮陰」，或作「諒陰」，或作「諒闇」，鄭又改作「梁闇」。史記注引鄭氏無逸注云：「諒闇轉作梁闇，楣謂之梁，闇謂廬也。小乙崩，武丁立，憂喪三年之禮，居倚廬柱楣，不言政事。」然則諒闇卽喪服傳之「倚廬」。彼云「居倚廬，寢苫枕塊」。又云「既虞，翦屏柱楣」。鄭注云：「楣謂之梁，柱楣所謂梁闇。」又注既夕云：「倚木爲廬，在中門外東方，北户。」蓋始喪時，倚東壁爲廬，户北向，簷著于地，用草爲屏，不翦，至虞後，乃以楣柱及地之簷令高，翦其餘而西向開户也。釋宫云：「楣謂之梁。」是梁闇者，倚廬而柱楣者也。何晏論語注引孔安國訓諒爲信，陰爲默。以義爲之，不可從也。論語曰：〔二〕「君薨，百官總己聽于冢宰三年。」〔三〕憲問篇孔子語也。此篇兩引皆無「以」字，與後漢陳元傳所引論語同。集解引孔注云：「冢宰，天官，卿，佐王治者也。三年喪畢，然後王自聽政也。」檀弓仲尼曰：「胡爲其不然也？古者天子崩，王世子聽于冢宰三年。」注：「冢宰，天官，卿，貳王事者。三年之喪，使之聽朝。」孟子滕文公上孔子曰「君薨聽于冢宰」，注：「國君薨，委政冢宰大臣，嗣君但盡哀情。」是天子諸侯之制同也。緣孝子之心，則三年不忍當也。〔四〕故三年除喪，乃卽位統事，踐阼爲主，〔五〕南面朝臣下，

〔一〕武英殿本「諒闇」作「諒陰」。　〔二〕武英殿本「論語」上有「故」字。　〔三〕盧本「總己」下有「以」字。　〔四〕武英殿本「不忍當」作「不當」。　〔五〕武英殿本「踐阼」作「踐祚」，上有「卽位」二字。

稱王以發號令也。故天子諸侯，凡三年卽位，終始之義乃備，所以諒闇三年，〔一〕卒孝子之道。故論語曰：「古之人皆然，君薨，百官總已聽于冢宰三年。」「踐阼」上舊又有「卽位」二字，「阼」作「祚」，盧據通典删正。通解續引書傳云：「以民臣之心，則不可一日無君也。不可一日無君，猶不可一日無天也。以孝子之隱乎，則孝子三年弗居也。故曰義者彼也，隱者此也。遠彼而近此，孝子之道備矣。」故穀梁隱三年傳云：「稱武氏子何也？未畢喪，孤未爵。」注：「平王之喪未殯。」然則大斂之後，天子卽爵命大夫，亦當冢宰攝事，假王令以命之矣。所以聽于冢宰三年者何？以爲冢宰職在制國之用，是以由之也。故王制曰：「冢宰制國用。」王制注云：「制國用，如今度支經用。」案周禮理財之官並屬冢宰。聘禮注云：「宰掌制國之用。」是也。大德本、兪本作「大冢宰」。冢卽大，加「大」字，非也。所以名之爲冢宰何？冢者，大也。宰者，制也。大制事也。三禮目録云：「冢，大也。宰者，官也。天者統理萬物，天子立冢宰，使掌邦治，亦所以總御衆官，不主一官之事也。」釋詁云：「冢，大也。」天官序官「乃立天官冢宰」，後鄭注：「百官總焉謂之冢。」說文：「冢，高墳也。」引申之爲大義。故經傳之言冢者，多訓爲大。內則「冢子」，猶大子也。詩大雅「乃立冢土」，謂大社也。是也。廣雅釋言云：「宰，制也。」小雅廣詁云：「宰，治也。」公羊僖九年「宰周公」注：「宰猶治也。」書疏引周官馬傳云：「宰，制也。」「治」、「制」義通，諸經說冢宰職有尊卑，取義則一也。故王度記曰：「天子冢宰一人，爵祿如天子之大夫。」或曰冢宰視卿，周官所云也。天官序官云：「冢宰，卿一人。」周書大匡云：「乃召冢宰卿。」此蓋專言周制也。至王度記所云，則殷制。曲禮天

〔一〕武英殿本「諒闇」作「諒陰」。

子建天官，先六太，曰太宰、太宗云云。天子之五官，曰司徒、司馬云云。鄭君以爲殷制，雖無明據，然太宰非貴卿，而止爲天官之屬，則與宋官名合。宋承殷制，其六卿之名，見於左氏文七年、十六年、昭二十二年、哀二十六年者，其目則曰右師、左師、司徒、司馬、司城、司寇，無所謂冢宰也。唯成十六年，於六卿之外復有向帶爲大宰，于司寇之下，其非上卿可知。則殷制冢宰爲天子之大夫明矣。故下封公侯篇引別名記：「司馬順天，天者施生。所以主兵何？兵者，爲民除害，所以全其生，衛其養也。故兵稱天。」以司馬爲天官，則冢宰非六卿之長，其爵但如大夫耳。其荀子王制篇：「本政教，正法則，兼聽而時稽之，度其功勞，論其慶賞，以時慎修，使百吏免盡，而衆庶不偷，冢宰之事也。」〔一〕又云：「故政事亂則冢宰之罪也。」以冢宰、辟公並稱，蓋亦據周制言之。故仲長統傳法誡篇曰：「周禮六典，冢宰貳王以理天下。」是也。

右論天子即位改元

〔一〕「事」下原衍「與」字，據荀子王制删。

白虎通疏證卷二

號（共五章）

帝王者何？號也。御覽引漢官儀曰：「帝者德象天地，言其能行天下，號曰皇帝」。公羊成八年注：「王者，號也。」天子爲爵，故帝王爲號焉。號者，功之表也。所以表功明德，號令臣下者也。〔一〕周書謚法解：「號者，功之表也。」崔駰傳章帝謚議曰：「臣聞號者功之表。」文選典引「厥有謚號」，蔡注：「號，功之表也。」類聚引五經通義云：「號者，所以表功德，號令臣下也。問曰：天子有天下大號，諸侯有國大號乎？曰：天子居無上之位，下無所屈，故立大號，以勸勉子孫。諸侯有爵禄之賞，削黜之義，鈇鉞之誅，故無所有國之號也。」德合天地者稱帝，詩商頌云：「古帝命武湯。」箋：「古帝，天也。」繁露三代改制云：「明此通天地、陰陽、四時、日月、星辰、山川、人倫，德侔天地者稱帝。」經義考載樊文琛七經義綱云：「孔子曰：『德合天地者稱帝。』」文選注引稽耀嘉曰：「德象天地爲帝。」文選魯靈光殿賦「粤若稽古，帝漢祖宗」，張載注：「若，順也。稽，考也。言能順天地，考行古之道者帝也。」公羊成七年何注云：「孔子曰：『德合天者稱帝，河洛受瑞。』」御覽七十二引無「地」字。仁義合者稱王，別優劣也。禮記謚法曰：「德象天地稱帝，仁義所生稱王。」初學記引義綱云：「德合天地仁義者稱王。」文選注引稽耀嘉曰：「仁義所生爲王。」周書謚法：

〔一〕各本「臣下」下均有「者」字，今據補。

「仁義所在爲王。」公羊成八年傳「其餘皆通矣」，注：「或言王，或言天王，或言天子，皆相通矣。」又成七年注云：「仁義合者稱王，符瑞應，天下歸往也。」別優劣者，曲禮下注云：「五帝德盛，故生時稱帝，至夏殷，生稱王，入廟稱帝。」殷本紀云：「周武王爲天子，其後世貶帝號，號爲王。」是帝優王劣也。故御覽引阮籍通玄論曰：「三皇依道，五帝仗德，三王施仁，五霸行義，强國任智。蓋優劣之異，薄厚之殊也。」禮記謚法，古逸禮篇名。帝王號而得入謚法者，上古質，生前大號，死卽因以爲謚也。周書「所生」作「所在」。**帝者天號，王者五行之稱也。**類聚引刑德放曰：「帝者，天號也。」曲禮「措之廟、立之主曰帝」，注云：「同之天神。」易說卦傳：「帝出乎震。」集解引崔注：「帝者，天之王氣也。」荀子强國篇云「百姓貴之如帝，高之如天」，注：「帝，天神也。」禮疏引中候勑省圖鄭注：「德合五帝座星者稱帝也。」五行之稱，當是美行之稱。乾鑿度云：「王者，美行也。」曲禮疏引易孟京說：「王美稱，二也。」由皇至王，皆以五行德相次，不宜王號獨爲五行之稱也。**皇者，何謂也？亦號也。皇，君也，美也，大也。天人之總，美大之稱也。時質，故總稱之也。**釋詁云：「皇，君也。」詩正月傳：「皇，君也。」獨斷云：「皇，帝君也。」美者，廣雅釋詁云：「皇，美也。」詩烈文「繼序其皇之」，傳：「皇，美也。」大者，詩楚茨「先祖是皇」，又「皇尸載起」，傳並云「大也」。左傳定元年「薛之皇祖奚仲」，哀二年傳「敢昭告于皇祖文王」，注并云「大也」。「人」字及天道篇云：「天不産而萬物化，地不長而萬物育，帝王無爲而天下功。」是皆與此節義同也。易通卦驗云：「天皇氏之先，與乾曜合元精。」「君有五期，輔有三名。」〔一〕注云：「君之用事，五行代

〔一〕易通卦驗作「太皇之先，與燿合元精，……君五期，輔三名」，注作「君之用事，五行代王，亦有期。……輔臣三名，公卿大夫也」，與此小異。「元」下「精」字原脫，「代」原作「更」，「王」下衍「者」字，據補改刪。

王，亦有五期。三輔，公卿大夫也。」天地初分，亦即有君臣，亦即有政治，第年代綿遠無考也。「寥」，説文广部作「廖」，今通用「寥」。小字本、元本「棄」并作「弃」，書内皆同。**號言爲帝何？帝者，諦也。象可承也。**御覽引元命苞云：「帝者，諦也。」古微書援神契云：「帝者諦也。」〔一〕獨斷云：「帝者，諦也。能行天道，事天審諦。」説文上部：「帝，諦也。」詩君子偕老「胡然而帝也」，傳：「審諦如帝。」疏引運斗樞云：「帝之言諦也。」風俗通引書傳云：「帝者，任德設刑，以則象之，言其能行天道，〔二〕舉措審諦。」帝、諦疊韻也。**王者，往也。天下所歸往。**乾鑿度云：「王者，天下所歸往。」易曰：「在師中，吉，无咎，王三錫命。」師者，衆也。言有盛德，行中和，順民心，天下歸往之，莫不美命爲王也。韓詩外傳五：「王者，往也。天下往之謂之王。」風俗通引書大傳云：「王者，往也。爲天下所歸往。」呂覽下賢篇云：「王也者，天下之往也。」穀梁莊三年傳：「其曰王者，民之所歸往也。」古微書文耀鉤云：「王者，往也。神所向往，人所樂歸。」〔三〕又元命苞云：「王者，往也。神之所輸向，人所樂歸。」〔四〕荀子正論篇：「天下歸之謂之王。」王、往雙聲，疊韻爲訓也。**鉤命決曰：「三皇步，五帝趨。三王馳，五伯鶩。」**古微書鉤命決又云：「三皇步，五帝驟，三王馳，五伯蹶，七雄僵。」宋均注云：「道德隆備，日月爲步，時事彌順，日月爲之驟，勤思不已，日月乃馳。」與此大同。蓋謂世愈降，德愈卑，政愈促也。御覽引論語撰考讖次「之」字，次「稱」字，俱依盧校從御覽補。**號之爲皇者，煌煌人莫違也。煩一夫，擾一士，以勞天下，不爲皇也。不擾匹夫匹婦，故爲皇。**獨斷云：「皇者，煌也。盛德煌煌，無所不

〔一〕「也」原作「崇」，據古微書援神契改。〔二〕「天道」上原脱「行」，據風俗通補。〔三〕「所」下原脱「樂」字，「歸」下原衍「落」字，據古微書文耀鉤補删。〔四〕「人」下原衍「之」字，據元命苞删。

照。」古微書元命苞云：〔一〕「皇者，煌煌也。」文選注引元命苞曰：「皇者，煌煌也。」詩小雅「朱芾斯皇」，傳：「皇猶煌煌也。」又皇皇者華傳「皇皇，猶煌煌」也。風俗通引運斗樞云：「皇者，天，天不言，四時行焉，百物生焉。三皇垂拱無爲，設言而民不違，道德玄泊，〔二〕有似皇天，故稱皇。皇者，中也，光也，宏也。含宏履中，開陰陽，布紀綱，〔三〕上含皇極。其施光明，指天畫地，神化潛通，煌煌盛美，不可勝量。」案此言不擾一夫一士諸語，則緯文之「垂拱無爲」也。此言人莫能違，則緯文之「設言而民不違」也。

故黃金棄于山，珠玉捐于淵，巖居穴處，衣皮毛，飲泉液，吮露英，虛無寥廓，與天地通靈也。

莊子天地篇云：「捐金于山，藏珠于淵。」後漢班固傳東京賦：「捐金于山，沉珠于淵。」禮運：「昔者先王未有宮室，冬則居營窟，夏則居橧巢。」又云：「衣其羽皮。」〔四〕此并神農前事。蓋上古三皇也。路史注引錦帶書云：「合雜四姓，教人穴居，有巢教人巢居。」韓子云：「上古之世，人民少而禽獸衆。聖人有作，構木爲巢，以爲羣居，號曰有巢氏。」則巖居穴處，有巢前事也。白帖云：「伏羲作布，是以神農有不織之令。」路史引皇圖要覽云：「伏羲化蠶桑爲繐布。」則衣皮毛者，伏羲以上也。御覽引古史考云：「古之初，人吮露精，食草木實，穴居野處，山居則食禽獸，衣其羽皮，飲血茹毛。」又莊子曰：「考靈羌德，知堯步舜驟，禹馳湯鶩。」注：「德有優劣，故曰行轉疾也。」亦謂愈下愈速之義也。故後漢曹褒傳云「三五步驟，優劣殊軌」也。古趨驟同音，故「趨馬」亦作「趣馬」，亦作「驟馬」。

右論皇帝王之號

〔一〕「元命苞」原作「帝命驗」，據古微書改。　〔二〕「玄」下「泊」字原作「舊」，據風俗通引春秋運斗樞改。　〔三〕「開陰陽，布紀綱」，風俗通引春秋運斗樞作「開陰布綱」。　〔四〕「羽」下「皮」原作「毛」，據禮記禮運改。

或稱天子，或稱帝王何？以爲接上稱天子者，明以爵事天也。接下稱帝王者，明位號天下至尊之稱，以號令臣下也。「明位」二字，舊作「得」，又「之稱」作「言稱」，盧據類聚改。此孝經說也。御覽引鉤命决云：「接上稱天子，明以爵事天；接下稱帝王，明以號令臣下也。」故尚書曰：帝曰「諮四岳」。王曰「裕汝衆」。「帝曰」之文見堯典，「王曰」文未詳何篇。案盤庚有「格汝衆」之語。格、裕形近，或相涉而訛。又格、裕同韻，或聲近而誤也。

或稱一人。王者自謂一人者，謙也。欲言己材能當一人耳。故論語曰：「百姓有過，在予一人。」「或稱」舊作「或有」，依趙曦明校本改。曲禮下：「君天下曰天子，分職授政任功，曰予一人。」注：「覲禮曰：『伯父寔來，余一人嘉之。』」論語文見堯曰篇。墨子兼愛中云：「昔者武王將事泰山隧，傳曰：『泰山有道，曾孫周王有事，大事既獲，仁人尚作，以祗商夏。蠻夷醜貉，雖有周親，不如仁人，萬方有罪，維予一人。』」墨子所稱傳曰，蓋古尚書文，論語所本，當亦猶是也。說苑、韓詩外傳亦有此二語。又周語内史過曰：「其在湯誓，『予一人有罪，無以萬方。夫萬夫有罪，在予一人』。」呂氏春秋九月紀云：「昔者湯克夏而正天下，天下大旱，五年不收。湯乃以身禱于桑林曰：『余一人有罪，無及萬夫，萬夫有罪，在余一人。』」後漢陳蕃傳曰：「昔禹巡守蒼梧，見市殺人，下車而哭之曰：『萬方有罪，在余一人。』」然則此古帝王自罪之通語，是余一人者謙詞，亦猶孤、寡諸稱也。

臣下謂之一人何？亦所以尊王者也。以天下之大，四海之内，所共尊者一人耳。故尚書曰：「不施予一人。」舊無「下」字，盧據王制正義補。此一語兼兩義也。所引尚書者，不知何篇。盧云：「疑即盤庚『不惕予一人』之駁文，以惕有他計切一音，故亦可轉爲施也。」案惕从易聲，轉平聲則入支韻。施从也得聲，古麻、支韻多相轉，故得轉惕爲施也。鄭康成注以上篇爲盤庚爲臣時事，則「予一人」爲盤庚目其君之詞。猶云「我天子」耳。或書大傳語。孝經天子章「一人有慶」，唐明皇注：「一人，天子也。」正義曰：「依孔傳也。舊説天子自稱則言『予一人』。予，我也。言我雖身處上位，猶是人中之一耳，與人不異，是謙也。若人臣稱之，則惟言『一人』，〔一〕言四海之内惟一人，乃爲尊稱也。」與此所言大同。則彼疏所云「舊説」，蓋傳注師舊疏也。

或稱朕何？亦王者之稱也。朕，我也。或稱予者，予亦我也。不以尊稱自也。但自我皆謙。朕，我也，釋詁文。案以朕專爲王者之稱，此秦漢制也。御覽引漢雜事曰：「漢有天下，號曰皇帝，自稱曰朕。」獨斷云：「朕，我也。」古者尊卑共之，貴賤不嫌，則可同號之義也。堯曰「朕在位七十載」。皋陶與帝舜言曰「朕言惠可底行」，屈原曰「朕皇考」。此其義也。至秦，天子獨以爲稱，漢因之而不改也。何休注公羊亦云：「諸侯之稱也，曰寡人；天子自稱曰朕。」蓋舉漢制以況古也。或稱予者，僖九年左傳云「小白余」。杜注：「余，身也。」湯誓云：「予其大賚汝。」是也。

右論王者接上下之稱

或稱君子者何？道德之稱也。君之爲言羣也。子者，丈夫之通稱也。故孝經曰：「君子之教以孝也，所以敬天下之爲人父者也。」法言道術篇云：「樂道者謂之君子。」荀子解蔽篇云：「類是而幾，君子也。」注：「君子，有道德之稱也。」管子侈靡篇云：「君子者，勉于糾人者也。」注：「君子者，德民之稱也。」廣雅釋言云：「君，羣也。」韓詩外傳云：「君者，羣也。」周書謚法云：「從之成羣曰君。」又太子晉云：「侯能成羣謂之君。」皆以羣訓君，

〔一〕「則」下「惟」原作「亦」，據孝經天子章疏改。

疊韻也。論語學而云「子曰」，集解引馬注云：「子者，男子之通稱。」文選注引劉熙孟子注云：「子，通稱也。」左傳昭十二年「從我者子乎」，注：「子，男子之通稱也。」小字本、元本「所以」作「下言」，孝經見廣至德章。彼云：「君子之教以孝也，非家至而日見之也。教以孝，所以敬天下之爲人父者也。」此節引彼文，「所以」作「下言」，亦通。

何以知其通稱也？以天子至于民。故詩云「愷悌君子，民之父母」。論語曰：「君子哉若人。」此謂弟子，弟子者，民也。易繫辭傳「是故君子所居而安者」，集解引虞注云：「君子謂文王。」是天子稱君子也。荀子大畧篇「君子聽律習容而後士」，注：「君子，在位者之通稱。」在位則兼及諸侯也。儀禮士相見禮「凡侍坐于君子」，注：「君子謂卿大夫及國中賢者也。」是卿大夫稱子也。禮記玉藻「古之君子必佩玉」，注：「君子，士已上。」是士亦稱君子也。詩東門之池序「而思賢女，以配君子」，疏：「妻謂夫爲君子。」又小戎云：「言念君子。」是庶人亦稱君子也。是其通稱自天子至于民也。詩見泂酌，毛詩序謂爲召康公戒成王詩，是謂天子也。論語見公冶長篇，爲孔子稱子賤語，是謂弟子，弟子卽民。此上舉天子，下舉民，以見君子爲通稱也。

右論君子爲通稱

三皇者，何謂也？謂伏羲、神農、燧人也。或曰：伏羲、神農、祝融也。禮曰：「伏羲、神農、祝融，三皇也。」風俗通引禮含文嘉曰「虙戲、燧人、神農。」〔一〕又引書大傳，遂人爲遂皇，伏羲爲戲皇，神農爲農皇。則此用禮說，與今文書說同也。但此列遂人于神農後，禮記列遂人于羲、農間，書說列遂人于伏羲前。路史注引命

〔一〕「燧人」原作「遂人」，據含文嘉改。

歷序云「伏羲、燧人」，則與含文嘉同。禮疏引六藝論云：「遂皇之後，歷六紀九十一代至伏羲，始作十二言之教。」路史注引世紀云：「燧人氏没，包羲代之。」又引古史考云：「燧人次有三姓，乃至伏羲。」又引孔演明道經注云：「燧人謂人皇，在伏羲前，風姓，始王天下者。」諸書俱以燧人在伏羲前，與書說同。案遂人教民熟食，去茹毛飲血之俗，當在伏羲前，其世次則荒渺難稽也。風俗通引禮號謚記曰：「伏羲、祝融、神農。」則此所引禮曰，號謚記也。惟此引禮説，祝融列神農後，風俗通引禮説，列祝融在羲、農間，又不同也。路史注引宋仲子論三皇，亦數祝融，而出黄帝。又引梁武帝祠堂畫像碑述，先伏羲，次祝誦氏，次神農，則介在羲、農間。案彼引梁武帝祠堂畫像，疑「武梁祠堂」之譌。路史注又引六韜云：「赫胥氏、尊盧氏、祝融氏，此古之王者也。」則又在伏羲之前也。案白虎通之例，凡一説有數義者，以首一義爲主，餘則廣異聞。則班氏以遂人與羲、農爲三皇矣。應劭之義亦然。風俗通又載運斗樞云：「伏羲、女媧、神農，是三皇也。」禮疏引鄭注中候勑省圖主之。又引宋均注文耀鉤云：「女媧以下至神農七十二姓。」又引譙周云：「伏羲以次有三姓，始至女媧；女媧以後五十姓至神農；農至炎帝一百三十三姓。」以神農與炎帝爲二。僞孔書傳序又以黄帝合羲、農爲三皇，帝王世紀亦同其説，皆非白虎通義，不備論也。

古之時，未有三綱六紀，民人但知其母，不知其父。能覆前而不能覆後。

禮疏引皇侃云：「禮有三起，禮事起于遂皇，禮名起于黄帝。」諸書皆謂遂皇始有夫婦之道，蓋始著其禮，尚未有父子君臣之道，是未有三綱六紀也。路史引亢倉子云：「凡遂氏之在天下也，天下之人惟知其母，不知其父。鶉居鷇飲，而不求不譽。」是民人但知其母，不知其父也。書鈔引五經異義曰：「太古之時，未有布帛，人食禽獸肉，而衣其皮，知蔽前，未知蔽後。」是能覆前不能覆後也。

卧之詓詓，行之吁吁，飢即求食，飽即棄餘，茹毛飲血，而衣皮葦。莊子盜跖篇云：「神農之代，卧則居居，起則于于，民知其母不知其父，〔一〕與麋鹿同處，耕而食，織而衣，無有相害之心。」荀子性惡篇：「今人之性，飢而欲飽，寒而欲煖，勞而欲休，此人之情也。」茹毛飲血等，詳禮運。盧云：「葦或疑革，或韋之譌。與上毛血爲類，似不指草衣卉服言。」于是伏羲仰觀象于天，俯察法于地，因夫婦，正五行，始定人道。畫八卦以治下，下伏而化之，〔二〕故謂之伏羲也。乾鑿度云：「於是伏羲乃仰觀象於天，俯觀法於地，中觀萬物之宜，始作八卦，以通神明之德，以類萬物之情。」又云：「五氣以立，五常以之行，〔三〕象法乾坤，順陰陽，以正君臣父子夫婦之義。」又陸賈新語道基篇云：「先聖仰觀天文，俯察地理，圖畫乾坤，以定人道。民始開悟，知有父子之親，君臣之義，夫婦之道，長幼之序。於是百官立，王道乃生。」易繫辭傳：「昔者庖犧之王天下也，仰則觀象于天，俯則觀法于地。」路史注引含文嘉云：「伏羲德洽上下，天應以鳥獸文章，地應以河圖、洛書，乃則象而作易。」又引六藝論云：「伏羲作十言之教，以厚君臣之別。」又引古史考云：「伏羲制嫁娶，以儷皮爲禮。」又引壺子云：「伏羲法八極，作八卦。」風俗通引含文嘉說：「伏羲始别八卦，以變化天下，天下法則，咸伏貢獻，故曰伏羲也。」惠氏棟云：「當云『畫八卦以治天下，天下伏而化之』。」謂之神農何？古之人民，皆食禽獸肉。禮運云：「未有火化，食草木之實，鳥獸之肉，飲其血，茹其毛」。至於神農，人民衆多，禽獸不足。於是神農因天之時，分地之利，制耒耜，教民農作。神而化之，使民宜之，故謂之神農也。孝經庶人章「用天之道，分地之利」，唐玄宗

〔一〕「知」上「民」字原脱，據莊子盜跖篇補。〔二〕武英殿本「下伏」二字上有「治」字。〔三〕「五」下「常」原作「帝」，「以」下「之」字原脱，據乾鑿度改補。

注引鄭注云：「春生夏長，秋收冬藏，畢事順時，此用天道。分別五土，視其高下，各盡所宜，此分地利也。」御覽引周書云：「神農之時，天雨粟，神農耕而種之。陶冶斤斧，爲耒耜鉏耨，以墾草莽，然後五穀興。」謂之燧人何？鑽木燧取火，教民熟食，養人利性，避臭去毒，謂之燧人也。風俗通引含文嘉云：「燧人氏鑽木取火，炮生爲熟，令人無復腹疾，有異于禽獸，遂天之意，故曰遂人。」論語陽貨篇：「鑽燧改火。」周禮疏引鄭注云：「周書曰：『春取榆柳之火，夏取棗杏之火，秋取桑柘之火，冬取槐檀之火。』」則取火之法，始自遂人，後世乃有明鑒取火法耳。路史注引典畧亦云：「燧人鑽木取火，免腥臊，變熟食，人事也。」管子輕重戊篇又以黄帝作「鑽燧生火，以熟腥臊，民食之無腥䐢之疾，而天下化。」然管子下又云「黄帝之王，童山竭澤」，當是訛遂人爲黄帝也。謂之祝融何？祝者，屬也。融者，續也。言能屬續三皇之道而行之，故謂祝融也。詩干旄云「素絲祝之」，鄭箋：「祝當爲屬。屬，著也。」鄭氏瘍醫注云：「祝當爲注。」函人注云：「屬讀如灌注之注。」祝、屬、注三字義通。融爲續者，古文「續」作「賡」，賡从庚得聲，故庚亦訓續。毛詩大東「西有長庚」是也。庚亦得訓明，故曰既入之明星謂長庚，以融亦訓明也。又融亦訓長，與續義相近，故路史注引鉤命決云：「祝融氏樂有祝續也。」案山海經大荒西經「老童生祝融」，注：「祝融卽重黎。」海內經又云「戲器生祝融」，注：「祝融爲高辛氏火正。」鄭語亦云「夫黎爲高辛氏火正，以焞燿惇大，天明地德，光昭四海，故命之曰祝融。」注：「顓頊生老童，老童生重黎及吴回。」諸書皆以祝融爲帝嚳之臣者，蓋古有天子祝融氏，以火德王，後世火官因以爲職，故後世黎爲祝融，回爲祝融，皆以祝融爲官名也。禮記月令「南方其神祝融」，自指高辛火正，非古天子也。五帝者，何謂也？禮曰：「黄帝、顓頊、帝嚳、帝堯、帝舜，五帝也。」易曰：「黄帝、堯、舜氏作。」書曰：「帝堯」、「帝舜」。風俗通皇霸篇：「易傳、禮記、春秋、國語、太史公記：黃帝、顓頊、帝嚳、帝堯、帝舜是五帝也。」〔一〕禮疏引鄭注中候敕省圖云：「德合五帝座星者稱帝。」則黃帝、金天氏、高陽氏、高辛氏、陶唐氏、有虞氏是也。實六人，而言五者，以其俱合五帝座星故也。〔二〕僞孔書傳序、帝王世紀并數少昊以下爲五帝，與此不同。所引易，繫詞傳下文；書，虞、夏書。堯典文曰「若稽古帝堯」，是帝堯也。「帝曰俞，咨禹」，帝舜也。黃者，中和之色，自然之性，萬世不易。黃帝始作制度，得其中和，萬世常存。故稱黃帝也。禮郊特牲云：「黃者，中也。」左傳昭十二年云：「黃中之色也。」風俗通引大傳云：「黃者，中和之色，德四季同功，故先王以別之也。」禮祭法云：「黃帝正名百物，以命名共財。」易繫詞傳云：「神農氏沒，黃帝、堯、舜氏作，通其變，使民不倦，神而化之，使民宜之，垂衣裳而天下治，蓋取諸乾坤。」路史注引合誠圖云：「黃帝立五始，制以天道古今。」注載軒轅臣胡曹作衣，容成作歷，伶倫作律呂，隸首作算，儀狄作酒諸事，皆黃帝作制度之事也。故曲禮疏引皇侃說也。禮名起于黃帝，風俗通引大傳云：「黃帝始制冠冕，垂衣裳，上棟下宇，以避風雨，禮文法度，興事剏業。」是也。謂之顓頊何？顓者，專也。頊者，正也。能專正天人之道，故謂之顓頊也。通典引五經通義云：「左氏說，顓猶專也，頊猶愉。」風俗通引大傳：「顓者，專也。頊者，信也。言其承易文之以質，使天下蒙化，皆貴貞慤也。」古顓與專同，漢書賈捐之傳「顓顓獨居一海之中」，師古注：「顓顓猶專專也。」漢書多以顓爲專，諸侯王表云「顓作威福」，食貨志云「又顓山澤之利」，五行志「顓斷于外」是也。頊者，說文頁部：「頊，頭頊頊謹貌。」是謹爲本義，正與信爲引伸義也。莊子釋文：「頊本作旭。」旭字訓明，與信、正義皆近。禮

〔一〕「帝舜」下原衍「也」字，據風俗通皇霸篇删。〔二〕「五帝」原作「五德」，據文義改。

祭法言「顓頊能修黄帝之功。」通典引通義云：「顓頊者，顓猶專，項猶愉，幼少而王，以致太平，常自愉儉約自小之意，故兩字爲謚也。」書鈔十五引「能專正天人之道」作「專正人道」。謂之帝嚳者何也？〔一〕嚳者，極也。言其能施行窮極道德也。　風俗通引書傳云：「嚳者，考也，成也。言其考明法度，醇美嚳然，若酒之芬芳香也。」說文學部：「嚳，急告之甚也。从告，學省聲。」釋元應說：「嚳與酷音義皆同」。案急告者，嚳之本訓，引申爲窮極之義。史記三代年表、管子侈靡篇作「帝俈」。集韻「俈」通作「嚳」。史記注引世紀作「帝夋」。山海大荒經作「帝俊生后稷」。注：「帝俊即嚳。」案俊爲才德極出之名，故嚳亦訓極，言道德窮極。禮祭法「帝嚳能序星辰以固民」，是其事也。謂之堯者何？堯猶嶤嶤也。至高之貌。清妙高遠，優游博衍，衆聖之主，百王之長也。　廣雅釋言云：「堯，嶢也。」廣雅釋詁及方言云：「嶢，高也。」風俗通引書傳云：「堯者，高也，饒也。言其隆興煥炳，最高明也。」說文垚部：「堯，高也。从垚在兀上，高遠也。古文作㚧。」案說文：「垚，土高貌。」又云：「兀，高而上平也。」高之上又增以高，是至高之貌也。漢書楊雄傳注：「堯，嶢嶢至高之貌。」說文：「嶤，焦嶤，山高貌也。」以嶤詁堯，以高詁嶤，皆疊韻訓也。論語泰伯云：「大哉堯之爲君也，巍巍乎惟天爲大，唯堯則之，蕩蕩乎民無能名焉。」集解引包注云：「蕩蕩，廣遠之稱。」廣遠即優游博衍之義也。方言云：「巍，高也。」楚辭遠遊注「巍巍，大貌」，與嶤義同也。謂之舜者何？舜猶僢僢也。言能推信堯道而行之。　說文舛部作「䑞」，云：「艸也。楚謂之葍，秦謂之蕒。蔓地生而連華，象形。」此舜之本義。段氏玉裁注云：「有虞氏以爲謚者。堯，高也。舜，大也。舜者，俊之同音假借字。山海經作帝俊。」是也。「僢」即「舛」字，說文：「舛，對卧也。」

〔一〕各本「何」上有「者」字，下有「也」字，今據補。

禮王制注釋交趾云：「浴同川，卧則僢。」周禮典瑞「兩圭有邸」注：「僢而同本。」淮南説山訓云：「分流僢馳。」僢爲相抵之義，舜之从舛，乃其象形，則僢與舜義不叶，與「推信堯道」之義亦不符。疑僢僢是信之誤，非疊訓也。風俗通引書傳云：「舜者，推也，循也。言其循堯緒也。」禮中庸注：「舜之言充也。」義皆通。

三王者，何謂也？夏、殷、周也。故禮士冠經曰「周弁殷冔夏收，三王共皮弁」也。

風俗通皇霸篇載二説。禮號謚記説：「夏禹、殷湯、周武王，是三王也。」尚書説：「文王作罰，刑兹無赦。」詩説：「有命自天，命此文王。文王受命，有此武功。儀刑文王，萬邦作孚。」春秋説：「王者孰謂？謂文王也。」謹案易傳稱「湯武革命」。尚書：「武王戎車三百兩，虎賁八百人，擒紂于牧之野。惟十有三祀，王訪于箕子。」詩云：「亮彼武王，襲伐大商，勝殷遏劉，耆定武功。」由是言之，武王審矣。論語：「文王率殷之叛國，以服事殷。」時尚臣屬，何緣便得列三王哉？經美文王三分天下有其二，王業始兆于此耳。是應氏以禮緯之説爲然也。白虎通多用公羊之説，又下引詩曰「命此文王」之語，則自以禹、湯、文爲三王也。案三王之名，定于後世，周人尊文王爲受命祖，故孝經聖治云：「昔者周公郊祀后稷以配天，宗祀文王于明堂以配上帝。」文王親迎于渭，即以親迎爲天子之禮。文王造舟爲梁，即以造舟爲天子之制。是周人之尊文王，在武王之上，何得援論語服事之説以相難也。詩文王序云：「文王受命作周也。」漢志引劉歆作三統歷，考上世帝王，以爲文王受命九年而崩。易乾鑿度云：「入戊午蔀二十九年伐崇，作靈臺，改正朔，布王號于天下，受籙應河圖。」詩疏引我應説：「文王之戒武王曰：『我終之後，恒稱太子。河洛復，告尊朕稱王。』」又引元命苞曰：「西伯既得丹書，于是稱王，改正朔。」詩棫樸云「左右趣之」，箋：「左右之諸臣皆趣疾于事。謂相助積薪，唯天子祭天始燔柴。」繁露亦引此詩以説郊祭。據諸經緯之文，則文王在時固已稱王。孟子告子下云「三王之罪人也」，趙注亦以禹、湯、文王當之也。「士冠經」當爲「士冠記」，引者，證夏、殷、周爲三王也。所以有夏、殷、周號何？以爲王者受命，〔一〕必立天下之美號以表功自克，明易姓爲子孫制也。夏、殷、周者，有天下之大號也。百王同天下，無以相別，改制天子之大禮，號以自別于前，所以表著己之功業也。必改號者，所以明天命已著，欲顯揚己于天下也。己復襲先王之號，與繼體守文之君無以異也。不顯不明，非天意也。故受命王者，必擇天下美號，表著己之功業，明當致施是也。所以預自表克于前也。盧云：「『禮』字疑衍。」〔二〕公羊隱元年注云：〔三〕「唯王者然後改元立號。」〔四〕繁露三代改制云：「王者必改正朔，易服色，制禮樂，一統於天下。所以明易姓，非繼人，通以己受之於天也。」又楚莊王云：「王者必改制，自僻者得此以爲詞。曰：『古苟可循，先王之道何莫相因。世迷是聞，以疑正道而信邪言，甚可患也。』答之曰：『人有聞諸侯之君射貍首之樂者，于是自斷貍首，懸而射之，曰安在于樂也？此聞其名而不知其實者。今所謂新王必改制者，非改其道，非變其理。受命于天，易姓更王，非繼前王而王也。若一因前制，修故業而無所改，是與繼前王而王者無以別。受命之君，天之所顯也。事父者承意，事君者儀志，事天亦然。今天大顯己物，襲所代而率與同，則不顯不明，非天志，故必徙居處，更稱號，改正朔，易服色者，〔五〕無他焉，不敢不順天志而明自顯也。』」則白虎通用公羊家

〔一〕「王者」上各本均有「所以有夏、殷、周號何以爲」十字，原脫，今據補。　〔二〕盧氏校語「衍」上有「疑」字，今據補。　〔三〕「隱」原誤作「引」，今徑改。　〔四〕「然後」上原衍「受命」，今據公羊隱公元年注删。　〔五〕「易服」上原脫「改正朔」三字，下原脫「色」字，據春秋繁露楚莊王篇補。

義也。「自克」、「表克」，疑皆「見」之誤。不以姓爲號何？姓者，一字之稱也，尊卑所同也。諸侯各稱一國之號，而有百姓矣，天子至尊，即備有天下之號，而兼萬國矣。舊本此下有「帝王者，〔一〕居天下之尊號也。所以差優號令臣。」盧謂第一段之異文。又有「謚者，行之迹也。所以別于後代，著善惡，垂無窮，無自推觀施後世，皆以別善著戒惡明不勉也」三十六字，文多舛誤，盧謂「疑亦是下篇第一段之異文，皆出于後人所附録耳。」〔二〕通典引通義云：「天子居無上之位，下無所屈，故立大號，以勸勉子孫。諸侯有爵禄之賞，削黜之罰，〔三〕鈇鉞之誅，故無所有國之大號也。」謂諸侯無大號，非謂諸侯無國號也。不以姓爲國號者，如夏姓姒，有扈、斟、鄩等亦姓姒。商姓子，微、箕等國亦姓子。周姓姬，魯、衛等亦姓姬。是尊卑所同也。孟子盡心下「姓所同也」，是也。夏者，大也。明當守持大道。夏，大也，釋詁文。方言云：「夏，大也。自關而西，秦、晉之間，凡物之壯大者而愛偉之，謂之夏。」說文夊部：「夏，中國之人也。」以其別于四夷而特大，故引伸之爲大訓。如詩權輿「夏屋渠渠」，謂大屋也。周禮鍾師「奏九夏」，言樂之大也。風俗通音樂云：「夏大承二帝也。」則禹樂名夏，亦取義于大也。殷者，中也。明當爲中和之道也。聞也，見也，謂當道著見中和之爲也。殷，中也。釋言文。說文月部云：「作樂之盛稱殷。易曰：『殷薦之上帝。』」由盛義引伸之爲衆，又引伸之爲中。故經典凡稱殷者，皆爲中。堯典「以殷仲春」，釋文引馬、鄭並云：「殷，中也。」禹貢「九江孔殷」，史記本紀作「九江甚中」，是也。書序云「般庚五遷，將治亳之殷地」，疏引鄭注云：「治于亳之殷

〔一〕「下」原作「上」，據盧校本及文義改。〔二〕「亦」下原脫「是」字，「所」下原脫「附」字，據盧校本補。〔三〕「罰」原作「意」，據通典改。

地，商家移徙，自此而改號曰殷。亳，今偃師。」是也。鄭商頌譜云：「商者，契所封之地。」〔一〕書疏引鄭書序注云：「契本封商國，在大華之陽。」則湯定天下，本從契所封之國號，至殷庚自耿遷于亳，改號爲殷，因名亳地爲殷。玄鳥箋云：「湯始居亳之殷地而受命。」是据改殷後追言之也。書疏引束晳据汲冢古文，以殷庚自奄遷于殷，殷在鄴南三十里。漢書項羽傳云：「洹水南殷墟上。」今安陽西有殷，則以殷在河北，不知殷、商猶荆、楚，故書多以殷商、荆楚并稱。荆楚者，荆州之楚，殷商者，商地之殷。諸儒多以亳在偃師爲確，則殷地亦即偃師明矣。「聞也」下十四字疑衍。周者，至也，密也。道德周密，無所不至也。文選幽通賦「復其猷而不周」，曹昭注：「周，至也。」論語堯曰「雖有周親」，集解引孔注：「周，至也。」管子入國篇云「人主不可不周」，注：「周，謂謹密也。」說文口部：「周，密也。从用、口。」引伸之爲密緻。考工函人「橐之而約則周也」，注：「周，密致也。」是也。引伸之爲至義。又引伸之爲徧義。詩崧高「周邦咸喜」，是也。又引伸之爲匝。左傳成二年「三周華不注」，是也。又引伸之爲備。文三年左傳「舉人之周」，是也。何以知即政立號也？詩云「命此文王，于周于京」。此改號爲周，易邑爲京也。此大明之詩也。毛、鄭于此句俱無訓。毛于上「曰嬪于京」下傳云：「京，大也。」疏引王肅申之，謂爲大國。鄭箋云：「京，周國之地，小別名也。」鄭于此句箋云：「君天下于周，京之地。」則毛、鄭之說與此並異。此蓋魯詩說。詩疏引孫毓以京爲京師，蓋本此。春秋傳曰「王者受命而王，必擇天下之美號以自號」也。蓋春秋說語。五帝無有天下之號何？五帝德大能禪，以民爲子，成于天下，無爲立號也。此用禮戴說也。大戴記帝繫云：「少典產軒轅，是爲黃帝。黃帝產元囂，

〔一〕「商」下原脫「者」字，「封」下原脫「之」字，據鄭箋商頌譜補。

元囂産蟜極，蟜極産高辛，是爲帝嚳。帝嚳産放勳，是爲帝堯。黄帝産昌意，昌意産高陽，是爲顓頊。顓頊産窮蟬，窮蟬産敬康，敬康産句芒，句芒産蟜牛，蟜牛産瞽瞍，瞽瞍産重華，是爲帝舜。」家語、史記并同。詩疏謂世本、劉歆、班固、賈逵、馬融、服虔、王肅、皇甫謐等皆以爲然。則此亦以五帝爲身相世及，故無爲天下大號也。至禮疏引命歷序云：「黄帝一曰帝軒轅，傳十世二千五百二十歲。次曰少昊，一曰金天氏，傳八世五百歲。次曰顓頊，則高陽氏，傳二十世三百五十歲。次曰帝嚳，卽高辛氏，傳十世四百歲。」鄭氏宗之，則下所引或曰一說，以五帝爲有文號是也。

或曰：唐、虞者號也。〔一〕唐，蕩蕩也。蕩蕩者，道德至大之貌也。論語泰伯云：「蕩蕩乎民無能名焉。」論衡正説篇云：「唐之爲言蕩蕩也。」文選七發「浩唐之心」，李注：「唐猶蕩也。」説文口部：「唐，大言也。从口，庚聲。」引伸之爲大義。又引伸之爲蕩義。又引伸之爲蕩失義。莊子徐無鬼篇云：「其求唐子也。」是也。今人猶謂失檢爲唐突矣。唐訓蕩，疊韻爲訓，蓋一字兼美惡兩義也。

虞者，樂也。言天下有道，人皆樂也。論語曰：「唐、虞之際。」周書卽謀篇「三虞」注：「虞，樂也。」論衡正説篇云：「虞者，樂也。」呂覽慎人篇「許由虞乎潁陽」，注：「虞，樂也。」説文虍部：「虞，騶虞也。白虎黑文，尾長于身，仁獸也。食自死之肉。」段氏玉裁注云：「凡云樂也、安也者，娱之假借也。凡云規度也者，以爲度之假借也。」〔二〕案孟子「驩虞如也」，音義引丁公著音云：「義當作歡娱，古字通用耳。」文選張景陽詠史詩「朝野多歡娱」，注引孟子：「霸者之民，驩虞如也。」云「娱與虞古通用」。又蘇武雜詩「歡娱在今夕」，注：「孟子『霸者之民，歡虞如也。』」是虞、娱之假借也。引論語泰伯文者，見唐、虞爲有天下之號也。堯典曰「虞舜」，疏引王肅注云：「虞，地名。」水經

〔一〕各本「或曰」下均有「唐虞者號也」五字，今據補。

〔二〕「度」上「以爲」二字原脱，據段玉裁説文解字注補。

漸水注：「上虞縣，地名虞賓。」晉太康地記曰：「舜避丹朱于此，故以名縣。百官從之，故縣北有百官橋。」書疏引世紀云：「堯以二女妻舜，封之于虞，今河東太陽山西虞地是也。」案諸説皆指升庸之後而言，但四岳薦時，已稱之爲虞舜，則虞本其氏名。國語鄭語云「虞幕能聽協風，以成樂物生者也」，與夏禹、商契、周棄并稱。左傳昭九年：「自幕至于瞽瞍無違命，舜重之以明德。」世本、史記本紀、大戴帝系又以舜爲顓頊之後，上世質，諸侯以國爲氏，則舜固侯王貴胄，非與匹夫同。虞當其上世受封國名，受禪以後，以本國之氏爲有天下之號。其子孫仍以虞爲國名，故其後有虞思也。太康地記、世紀之説非。**帝嚳有天下，號曰高辛。顓頊有天下，號曰高陽。黄帝有天下，號曰有熊。**左傳文十八年「昔高辛氏有才子八人」，注：「高辛，帝嚳之號。」又「昔高陽氏有才子八人」，注：「高陽，帝顓頊之號。」案此亦以所封國爲有天下之號。亦若帝堯之封于唐，因以唐爲大號也。路史注引帝系譜云：「帝俈年十五，佐顓頊有功，封爲諸侯，邑于高辛。」十道志，襄邑有高辛城是也。續漢郡國志：「汴之高陽城，高陽氏之虛也。」九域志：「高陽氏佐少昊有功，封于此。」路史注引帝王世紀云：「有聖德授國于有熊。」是五帝之號，皆以國爲氏也。「有熊」舊誤作「自然」，依盧校改。**有熊者，獨宏大道德也。**以獨訓有，以宏大訓熊也。坊記云「父母在，不敢有其身」，注：「有猶專也。」論語「不能專對」，集解：「專猶獨也。」熊與雄通。繫辭疏引世紀「伏羲曰皇雄氏」。月令疏引作「黄熊氏」。説文隹部：「雄，鳥父也。」雄者鳥中之大。引伸之，凡物之大者謂之雄。雄、宏并从厷得聲，訓大者，當作雄。作熊者，假借耳。熊乃山居冬蟄獸也。**高陽者，陽猶明也。道德高明也。**詩七月「我朱孔陽」，傳：「陽，明也。」説文阜部：「陽，高明也。」引伸之，以陽爲凡明之稱。**高辛者，道德大信也。**訓辛爲信，詳下五行篇。**五霸者，何謂也？昆吾氏、大彭氏、豕**

韋氏、齊桓公、晉文公也。〔一〕古言五霸者凡五。杜注左傳、孟子注引丁注，以夏昆吾，商大彭、豕韋，周齊桓、晉文爲五伯。與此前一説合者也。趙注孟子、風俗通引春秋説，以齊桓、晉文、秦穆、宋襄、楚莊爲五霸，與此末一説合者也。顧氏炎武日知録，以桓、文、穆、莊并勾踐爲五。白虎通中一説，則退宋襄而進闔廬，荀子王霸篇又退秦穆而進勾踐。閻氏若璩釋地三續云：「崑山顧亭林言五霸有二，有三代之五霸，杜元凱注左傳成二年者，是有春秋之五霸，趙臺卿注孟子，五霸者，是孟子止就東周之後言之，而以桓爲盛，如嚴安所謂『周之衰，三百餘歲而五霸更起』者也。然亭林欲去宋襄而進勾踐，亦未允。襄雖未成霸，然當時以其有志承桓，故并數爲五，有是稱謂云爾。豈唯趙氏，即董仲舒亦云然矣。仲舒云：『仲尼之門，五尺之童羞稱五霸。』夫唯宋襄輩在仲尼之前，故言羞稱，不然，勾踐之霸，且不出仲尼後哉。」案呂覽先己篇「五伯先事而後兵」，高注：「五伯，昆吾、大彭、豕韋、齊桓、晉文。此統言三代之五伯也。當務篇「備説六王、五霸」。注又云「齊桓、晉文、秦穆、宋襄、楚莊」也。以其承六王之下，故以春秋之五伯當之也。至荀子所説之五伯，當是戰國時所定，與左傳、孟子不同。白虎通之中一説，或漢儒之異授也。應劭説以昆吾、大彭、豕韋、桓、文爲主。風俗通皇霸篇：「穆公受鄭甘言，置戍而去。違黄髮之計，而遇殽之役。殺賢臣百里奚，以子車氏爲殉。詩黄鳥之所爲作。故謚曰穆。襄公不度德量力，慕名而不綜實，六鷁五石，先著其異，覆軍殘身，終爲僇辱。莊王僭號，自下僭上，觀兵京師，問鼎輕重，恃强恣横，幾亡宋國，易子析骸，厥禍亦巨。皆無興微繼絶，尊事王室之功。世之紀事者，不詳察其本末，至書于竹帛，同之霸功，或誤後生，豈其然乎。」案五伯定論，應如劭説。故此亦以昆吾、大彭、豕韋、桓、文爲主。餘惟博采異説而已。昔三王

〔一〕「晉文公」下原衍「是」字，據各本删。

之道衰，而五霸存其政，率諸侯朝天子，〔一〕正天下之化，興復中國，攘除夷狄，故謂之霸也。論語憲問云「霸諸侯」，邢疏引鄭注云：「天子衰，諸侯興，故曰霸。」禮祭義「至弟近乎霸」，義同。昔昆吾氏，霸於夏者也。國語鄭語云「昆吾爲夏伯矣」，韋注：「昆吾，祝融之孫，陸終第三子，〔二〕名樊，爲己姓。封于昆吾。昆吾衛是也。其後夏衰，昆吾爲夏伯，遷于舊許。」昭十二年左傳云：「楚之皇祖伯父昆吾，舊許是宅。」是也。風俗通皇霸篇：「謹案春秋左氏傳，夏后太康娛于耽樂，不循民事，諸侯僭差，于是昆吾氏乃爲盟主，誅不從命，以尊王室。」左傳昭十八年「是昆吾稔之日也」，注：「昆吾，夏伯也。」大彭、豕韋，霸於殷者也。國語鄭語云「大彭、豕韋，爲商伯矣」，注：「陸終第三子籛，爲彭姓，封于大彭，謂之彭祖，彭城是也。豕韋，彭姓之别封于豕韋者。殷衰，二侯相繼爲伯。」風俗通皇霸篇又云：「大彭氏、豕韋氏復續其緒。所謂王道廢而伯業興者也。」齊桓、晉文，霸於周者也。事具春秋。風俗通皇霸篇：「齊桓九合一匡，率成王室，責强楚之罪，復青茅之貢，晉文爲踐土之會，修朝聘之禮，納襄剋帶，翼戴天子，〔三〕孔子稱『民到于今受其賜』。又曰：『齊桓正而不譎，晉文譎而不正。』」或曰：五霸，謂齊桓公、晉文公、秦穆公、楚莊王、吴王闔廬也。霸者，伯也。行方伯之職，會諸侯朝天子，不失人臣之義。霸、伯古字通，論語疏引鄭注論語云：「故其字作伯，或作霸。」漢書多以「伯」爲「霸」。論衡命禄篇云：「霸者，王之樂也。」風俗通皇霸篇：「伯者，長也，白也。言其咸建五長，功實明白。」故聖人與之。此今文春秋義也。莊三十年「齊人降鄣」，傳：「紀之遺

〔一〕「諸侯」上「率」字原作「帥」，據各本改。〔二〕「第三子」，韋昭注作「第一子」。〔三〕「王」下「室」原作「至」，「復」下「青」字原作「包」，「翼」下原脱「戴」字，據風俗通皇霸篇改補。

邑也。不言取，爲桓公諱也。」又「齊人伐山戎」，傳：「此蓋戰也。不言戰何？春秋敵者言戰。桓公之與戎、狄，驅之爾。」僖元年「齊師、宋師、曹師次于聶北，救邢」，傳：「言次，不及事也。邢已亡矣，蓋狄滅之。不言狄滅之，爲桓公諱也。上無天子，下無方伯，天下諸侯有相滅亡者，桓公不能救，則桓公恥之。」二年「城楚邱」，傳：「城衞也。不言城衞，滅也。不言狄滅之，爲桓公諱也。」九年「宋公禦説卒」，傳，「不書葬，爲桓公諱也。」注：「襄公背殯出會宰周公，有不子之惡，後有征齊憂中國尊周室之心，功足以除惡。故諱不書葬，使若非背殯。」十年「晉殺其大夫里克」，傳：「不言惠公之入。晉之不言出入者，踊爲文公諱也。」十七年「滅項」傳：「不言齊滅之，爲桓公諱也。君子之惡惡也疾始，善善也樂終。桓公嘗有繼絶存王之功，〔一〕故君子爲之諱也。」二十八年「陳侯欵卒」，注：「不書葬，爲晉文諱。」文十三年「陳侯朔卒」，注：「不書葬，盈爲晉文諱也。晉文雖霸，〔二〕會人孤以尊天子，自補有餘，故復盈爲諱。」是皆聖人與方伯之義也。非明王之法不張。〔三〕盧云：「此從程本定，小字本、元本作『非明王之張法』，非也。」霸猶迫也，把也。迫脅諸侯，把持王政。淮南人間訓「陽虎將舉劍而伯頤」，注：「伯，迫也。」論語疏引鄭注又云：「霸者，把也。言把持王者之政教。」風俗通皇霸云：「霸者，把也，駁也。言把持天子政令，糾率同盟也。」一切經音義引賈逵國語注云：「霸猶把也。言把持諸侯之權也。」禮記疏引中候云：「諸侯曰霸。」注：「霸，把也。把天子之事也。」案五霸之字當作「伯」，「霸」其假借也。説文月部「霸，月始生魄然也」，與迫、把諸侯義皆不合。論語曰：「管仲相桓公，霸諸侯。」春秋曰「公朝于王

〔一〕「功」上原衍「心」字，據公羊傳僖公十七年刪。〔二〕「雖」下原脱「霸」字，據公羊傳文公十三年注補。〔三〕「王」下「之」原作「云」，據盧校本改。

所」，于是知晉文之霸也。春秋見僖二十八年。公羊傳云：「曷爲不言公如京師？天子在是也。天子在是，則曷爲不言天子在是？不與致天子也。」注：「時晉文公年老，恐霸功不成，故上白天子曰『諸侯不可卒致，願王居踐土』。下謂諸侯曰『天子在是，不可不朝』。迫使正君臣，明王法，雖非正起，時可與，故書朝，因正其義。」「晉文」當作「桓、文」。〔一〕

尚書曰「邦之榮懷，亦尚一人之慶」，知秦穆之霸也。秦誓文。文十二年公羊傳云：「何賢乎穆公？以爲能變也。其爲能變奈何？惟諓諓善竫言，〔二〕俾君子易怠，而況乎我多有之，惟一介斷斷焉無他技，其心休休能有容，是難也。」史記秦本紀：「穆公三十三年敗于殽，三十六年自茅津渡河，封殽尸乃還，誓于軍中，思不用蹇叔、百里奚之謀，令後世以記余過。」書序：「敗殽歸，作秦誓。」鄭注大學同，與史記異。此以秦誓之文明秦穆之霸，則與史記同也。

楚勝鄭，而不告從，而攻之，又令還師，而佚晉寇。圍宋，宋因而與之平，引師而去。知楚莊之霸也。公羊宣十二年傳：「莊王伐鄭，勝于皇門，放于路衢。鄭伯肉袒，左執茅旌，右執鸞刀。」「莊王親自手旌，左右撝軍，退舍七里。子重諫曰：『今君勝鄭而不有，無乃失臣民之力乎？』莊王曰：『君子篤于禮，薄于利，要其人而不要其土，告從不赦，不祥。』」〔三〕案此用公羊義，當云「楚勝鄭而不有，從而赦之」。「告」與「攻」字疑誤也。傳又云：「既則晉師之救鄭者至，曰『請戰』。莊王許諾。令之還師，而逆晉寇莊王鼓之，晉師大敗。晉衆之走者，舟中之指可掬矣。莊王曰：『嘻，吾兩君不相好，百姓何罪？』令之還師，而佚晉寇。」注：「陸戰當舉地，而舉水者，大莊王閔隋水而佚晉寇。」是又令還師而

〔一〕「晉文」上原衍「也」字，據公羊傳僖公二十八年注刪。　〔二〕公羊傳文公十二年作「竫言」。　〔三〕公羊傳宣公十二年「勝于」、「放于」作「勝乎」、「放乎」，「子重」上有「將軍」二字，「禮」、「薄」之間有「而」字，「祥」作「詳」。

佚晉寇事也。又十五年傳云：「莊王圍宋，軍有七日之糧，使子反乘堙而窺宋城，宋華元亦乘堙而出見之。華元曰：『憊矣。易子而食，析骸而炊之。』〔一〕子反曰：『吾軍亦有七日之糧，盡此不勝，將去而歸爾。』反于莊王，引師而去之。故君子大其平乎己也。」是圍宋，宋因與之平，引師而去事也。宣十一年「夏，楚子、陳侯、鄭伯盟于辰陵」。何注：「莊王行霸，約諸侯，明王法，討徵舒，善其憂中國。」又「冬十月，楚子殺陳夏徵舒」。〔二〕傳云：「上無天子，下無方伯，天下諸侯有爲無道者，臣弒君，子弒父，力能討之，則討之可也。」是楚莊之霸也。**蔡侯無罪，而拘于楚，吳有憂中國心，興師伐楚，諸侯莫敢不至。知吳之霸也。**定四年：「蔡侯以吳子及楚人戰于伯莒，楚師敗績。」公羊傳：「吳何以稱子，夷狄也，而憂中國。其憂中國奈何？蔡昭公朝乎楚，有美裘焉，囊瓦求之，昭公不與。爲是拘昭公于南郢，數年然後歸之。于其歸焉，用事乎河。〔三〕曰：『天下諸侯苟有能伐楚者，寡人請爲之前列。』楚人聞之，怒，爲是興師，使囊瓦將而伐蔡。蔡請救于吳。伍子胥復曰：『蔡非有罪也，楚人爲無道，君如有憂中國之心，則若時可矣。』于是興師而救蔡。」〔四〕是其事也。新序雜事二：「楚不用伍子胥而破，吳闔廬用之而霸。」是當時有此語也。**或曰：五霸，謂齊桓公、晉文公、秦穆公、宋襄公、楚莊王也。宋襄伐齊，不擒二毛，不鼓不成列。春秋傳曰「雖文王之戰不是過」，知其霸也。**僖二十二年「宋公及楚人戰于泓」，公羊傳：「何正爾？宋公與楚人期，戰于泓之

〔一〕「乘」下「堙」字原作「壇」。「而」下「炊」字原作「爨」，據公羊傳宣公十五年改。〔二〕「楚子」，公羊傳宣公十一年作「楚人」。〔三〕「朝」下「乎」、「事」下「乎」字原均作「于」，據公羊傳定公四年改。〔四〕「是」下「興」原作「與」，據公羊傳定公四年改。

陽，楚人濟泓而來，有司復曰：「請迨其未畢濟而擊之。」宋公曰：「不可。吾聞之也，君子不厄人。吾雖喪國之餘，寡人不忍行也。」〔一〕既濟，未畢陳，有司復曰：「請迨其未畢陳而擊之。」宋公曰：「不可。吾聞之也，君子不鼓不成列。」已陳，然後襄公鼓之。宋師大敗。故君子大其不鼓不成列，臨大事而不忘大禮，有君而無臣，以爲雖文王之戰，亦不過此也。」注：「陸戰當舉地，舉水者，大其不以水厄人也。」是其事也。僖十九年「宋人執滕子嬰齊」，公羊注：「名者，著有罪，爲襄公殺恥也。」又「宋人、曹人、邾婁人盟于曹南」，注：〔二〕「不言君者，爲襄公諱也。」二十一年「執宋公以伐宋」，注：「不爲襄公諱者，守信見執，無恥。」又「楚人使宜申來獻捷」，傳：「不言捷乎宋，爲襄公諱也。」注：「襄公本會楚，〔三〕欲行霸，憂中國也。」二十三年「宋公慈父卒」，傳：「不書葬，盈乎諱也。」注：「至襄公身書葬，則嫌霸業不成。」是春秋之與宋襄與桓、文同，是宋襄之霸也。案「伐齊」疑誤。此皆是戰泓語，見左氏、公羊二傳。小字本、元本此下俱有「亂齊桓公」四字，盧云：「『亂』字屬上句，下當作『立孝公』，『齊桓』二字文譌，俗間本徑删去，非是。」

右論三皇五帝三王五伯

伯子男臣子，于其國中，褒其君爲公。王者臣子，獨不得褒其君謂之爲帝何？以爲諸侯有會聚之事，相朝聘之道，或稱公而尊，或稱伯子男而卑，爲交接之時不私其臣子之義，心俱欲尊其君父，故皆令臣子得稱其君爲公也。帝王異時，無會同之義，故無爲同也。此今

〔一〕「忍」下「行」字原作「有」，據公羊傳僖公二十二年改。

〔二〕「注」字原作「傳」，據公羊傳僖公十九年改。

〔三〕「本」原作「求」，據公羊傳僖公二十一年改。

文春秋說也。公羊隱元年「三月，公及邾儀父盟于蔑」，注：「魯稱公者，臣子心所欲尊號其君父。公者，五等之爵最尊，王者探臣子心，欲尊其君父，使得稱公。故春秋以臣子書葬者皆稱公。」穀梁隱三年「宋公和卒」，注：「至于既葬，雖邾、許子男之君皆稱謚，而言公，各順其臣子之詞。」范氏說穀梁，多援公羊家說，則此亦公羊義也。桓十七年「葬蔡桓侯」，何注「稱侯者，亦奪臣子詞也。有賢弟季而不能用，反疾害之，而立獻舞，國幾并于蠻荆。故賢季抑桓稱侯」也。然則五等之侯，例皆稱公，春秋以桓侯應貶，故降而稱侯也。何以知諸侯得稱公？春秋曰「葬齊桓公」，齊侯也。尚書曰「公曰嗟」，秦伯也。詩云「覃公維私」，覃子也。春秋「葬許穆公」，許男也。「何以」至「桓公」，舊作「諸侯德公齊侯桓公」，脱九字，訛一字，衍一字，依盧校。春秋見僖十七年，尚書見秦誓，詩見衛風碩人。又春秋見僖四年。「覃公維私」，今毛詩本作「譚」，此與下宗族「著」皆作「覃」者，韓、魯詩也。古譚、覃通。詩生民「實覃實訏」，釋文「覃本或作譚」，皆「鄿」之借字。說文邑部：「鄿，國也，齊桓之所滅。」是也。禮大射經曰：「公則釋獲。」大射者，諸侯之禮也，伯子男皆在也。鄭三禮目録云：「名曰大射者，諸侯將有祭祀之事，與其羣臣射，以觀其禮。」是大射，諸侯之禮也。經中凡主人皆稱公，此節舉「公則釋獲」爲證也。

右論伯子男于國中得稱公

謚（共八章）

謚者，何也？謚之爲言引也，引列行之迹也。所以進勸成德，使上務節也。御覽五百六十二引「務」下有「禮」字。通典引五經通義云：「謚者，死後之稱，累生時之行而謚之。善行有善謚，惡行有惡謚，所以爲勸善戒惡也。謚之言列，陳列其行，身雖死，名常存也。」藝文類聚引説題詞云：「謚者，行之迹，所以追勸成德，使當務節。」〔一〕説文言部：「謚，行之迹也」。穀梁文十八年傳：「謚所以成德也」。御覽引禮外傳云：「謚者，行之迹也。累積平生所行事善惡而定其名也。」以謚爲引者，引取伸長之義，言其伸明詳列生前之行，而爲之謚也。釋名：「謚，曳也。物在後爲曳，名之于人亦然。」引曳皆取長爲意也。御覽引大戴禮云：「謚，慎也。」詩文王箋：「崩，謚曰文。」釋文：「謚，慎也。」檀弓上「其慎也」，注：「慎當爲引。」禮家讀然，聲之誤也。音義輾轉亦得相通。「列」舊作「烈」，訛。故禮郊特牲曰：「古者生無爵，死無謚。」此言生有爵，死當有謚也。鄭彼注云：「古，謂殷以前也。大夫以上，乃謂之爵，死有謚也。周制，爵及命，士雖及之，猶不謚也。」然則生有爵，死卽當有謚，自是前代之禮也。御覽引禮記外傳曰：「古者生無爵，死無謚。謚法，周公所爲也。堯、舜、禹、湯，皆後追議其功耳。」直以古絶無謚，其説不可通。周禮典命：「天子公侯伯子男之士，皆有命數。」又檀弓云：「士之有誄，自此始也。」是周初士有爵無謚之明證。死乃謚之何？詩云「靡不有初，鮮克有終」。言人行終始不能若一，故據其終始，從可知也。詩大雅蕩文也。「詩云」十字，盧據御覽補。又御覽無「始」字，脱。士冠經曰：「死而謚今也。」「士冠經」，當爲「士冠記」。今，謂作記時也。檀弓以士之有誄，自縣賁父始，有誄則有謚，明魯莊後士皆有謚也。然則作儀禮記者，其春秋時人歟？所以臨葬而謚之何？因衆會，欲顯揚之也。周書謚法解：「維周公旦、太公望開嗣王業，建功于牧之野，終，將葬，乃制謚，遂作謚

〔一〕「之」下「迹」原作「節」，「以」下「追」原作「進」，「使」下「當」原作「尚」，據説題詞改。

法。」則武王將葬議謚時，乃作謚法也。御覽引大戴禮曰：「周公旦、太公望相嗣王，作謚法。謚者，行之迹也。」大戴文多與周書同，如官人解是也。戴記當亦有臨葬會謚之語，所引文不具也。故春秋曰：「公之喪至自乾侯。」昭公死于晉乾侯之地，數月歸，至急，當未有謚也。見定元年傳。昭公之葬在七月，歸喪在六月，此時尚未葬，故無謚。春秋于葬時書謚，明葬乃謚也。故左氏定元年傳：「季孫問于榮駕鵝曰：『吾欲爲君謚，使子孫知之。』」在六月癸亥之後，是未有謚之明證也。春秋曰：「丁巳葬」，「戊午日下側乃克葬。」明祖載而有謚也。定十五年文也。今本三傳並作「昃」。何注公羊云：「昃，日西也。」下昃蓋晡時。禮坊記云：「祖于庭，葬于墓，所以示遠也。」儀禮既夕云「有司請祖期，曰日側」，注：「祖，始也。側，昳也。」又云「主人入祖乃載」，注：「乃舉柩郤下而載之，束棺于柩車，賓出，遂匠納車于階間。」祖與載，皆葬時之事，故祖載而有謚也。

右總論謚

黄帝先黄後帝者何？古者質，生死同稱，各持行合而言之。禮疏引三禮義宗云：「古者帝王，生死同稱。生稱帝者，死亦稱帝；生稱王者，死亦稱王。」案禮言死而謚，周道也。則殷以前有生號者，即仍爲死後之稱。故書堯典曰：「有鰥在下，曰虞舜。」又曰：「伯禹作司空。」是生時名舜名禹也。釋文引馬注云：「舜，謚也。」禹則自禹以外，未别有死後之稱，則禹亦即謚也。御覽引風俗通云：「自堯以上，王者子孫據國而起，功德浸盛，故造謚。舜禹本以白衣砥行顯名，升爲天子，雖復制謚，〔一〕不如名著，故因名焉。」則應氏以堯舜以前，亦生死異稱。案五帝之王，未必及身相承。顓

〔一〕「故造謚」，風俗通皇霸篇作「故造美論」。「雖復制謚」，風俗通皇霸篇作「雖復更制」。

頊、帝嚳，死後之美謚，高陽、高辛，有國之大號。未聞于謚號之外，别有生前之名。則應氏之説非也。史記帝紀説帝堯者，名放勳。大戴禮五帝德：「宰我曰：『請問帝堯。』孔子曰：『放勳。』又請問帝舜。曰：『重華。』」孟子滕文公注云：「放勳，堯名。」書疏引中候注云：「重華，舜名。」然則堯舜卽生死同稱之號，亦非幼名冠字之名也。抱朴子：「上古無謚，始於周家。」云『黃帝，謚』，蓋後人追爲之謚，取其法世時行迹而已，非黃帝羣臣之作也。」其實黃帝卽生時之稱，非死後追謚也。舊脱「者」字，「質」譌「順」，盧據通典補正。又云：「『同稱』舊本及通典並作『之稱』，似是連下文爲義。」

美者在上，黃帝始制法度，得道之中，萬世不易，後世雖聖，莫能與同也。後世德與天同，亦得稱帝，不能制作，故不得復稱黃也。〔一〕

獨斷帝謚云：「靖民則法曰黃。」是黃爲美謚也。通典注云：「黃者，中和美色。黃承天德，最盛淳美，故以尊色爲謚也。」周書謚法「黃」作「皇」，當以獨斷爲正。軒轅制法度，得道之中，故稱「黃」，百王所不能同，故獨美號在「帝」上也。繁露三代改制質文云：「黃帝之先謚，四帝之後謚，何也？曰：帝號必存五代帝，首天之色號，至五而反。周人之王軒轅，直首天黃號，故曰黃帝云。帝號尊而謚卑，故四帝後謚也。」董子以公羊家言王者之法，必正號，絀王謂之帝，封其後以下國，下存二王之後，以大國同時稱帝者五，稱王者三。周人之王，存杞、宋爲三王，存顓頊、帝嚳、堯、舜並黃帝爲五帝。黃帝直首天黃號，以其德視四帝爲大，故獨稱黃帝，美者在上也。通典引通義云：「帝堯帝舜，先號後謚也。帝者德盛與天同，號謚雖美，終不過天也。」亦斯義也。舊本「不易」下有「名黃自然也」五字，通典無。「聖」，通典作「盛」，「不能制作」舊作「不能立制作之時」，衍三字。

謚或一言，或兩言何？文者以一言爲謚，

〔一〕「黃」下「也」字原作「帝」，據文義改。

質者以兩言爲謚。故湯死後稱成湯，以兩言爲謚也。通典禮六十四云：「或以名配者，德薄因名配，祖甲是也。質家不連號謚，生則爲號，死則稱謚，故不連號，成湯是也。文家連號，欲但言謚，不忍死之，欲但言號，又是實死，故以號謚，文王武王是也。桀紂先號後謚者，别誅絶不嫌也。」其文承合言「文王武王」下，疑亦白虎通之佚文。然則謚一言者，配號以稱，如文武配王以爲尊也。謚兩言者，則不連號，如成湯是也。然質家雖兩言爲謚，而德卑者則亦一言謚，但配名以爲稱耳。如武丁即配丁以稱武，祖乙配乙以稱祖，是也。號無質文，謚有質文何？號者，始也，爲本，故不可變也。周已後，用意尤文，以爲本生時號令善，故有善謚。故合言文王武王也。合言之則上其謚，明别善惡，〔一〕所以勸人爲善，戒人爲惡也。通典引五經通義云：「善行有善謚，惡行有惡謚，所以勸善戒惡也。」此言號無一言兩言之别，而謚有一言兩言之分也。號生前即有，故爲質，謚在死後，故爲文，先質而後文也。帝者，天號也。以爲堯猶謚，顧上世質直，死後以其名爲號耳。書釋文引馬注云：「堯，謚也。」又云：「舜，謚也。舜死後，賢臣録之，臣子爲諱，故變名曰謚。」然則生前即名堯舜，死後取名爲謚耳。所以謚之爲堯何？爲謚有七十二品。禮謚法記曰：「翼善傳聖謚曰堯，仁聖盛明謚曰舜。慈惠愛民謚曰文。剛强理直謚曰武。」玉海載沈約謚法十卷序，大戴禮及世本舊並有謚法，而二書傳至約時，已亡其篇，唯取周書及劉熙謚法廣謚舊文，仍采乘輿帝王世紀謚法篇之異者，以爲此書。案此引作謚法記，當是大戴記文也。獨斷帝謚載堯舜二謚，與謚法記同。又載桀紂之謚云：「賊人多殺曰桀，殘義損善曰紂。」書釋文引馬注：「俗儒以湯

〔一〕「别」上原脱「明」字，據各本補。

爲謚，然不在謚法，故無間焉。」又云：「禹亦不在謚法，故疑焉。」然則謚法原書，本不載禹湯之謚也。逸周書謚法，則并無堯、舜、禹、湯、桀、紂六謚，而有文武二謚，與此異也。「謚法記曰」下四「謚」字，御覽無。「剛强理直」舊作「强理勁直」，御覽作「剛德理直」，「德」字亦譌。盧據史記正義改定，其注云：「剛無欲，强不屈，理忠恕，直無曲。」又見北史于忠傳。小字本、元本俱脱「剛」字，後人不攷，乃添一「勁」字於「直」字之上，非也。

右論帝王制謚之義

天子崩，大臣至南郊謚之者何？以爲人臣之義，莫不欲褒稱其君，掩惡揚善者也。故之南郊，明不得欺天也。故曾子問：「孔子曰：『天子崩，臣下之南郊告謚之。』」穀梁桓十八年注云：「昔武王崩，周公制謚法，大行受大名，小行受小名，莫不欲勸善而懲惡。禮，天子崩，大臣稱天命以謚之。」疏引公羊說：「天子謚于南郊。」通典引五經通義云：「大臣吉服之南郊告天，還，素服稱天命以謚之。」釋名釋典藝云：「王者無上，故于南郊稱天以誄之。」禮曾子問注亦云：「春秋公羊說，以爲讀誄制謚之南郊，若云受之于天。」然則此今文説也。禮曾子問又云：「天子至尊，故稱天以誄之。」有誄必有謚，故知天子謚于南郊也。「大臣」舊作「臣下」，通典、御覽並作「大臣」，曾子問疏引作「大臣之南郊，稱天以謚之者何，褒稱」。舊作「褒大」，通典、御覽並作「稱」，正義作「爲人臣子，莫不欲褒稱其君」。

右論天子謚南郊

諸侯薨，世子赴告於天子，天子遣大夫會其葬而謚之何？幼不誄長，賤不誄貴，諸侯相誄，非禮也。臣當受謚於君也。公羊桓十八年「葬我君桓公」，注：「禮，諸侯薨，天子謚之。」釋名釋典藝：「當春秋時，周室卑微，臣謚其君，故諸侯之謚多不以實也。古者諸侯薨時，天子論行以謚之。」禮曲禮「既葬，見天子曰類見，言謚曰類」，疏引王肅説云：「請謚于天子，必以其實爲謚，類于生平之迹也。」又引何允疏：「類其德而稱之，如經天緯地曰文也。」鄭注：「言謚者，序其行及謚所宜，其禮亡。」案説文言部：「讄，禱也。累功德以求福。」引論語曰：「讄曰：禱爾于上下神祇。」又：「誄，謚也。謚，行之迹也。」則誄與謚相因也。春官太史云「小喪賜謚」，注：「小喪，卿大夫也。」小史云：「卿大夫之喪，賜謚讀誄。」小喪之中，亦容有諸侯在内也。穀梁桓十八年注亦云：「諸侯薨，天子謚之。」故公羊隱三年傳：「天子記崩不記葬，必其時也。諸侯記卒記葬，有天子存，不得必其時也。」亦以諸侯須請謚乃得葬故也。「幼不誄長」二語，見禮曾子問。若然，左氏襄十五年傳，楚共王卒，子囊定謚，定元年魯昭公薨，季孫欲爲惡謚者，春秋之世，賜謚之禮不行于天子，容臣子得謚之矣。天子賜謚之禮，漢世猶存，通典引漢官儀云：「皇帝延諸侯王，賓于諸侯，皆屬大鴻臚。故其薨，奏其迹，賜與謚及哀策文。」是也。

右論天子謚諸侯

卿大夫老歸死者有謚何？謚者，所以別尊卑，彰有德也。卿大夫歸無過，猶有禄位，故有謚也。公羊桓十八年何注云：「卿大夫受謚于君。」周禮「小喪賜謚」，注：「小喪，卿大夫也。」此謂王朝卿大夫，故天子賜之也。檀弓：「公叔文子卒，請謚于君，曰：『日月有時，將葬矣。請所以易其名者。』」隱八年左傳：「無駭卒，羽父請謚與族。」穀梁桓十八年注亦云：「卿大夫卒，受謚于其君。」諸經言卿大夫賜謚，俱多不分致仕與否，明卿大夫無過歸老，得與在位同也。通典禮六十四引此節文下，即云「士冠禮，生無爵，死無謚。卿大夫有爵，故有謚。士無爵，故無謚」。疑亦白虎通之佚文也。「死」下「者」字，盧據御覽補。又云：「下文每舉士以相況，則士之無謚，豈容不見？」

右論卿大夫老有謚

夫人無謚者何？無爵，故無謚。通典引五經通義云：「婦人以隨從爲義，夫貴于朝，妻榮于室，故得蒙夫之謚。或曰：文王之妃曰文母，宋恭公妻恭姬是也。」又云：「夫人無爵，故無謚。」案夫人無謚者，謂不別作謚也，但蒙夫謚也。若絶無謚，則當祔祭合食之時，稱謂之下，將何所別？禮郊特牲云「故婦人無爵，從夫之爵，坐以夫之齒」，注：「爵謂夫命爲大夫，則妻爲命婦。」古者生無爵，死無謚，周雖列士于六等之爵，然猶不爲作謚。是夫人之爵，既從之君，不得別有爵列，則謚亦從之先君，不得別作謚也。故通典「晉穆帝時，彭城王爲太妃李求謚，太常王彪之以爲婦人無爵，既從夫爵，則已無實爵，以從爲稱」也。以從爲稱，則無謚可知。春秋婦人有謚者，周末禮壞耳。故服虔云：「聲子之謚，非禮也。」杜注「惠公仲子」，亦云「非禮」。婦人無謚，則魏晉之世，猶有執典禮以争者矣。東漢之皇后，并皆有謚。然周之三妃，殷之有娀，并無謚號，其有者，亦非禮也。或曰：夫人有謚。夫人一國之母，修閨門之内，則羣下亦化之，故設謚以彰其善惡。春秋曰：〔一〕「葬宋共姬。」傳曰：「稱謚何？賢也。」傳曰：「哀姜者何？莊公夫人也。」此今文春秋説也。隱元年「天王使宰咺來歸惠公仲子之賵」，何休云：「成風有謚，今仲子無謚，知生時不稱夫人。」然則稱夫人者有謚矣。通典引通義又云：「或曰夫人有謚。夫人一國之母，修閨門之内，則下以化

〔一〕「春秋」下原衍「傳」字，據白虎通義定本删。

之，故設謚以章其善惡。公羊曰「葬宋共姬」，稱其謚，賢之也。」是亦備採今文家説也。其文見公羊襄三十年傳。何注：「據葬紀伯姬不言謚。」則公羊家凡諸侯夫人皆得有謚矣。傳曰見僖二年公羊傳。引者，明設謚以彰善惡之義也。後漢皇后紀論曰：「漢世皇后皆無謚，因帝謚以爲稱。中興，明帝始建光烈之稱。」是後漢婦人有謚矣。御覽「則」作「卽」，通典「亦」作「以」，皆無「羣」字。

卿大夫妻，命婦也。無謚者何？以賤也。「命婦也」三字，「者」字「以」字，盧據御覽補。通典引通義亦云：「卿大夫妻，命婦也。無謚者，以賤也。」

八妾所以無謚何？亦以卑賤，無所能豫，猶士卑小不得有謚也。通典引通義又云：「妾無謚，亦以卑賤無所能與，猶士卑小不得謚也。」然春秋聲子、成風、敬嬴并皆有謚，末世之失禮也。「八妾」舊誤作「公妾」。小字本、元本俱作「八妾」。謂左媵、右媵、嫡姪娣也。御覽引亦同。諸侯一取九女，嫡之外，則八皆妾也。「亦以」二字，盧據通典補。「豫」舊譌「務」，今從御覽。通典避諱作「與」。

太子夫人無謚何？本婦人隨夫。太子無謚，其夫人不得有謚也。士冠經曰：「天子之元子猶士也。」士無謚，知太子亦無謚也。通典引賀循議瑯琊世子云：「謚者，所以表功行之目也。故古者未居成人之年，及名位未備者，皆不作謚也。是以周靈王太子聰哲明智，年過成童，亡猶無謚。」案謚者，行之表也，功之迹也。太子位居儲貳，有何善惡施之于人？既無所章，更有何謚可表？故春秋僖五年「公會王世子于首止」，何休注：「自王者言之，以屈遠世子在三公下。」引禮喪服斬衰曰：「公士大夫，家臣也。」疏云：「何氏引喪服者，欲言三公臣有爲之斬衰，世子則無。」是世子卑于三公，故卿大夫有謚，而太子無謚也。春秋未踰年之君，不序于昭穆，不列于廟祭。且亦不得作謚。是以子般、子惡、子野皆無廟謚，不成乎君故也。」則太子無謚明矣。然則太子死，而臣子從服不杖期者，所以重祖體而嚴嫡庶，而太子之爵位則又一等之元士者，不以私親妄誣名器也。「士冠經曰」四字，盧據通典補，「經」亦宜作「記」。

附庸所以無謚何？卑小無爵也。王制曰：「王者之制禄爵，〔一〕凡五等。」附庸不在其中。明附庸無爵也。禮王制云：「不能五十里者，不合于天子，附于諸侯，曰附庸。」附庸上不得同五等之爵，下不得同之公卿大夫士，是無爵也。古無以卑謚尊之禮，附庸以國事附于大國，未能以名達天子，則天子無賜謚之典。而附庸各君其國，各子其民，所附之大國又不得儼然以君自居，行賜謚之禮，一同之純臣，是以附庸無謚也。春秋之邾儀父、郳黎來、紀季者是也。盧據御覽補「古者之制」四字，又補「附庸不在其中明」七字，「無爵」舊作「本非爵」，亦從御覽改。

右論無爵無謚

后夫人于何所謚之？以爲于朝廷。朝廷本所以治政之處，臣子共審謚白之于君，然後加之。婦人天夫，故但白君而已。何以不之南郊也？婦人本無外事，何爲于郊也？禮曾子問曰：「唯天子稱天以誄之。」唯者，獨也。明天子獨于南郊耳。通典禮六十四引作「后夫人謚，臣子共于廟定之。」彼注又引或曰「出之于君，然後加之。婦人天夫，故白君而已。婦人無外事，是故不于郊」。與此皆大同小異，疑「或曰」以下亦白虎通之文。則此當云「后夫人于何所謚之？以爲于廟，或曰于朝廷」云云也。此承婦人有謚義而申言之也。「天夫」，大德本、俞本作「大夫」，〔二〕則「婦人」句逗矣。

右論謚后夫人

〔一〕「王者」原作「古者」，據禮記王制改。

〔二〕「大」下「德」字原作「字」，據白虎通義斠補改。

顯號謚何法？號法天也，法日也，日未出而明。謚法地也，法月也，月已入有餘光也。是以大行受大名，細行受小名。行生于己，名生于人。御覽五百六十三引此有云：「號謚何法？生稱火，死稱謚也。」周書謚法解有其文。晉書嵇紹傳：「謚號所以垂之不朽，大行受大名，細行受細名。」後漢紀注引前書音義云：「禮有大行人、小行人，主謚號官也。」案大行人、小行人今并在秋官，無掌謚之文也。御覽引大戴云：「周公旦太公望相嗣王，作謚法。是以大行受大名，細行受細名，行出于己，名生于人。」案班氏當建初之世，未必見逸周書，當是用大戴成語也。此段舊本脱三十三字，盧據御覽、通典補訂。

右論號謚取法

五祀（共四章）

五祀者，何謂也？謂門、户、井、竈、中霤也。所以祭何？人之所處出入，所飲食，故爲神而祭之。御覽引鄭駁異義云：「王爲羣姓立七祀，一曰司命，主督察三命也。二曰中霤，主宮室居處也。三曰門。四曰户，主出入。五曰國行，主道路。六曰大厲，主殺。七曰竈，主飲食。」此五祀中無司命、大厲，故但言「人之所處出入，所飲食」也。禮祭法「天子立七祀，諸侯立五祀，大夫立三祀，士立二祀」。鄭注爲周制。曲禮「大夫祭五祀」，鄭以月令五祀當之，爲殷制。王制「大夫祭五祀」，鄭以祭法五祀當之。則以王制亦爲周制，與祭法不同者，孔疏王制之文，上云「天子祭天地，諸侯祭社稷，大夫祭五祀」，既有尊卑等級，疑是周制，故引祭法以明之。蓋有地大夫祭五祀，無地大夫祭三祀也。通典引馬融說，以七祀中之門、竈、户、行、中霤爲五祀，即勾芒等五官之神配食者：勾芒食于木，祝融食于火，蓐收食于金，玄冥食于水，勾龍食于土。故月令五祀祭祀，止是金木水火土行之祭也。案禮疏引鄭駁異義：「祝融祭于四郊，而祭火神于竈，于禮乖也。」然則勾芒、祝融五官之神，自于迎四時氣時，與太昊、炎帝等祭于四郊，而户、竈等則于廟門内外祭之。馬氏之說非也。**何以知五祀謂門、户、井、竈、中霤也？月令曰：「其祀户。」又曰：「其祀竈」，「其祀中霤」，「其祀門」，「其祀井」。**鄭本月令「其祀井」作「其祀行」。通典引袁準正論，以爲「火正祀竈，而水正不祀井，非其類也。冬其祀行，是記之誤」。秦静云：「今月令謂行爲井，是以時俗或廢行而祀井。」高堂生云：「月令仲冬祀四海井泉，祭井自從小類，不列五祀。儒家既以井列于五祀，宜除井而祀行。」傅玄云：「七祀五祀，月令皆云『祀行』，而無井。月令先儒有直作井者，既祭竈而不祭井，于事有缺，于情則有不類，謂之井者是也。」杜佑云：「案漢諸儒戴聖、聞人通漢等白虎通義五祀，則有祀井之說。蓋當時已行，中間廢缺。至魏武重修舊典而祭井焉。〔一〕案高誘注吕氏春秋云：「行，門内地，冬守在内，故祀之。行或作井，水給人，冬水王，故祀之。」鄭注月令云：「冬陰盛，寒于水，祀之于行，從辟除之類。」然則祀行即所以祀水，與祀井之義合也。兩漢、魏、晉之立五祀，皆祀井，隋、唐參用月令、祭法，五祀則祭行。及李林甫之徒復修月令，冬又祀井，而不祀行。其實井、行一也。說者以行爲道祭。案荀子禮論篇：「郊止于天子，社止于諸侯，道及士大夫。」道爲行神，士亦得與祭，五祀止及大夫，故知行非道祭也。高注所云「或作井」，即白虎通所見之本。御覽引世本「微作五祀」，注：「微者，殷王八世孫。五祀，謂門、户、及井、竈、中霤。」與此合。魏、晉以後，鄭本盛行，故諸儒

〔一〕「典」上原脱「舊」字，「而」下「祭」原作「祀」，據通典卷五十一補改。

衆訟焉。

右總論五祀

獨大夫已上得祭之何？士者位卑禄薄，但祭其先祖耳。禮曰：「天子祭天地，諸侯祭山川，卿大夫祭五祀，士祭其先。」此據禮戴説之殷制也。故引王制證之。若周制，則祭法云：「天子立七祀，諸侯立五祀，大夫立三祀，士立二祀。」是也。曲禮下記曰：「天子祭天地，四方山川，五祀，歲徧。諸侯方祀，祭山川，五祀，歲徧。卿大夫祭五祀。士祭其先。有廢莫敢舉，有舉莫敢廢，非所當祭而祭之曰淫祀。淫祀無福。」〔一〕「有廢」下十字，盧據御覽補。又「非所當祭而祭之」，御覽作「當祭而祭，不當祭而祭」。

右論大夫已上得祭

祭五祀所以歲一徧何？順五行也。御覽引漢舊儀曰：「祠五祀，謂五行，金木水火土也。」此據曲禮「歲徧」説申之也。故春卽祭户。户者，人所出入，亦春萬物始觸户而出也。獨斷云：「户，春爲少陽，其氣始出生養，祀之於户。其禮，南面設主于門内之西。」夏祭竈。竈者，火之主，人所以自養也。夏亦火

〔一〕禮記曲禮下作「天子祭天地，祭四方，祭山川，祭五祀，歲徧。諸侯方祀，祭山川，祭五祀，歲徧。大夫祭五祀，歲徧。士祭其先。凡祭，有其廢之，莫敢舉也；有其舉之，莫敢廢也。非其所祭而祭之，名曰淫祀，淫祀無福」。此引文出入較大。

王，長養萬物。獨斷云：「竈，夏爲太陽，其氣長養，祀之于竈。其禮，在廟門外之東，先席于門奥西，東設主于竈陘也。」

秋祭門。門以閉藏自固也。秋亦萬物成熟，內備自守也。獨斷云：「門，秋爲少陰，其氣收成，祀之于門。其禮，北面設主于門左樞。」

冬祭井。井者，水之生藏在地中。冬亦水王，萬物伏藏。獨斷云：「以行當井，謂行冬爲太陰，盛寒爲水，祀之于行。其禮，在廟門外之西，軷壤厚二尺，廣五寸，輪四尺，北面設主于軷上。」案設軷乃祖道之祭，故祭行亦用之焉。祭井同否無考。「生」，通典作「主」，何本作「深」，訛。「在」舊作「任」，盧據通典改。小字本、元本正作「生」。

六月祭中霤。中霤者，象土在中央也。六月亦土王也。獨斷云：「季夏之月，土氣始盛，其祀中霤，設主于牖下也。」

故月令春言其祀户，祭先脾。夏言其祀竈，祭先肺。秋言其祀門，祭先肝。冬言其祀井，祭先腎。中央言其祀中霤，祭先心。春祀户，祭所以特先脾者何？脾者，土也。春木王煞土，故以所勝祭之也。是冬腎六月心，非所勝也，以祭何？以爲土位在中央，至尊，故祭以心。心者，藏之尊者。水最卑，不得食其所勝。盧云：「『是』字衍。」此與高誘説同。吕氏春秋孟春紀「祭先脾」，注：「春木勝土，先食所勝也。一説脾屬木，自用其藏也。」孟夏紀「祭先肺」，注：「肺，金也。用其勝也。一説肺火，自用其藏也。」孟秋紀「祭先肝」，注：「肝，木也，祭祀之肉用其勝，故祭先肝。」又曰：「肝，金也。自用其藏。」是皆取五行生尅爲義。其所載或説，乃古尚書説，不可從。若然，冬宜用心，季夏宜用腎，以冬位水卑，心又至尊，故不限以生煞例焉。鄭康成説則異。五行大義引鄭駁異義云：「此文異事乖，未察其本意。月令五祭皆言先，凡言先，有後之詞。春祀户，其祭先脾後腎；夏祀竈，其祭先肺後心肝；季夏祀中霤，其祭先心後肺；秋祀門，其祭先肝後肺，冬祀行，其祭先腎後脾。四時之位，及其五藏之上下次之耳。冬位在後，而腎在下，夏位在前，而肺在上。春位小前，故祭先脾，秋位小却，故祭先肝。腎脾俱在鬲下，肺肝俱在鬲上。祭者必正，〔一〕故有先後焉，不得同五行之義。」案白虎通本今文尚書爲説。月令所紀，多用五行尅生之義，不得祭先獨殊，鄭説似迂。

右論祭五祀順五行

祭五祀，天子諸侯以牛，卿大夫以羊，因四時祭牲也。「祭」字，盧據通典補。周禮小司徒云「小祭祀奉牛牲」，注：「小祭祀，王玄冕所祭。」又司服云：「祭社稷五祀用玄冕。」鄭注月令引中霤禮云：「凡祭五祀于廟，用特牲」，此特牲謂特牛也。天子諸侯並得用牛，卿大夫不得用牛，故用少牢也。**一説户以羊。**月令孟春之月，「食麥與羊」，注：「羊，火畜也。時尚寒，食之以安性也。」疏引五行傳曰「視之不明，則有羊禍」，注：「羊，畜之遠視者，屬視，視屬火，則羊亦屬火。」知此説五祀所用，當卽月令食畜之義。惟此説中霤用豚，與月令異耳。**竈以雞。**月令孟夏之月，「食菽與雞」，注：「雞，木畜，時熱食之，亦以安性。」疏引五行傳：「貌之不恭，則有雞禍。」類聚引説題詞云：「雞爲積陽，南方之象。火陽精，物炎上，故陽出雞鳴，以類感也。」舊作「竈以雉」，盧據通典改。**中霤以豚。**依月令宜用牛，此用豚，豚爲水畜，或卽用其所勝也。**門以犬。**月令孟秋之月，「食麻與犬」，注：「犬，金畜也。」**井以豕。**月令孟冬之月，「食黍與彘」，注：「彘，水畜也。」**或曰：中霤用牛，不得用牛者用豚。**舊訛作「餘不得用豚」，盧據通典改。通典「豚」作「豕」。月令中央「食稷與牛」，注：「牛，土畜也。」五行傳曰：「思心不容，時則有牛禍。」不得用牛者，謂大夫也。或

〔一〕「必」下「正」原作「三」，據文義改。

曰：「用午與月令食畜義合。」井以魚。儀禮疏引中候云：「魚者，水精。」蓋以豚祀中霤，故以魚祀井也。案說郛載月令章句云：「五時所食者，必家人所畜。丑牛，未羊，酉雞，戌犬，亥豕而已。其餘龍虎以下，非食也。」然則春戶木，木勝土。淮南時則訓注：「羊，土畜也，故以羊。夏竈火，火勝金，故酉雞可以祀竈。季夏土王，中霤屬土，亥豕可以祀中霤，故用豚。秋門金，冬井水，金勝木，水勝火，而虎兔蛇馬非可以爲牲，故各以其類而祀之。犬豕也，豕既用祀井，故得用牛者，即以牛祀中霤，亦各以其類故也。」

右論祭祀所用牲

白虎通疏證卷三

社稷（共十三章）

王者所以有社稷何？爲天下求福報功。禮疏引三正記云：「大社爲天下報功，王社爲京師報功也。」人非土不立，非穀不食，土地廣博，不可偏敬也。五穀衆多，不可一一祭也。故封土立社，示有土也。稷，五穀之長，故立稷而祭之也。御覽引援神契云：「社者，五土之總神。稷者，原隰之神。五穀稷爲長，五穀不可偏敬，故立稷以表名也。」禮郊特牲疏引五經異義云：「今孝經說，社者，土地之主，土地廣博，不可偏敬，故封五土以爲社。古左氏說，共工氏有子曰句龍，爲后土，后土爲社。」許君亦曰：「春秋稱公社，今人謂社神爲社公，故知社是土公，非地示。」鄭君駁云：「社祭土而主陰氣。」又云：「社者，神，地之道，謂社神。但言土公，失之矣。」又引異義云：「今孝經說，稷者，五穀之長，穀衆多，不可偏敬，故立稷而祭之。古左氏說，列山氏之子曰柱，死後祀以爲稷。稷是田正，周棄亦爲稷，自商以來祀之。謹案：禮緣生及死，故社稷，人事之，既祭稷穀不得，但以稷米祭稷，反自食。」鄭駁云：「宗伯以血祭祭社稷五祀五岳。若是句龍、柱、棄，不得先五岳而食。」詩信南山云『畇畇原隰』。又云『黍稷彧彧』。原隰生百穀，稷爲之長，則稷者原隰之神。若達此義，不得以稷米祭稷爲難。」然則許君用左氏，此及鄭氏用孝經說也。舊於此下有「尚書曰乃社於新邑。孝經曰保其社稷而和其民人，蓋諸侯之孝也」二十六字，盧依續漢志注、御覽刪去，移

「孝經」云云于後。「敬也」舊作「敬尊」，盧據續漢志注改。稷者得陰陽中和之氣，而用尤多，故爲長也。續漢志引月令章句云：「稷，秋夏乃熟，歷四時，備陰陽，穀之貴者。」説文禾部：「稷，齋也。五穀之長也。」淮南時則訓「食稷與牛」，注：「稷、牛皆食土也。土居中央，故得中和之氣也。」「而用尤多」與續漢志注同，御覽作「而爲用又多」。

右總論社稷

歲再祭之何？春求秋報之義也。故月令仲春之月，「擇元日，命民社」。〔一〕仲秋之月，「擇元日，命民社」。援神契曰：「仲春祈穀，仲秋獲禾，報社祭稷。」「秋報」二字，舊作「穀」，盧據劉昭注改。舊文多譌。盧云：「今月令無『仲秋之月，擇元日，命民社』之文，而御覽五百三十二引禮記月令仲春、仲秋皆有之，并注云：『賽秋成也。元日，秋分前後戊日。』此處無之，乃于大夫有社稷條内，出『月令曰擇元日，命民社』，正此處之文而誤脱于後。其作『人社』，正與御覽同。少『仲秋之月』四字，則後人減落耳。」「又『祈穀仲秋』四字舊脱，〔二〕今補正。」案謂此處有脱文則可，謂脱于後則非。下大夫有社稷條内，當亦引「命民社」之説，以證大夫之社，非衍文也。莊二十三年公羊傳注：「社者，土地之主。祭者，報德也。生萬物，居人民，德至厚，功至大，故感春秋而祭之。」後漢建武二年立大社稷，以二月八月及臘一歲三祠。後魏天興二年立大社稷，以二月八月祭日用戊。〔三〕北齊立大社，每仲春仲秋，以太牢祭。隋開皇初立社稷，仲春仲秋以太牢祭。唐亦以仲春秋戊日祭。是歷代皆一歲再祭也。詩周頌序：「載芟，春籍田

〔一〕「命民社」上原脱「擇元日」三字，據禮記月令補。　〔二〕「文」上原脱「之」字，「誤」下「脱」字原作「衍」字，「少」原作「其」，「字」下脱「舊」字，據盧校本補改。　〔三〕「八月」下疑脱「祭」字，據文義補。

而祈社稷也。」又：「良耜，秋報社稷也。」亦再祭之明證。

右論歲再祭

祭社稷以三牲何？重功故也。禮疏引援神契云：「報社稷以三牲何？重功故也。」鄭注周禮掌客云：「三牲，牛羊豕，具爲一牢。」「祭社稷」三字，盧補。尚書曰：「乃社於新邑，牛一，羊一，豕一。」召誥文。何、孔傳：「告立社稷，用太牢也。」韋注楚語云：「太牢，牛、羊、豕也。」召誥不言稷者，省文也。孔傳又以爲社、稷共牢。案社、稷不同壝，豈得同牢焉？王制曰：「天子社稷皆太牢，諸侯社稷俱少牢。」公羊莊二十三年注：「天子用三牲，諸侯用羊豕。」地官牧人云「陰祀用黝牲」，〔一〕注：「陰祀祭地北郊及社稷。」〔二〕知天子以牛，諸侯以羊，大夫以豕，皆當黑色牲也。續漢志：「郡縣置社稷，牲用羊豕。」是用周諸侯禮也。宗廟俱太牢，社稷獨少牢何？宗廟太牢，所以廣孝道。社稷爲報功，諸侯一國所報者少故也。孝經曰：「保其社稷，而和其民人，蓋諸侯之孝也。」「孝經曰」十八字，盧從上文移此。

右論祭社稷所用牲

王者諸侯所以有兩社何？俱有土之君也。故禮三正記曰：「王者二社。爲天下立社曰太社，自爲立社曰王社。諸侯爲百姓立社曰國社，自爲立社曰侯社。」與祭法記文同。舊文多脫，盧據續漢志注補。太社爲天下報功，王社爲京師報功。太社尊于王社，土地久，故而報之。玉海引

〔一〕「陰」下「祀」原作「社」，據周禮牧人改。 〔二〕「祀」下原脫「祭」字，據周禮牧人注補。

五經通義云：「太社在中門之外，稷在西，王社在藉田中。在國者爲天下報功，在藉田者爲千畝報功也。」則諸侯國社亦立于中門外，侯社亦立于藉田中矣。晉書禮志傅咸引王肅說：「太社，謂王者布下境內，爲百姓立之，謂之太社。不自立之于京都。」案太社即小宗伯所云「右社稷」者，何謂不在京都也？傅咸又引王氏解置社爲今之里社，是即人間之社矣。而別論又以太社爲人間之社，自相矛盾矣。禮志又載摯虞說，以大司徒設社稷之壝。又曰：「以血祭祭社稷，則大社也。」又曰：「封人掌設王之社壝。又有軍旅宜乎社，則王社也。大社爲羣姓祈報，祈報有時主，不可廢，故凡被社釁鼓，主奉以從，則王社也。」義或宜也。「久」疑「大」之誤，「而」疑作「兩」。

右論王者諸侯兩社

王者諸侯必有誡社者何？示有存亡也。明爲善者得之，爲惡者失之。通典禮五引「誡」作「柴」。繁露王道篇云：「周發兵，不期會于孟津之上者八百諸侯〔一〕，共誅紂，大亡天下。春秋以爲誡，曰蒲社災。」則作「誡」是也。又禮書引韓詩傳曰：「亡國之社，以戒諸侯。」前漢五行志：「哀四年六月，亳社災。」向以爲亡國之社所以爲戒也。天戒若曰國將亡，不用戒矣。」即爲惡者失之之義。劉向習穀梁，故穀梁注引劉向云：「亳社災，戒人君縱恣不能警戒之象。」何氏說以爲「蒲者，先世之亡國也。戒社者，先王所以威示教戒諸侯，使事上也。災者，象諸侯背天子也」。與劉氏異也。故春秋公羊傳曰：「亡國之社，奄其上，柴其下。」郊特牲記曰「喪國之社屋之」，示與天地絕也。哀四年傳文。獨斷云：「亡國之社，古者天子亦取亡國之社分諸侯，使爲社以自儆戒。屋之，奄其上，使不

〔一〕「期」上原衍「相」字，據春秋繁露王道刪。

得通天，柴其下，使不得通地，自與天地絶也。面北向陰，示滅亡也。」初學記引論衡曰：「亡國之社，屋其上，柴其下者，示絶於天地。夫春秋薄社，周以爲戒。」「記」字舊脱，「示」訛「自」，盧據御覽正。在門東，明自下之無事處也。或曰：皆當著明誡，當近君，置宗廟之牆南。禮曰「亡國之社稷，必以爲宗廟之屏」，示賤之也。禮郊特牲疏：「或在廟，或在庫門内之東，則亳社在東也。」故左傳云：「問於兩社，爲公室輔。」魯之外朝，在庫門之内，東有亳社，西有國社，朝廷執政之處，故云問於兩社也。所引或曰，當穀梁家説也。穀梁傳哀四年：「亳，亡國也。亡國之社，以爲廟屏，戒也。」與逸禮同。注引劉向説：「立亳社于廟之外，以爲屏蔽，取其不得通天，人君瞻之而致戒心。」是也。其祭，以喪祝掌之。周官喪祝云：「掌勝國之社稷，祝號以祭祀禱祠。」是也。以士師爲尸，秋官士師「若祭勝國之社稷，則爲之尸」，是也。盧云：「『皆當』二字衍，又『自』疑衍。」

右論誡社

社稷在中門之外，外門之内何？尊而親之，與先祖同也。不置中門内何？敬之，示不褻瀆也。論語曰：「譬諸宮牆，不得其門而入。不見宗廟之美，百官之富。」祭義曰：「右社稷，左宗廟。」小宗伯「建國之神位，右社稷，左宗廟」。鄭注：「庫門内、雉門外之左右。」天子五門，皋、庫、雉、應、路。諸侯三門，庫、雉、路。中門卽雉門，外門卽天子之皋、庫，諸侯之庫也。公羊桓二年注：「質家右宗廟，尚親親。〔一〕文家右社稷，尚尊尊。」是尊親之與先祖同也。玉海引通義亦云：「大社在中門外，稷在西并壇。」是也。所引論語，見子張篇。

〔一〕「尚」下原脱一「親」字，據公羊傳桓公二年注補。

今本「譬諸」作「譬之」，漢石經作「譬諸」，魯論語也。皇侃本亦作「諸」。

右論社稷之位

大夫有民，其有社稷者，亦爲報功也。禮祭法曰：「大夫以下，成羣立社，曰置社。」月令曰：「擇元日，命民社。」論語曰：「季路使子羔爲費宰。」「曰：有民人焉，有社稷焉。」禮郊特牲「惟爲社事單出里」，注：「單出里者，皆往祭社于都鄙。二十五家爲里。」祭法注：「大夫不得特立社，與民族居，百家以上則共立一社，今時里社是也。」如鄭此言，則周之政法，百家以上得立社。獨斷亦云：「大夫以下，成羣立社，曰置社。大夫不得特立社，與民族居，百家以上則共一社，今時里社是也。」其秦漢以來，雖非大夫，二十五家以上則得立社，故云今之里社。故禮疏引鄭志云：「月令『命民社』〔一〕謂秦社也。」禮疏引鄭駁異義云：「州長以歲時祭祀州社，是二千五百家爲社也。」又云：「有國及治民之大夫，乃有社稷。」是大夫與其民共立社，不得自爲立社，故引祭法及月令民社之制證之也。若然，鄭注月令，自秦以下，民始立社，而此引以證周制者，案漢書五行志建昭五年，兗州刺史浩賞禁民私立社。〔二〕臣瓚注：「舊制二十五家爲社，〔三〕而民十家五家共爲私社。」孔子世家「楚昭將以書社地七百里封孔子」，注：「二十五家爲里，里各有社。」則民社不自秦時。鄭自以月令秦書，故指而言也。然則古之民社，其即如後世村聚所立之神祠歟？盧以「月令曰」九字爲衍文，非也。且里對鄉州言，則二十五家也。里散則通，如論語之里仁，雜記之里尹，不必限以二十五家也。

〔一〕「命」原作「祭」，據禮記月令改。〔二〕漢書五行志「立社」上有「所自」二字。〔三〕「舊」下原脱「制」字，據漢書五行志補。

十五家也。則凡民間所私立之社，皆稱里社，亦不必泥二十五家之社始稱里社也。

右論大夫有社稷

不謂之土何？封土立社，故變名謂之社，別于衆土也。小雅疏引鄭志：「田瓊問：『周禮大封「先告后土」，注：「后土，社也。」前答趙商云：「當言后土神，言社非也。」檀弓曰「國亡大縣邑，或曰君舉而哭于后土」，注「后土，社也。」月令「命民社」，注：「社，后土。」中庸「郊社之禮」，注：「社，祭地神，不言后土者，省文。」此三者皆當定之否？』答曰：『后土，土官之名也。死以爲社，社而祭之。故曰：「句龍爲后土，〔一〕後轉爲社。」故世人謂社爲后土，無可怪也。』」然則后土得兼社，社不得兼后土。故言社不言土也。爲社立祀，始謂之稷，語不自變有內外。或曰社稷，不以爲稷社。故不變其名，事自可知也。盧云：「疑當作『爲社立稷，卽謂之稷。語不變，示有內外』。」案此上下文不明，多脱誤。吳琯本「語不」作「語」，亦譌。不正月祭稷何？禮不常存，養人爲用，故立其神。此文亦不明。盧云：「義未詳，疑『禮』或『稷』之訛。」

右論名社稷之義

社無屋何？達天地氣。故郊特牲曰：「天子大社，必受霜露風雨，以達天地之氣。」北史引五經通義云：「天子大社王社，諸侯國社侯社，制度奈何？曰：社皆有垣，無屋也。」郊特牲曰：「喪國之社屋之，示與天地絶也。」明當王之社不屋也。社稷所以有樹何？尊而識之，使民望見卽敬之，又所以表功也。故周

〔一〕「而」上原脱「社」字，「句龍」上原衍「后土社」三字，據毛詩小雅甫田疏補刪。

官曰：「司徒班社而樹之，各以土地所宜。」周禮大司徒云：「設其社稷之壝而樹之，田主各以其野之所宜木，遂以名其社與其野。」注：「田主，田神后土，田正之所依也。詩人謂之田祖。謂若松柏栗也。」又封人「掌設王之社壝，爲畿封而樹之」，注：「不言稷者，稷社之細也。」是則社稷皆有樹矣。蓋社稷樹皆封國時所樹，故曰表功。禮檀弓「古之侵伐者不斬祀」，注：「祀，神位，有屋樹者。」莊子人間世云：「櫟無用則爲社。」〔一〕淮南説林訓：「侮人之鬼者，過社而搖其枝。」韓非子外儲説、説苑政理篇皆云「君亦見夫爲社者乎，樹木而塗之」，皆其證也。故北史劉芳傳引五經通義、五經要義，皆以社稷有樹。彼又引合朔儀注：「日有變，以朱絲爲繩，以繞係樹三匝。」此尤爲有樹之據。若然，亡國之社，柴其下，奄其上，則誡社稷無樹矣。其論語八佾篇，宰我論社，有「夏后氏以松，殷人以柏，周人以栗」。集解引孔傳謂社樹，失之。社取植樹，義具於下。所引尚書佚篇，不專用一樹也。論語之問社，當依鄭氏以爲社主。尚書逸篇曰：「大社唯松，東社唯柏，南社唯梓，西社唯栗，北社唯槐。」此孔壁古文也。孔壁古文雖見於漢時，兩京諸儒但習其文字句讀而已。故馬氏云絶無師説。鄭康成于今文二十九篇，古文十六篇外，皆注曰「亡」。于孔壁文則注曰「佚」。言佚其説也。續漢志注引馬氏周官注云：「社稷在右，宗廟在左。或曰：王者五社：大社在中門外，惟松；東社八里，唯柏；西社九里，唯栗；南社七里，唯梓；北社六里，唯槐。」蓋皆佚古文説也。北史劉芳傳亦引尚書逸篇「大社惟松」。又郊特牲疏、初學記引其「大社唯松」五句，稱尚書無逸篇，「無」字當衍文也。

右論社無屋有樹

〔一〕莊子人間世作「匠石之齊，至乎曲轅，見櫟社樹」。

王者自親祭社稷何？社者，土地之神也。土生萬物，天下之所王也。尊重之，故自祭也。周禮大宗伯：「以血祭祭社稷、五祀、五岳。」鼓人：「以靈鼓鼓社祭。」王制：「喪三年不祭，唯祭天地社稷爲越紼而行事。」是王者親祭社稷也。郊特牲云：「社祭土而主陰氣也。」〔一〕續漢志注引王注云：「五行之主也。能吐生百穀者也。」又引盧注：「諸主祭以土地爲本也。」又引荀爽問仲長統以社所祭何神也，統答：「所祭者，土神也。」周禮疏引孝經緯云：「社是五土之總神，是地示之次，祀之以其能助生百穀，故特以爲地示之首，舉以表地。」是以禮運云「命降于社之謂殽地」，又曰「祀社于國，所以列地利」，中庸以社與郊對舉也。

右論王者親祭

其壇大如何？春秋文義曰：「天子之社稷廣五丈，諸侯半之。」舊作「何如」，盧依通攷改。「文義」通典作「大義」。案漢志亦無春秋大義，未知出何書。盧疑爲亦出尚書逸篇。御覽引作「佚禮」，或可從也。禮疏引「稷」作「壇」。案此「壇」字，當是脱文。紺珠引援神契云：「天子社廣五丈，諸侯半之。」則又疑本孝經説也。獨斷云：「天子社稷壇廣五丈，諸侯半之。」則社、稷同制明矣。其色如何？春秋傳曰：「天子有大社也，東方青色，南方赤色，西方白色，北方黑色，上冒以黄土。故將封東方諸侯，取青土，苴以白茅。各取其面以爲封社明土。謹敬潔清也。」周書作雒解云：「乃建大社於國中。其壝，東青土，南赤土，西白土，北驪土，中央置以黄土也。」史記三王世家載春秋大傳曰：「天子之國有大社，將封者，各以其物色，裹以白茅，封以爲社。」則此之春秋

〔一〕「而」下原脱「主」字，據禮記郊特牲補。

傳，即史記所引之大傳也。獨斷云：「天子大社，以五色土爲壇，皇子封爲王者，受天子大社之土，以所封之方色，東方受青，南方受赤，西方受白，北方受黑。他皆各以其方色，藉以白茅，歸國以立社稷，謂之茅土。」書禹貢：「徐州惟土五色。」晉書引王肅注云：「王者取五色土爲大社，封四方諸侯，各割其方色土者覆四方也。」文選注引尚書緯云：「天子社，東方青，南方赤，西方白，北方黑，上冒以黄土。將封諸侯，各取其方色土，苴以白茅，以爲社。」周禮封人云：「凡封國，設其社稷之壝，封其四疆。」注：「封國建諸侯，立其國之封。」亦謂割其社之方色以封諸侯也。「謹敬潔清」，申苴以白茅之意也。「取」字，「各取」以下十字，盧據續漢志注補。初學記引漢舊事曰：「天子大社，以五色土爲壇，封諸侯者，取其方面土，苴以白茅授之，各以其方色，以立社于其國，故謂之授茅土。」是漢時猶斯制也。

右論社稷之壇

祭社稷有樂乎？樂記云：「樂之施於金石，越於聲音，用於宗廟社稷。」周禮大司樂云：「奏太簇，歌應鐘，舞咸池，以祭地示。」注：「地示，神州社稷也。」又鼓人云：「以靈鼓鼓社祭。」是社稷有樂也。舊無「稷」字、「乎」字，依盧校。舊「金石」下衍「絲竹」二字，「用」下衍「之」字，盧依續漢志注删。

右論祭社稷有樂

曾子問曰：「諸侯之祭社稷，俎豆既陳，聞天子崩，如之何？」孔子曰：「廢。」臣子哀痛之，不敢終于禮也。鄭彼注云：「亦謂夙興陳饌牲器時也。」案王制云：「唯祭天地社稷爲越紼而行事。」諸侯聞天子喪，得廢之者，鄭答趙商云：「越紼行事，喪無事時，天地郊社有常日，自啟及至反哭，自當辟之。然則鄭意謂未殯之前是有事，既殯以後，未啟以前，是無事，故得越紼行禮。若未殯之初亦廢，則諸侯亦謂初祭時乍聞君喪，不忍接祭，故廢。此後雖在喪中，應亦不廢社稷祭禮也。又案曾子問云：「天子嘗禘郊社五祀之祭，簠簋既陳，天子崩，后之喪，如之何？孔子曰廢。」鄭氏謂「既陳，謂夙興陳饌牲器時」，與諸侯聞王后之喪同。然下文又云：「當祭而日食，太廟火，其祭也如之何？孔子曰：『接祭而已矣。如牲至未殺則廢。』」則聞王后之喪，雖當祭亦不接祭明矣。王后之喪，重于太廟火、日食，則牲雖至已殺，亦廢矣。宗廟之祭，迎尸在殺牲前，爲其行灌禮，必先迎尸於奧，灌畢然後出迎牲，筵尸於户外，行朝踐之禮，然後退而合亨，更迎尸入坐於奧，行饋孰之禮。若郊社五祀，無灌禮，則迎尸在殺牲之後。故熊安生曰：「郊社五祀祭，初未迎尸之前，已殺牲也。」是殺牲之時猶須即廢，則不止陳饌牲器時矣。

右論祭社稷廢禮

禮樂（共十一章）

禮樂者，何謂也？禮之爲言履也。可履踐而行。禮祭義：「禮者，履此者也。」荀子大略篇云：「禮者，人之所履也。」爾雅釋言「履，禮也」，注：「禮可以履行。」淮南齊俗訓注：「禮，體也。」詩氓篇「體無咎言」，禮坊記引作「履無咎言」。禮、履、體音義兼通。樂者，樂也。君子樂得其道，小人樂得其欲。禮樂記文。皇氏以爲樂象之科。此段舊厠于第九段後，依盧移置此。王者所以盛禮樂何？節文之喜怒。當作「以節文喜怒」。禮樂記：「喜則天下和之，怒則暴亂者畏之。先王之道，禮樂可謂盛矣。」注：「天子之于天下，喜怒節之以禮樂。」義當本此。樂以象天，禮以法地。人無不含天地之氣，有五常之性者。禮樂記「樂由天作，禮以地制」，注：「言法天地也。」又禮運云：「故人者，其天地之德，陰陽之交，鬼神之會，五行之秀氣也。」五行之秀，即五常之性也。故樂所以蕩滌，反其邪惡也。禮所以防淫泆，節其侈靡也。周禮大司徒云：「以五禮防萬民之僞，而教之中。以六樂防萬民之情，〔一〕而教之和。」注：「禮所以節止民之侈僞，〔二〕使其行得中。樂所以蕩正民之情思，而使其心應和也。」故孝經曰：「安上治民，莫善於禮。」「移風易俗，莫善於樂。」廣要道章文。〔三〕漢書董仲舒傳：「樂者，所以變民風，化民俗也。其變民也易，其化民也著。故聲發于和，而本于情。」子曰：「樂在宗廟之中，君臣上下同聽之，則莫不和敬。在族長鄉里之中，長幼同聽之，則莫不和順。在閨門之內，父子兄弟同聽之，則莫不和親。故樂者，所以崇和順，比物飾節，〔四〕節奏合以成文，所以和合父子君臣，〔五〕附親萬民也。是先王立樂之方也。〔六〕故聽其雅頌之聲，志意得廣焉。執干戚，習俯仰屈伸，容貌得莊焉。〔七〕行其綴兆，要其節奏，行列得正焉，進退得齊焉。故樂者，天地之命，中和之紀，人情之所不能免焉也。〔八〕故樂者，〔九〕先王之所以飾喜也。軍旅鈇鉞，先

〔一〕「樂」下「防」原作「節」，據周禮大司徒改。〔二〕「止」原作「正」，「侈」原作「邪」，據周禮大司徒注改。〔三〕「廣」下原衍「德」字，據孝經删。〔四〕禮記樂記作「故樂者，審一以定和，比物以飾節」。〔五〕「和合」，禮記樂記作「合和」。〔六〕「之」下「方」字原作「意」，據禮記樂記改。〔七〕禮記樂記作「執其干戚，習其俯仰詘伸，容貌得莊焉」，「莊」原作「齊」，據改。〔八〕禮記樂記無「焉」字。〔九〕「故」，禮記樂記作「夫」。

王之所以飾怒也。〔一〕故先王之喜怒，皆得其齊焉。〔二〕喜則天下和之，怒則暴亂者畏之。先王之道，禮樂可謂盛矣。」並禮樂記文，微異。孔氏以爲樂化篇記文。荀子樂論篇亦有是語。聞角聲，莫不惻隱而慈者；聞徵聲，莫不喜養好施者；聞商聲，莫不剛斷而立事者；聞羽聲，莫不深思而遠慮者；聞宫聲，莫不温潤而寬和者也。此亦當是成語。公羊隱五年注：「故聞宫聲，則使人温雅而廣大；聞商聲，則使人方正而好義；聞角聲，則使人惻隱而好仁；聞徵聲，則使人整齊而好禮；聞羽聲，則使人樂養而好施。」説郛引五經通義：「湯作濩，聞宫聲則使人温良而寬大；聞商聲使人方廉而好義；聞角聲使人惻隱而愛人；聞徵聲使人樂養而好施；聞羽聲使人恭儉而好禮。」韓詩外傳與通義同，皆與此大同小異。大都以角木仁，故有惻隱之意；徵火禮，長養之方，故意取乎喜養；商金義，故意取乎剛斷；羽水智，故義取乎思慮；宫中央土，故意取乎温和也。禮所揖讓何？所以尊人自損也。揖讓則不争。論語曰：「揖讓而升，下而飲，其争也君子。」故「君使臣以禮，臣事君以忠」。「謙謙君子，利涉大川」，〔三〕以貴下賤，大得民也。屈己敬人，君子之心。故孔子曰：「爲禮不敬，吾何以觀之哉？」見論語八佾篇、易謙象傳、損象傳。「禮所」，盧云「所」疑「有」。又「揖讓則」三字，依盧校補。夫禮者，陰陽之際也，百事之會也，所以尊天地，儐鬼神，序上下，正人道也。禮喪服四制云：「凡禮之大體，體天地，法四時，則陰陽，順人情，故謂之禮。」又禮運云：「禮所以尊天地，儐鬼神。」皆與此意近。「正人道也」，御覽五百三十二作「序上下之道也」。樂所以必歌者何？夫歌者，口言之也。中心喜

〔一〕「先王」下脱「之」字，據禮記樂記補。〔二〕禮記樂記「齊」作「儕」。〔三〕周易謙作「謙謙君子，用涉大川」。

樂，口欲歌之，手欲舞之，足欲蹈之。故尚書曰：「前歌後舞，假於上下。」釋名釋樂器云：「人聲曰歌。歌者，柯也。所歌之言，是其質也。以聲吟咏有上下，如草木之有柯葉。」南齊書引五行傳云：「歌謠，口事也。」禮樂記：「說之故言之，言之不足，故長言之，長言之不足，故嗟嘆之，嗟嘆之不足，故不知手之舞之，足之蹈之。」注：「不知手足舞蹈，歡之至也。」孟子離婁：「樂則生矣，生則惡可已也，惡可已也。不知手之舞之，足之蹈之。」詩關雎序云：「嗟嘆之不足，故永歌之，永歌之不足，不知手之舞之，足之蹈之。」是並言樂之至也。所引尚書，今文書說也。詩疏引太誓書傳云：「惟丙午，王還師，乃鼓譟，師乃慆，前歌後舞，格於上天下土，咸曰孜孜無怠。」注：「慆，喜也。衆大喜，前歌後舞也。」鄭司農夏官注引書傳曰「前師乃鼓鼗譟」，亦謂喜也。蓋今文太誓語也。禮貴忠何？禮者，盛不足，節有餘。使豐年不奢，凶年不儉，貧富不相懸也。孫志祖云：「案下文，似忠當作中。」案忠與中通。古文孝經引詩云「忠心藏之」，見釋文，今毛詩作「中」。僞古文仲虺之誥「建中」，本或作「建忠」。漢張遷碑「中謇於朝」。魏橫海將軍呂君碑「君以中勇」，皆叚「中」爲「忠」，不必改「中」也。且王者通三統，夏尚忠，商尚質，周尚文。亦以酌質文之中，故爲忠。禮禮器云「不可多也，不可寡也，唯其稱也」，卽忠之義也。禮孔子燕居云：「子貢越席而對曰：『敢問將何以爲此中乎？』子曰：『禮乎，夫禮所以制中也。』」〔一〕是也。樂尚雅何？雅者，古正也。所以遠鄭聲也。論語陽貨「惡鄭聲之亂雅樂也」，集解引包云：「鄭聲，淫聲之哀者。惡其奪雅樂也。」風俗通聲音篇云：〔二〕「雅之爲言正也。」荀子王制篇「使夷俗邪音不敢亂雅」，注：「雅，正音也。」論語衞靈公「放鄭聲」，集解引孔注：「鄭聲、佞人，俱能感人心，與

〔一〕禮記仲尼燕居「禮乎」作「禮乎禮」。　〔二〕「音」上原脫「聲」字，據風俗通補。

雅樂賢人同，而使人淫泆危殆，故當放遠之也。」是以禮樂記「魏文侯問於子夏曰：『吾端冕而聽古樂，則惟恐臥；聽鄭、衛之音，則不知倦。』」「子夏對曰：『紀綱既正，天下大定。〔一〕然後正大律，和五聲，弦歌詩頌，此之謂德音。德音之謂樂。』」是卽所謂雅樂也。孔子曰：「鄭聲淫何？鄭國土地民人，山居谷浴，男女錯雜，爲鄭聲以相誘悦懌，故邪僻，聲皆淫色之聲也。」論語衞靈公篇文。此用魯論語也。樂記疏引異義云：「今論語說，鄭國之爲俗，有溱、洧之水，男女聚會，謳歌相感，故云鄭聲淫。左氏說，煩手淫聲，謂之鄭聲者，言煩手躑躅之音使淫，過矣。謹案鄭詩二十一篇，說婦人者十九，故鄭聲淫也。」白帖引通義云：「鄭國有溱、洧之水，會聚謳歌相感，今鄭詩二十一篇，說婦人者十九，故鄭聲淫也。」又云：「鄭重之音使人淫故也。」則班、許、劉三家並宗魯說。通義所引「又曰」一說，特載以備異解耳。盧校云：「『鄭聲』疑作『躑躅之音』。」案「鄭」字衍文，左氏不以鄭聲爲鄭、衞之鄭，故說爲躑躅之聲。昭元年傳曰：「煩手淫聲，慆堙心耳，乃忘和平，謂之鄭聲。」是也。公羊疏引古文家伏虔云：「鄭重之音，鄭重卽躑躅，樂記所謂『及優侏儒，獶雜子女。』注：『獶，獼猴也。言舞者如獼猴戲也。』」是也。班氏自用魯論說，以「鄭」爲鄭、衞之鄭，本與左氏不同，自不得雜引古文春秋以亂今文經師家法也。盧又依漢地志，改「谷浴」爲「谷汲」。案作「浴」亦通，後漢書注引韓詩章句：「鄭國之俗，三月上巳之辰，于溱、洧二水之上，執蘭招魂，祓除不祥。」故詩人願與所說者俱往也。御覽引韋昭毛詩答雜問云：「國中供役，男女怨曠，于是女風傷而思男，故出游于洧之上，託采芬香之草，而爲淫泆之行。」今古詩家本無大異，是其山居谷浴，男女錯雜事也。爾雅釋地云「河南曰豫州」，疏引李巡云：「豫，舒也。」國語魯語言沃土之民泆，泆

〔一〕禮記樂記「天下大定」句下重「天下大定」四字。

則淫。鄭居華夏之中，左華右河，芣騩溱、洧，〔一〕九州上腴，其民樂，故其聲淫。禮樂記：「鄭音好濫淫志。」又云：「鄭、衛亂世之音也。」是也。是鄭聲自指國名，不必如左氏之迂解也。若然，鄭、衛並淫，而專惡鄭聲者，衛地自師涓作靡樂之後，皆習紂故俗，其禍淺。鄭之淫，根於性成，風土所致，其害深，故特惡鄭聲也。

右總論禮樂

太平乃制禮作樂何？夫禮樂所以防奢淫。天下人民飢寒，何樂之乎？詩疏引書大傳曰：「周公將作禮樂，優游之三年不能作。君子恥其言而不見從，恥其行而不見隨，將大作，恐天下莫知我，將小作，恐不得揚父祖功業德澤，然後營洛以觀天下之心。于是四方諸侯帥其羣黨，各攻位于其庭。周公曰：『示之以力役且猶至，況導之以禮樂乎。』然後敢作禮樂。書曰：『作新大邑于東國洛，四方民大和會。』此之謂也。」是太平乃制禮樂也。蓋太平制作禮樂有二義。一則太平既久，民皆向化。食貨志所云「衣食足而知禮節，倉廩實而知榮辱」。論語子路篇云：「如有王者，必世而後仁。」蓋至是始可導以禮樂也。一則禮以防情，樂以節性。國語魯語云：「沃土之民佚，佚則淫。太平既久，時和年豐，熙攘之世，故須制作禮樂以教之。」論語子路篇：「既富矣，又何加焉？曰教之。」是也。孟子梁惠王云：「此惟救死而恐不贍，奚暇治禮義哉？」人民飢寒，自無樂可作矣。御覽五百六十五引作「樂所以防淫奢，民飢寒，何樂之防」。

功成作樂，治定制禮。樂言作，禮言制何？樂者，陽也。動作倡始，故言作。禮樂記：「王者功成作樂，治定制禮。」後漢曹張奮傳：「王者化定制禮，功成作樂。」此卽釋樂記文也。郊特牲云：「樂由陽來者也。」淮南本經

〔一〕「左」下「華」原作「苹」，「芣」下「騩」原作「醜」，據國語鄭語改。

訓云「地載以陽」，注：「樂，生也。惟陽故生。」是樂，陽之義也。廣雅釋詁云：「作，始也。」詩魯頌「思馬斯作」，傳：「作，始也。」是作有始義。禮樂記云：「樂，樂其所自生。」又曰：「樂者，心之動也。」故樂稱作也。漢書董仲舒傳：「教化之情不得，雅頌之樂不成。」故王者功成作樂，樂其德也。禮者，陰也。繫制於陽，故言制。樂象陽也，禮法陰也。郊特牲又云：「禮由陰作者也。」易繫辭下「謙以制禮」，虞注：「陰稱禮。」禮鄉飲酒義「是以禮有三讓」，注：「禮者，陰也。」是禮爲陰也。凡陰皆繫制於陽，樂陽禮陰，故以繫制言之。其實制作對文異，散則通。蓋樂者聲，聲者虛，故言作，動用之意也。禮者形，形者實，故言制，裁斷之意也。舊本多訛，盧據樂記疏改正。

右論太平乃制禮樂

王者始起，何用正民。以爲且用先代之禮樂，天下太平，乃更制作焉。書曰：「肇稱殷禮，祀新邑。」〔一〕此言太平去殷禮。漢書禮樂志：「王者未作樂之前，因先王之樂以教化，百姓説樂其俗，然後改作以章功德。」又云：「王者必因前王之禮，順時施宜，有所損益，即人之心，〔二〕稍稍制作。」書見洛誥，疏引鄭注云：「王者未制禮樂，恆用先王之禮樂。伐紂以來，皆用殷禮，〔三〕非始成王用之也。」蓋始起之時，草創初定，未皇制作，故一依前代，無事變更。論語堯曰篇，湯告天之詞曰「敢用玄牡」，集解引孔注：「殷家尚白，未變夏禮，故用玄牡。」蓋書古文家説亦如此。殷周皆夏殷諸侯，同軌同文，宜遵朝制，今雖革命，故初猶仍舊不改也。鄭注又云：「周公制禮樂既成，

〔一〕「禮」下「祀」原作「記」，據尚書洛誥改。　〔二〕「損」上原脱「所」字，「人」上「即」原作「節」，據漢書禮樂志補改。

〔三〕尚書洛誥疏「伐紂」上有「是言」二字，「皆用殷禮」作「皆用殷之禮樂」。

不使成王卽用周禮，仍令用殷禮者，欲待明年卽政，告神受職，然後班行周禮。班訖，始得用周禮，故告神且用殷禮也。」

春秋傳曰：「曷爲不修乎近而修乎遠？同己也。可因先以太平也。」此兼存今文家異説也。公羊隱五年注：「王者治定制禮，功成作樂，未制作之時，取先王之禮樂宜于今者用之。」如何義，則所取之禮樂不必專用勝朝也。故漢書董仲舒傳「王者未作樂之時，迺用先王之樂宜于世者，而以深入教化于民」，與何義亦合。又昭二十五年注：「大夏，夏樂也。周所以舞夏樂者，〔一〕王者始起，未制作之時，取先王之樂與己同者，假以風化天下。天下大同，乃自作樂。取夏樂者，〔二〕與周俱文。」周書世俘解：「武王克殷，馘於周廟，籥人奏崇禹、生開、三終、王定。」孔氏廣森卮言以崇禹、生開爲夏歌也。

必復更制者，示不襲也。又天下樂之者，樂所以象德表功，而殊名也。疑有訛脱。禮樂記云：「五帝殊時，不相沿樂，三王異世，不相襲禮。」此互文見義也。又云：「樂者，所以象德也。」又云：「夫樂者，象成者也。」宋書禮樂志：「東平王蒼總定公卿之議，曰：『宗廟宜各奏樂，不應相襲，所以明功德也。』」是也。禮之更制，不可枚舉，如改正朔，易服色，殊徽號，易器械，別衣服皆是，故下第就歷代樂名申言之。

禮記曰：「黄帝樂曰咸池，顓頊樂曰六莖，帝嚳樂曰五英，堯樂曰大章，舜樂曰簫韶，禹樂曰大夏，湯樂曰大濩，周樂曰大武象，周公之樂曰酌，合曰大武。」疑禮逸篇文也。初學記引叶圖徵云：「黄帝樂曰咸池，顓頊曰六莖，帝嚳曰五英，堯曰大章，舜曰簫韶，禹曰大夏，殷曰大濩，周曰酌，又曰大

〔一〕「夏」上原衍「大」字，下脱「樂」字，據公羊傳昭公二十五年删補。〔二〕「者」字原作「也」，據公羊傳昭公二十五年改。

武。」周禮疏引叶圖徵載顓頊、帝嚳之樂，「五」、「六」互異。案樂記疏引宋注云：「五龍爲五行，能爲五行之道立根莖，故曰五莖。爲六英者，能爲天地四時六合之英華。」詳宋注之義，則樂緯當以顓頊爲五莖，帝嚳爲六英也。風俗通聲音篇説與佚禮同。獨斷以黄帝曰雲門，而大司樂又曰大卷。注家以二樂皆黄帝之樂，而以大卷爲堯樂，義具下節。通典樂一雜引帝系譜、孝經緯、帝王世紀，又有伏羲樂曰扶來，亦曰立本，神農樂名扶持，亦曰下謀，少昊曰大淵，皆佚禮文所未及。案此文當云「周樂曰象」，以文武之樂俱有象名故也。上「大武」二字衍文。

黄帝曰咸池者，言大施天下之道而行之，天之所生，地之所載，咸蒙德施也。此以大詁咸，以施詁池也。書鈔引劉向通義云：「黄帝樂曰咸池者何？咸，皆也。池，施也。黄帝時道皆施于民也。」初學紀引宋均緯注云：「咸，皆也，池音施，道施于民，故曰咸池。池取無所不浸，德潤萬物，〔一〕故定以爲樂名。」漢書禮樂志「咸池備矣」，注：「咸，皆也。池，言其包容浸潤也。故曰備矣。」大司樂注：「黄帝能成名百物，以明民共財，言其德如雲之出，民得以有族類。大咸、咸池，堯樂也。堯能殫均刑法以儀民，言其德無所不施。」案此亦言咸蒙德施，似亦兼有皆訓。但周禮大咸之上，又有雲門、大卷。故鄭注以大咸爲堯樂。而鄭又云：「大章，堯樂也。言堯德章明也。」周禮闕之。咸池，黄帝所作樂也。堯增修而用之，則大咸本黄帝之樂，爲堯所因。故周官卽以大咸爲堯樂。東京賦「咸池不齊度于鼃咬」，薛注：〔二〕「咸池，堯樂。」注用周禮文也。

顓頊曰六莖者，言和律吕以調陰陽。莖著萬物也。廣雅釋樂作「韶」。漢書禮樂志：「六莖，及根莖也。」風

〔一〕「不浸」上原脱「所」字，下原脱「德」字，據初學記引宋均緯注補。

〔二〕「薛」下疑脱「注」字，據文義補。

俗通同。卽莖著萬物之意。律呂數皆六，故以和律呂言之。御覽引樂緯注云：「道有根莖，故曰六莖。」帝嚳曰五英者，言能調和五聲，以養萬物，調其英華也。廣雅釋樂作「韺」。漢志：「五英，英華茂也。」風俗通同。御覽引樂緯注云：「道有英華，故曰五英。」堯曰大章者，大明天地人之道也。初學記引宋均云：「堯時仁義大行，法度章明，故曰大章。」漢志：「大章，章之也。」風俗通同。舜曰簫韶者，舜能繼堯之道也。禮樂記云：「韶，繼也。」初學記引宋均云：「韶，繼也。舜繼堯之後，循行其道，故曰簫韶。」漢書禮樂志作「招」，云「招繼堯也」。論語疏引元命苞云：「舜之時，民樂其紹堯業。」周禮大司樂作「大磬」。注：「大磬，舜樂也。言其德能紹堯之道也。」漢志「韶」作「招」，云「招繼堯也」。若然，史記本紀「於是禹乃興九招之樂」，說苑修文篇亦言「禹作九招之樂」者，史記載皐陶謨篇，於「帝拜曰然，往欽哉」之下，云「于是天下皆宗禹之明德，度數聲樂，爲山川神主。帝薦禹於天，爲嗣十七年」。裴解引劉熙孟子注云：「若此，則舜格于文祖三年之後，攝禹使得祭祀歟。」案馬遷多從安國問故，當多古文舊說，則書古文家或以簫韶、九成爲太室之祭，禹爲主人，故云「禹興九招之樂」。其實招自舜樂也。公羊疏載鄭注引或曰「韶，舜樂名，舜樂也，其秉簫乎」？以簫爲樂器。案襄二十九年左傳作「箾韶」。說文竹部「箾」字下引虞舜樂曰箾韶。則讀簫爲簫管者謬矣。禹曰大夏者，言禹能順二聖之道而行之，故曰大夏也。初學記引宋均云：「禹承二帝之後，道重太平，故曰大夏。其德能大諸夏也。」大司樂注：「大夏，禹樂也。禹治水傅土，言其德能大中國也。」漢書禮樂志：「夏，大承二帝也。」御覽引元命苞云：「禹之時，民大樂其騈三聖相繼，故夏者，大也。」注：「騈讀頻。」湯曰大濩者，言湯承衰，能護民之急也。初學記引宋均云：「殷承衰而起，護先王之道，故曰大濩。濩音護。」大司樂注：「湯以寬治民，而除其邪，言其德能使天下得其所也。」漢書禮樂志：「濩，言救民也。」御覽引元命苞云：「湯之時，民大樂其救之於患害，故樂名大濩」。周公曰酌者，言周公輔成王，能斟酌文武之道而成之也。初學記引宋均云：「周承衰而起，斟酌文武之道，故曰勺。」獨斷云：「勺一章九句，告成大武，言能酌文武之道，以養天下也。」漢書禮樂志云：「勺言能勺先祖之道也。」蔡中郎用魯詩説，與毛詩同。又左傳宣十二年傳引汋詩，亦指武王之事。蓋武王所作之樂名象，周公攝政，治定功成，述文武之功而作樂，或稱酌。以其周公所作，又或謂爲周公樂也。其實周公人臣，本無樂可作也。武王曰象者，象太平而作樂，示已太平也。禮文王世子下「管象」注：「象，周武王伐紂之樂。」禮明堂位下「管象」注：「象謂周頌武也。」又祭統云「下而管象」，注：「管象，吹管而舞武象之樂也。」墨子三辨篇：「武王勝殷殺紂，環天下自立以爲王，事成功立，無大後患，因先王之樂，又自作樂，命曰象。」獨斷云：「武一章七句，奏大武，周武所定一代之樂所歌也。」維清亦稱「象者，以其同爲象功德，故亦有象名也」。鄭詩箋以武爲周公所作者，以周樂皆周公所定故也。合曰大武者，天下始樂周之征伐行武，故詩人歌之曰：「王赫斯怒，爰整其旅。」當此之時，樂文王之怒以定天下，故樂其武也。此謂合文、武、周公之樂，統名大武也。故襄二十九年左傳，周樂謂之象、箾、南籥。象者，武王樂，箾即汋，周公樂，南即文王樂也。所引詩，皇矣文。孟子梁惠王云：「此文王之勇也。文王一怒而安天下之民。」是天下樂文王之怒也。大司樂疏引元命苞云：「文王時，民大樂其興師征伐，故曰武。」鄭箋：「赫，怒意。斯，盡也。五百人爲旅。文王赫然與羣臣盡怒曰，整其軍旅而出。」是也。繁露楚莊王篇云：「文王作武。」「詩云：『文王受命，有此武功。』既伐于崇，作邑于豐。』樂之風也。又曰：『王赫斯怒，爰整其旅。』當是時，紂爲無道，諸侯大亂，民樂文王之怒而詠歌之也。周人德已洽太平，〔一〕反本以爲樂，謂之大武。」又續漢志注引東觀書載東平王議云：「元命苞曰：『緣天地之所雜樂，爲之文典。文王之時，民樂其興師征伐，而詩人稱其武功。』」皆足以相發明。周室中制象樂何？殷紂爲惡日久，其惡最甚，斮涉刳胎，殘賊天下。武王起兵，前歌後舞，剋殷之後，民人大喜，故中作所以節喜盛。斮涉刳胎，見史記殷本紀。禮祭統「舞莫重於武宿夜」，注：「武宿夜，武曲名也。」疏皇氏引師說書傳云：「武王伐紂，至于商郊，停止宿夜，士卒皆歡樂歌舞以待旦，因名焉。」

右論帝王禮樂

天子八佾，諸侯四佾，所以別尊卑。今文春秋說也。「天子八佾」下，當據隱五年公羊傳補「諸公六佾」，下引公羊傳可證，穀梁同。廣雅釋樂云：「天子樂八佾，諸公六佾，諸侯四佾。」皆同今文。通典引蔡邕月令章句云：「天子省風以作樂，所以節八音而行八風。樂容曰舞，天子八佾，諸侯六，大夫四，士二。」說郛引章句又云：「問者曰：『子說月令，多類周官、左傳。』則古文家以天子八、諸侯六、大夫四、士二也。」御覽引禮記曰：「天子宮懸四面，舞行八佾；諸侯軒懸三面，舞行六佾；大夫判懸二面，舞行四佾；士特懸一面，舞行二佾。」與左氏說同。孔氏廣森春秋通義云：「天子之大夫視諸侯，故得通言四佾。又衆仲探公問羽數之類，意僭諸公，特詭詞以對耳。」案公羊家以春秋改文從質，以公爲一等，侯爲一等，伯子男爲一等。左氏無此意，不必强作調人也。樂者，陽也。故以陰數，法八風、六律、四時

〔一〕「太平」，春秋繁露作「天下」。

也。〔一〕八風、六律者，天氣也。助天地成萬物者也。亦猶樂所以順氣變化，〔二〕萬民成其性命也。隱五年公羊傳注云：「八人爲列，八八六十四人，法八風。六人爲列，六六三十六人，法六律。四人爲列，四四十六人，法四時。」獨斷云：「天子八佾，八八六十四人，八者，象八風，所以風化天下也。公之樂六佾，所以象六律也。侯之樂四佾，所以象四時。」亦用今文說也。故春秋公羊傳曰：「天子八佾，諸公六佾，諸侯四佾。」詩傳曰：「大夫士琴瑟御。」隱五年傳文。所引詩傳，魯詩傳語。公羊注引魯詩傳曰：「天子食，日舉樂，諸侯不徹懸，大夫士日琴瑟御。」疑即山有蓲章傳也。佾者，列也。以八人爲行列，八八六十四人也。諸公六六爲行，諸侯四四爲行。公羊隱五年注：「佾者，列也。」文選注引馬氏論語注：「佾，列也。八人爲列，八八六十四人也。」公羊家以每佾人數即如佾數，故此及何休、蔡邕並以六佾爲三十六人，四佾爲十六人。左氏家服虔等則以諸侯六爲四十八人，大夫四爲三十二人，二佾爲十六人，皆以八人爲列。見左疏。然左傳說晉悼公賜魏絳女樂二八，二八十六人，正合四佾之數。律以左傳大夫四，則正大夫之制。律以公羊諸侯四，則大夫無樂。悼公以諸侯禮賜之，更足著寵異功臣之意。似人數當如佾數爲安。又繁露三代改制云：「法商而王舞溢圓，法夏而王舞溢方，法質而王舞溢橢，法文而王舞溢衡。」魯、晉皆周制，若皆以八人爲列，則六佾、四佾，其方安在？故杜預註左，不取服說。穀梁傳：「尸子曰：『初獻六羽，始厲樂矣。』」其意以天子至諸侯，本皆八人爲列，今殺爲六人，似亦未爲定論也。然以御覽所載禮記之說，八佾、六佾，隨宮懸、軒懸成列，似又當八人爲佾矣。諸公謂三公二王後，大夫士北面之臣，非專事子民者也，故但

〔一〕各本「八風」上均有「法」字，據補。　〔二〕各本「亦有樂」下均有「所以」二字，據補。

琴瑟而已。公羊隱五年傳：「天子三公稱公，王者之後稱公，其餘大國稱侯，小國稱伯子男。」若然，天子三公，亦北面之臣，而得有樂者，三公有分陝治民之責。公羊所云「自陝以東，周公主之；自陝以西，召公主之」。是也。顧氏炎武日知録云：「天子三公稱公，周公、召公、畢公、毛公、蘇公是也。」案春秋時之周公、祭公、虞公，亦即天子三公也。大夫士但琴瑟，雖王朝之臣，自三公而下，皆無樂舞。孔氏廣森謂「天子大夫視諸侯，故得通言大夫四佾」。其說更不可通矣。

右論天子諸侯佾數

王者有六樂者，貴公美德也。所以作供養。謂傾先王之樂，明有法，示正其本，興己所自作樂，明作己也。此文多訛脱，盧改「亡」作「正」字，「己所」下刪一「以」字。又云：「『傾』字疑當爲『因』，又或『樂』字之訛。『作己』疑誤倒，又疑當是『明樂己也』，舊『也』下衍一『樂』字。」案昭二十五年公羊注：「王者舞六樂於宗廟之中。舞先王之樂，明有法也。舞己之樂，明有則也。」御覽引春秋釋例：「周用六代之禮樂，故有雲門、咸池、大韶、大夏、大濩、大武。」又引五經通義云：「樂者，所以象德表功，〔一〕因事之宜。」「受命而王者六樂也。以太一樂天，以咸池樂地，以肆夏樂人，以大夏樂四時，以大濩樂五行，以大武樂六律，各象其性分而爲之制，以樂其先祖。」〔二〕大司樂所掌，亦有雲門、大咸、大磬、大夏、大濩、大武六樂。而以雲門祀天神，大咸祀地示，大磬祀四望，大夏祀山川，大濩享先妣，大武享

〔一〕「象德表功」，原作「表德象功」，據五經通義改。

〔二〕「其性」下原脱「分」字，「以樂」下原脱「其」字，據五經通義補。

先祖。是皆用六樂之事也。「貴公」疑作「貴功」。墨子三辯篇：「湯放桀，環天下自立，因先王之樂，又自作樂，命曰濩。武王勝殷殺紂，環天下自立，因先王之樂，又自作樂，命曰象。周成王因先王之樂，命曰騶。」是皆因先王之樂也。盧云：「『謂』字唯何本有之，各本俱無。」「示正其本」，吳本作「不亡其本」。

右論王者六樂

所以作四夷之樂何？德廣及之也。通典引通義云：「舞四夷之樂，明德澤廣被四表也。」昭二十五年公羊傳注：「舞四夷之樂，大德廣及之也。」周禮旄人云：「舞四夷之樂。」禮明堂位：「納夷蠻之樂于太廟，言廣魯於天下也。」詩鼓鐘云：「以雅以南。」文選注引韓詩傳云：「王者舞六代之樂，舞四夷之樂，大德廣之所及。」毛傳亦云：「舞四夷之樂，大德廣所及也。」文選東都賦「四夷間奏，德廣所及」，本此。易曰：「先王以作樂崇德，殷薦之上帝，以配祖考。」詩云：「奏鼓簡簡，衎我烈祖。」易豫象文也。集解引鄭注：「各充其德而爲制，祀天地以配祖考者，使與天同享其功也。」故孝經云：「郊祀后稷以配天，宗祀文王于明堂以配上帝。」是也。釋文引京房章句，「殷」作「隱」。漢時，京氏不立于學官，晁氏引孟喜作「殷」，此蓋施、孟、梁邱本也。「殷」、「隱」古通用。所引詩，商頌那篇。史記注引韓詩章句：「商頌美襄公。」韓詩家當以爲襄公祀成湯之詩也。毛詩家即以此爲祀成湯之樂，爲太宗時詩。案國語魯語：「昔正考甫校商之名頌十二篇于周太師，以那爲首。」則以爲襄公詩者，似未可從。樂元語曰：「受命而六樂，樂先王之樂，明有法也。與其所自作，明有制。興四夷之樂，明德廣及之也。自此盡「順命重始也」，皆樂元語文。漢書食貨志「樂語有五均」，注：「鄧展曰：『樂語，樂元語，河間獻王所傳。』」又藝文志：「武帝時，河間獻王與毛生等共采周宦及諸子言樂事者，〔一〕以作樂記，獻八佾之舞，與制氏不相遠。〔二〕則樂元語者，河間獻王作也。又云：「其內史丞王定傳之，以授常山王禹。禹，成帝時爲謁者，〔三〕數言其義，獻二十四卷記。劉向校書，得樂記三十二篇，與禹不同，其道寖微。」則班氏所見樂記，已非獻王之舊矣。案首句有脱，當云「受命而興六樂」。「明有法」者，遵先代之法。「明有制」者，言自制作也。故漢禮樂志云：「蓋樂己所自作，明有制也。樂先王之樂，明有法也。」是也。故東夷之樂曰朝離，南夷之樂曰南，西夷之樂曰昧，北夷之樂曰禁。舊本作「故南夷之樂曰兜，西夷之樂曰禁，北夷之樂曰昧，東夷之樂曰離」。盧據明堂位疏所引次序更定，與下文合。案班氏東都賦：「僸、味、兜、離，罔不具集。」通典引五經要義亦作「西夷之樂曰禁，北夷之樂曰昧」。則舊本亦未爲不可從。至下所説不同者，或又載别説，以此本非完書，或有脱文也。公羊注引樂緯云：「東夷之樂曰株離，南夷之樂曰任，西夷之樂曰昧，北夷之樂曰禁。」鞮鞻氏注云：「東方曰韎，南方曰任，西方曰株離，北方曰禁。」東韎西離，與樂緯文正反，賈疏以爲鉤命决説也。毛詩鼓鐘傳與孝經緯同，而字小異。詩疏引書傳「東岳陽伯之樂舞侏離」，注：「株離，舞曲名，言象萬物生株離。」若詩「彼黍離離」，是離亦有生意。俞氏正燮癸巳類藁説云：「昧、任等，皆四夷本名，名從主人單字還音，故諸書有味昧、韎侏、任南、朝株、侏兜、離僸、禁僸之異。今琉球謂樂妓爲侏離。」周煌琉球國志畧云：「土妓甚衆，謂之侏儷，實爲傾城。」云土音，則東夷樂株離，西夷樂昧之名信矣。合歡之樂儛於堂，四夷之樂陳於右，先王所以得之順命重始也。」盧據北堂書鈔作「陳于門外之右」。案御

〔一〕漢書藝文志「河間獻王」下有「好儒」二字。　〔二〕「遠」字原作「違」，據漢書藝文志改。　〔三〕「謁」上原脱「爲」字，據漢書藝文志補。

覽引援神契云：「合忻之樂舞于堂，四夷之樂陳於户。」後漢陳禪傳：「尚書陳忠劾奏禪曰：〔一〕『古者合歡之樂舞子堂，四夷之樂陳于門。故詩曰以雅以南。韎任朱離。』」注云：「毛詩無『韎任朱離』之文，蓋見齊、魯之詩。」案當從書鈔所引作「門外之右」，「户」字當是「右」之誤。御覽引通義云「四夷之樂，何以作之於廟，陳之於户」，亦誤。蓋王者内諸夏而外四夷，合歡之樂陳於堂，不應四夷之樂反陳於堂上之户，陳禪傳之「陳于門」，亦謂大門也。「歡」舊作「觀」，誤。**王者之樂有先後者，各上其德也。**類聚引通義，亦有此文，盧據補。**此言以文得之先以文，謂持羽毛舞也。以武得之先以武，謂持干戚舞也。**「先以武謂」四字，依盧補。通典引通義云：「以文得之先文樂，持羽毛而舞也。以武得之先武樂，持朱干玉戚，所以增威武也。戚，斧。干，楯也。玉取其德，干取其仁，明當尚德行仁，以斷制也。」公羊宣八年傳：「萬者何？干舞也。籥者何？籥舞也。」注：「干，謂楯也。能爲人扞難，而不使害人。故聖王貴之，以爲武樂。吹籥而舞，文樂之長。」案湯武以征伐得天下，故「萬舞有奕」，見於商頌；「方將萬舞」，見於邶風。左傳莊二十八年「楚子元振萬」，知皆先萬舞明矣。周易集解引鄭氏易注，亦云「王者以文得之者作籥舞，以武得之者作萬舞」也。**樂元語曰：「東夷之樂持矛舞，助時生也。南夷之樂持羽舞，助時養也。西夷之樂持戟舞，助時煞也。北夷之樂持干舞，助時藏也。」**周禮疏引鉤命決云：「東夷之樂持矛，助時生；南夷之樂持羽，助時養；西夷之樂持戟，助時殺；北夷之樂持干，助時藏。皆於四門之外右辟。」通典引通義亦同，惟西方持鉞爲異。其羽矛戟干，所以取四時之意，書傳無說。穀梁傳注徐邈說五兵，亦以矛在東，鉞在西，盾在北。揚子雲亦云木爲矛，金爲鉞，水爲盾，唯不言

〔一〕「劾」下脱「奏」字，據後漢書陳禪傳補。

羽，以羽非兵器也。誰制夷狄之樂？以爲先聖王也。先生推行道德，調和陰陽，覆被夷狄。故夷狄安樂，來朝中國，於是作樂樂之。南之爲言任也，任養萬物。古「男」、「南」皆得訓任，故三字輾轉相通。國語晉語「鄭伯南也」，左傳昭十三年作「鄭伯男也」。家語正論亦云「鄭伯男」，王注：「古字作男，亦多有作南者。」書禹貢「男邦」，史記夏本紀作「任國」。方言：「東齊海岱之間謂之戴南，南猶黨也。」「南」、「任」通韻，故明堂位云：「任，南蠻之樂也。」而四夷之樂或總名南者，後漢書注引韓詩説以爲「四夷之樂，〔一〕唯南可以和於雅者。」義或然也。毛詩家則以周德先至南方，故名南也。御覽引通義云：「南方所以謂任者何？陽氣盛用事，萬物懷任，故謂之任。」味之爲言昧也。昧者，萬物衰老，取晦昧之義也。諸書或作「昧」，「昧」、「昧」音義兼通。檀弓「瓦不成昧」，注：「昧當作沫。」易豐「日中見沫」，王注：「沫，微昧之名，或以爲東方樂名。」諸家訓釋，皆望文生義，以爲東方樂者，則取萬物生於黄泉，猶晦昧也。或作「韎」，或作「休」，義皆通。「取晦昧」六字，盧據正義補。御覽引通義云：「北方所以謂之昧何？北方陰氣盛用，萬物暗昧不見，故謂之昧。」禁者，言萬物禁藏。張衡東京賦作「偞」。御覽引通義云：「西方所以謂之禁者何？西方陰氣用事，禁止萬物不得長大，故謂之禁。」朝離者，萬物微離地而生。或作「佅離」、「朱離」。御覽引尚書虞傳「陽伯之樂舞株離」，注：「象萬物生育離根株也。」「佅」、「朝」一音之轉。通典引通義云：「東方所謂佅離者何？陽氣始通，萬物之屬離地而生，故謂之株離」。一説東方持矛，南方歌，西方戚，北方擊金。夷狄質，不如中

〔一〕後漢書陳禪傳注「韓詩説」作「薛君云」。

國文，但隨物名之耳，故百王不易。舊「中國」二字重，「文」下有「章」字，衍。王者制夷狄樂，不制夷狄禮何？以爲禮者，身當履而行之。夷狄之人，不能行禮。樂者，聖人作爲以樂之耳。故有夷狄樂也。「行之」舊作「行也」，从明堂位疏改。周禮疏引云：「禮者，所以均中國也。即爲夷禮，恐夷人不能隨中國禮也。故春秋于夷狄不備責，諸夏有即夷禮者，即夷之也。」又僖二十九年「介葛盧來」，公羊傳：「何以不言朝？不能乎朝也。」注：「不能升降揖讓也。」即夷狄之人不能行禮意也。誰爲舞者？以爲使中國之人，何以言之？夷狄之人禮不備，恐有過誤也。周禮韎師：「掌教韎樂，祭祀則帥其屬而舞之，大享亦如之。」又旄人云：「掌教夷樂，凡四方之舞，以舞仕者屬焉。」又鞮鞻氏云：「掌四夷之樂，與其聲歌，大享時祭，皆當歌舞之。」明使中國人焉。「誰」舊譌「殊」，脱「之」字，盧據詩正義補。作之門外者何？夷在外，故就之也。夷狄無禮義，不在內。明堂記曰：「九夷之國，東門之外。」所以知不在門內也。明堂記曰：「納夷蠻之樂于太廟。」言納，明有入也。「不在內」上，小字本、元本有「故」字。禮明堂位曰：「納蠻夷之樂于太廟，言廣魯于天下也。」戎不亂夏，夷不偪華，故退之門外也。「東門」上舊有「在」字，朱據禮記及逸周書删。故漢陳禪傳陳忠劾禪云「四夷之樂陳於門」也。「納」上舊衍「禹」字，「夷」、「蠻」倒，並改正。曰四夷之樂者，何謂也？以爲四夷外無禮義之國，數夷狄者從東，故舉本以爲之總名也。旄人「掌教舞夷樂」，注：「夷樂，四夷之樂。」是四夷皆統名夷也。四夷之舞統名韎師，亦舉本之意也。言夷狄者，舉終始也。言蠻，舉遠也。言貉，舉惡也。公羊成十五年傳：「內諸夏而外夷狄。」論語八佾：「夷狄之有君。」是諸書多夷狄並舉，夷東方，爲始；狄北方，爲終。舉夷狄統四夷也。史記吴世家「太伯之犇荆蠻」，

注：「蠻，閩也。」「蠻」、「閩」亦同韻。說文虫部：「閩，東南越蛇種。」〔一〕又云：「蠻，南蠻，蛇種。」是蠻、閩同類。而又或稱越，越本有遠義。襄十四年左傳「而越在他境」是也。以三代而上，皆都西北，西南未通王化，四夷來朝，唯東南蠻方最遠，故越裳氏重譯而至焉。廣雅釋詁云：「貉，惡也。」孟子告子下：「子之道，貉道也。」說文豸部：「貉，北方豸種也。」蠻遠貉惡，皆疊韻爲訓。**則別之，東方爲九夷，南方爲八蠻，西方爲六戎，北方爲五狄。故曾子問曰：「九夷八蠻，六戎五狄，百姓之難至者也。」**此論四夷之數，與明堂記同。爾雅釋地作「九夷八狄，七戎六蠻」。職方氏作「四夷八蠻，七閩九貉，五戎六狄」。彼蓋以貉當東夷也。盧辯大戴禮注以周禮爲周所服四海之數，明堂位爲朝明堂時所來之國數，爾雅爲夏之所服，殷之服國東方十，南方六，西方九，北方十有三。賈公彥亦以爾雅爲夏制。案段校王制疏引李巡爾雅注：「八蠻：一曰天竺，二曰咳者，三曰僬僥，四曰跛踵，五曰穿胸，六曰儋耳，七曰狗軹，八曰旁舂。六戎：一曰僥夷，二曰戎夷，三曰老白，四曰耆羌，五曰鼻息，六曰天剛。五狄：一曰月支，二曰濊貊，三曰匈奴，四曰單于，五曰白屋。」據此，則李所注之爾雅，本其夷數，與明堂位合也。彼不注九夷者，詩疏引李本，于「謂之四海」下，又有「八蠻在南方，六戎在西方，五狄在北方」三句。安知今所傳之郭氏本非有誤脫也。邵氏晉涵正義以爾雅釋地多述殷制，此言「四海」，亦當指殷之肇域。案爾雅雜採三代、秦、漢，未必卽定爲殷制。周書王會解：「伊尹朝獻。」商書：「伊尹受命，于是四方令曰：臣請正東符婁、仇州、伊慮、漚深、九夷十蠻，越、漚、鬋髮、文身。」孔注：「九、十者，東夷蠻越之別名。鬋髮文身，因其事以名之也。」今案：符婁一，仇州二，伊慮三，漚深四，九夷九，種合爲一，是爲十蠻。〔二〕蠻之雜于夷方者，是爲

〔一〕「東」下脫「南」字，「種」下衍「也」字，據說文補刪。

〔二〕「爲」下原衍「五」字，據文義刪。

六，越七，漚八，髾髮九，文身十也。又云「正南甌鄧、桂國、損子、産里、百濮、九菌」，注：「六者，南蠻之別名。」又云「正西昆侖、狗國、鬼親、枳己、闟耳、貫胸、雕題、離邱、漆齒」，注：「九者，西戎別名。」「正北雲同、大夏、莎車、姑他、旦略、豹胡、代翟、匈奴、樓煩、月氏、孅犁、其龍、東胡」，注：「十三者，北狄之別名。」盧氏蓋卽本此。禮疏引鄭志答趙商云：「職方四夷，謂四方夷狄也。九貉卽九夷，在東方，八蠻在南方，閩其別也。」戎狄之數，或五、或六兩文異。案周書自是殷制，職方五戎、六狄，蓋互訛，七閩卽八蠻之別，其大數與明堂記同。爾雅當以李本爲正，則九夷、八蠻、六戎、五狄之數，亦卽周制也。所引曾子問，今記無此語。何以知夷在東方？禮王制曰：「東方曰夷，被髮文身。」論語憲問：「吾其被髮左衽矣。」史記趙世家：「翦髮文身，甌越之民也。」又吳世家「太伯與仲雍逃之荆蠻，斷髮文身」，注：「常在水中，故斷其髮，文其身，以象龍子，故不見害。」案「被」當讀爲「髲鬄」之「髲」。故少牢禮「主婦被裼」，鄭君被爲髲鬄。說文髟部：「髲，鬄也。鬄，髲也。」轉注相訓，是二字同意。司馬遷傳「其次鬄毛髮」，〔一〕注：「鬄，剃也。」「剃」與「薙」同。故周禮秋官掌除草者爲薙人。禮月令云：「燒薙行水。」是被、髲、鬄、剃、薙皆通用。故釋家除髮謂之剃髮。淮南子原道訓「于是民人被髮文身」，注：「被，髾也。」是也。東夷南接蠻越，故其俗亦近焉。又曰：「南方曰蠻，雕踶交阯。」「踶」當依今王制本作「題」，彼注云：「雕，謂刻其肌，以丹青涅之。交阯，足相鄉。」小字本、元本俱作「題」。西方曰戎，被髮衣皮。書禹貢「織皮昆侖、析支、渠搜，西戎卽敍」，疏引鄭注云：「衣皮之民，居此昆侖、析支、渠搜三山之野者，皆西戎也。」北方曰狄，衣羽毛，穴居。」漢書匈奴傳：「自君王以下，咸食畜肉，衣其皮革，被旃裘。」又云：「居北邊，逐水草

〔一〕「司馬遷傳」上原衍「說文」二字，據文義删。

遷徙，無城郭常居。」詩緜云「古公亶父，陶復陶穴，未有家室」，毛傳：「陶其土而復之，陶其壤而穴之。」鄭箋：「復于土上鑿地曰穴，皆如陶然，本其在豳時也。」東所以有九者何？蓋來過者九，九之爲言究也。德徧究，故應德而來亦九也。非故爲之，道自然也。廣雅釋詁云：「九，究也。」漢律曆志：「九者，所以究極中和，爲萬物元也。」蓋數窮於九，故一變而七，七變而爲九，則止，故得有究意。其實四夷之數，皆舉來服者言，東夷適有九，故又兼究訓。舊作「蓋來者過」，誤倒，又脱「九」字，今依盧訂正。何以名爲夷蠻？曰：聖人本不治外國。非爲制名也，因其國名而言之耳。左傳昭三十二年云：「天子有道，守在四夷。」公羊成十五年傳：「春秋内中國而外諸夏，内諸夏而外夷狄。」前漢匈奴傳蕭望之曰：「戎狄荒忽，言其來服荒忽無常時，宜待以客禮，讓而不臣。」即不治外國意也。故漢匈奴、月氏、烏孫各國，〔一〕皆依其本所自名也。一説曰：名其短而爲之制名也。夷者，僔夷無禮義。一作「夷者，蹲也，言無禮義」。王制疏引風俗通云：「東方人好生，萬物觝觸地而生。夷者，觝也。」論語憲問「原壤夷俟」，集解：「馬曰：夷，踞也。」廣雅釋詁云：「夷，踞也。」荀子修身篇云「不由禮則夷固僻違」，注：「夷，倨也。」皆爲無禮義之意。案説文大部：「夷，東方之人，从大，从弓。」因東方之人無禮義，故引伸之，凡無禮義者皆爲夷也。東方者，少陽易化，故取名也。段氏玉裁説文注云：「惟東夷从大。大，人也。夷俗仁，仁者壽，有君子不死之國。案大象人形，夷篆从大，與夏同義。夏者，中國之人也。」是東方之夷，比諸夷爲易化也。蠻者，執心違邪。書禹貢「三百里蠻」，釋文引馬注：「蠻，慢也。」通鑑注引風俗通：「蠻者，慢也。」周禮職方「蠻服」注：「蠻用事簡慢。」大司馬注：「蠻，縻也。」蓋以其

〔一〕「月」下「氏」字原作「底」，據漢書改。

執心違邪，故直覊縻之也。說文虫部：「蠻，南蠻，蛇種。」南蠻之人蠻，引伸之，凡執心違邪者皆目爲蠻。今人語猶然也。蠻本刪韻，縻本麻韻，古或可以互諧，故得以縻訓蠻也。〔一〕戎者，强惡也。王制疏引風俗通：「戎者，兇也。斬伐殺生，不得其中。」方言：「戎，拔也。自關而東，江、淮、南楚之間，或曰戎。」案拔與跋通。西京賦：「睢盱跋扈。」詩皇矣箋：「畔援，猶拔扈也。」兇與拔扈皆强惡之義。說文戈部：「戎，兵也。从戈，从甲。」兵所以禦强惡，引伸之，亦有强惡意也。狄者，易也。辟易無別也。王制疏引風俗通云：「父子嫂叔，同穴無別。狄者，辟也，其行邪僻。」廣雅釋言：「狄，辟也。」說文犬部：「狄之爲言淫辟也。」狄與辟易，皆疊韻爲訓。北方太陰，鄙吝，故少難化。自「故取名也」至此，舊多誤脱，今依盧本移正。

右論四夷之樂

歌者在堂上，舞在堂下何？歌者象德，舞者象功，君子上德而下功。御覽引五經通義：「歌舞同處耶，異耶？歌者象德，舞者象功，君子上德而下功。故歌在堂，舞在庭。歌以養形，歌者有聲，舞者有形也。」禮鄉飲酒義「工人升歌三終」，明歌者在堂也。禮記孔子閒居云：「奠酬而工升歌發德也。」初學記引張載鞞舞賦：「蓋以歌以詠，所以象德。」故左傳宣十二年楚子述武篇，以論「武有七德」，是歌者象德也。又樂記「始而北出，再成滅商」云云，皆論舞時表綴，是舞者象功也。初學記引月令章句云：「舞者，樂之容也。有俯仰張翕，行綴長短之制也。」若然，樂記云「觀其舞，知其德」者，蓋功亦兼德，對則異，散則通也。郊特牲曰：「歌者在上。」論語曰：「季氏八佾舞於庭。」書

〔一〕「得」下疑脱「以」字，據文義補。

曰：「下管鞀鼓」，「笙鏞以間」。記彼文云：「歌者在上，貴人聲也。」論語見季氏篇。聘禮注：「中庭者，南北之中，入門至階，皆爲之庭也。古者吹籥以節舞，故管亦於堂下。」案周之樂節，先升歌，次或笙或管，次間，次合樂，著於儀禮。而孔子間居云：「下管象、武，夏籥序興。」明堂位：「升歌清廟，下管象，朱干玉戚，冕而舞大武，皮弁素積，裼而舞大夏。」則舞當在下管之後。故引皋陶謨「下管鼗鼓」證之。明此爲舞時所用也。鼗本所以進舞衆。王制：「天子賜諸侯樂，則以柷將之，賜伯子男樂，則以鼗將之。」鼗鼓柷敔，本相比也。儀禮大射儀：「鼗倚于頌磬西，紘備舞勺設之。」是也。笙鏞以間，則舞後所用。儀禮疏引鄭書注：「東方之樂謂之笙，西方之樂謂之鏞。」「以間」，蓋卽所謂「間歌三終」也。御覽引通義又云：「何言歌在堂也？以燕禮曰『升歌鹿鳴』，以是知之。何以言舞在庭也？援神契曰『合忻之樂舞於堂，四夷之樂陳于户』，以是明之。」案「堂」當「庭」字之誤，「陳于户」，當爲「陳于門」。

右論歌舞異處

降神之樂在上何？爲鬼神舉也。故書曰：「戛擊鳴球，搏拊琴瑟以詠，祖考來格。」宋書樂志荀萬秋議：「按禮祭天地有樂者，爲降神也。」周官曰：「作樂于圜丘之上，天神皆降；作樂于方澤之中，地祇皆出。」祭統曰：「獻之屬莫重于祼，聲莫重于升歌。」是降神之樂宜在堂上也。書見皋陶謨，此今文書説也。通鑑前編引虞夏傳，以此爲禹之祭祀，謂舜爲賓客，而禹爲主人。樂正進贊曰「尚考太室之儀，虞爲禹賓」，〔一〕鄭注：「舜既使禹攝天子之事，于祭祀辟之，居賓客之位，獻酒則爲亞獻也。太室，明堂之位。」則今文以此爲禹攝位後，祀明堂作樂之禮。「虞賓在位」爲亞

〔一〕「虞」原作「唐」，據文義改。

獻，則「來格」上爲初獻降神明矣。史記於「帝拜往欽」之下，亦以爲此舜薦禹于天爲嗣而作樂，與伏生合也。惟書疏引馬注以此爲舜除瞽瞍之喪，祭宗廟之樂。周禮疏引鄭氏，以「下管鼗鼓」爲舜廟堂下之樂。二家習古文，與伏生、史公異也。鄉飲酒禮：「工人升自西階，北面坐，相者東面授瑟。」〔一〕又云：「笙入堂下，磬南北面立。」則磬在堂下，而云「在上」者，以磬所以合堂上之樂，故尊而進之也。所以用鳴球搏拊者何？鬼神清虛，貴淨賤鏗鏘也。儀禮通解續引書傳：「古者帝王，升歌清廟，大琴練絃達越，大瑟朱絃達越，以韋爲鼓，謂之搏拊。何以也？君子大人聲，不以鐘鼓竽笙之聲亂人聲。清廟升歌者，歌先人之功烈德澤，故欲其清也。故書曰『搏拊琴瑟以詠，祖考來格』，此之謂也。」禮樂記：「清廟之瑟，朱弦而疏越，一倡而三歎，有遺音者矣。」即貴淨之義也。鐘聲鏗，故賤之也。故尚書大傳曰：「搏拊鼓，裝以糠。舊作「裝以秉」，依盧改。周禮太師疏云：「白虎通引大傳『拊革，裝之以糠』。今書傳無者，在亡佚中。」又禮樂記注正作「裝以糠」。書疏引鄭本注云：「搏拊以韋爲之，裝之以糠，形如小鼓，所以節樂。一名相。」樂記云「治亂以相」，注：「相卽拊也，裝之以糠。糠一名相。」是也。蓋古「糠」爲「康」，「康」形近「秉」，故訛。琴瑟練絲徽弦。」孫志祖云：「疑非大傳語。」小字本「徽弦」作「朱弦」，是也。案考索引書傳云：「大琴敬弦達越，大瑟朱弦疏越。」初學記又引作「大琴練弦達越，大瑟朱弦達越」。是諸書所引雖殊，要必爲大傳語也。華嚴音義引珠叢云：「煮絲令熟曰練。」考索取引「敬」字，疑亦「練」之誤。鳴者，貴玉聲也。案當云「鳴球者，貴玉聲也」。周禮疏引鄭書注云：「鳴球，卽玉磬也。磬，懸也，而以合堂上之樂。玉磬和，尊之也。」爾雅釋器云：「球，玉也。」又釋樂注：「磬形如犁錧，以玉石爲之。」是也。

〔一〕「北面」下原衍「東上」二字，「相者」下原脫「東面」二字，據儀禮鄉飲酒禮删補。

右論降神之樂

王者食所以有樂何？樂食天下之太平，富積之饒也。周禮膳夫職云：「王日一舉，鼎十有二，以樂侑食。」注：「侑，勸也。」大司樂：「王大食，皆令奏鐘鼓。」論語微子篇「亞飯」、「三飯」、「四飯」，周禮疏引鄭注：「皆舉食之樂。」明天子至尊，非功不食，非德不飽。故傳曰：「天子食，時舉樂。」公羊隱五年注引魯詩傳曰：「天子食，時舉樂。」此疑脱一「詩」字。盧云：「『時』一作『日』。」王者所以日四食何？明有四方之物，食四時之功也。四方不平，四時不順，有徹膳之法焉。所以明至尊著法戒焉。周禮膳夫云：「大荒則不舉，大札則不舉，〔一〕天地有烖則不舉。」禮曲禮：「歲凶，年穀不登，君膳不祭肺。」是天子徹膳之義焉。此依御覽作「徹膳」，舊作「徹樂」，亦通。周禮大司樂云：「大札大凶、大烖、大臣死，〔二〕凡國之大憂，令弛縣。」是也。天子撫有四方，故得備四食。亦猶天子宮縣四面縣，諸侯則軒縣三面縣也。王者平居中央，制御四方。平旦食，少陽之始也。晝食，太陽之始也。餔食，少陰之始也。暮食，太陰之始也。淮南子天文訓：「日出於暘谷，浴於咸池，拂於扶桑，是謂晨明。登於扶桑，爰始將行，是謂朏明。至於曲阿，是謂旦明。至於曾泉，是謂蚤食。至於桑野，是謂晏食。至於衡陽，是謂隅中。至於昆吾，是謂正中。至於鳥次，是謂小還。至於悲谷，是謂餔時。至於女紀，是謂大還。至於淵虞，是謂高春。至於連石，是謂下春。至於悲泉，爰止其女，爰息其馬，是謂縣車。至於虞淵，是謂黃昏。至於蒙谷，是謂定昏。」按旦明，蓋此之平旦食也。晏食，蓋此之晝食也。餔時，蓋此之餔食也。黄昏，蓋此之暮食也。論語曰：「亞

〔一〕〔二〕「大札」原作「大禮」，據周禮膳夫職、大司樂改。

飯干適楚，三飯繚適蔡，四飯缺適秦。」見微子篇。說論語者，皆以爲魯哀公時人，禮壞樂崩，人皆去。漢書注引鄭注，以爲周平王時人。案前漢古今人表列師摯以下於紂時。禮樂志又云：「故書序殷紂斷弃先祖之樂，乃作淫聲，樂官師瞽抱其器而奔散。或適諸侯，或入河海。」師古注引論語釋之。則此引論語，亦以亞飯干等爲紂樂官，故引以證王者四食之禮，蓋當時魯論家有此說，故班依用之。但魯爲周公後，等封于杞、宋，得備天子禮樂。故朱干玉戚舞大武，八佾舞大夏，夫人副褘，魯公龍章，則魯亦得備四飯之樂官矣。又孔子嘗語魯大師樂。又曰師摯之始，關雎之亂。若是紂時，無緣歌關雎之詩。說論語者自當爲哀公時人焉。諸侯三飯，卿大夫再飯，尊卑之差也。弟子職曰「暮食復禮」，士也。食力無數。庶人職在耕桑，戮力勞役，飢即食，飽即作，故無數。「曰」字舊脱，「復禮」舊作「士偃禮」，盧訂補。案管子弟子職云「暮食復禮」，注：「謂復朝之禮也。」彼首句云：「先生施教，弟子是則。」故知爲士禮。蓋亦再飯也。「食力無數」，見禮禮器，注云：「食力，謂工商農也。」疏引庾云：「食力，力作以得食也。」食力即庶人。盧於「食力」上增「庶人」二字，衍文也。若然，彼云天子一食，諸侯再，大夫士三，尊者反少，卑者反多者，彼謂禮食，食畢告飽之禮。尊者以德爲飽，不在食味。故天子一飧即告飽，須侑之乃更飧也。此謂王侯常食之禮，義各有取也。故儀禮特牲有九飯，少牢十一飯，鄭云諸侯十三飯，是亦爵愈尊食愈多焉。

右論侑食之樂

聲音者，何謂也？周禮大師云：「皆文之以五聲，播之以八音。」注：「雜比曰音，單出曰聲。」對文異，散則通也。「音」字舊闕，盧訂補。小字本「者」作「音」，是也。聲者，鳴也。聞其聲即知其所生。呂覽過理篇「臣聞其聲」，注：

「聲，名也。」「名」、「鳴」通。繁露深察名號云：「名之言鳴。」是也。「者」字據初學記補。音者，飲也。言其剛柔清濁和而相飲也。賈子六術云：「是故五聲宮商角徵羽，唱和相應而調和，調和而成理，謂之音。」即剛柔清濁和而相飲之意也。聲、鳴、音、飲，皆疊韻爲訓。尚書曰：「予欲聞六律、五聲、八音。」五聲者，〔一〕宮商角徵羽。土謂宮，金謂商，木謂角，火謂徵，水謂羽。月令曰：「盛德在木」，「其音角」。又曰：「盛德在火」，「其音徵」。「盛德在金」，「其音商」。「盛德在水」，「其音羽」。書，皋陶謨文。案此文有脱，當於「五聲八音」下，又有「五聲」字。漢書律曆志「協之五行，則角爲木。五常爲仁，五事爲貌。商爲金爲義爲言，徵爲火爲禮爲視，羽爲水爲智爲聽，宮爲土爲信爲思」也。所以名之爲角者何？〔二〕角者，躍也。陽氣動躍。律志云：「角，觸也。物觸地而出，戴芒角也。」風俗通引鐘律書同。諸書皆取角觸爲義，與此微異，皆取疊韻爲訓，故各述所聞也。下同。「角者何」三字舊闕，盧補。徵者，止也。陽氣止。律志云：「徵，祉也。物盛大而繁祉也。」鐘律書同。案陽生于子，止于午，故徵取止爲義。商者，張也。陰氣開張，陽氣始降也。律志云：「商之爲言章也。物成孰可商度也。」鐘律書同。爾雅釋文引「張」作「疆」。羽者，紓也。陰氣在上，陽氣在下。律志云：「羽者，宇也，物聚藏宇覆之也。」〔三〕鐘律書同。爾雅釋文引「紓」作「舒」。盧云：「『紓』當作『紓』。」「紓」與「舒」同。詩「彼交匪紓」，荀子勸學篇引作「匪交匪舒」，即其證。宮者，容也，含也。含容四時者也。律志云：「宮，中也。居中央，暢四

〔一〕「者」上原脱「五聲」二字，據各本補。　〔二〕「名」下原脱「之」字，「角」下原脱「者」字，據盧校本補正。

〔三〕「藏」原作「盛」，「覆」原作「象」，據漢書律曆志改正。

方，唱始施生，爲四時綱也。」鐘律書同。八音者，何謂也？樂記曰：「土曰塤，竹曰管，皮曰鼓，匏曰笙，絲曰弦，石曰磬，金曰鐘，木曰柷敔。」今樂記無此文。藝文志：「劉向校書，得樂記二十三篇。」著于別錄。今樂記所斷取十一篇，餘有十二篇，其名猶在，則此樂記之文或出于十二佚篇中也。禮疏引別錄佚文中有樂器第十三，其樂器篇文歟？國語周語：「伶州鳩曰：『金尚羽，石尚角，〔一〕瓦絲尚宮，匏竹尚義，革木一聲。』」則以瓦易土也。考通典引世本云：「塤，暴辛公所作，亦不知何代人。周圻內有暴，豈其時人乎？」若如世本，則塤作于後世，唐、虞或以鼓兼革土二音。周禮籥章杜子春注：「土鼓以瓦爲匡，以革爲兩面，可擊。」是鼓可兼革土二音也。樂記所説，自是周制。漢律志、通典引通義、五行大義引樂緯所説八音，並與此同。此謂八音也。法易八卦也。萬物之數也。八音，萬物之聲也。天子所以用八音何？天子承繼萬物，當知其數。既得其數，當知其聲，即思其形。如此，蜎飛蠕動無不樂其音者，至德之道也。天子樂之，故樂用八音。大戴本命云：「八者，維綱也。天地以發明，故聖人以合陰陽之數也。」注：「八爲方維，八卦之數也。天地以之明，聖人以之合陰陽九六大衍之數。」大義引樂緯之物以三成，以五立，三與五如八，故音以八也。淮南子本經訓：「覆露照導。普汜無私，蠉飛蠕動，莫不仰德而生。」樂記曰：「壎，坎音也。管，艮音也。鼓，震音也。弦，離音也。鐘，兑音也。柷，乾音也。」〔二〕疑亦逸禮樂器文。不言笙磬所屬，以下文見之，則管宜巽音，笙宜艮音，磬宜坤音也。五行大義引葉圖徵云：「坎主冬至，樂用管。艮主立春，樂用塤。震主春分，樂用鼓。巽主立夏，樂用笙。離主夏至，樂用琴

〔一〕「伶州鳩」原作「單穆公」，兩「尚」字原作兩「爲」字，據國語周語下改。

〔二〕據陳疏文，「柷」下當有「敔」字。

瑟。〔一〕坤主立秋，樂用磬。兑主秋分，樂用鐘。乾主立冬，樂用柷圉。」以樂記校之，唯「管」、「塤」互異。大義又引樂緯一説云：「鼓主震，笙主巽，柷敔主乾，塤主艮，管主坎，弦主離，磬主坤，鐘主兑。」亦與葉圖徵合。錢氏大昕答問云：「問：古以八音應八風。説文：『鼓，春分之音。』『鐘，秋分之音。』而冬夏至四立則未聞。曰：白虎通引樂記，言鼓震音，鼓主春分，鐘兑音，故主秋分，與説文合。而尚闕巽坤二音，依白虎通所列十二音吹之，簫當爲巽音，磬當爲坤音矣。然則壎冬至之音，瑟夏至之音，管立春之音，簫立夏之音，磬立秋之音，柷敔立冬之音，説文所未及，可以意補也。」

壎在十一月，壎之爲言熏也。陽氣于黄泉之下熏蒸而萌。釋名釋音樂云：「塤，喧也。聲濁，喧喧然也。」壎即塤，「揎」、「喧」雙聲，「塤」、「熏」疊韻。説文土部：「壎，樂器也。以土爲之，六孔。」小師注：「壎，燒土爲之，大如雁卵。」風俗通聲音云：「塤，燒土也。圍五寸半，長三寸半，有四孔，其二通，凡爲六孔。」又引世本云：「暴辛公作壎。」宋注：「爲壎久矣，此掌其官者也。」詩疏引古史考云：「古者塤篪尚矣。周幽王時，暴辛公善塤，蘇成公善篪，記者以爲作，謬矣。」案小師所職有壎，是周初已有斯器，至詩言「吹壎」、「吹篪」，止取壎、篪相叶，喻朋友之投合，以刺今暴公之不然耳。而説者遂傅會至此，謬矣。三正篇云「十一月之時，陽氣始養根株黄泉之下，萬物皆赤」，即熏蒸而萌之義也。淮南天文訓「涼風至」，注：「坤爲塤。」與下一説合。

匏之爲言施也，牙也。在十二月，萬物始施而牙。禮郊特牲云「匏竹在下」，釋文：「匏竹，篪笛也。」則匏之中又有篪。淮南時則訓注：「篪讀爲池澤之池。」池有施音，展轉相訓，得釋爲施也。「篪」依説文當作「龥」，或作「篪」，音施，支、歌二部多合韻也。廣雅釋草云：「匏，瓠也。」説文瓜部：「瓠，匏也。」包部：「匏，瓠也。」名異實同，判之成

〔一〕「樂用琴瑟」，葉圖徵作「樂用絃」。

物則爲匏，推其本質則爲瓠。瓠又艮爲壺，詩七月箋：「壺，瓠也。」是也。壺，牙同韻，故匏又釋爲牙也。說文竹部：「管如篪，六孔，十二月之音，物開地牙，故謂之管。」其亦篪笙類與？「牙也」二字奪脫，又「而牙」誤「而笱」，盧據初學記補正。

笙者，大蔟之氣，象萬物之生，故曰笙。有七政之節焉，有六合之和焉，天下樂之，故謂之笙。

御覽引月令章句：「季春之月，入學，習吹笙，所以通氣也。」又引五經析疑云：「夫笙者，法萬物始生，導達陰陽之氣，故有長短也。」說文竹部：「笙十三簧，象鳳之身也。笙正月之音，物生，故謂之笙。」釋名釋樂器云：「笙，生也。竹之貫匏，象萬物貫地而生，以匏爲之，故曰匏也。」風俗通聲音篇：「謹案世本，隨作笙，長四寸，十三簧，象鳳之聲，正月之音也。物生，故謂之笙。」淮南天文訓「條風至」注：「艮爲笙。」案春爲陽中，萬物以生。引申之，凡樂之在東方者，皆名爲笙，取義于生也。書皐陶謨「笙鏞以間」，疏引鄭注：「東方之樂謂之笙，笙，生也。」若然，樂記「弦匏笙簧」，又此篇匏在十二月，笙在正月，似匏笙別者，蓋笙介匏竹之間，言笙不必兼匏之屬器也。「故曰」以下，宜成語。蓋笙十三簧，七象七政，六象六合也。七政者，禮疏引斗威儀云「宮主君，商主臣，角主父，徵主子，羽主夫，〔一〕少宮主婦，少商主政。是法北斗而爲七政」也。六合，謂天地四方也。御覽五百八十一引此下有云「古之善吹笙者有王子晉，見列仙傳，周靈王之太子也」，係誤衍別書語。初學記有之。按「故謂之笙」下，注云「見列仙傳，周靈王太子」，乃徐氏自爲別文，御覽誤衍之耳。

鼓，震音，煩氣也。萬物憤懣震而出。雷以動之，温以煖之，風以散之，雨以濡之。奮至德之聲，感和平之氣也。同聲相應，同氣相求，神明報應，天地佑之，其本乃在萬物之始耶？故謂之鼓

〔一〕「主」下「夫」原作「子」，據斗威儀改。

也。易本義引九家佚象云：「震爲鼓。」易繫辭傳「鼓之以雷霆」，虞注：「震爲鼓。」風俗通聲音云：「鼓者，郭也。春分之音也。萬物郭皮甲而出，故謂之鼓。」說文支部：「鼓，郭也。春分之音，萬物郭皮甲而出，故謂之鼓。」考工韗人：「凡冒鼓，必以啟蟄之日。」〔一〕是鼓震音也。煩讀如憤，氣有不平，則聲鼓以責。論語先進「小子鳴鼓而攻」，是也。以仲春時陽尚未著，伏于陰下，故有憤懣震動之象。餘見禮樂記、易繫辭傳。

鞀者，震之氣也。上應昴星，以通王道，故謂之鞀也。釋名釋樂器：「鞀，導也。所以導樂作也。」初學記引纂要云：「樂之所成曰鞉鼓。」即此亦作發。禮小師「掌教鼓鼗」，注：「鼗如鼓而小，持其柄而搖之，旁耳還自擊。」說文革部：「鞀，遼也。」「鞀」、「鞉」、「鼗」字同。蓋鞀爲鼓之屬，故同爲震氣，卯非星名，大德本作「卯」，非。禮疏引三統曆云「清明，日在昴八度」，以其於時屬春故也。其「上應昴星」故，未詳。

簫者，中呂之氣也。萬物生於無聲，見於無形，勠也，肅也。故謂之簫。簫者，以祿爲本，言承天繼物爲民本，人力加，地道化，然後萬物勠也。故謂之簫也。御覽引易說：「夏至之樂補以簫。簫長尺四寸。」鄭注：「火數七，夏數火，用事，二七十四，簫之氣也。」易通卦驗云「簫者，夏至之樂」，鄭注：「簫亦管也。形似鳳翼。鳳，火禽也，火數也。夏時又火用事，與此中呂之氣義也。」說文竹部：「簫，參差管樂，象鳳之翼，从竹，肅聲。」釋名釋樂器：「簫，肅也。其聲肅肅然清也。」公羊疏引宋均說云：「簫之言肅。」肅、勠義近，簫訓肅訓勠，皆疊韻爲訓也。舊「勠也」誤「僇也」，「肅也」誤「簫也」，又脫「呂」字。

瑟者，嗇也，閑也。所以懲忿窒欲，正人之德也。小字本「閑也」作「閉也」，亦通。釋名釋樂器：「瑟施弦張之，瑟瑟然也。」詩淇奧「瑟兮僩兮」，傳：「瑟，矜莊貌。」說

〔一〕「必以」原作「必於」，據周禮考工記改。

文珡部：「瑟，庖羲所作弦樂也。」因瑟可以懲忿窒欲，引伸之爲矜莊。楚辭「秋氣蕭瑟」是。又引伸爲肅義也。詩旱麓箋：「瑟，絜鮮皃。」是瑟之叚借也。嗇亦疊韻爲訓。「窒欲」至下文「之法」十九字舊訛，盧據御覽正。故曰：瑟有君父之節，臣子之法。君父有節，臣子有義，然後四時和。四時和，然後萬物生。故謂之瑟也。「故曰」以下，亦當有成文，未知所出。琴者，禁也。所以禁止淫邪，正人心也。說文珡部：「珡，禁也。神農所作。」初學記引桓譚新論、世本並同。惟引琴操，謂「伏犧作琴，以修身理性，反其天真也」。廣雅釋詁云：「琴，禁也。」風俗通聲音篇：「琴之爲言禁也。」〔一〕文選注引七畧云：「雅琴，琴之爲言禁也，雅之爲言正也。君子守正以自禁也。」風俗通引世本云「神農作琴」，與說文同。馬融笛賦注〔二〕「琴，伏羲所造」。二說不同。初學記、爾雅疏「淫邪」作「於邪」，下有「以」字。磬者，夷則之氣也。象萬物之成也。其聲磬。〔三〕故曰：磬有貴賤焉，有親疎焉，有長幼焉。初學記引五經要義云：「磬，立秋之樂也。秋屬西，西方成物，故以象萬物之成也。」其聲磬者，樂記「石聲磬，磬以立辨」，注：「磬當爲罄。」釋名：「磬，罄也。其聲罄罄然堅緻也。」史記樂書引樂記，作「石聲硜硜以立別」。說文石部：「硜，古文磬字。」後以爲堅確之義，論語憲問「硜硜乎」是也。然則樂記之「石聲磬」者，石聲硜也。此之「其聲磬」者，其聲硜也。鄭氏破爲「罄」字。說文：「罄，器中空也。」又一義。詩那云「依我磬聲」，傳：「磬，聲之清者也。」蓋即此義。釋名以罄爲堅緻，蓋叚「磬」爲「罄」也。「故曰」以下，當亦有成文。樂記言「磬以立辨」，即此有貴賤、親疎、長幼之義也。「成」舊陳疏改。

〔一〕「琴」原作「禁」，據風俗通聲音篇改。〔二〕「注」字原脫，據馬融笛賦注補。〔三〕「其」下「聲」原作「氣」，據

作「盛」，盧依御覽改。大義引樂葉圖徵云：「坤主立秋，陽氣方入，陰氣用事，昆蟲首穴欲蟄。〔一〕故聖人法之，授宮室度量。」又「章制有宜，大小有法，貴賤有差，上下有順，故樂用磬」，與此取義相近。朝廷之禮，貴不讓賤，所以明尊卑也。鄉黨之禮，長不讓幼，所以明有年也。宗廟之禮，親不讓疏，所以明有親也。此三者行，然後王道得，王道得，然後萬物成，天下樂之。故樂用磬也。「之故樂」舊脱，盧依御覽補。鐘之爲言動也。陰氣用事，萬物動成。鐘爲氣，用金爲聲也。御覽引風俗通云：「鐘者，動也。」説文金部：「鐘，樂鐘也。秋分之音，萬物動成，故謂之鐘。」北堂書鈔引五經通義云：「鐘者，秋分之聲。」是陰氣用事，萬物動成也。鍾者，説文云：「酒器也。」義別。今人或叚「鍾」爲「鐘」。風俗通聲音亦云：「謹案：世本垂作鍾，〔二〕秋分之音也。」「爲聲」舊脱「爲」字，盧據御覽補。鎛者，時之氣聲也，節度之所生也。君臣有節度則萬物昌，無節度則萬物亡。亡與昌正相迫，故謂之鎛。説文金部：「鑮，大鐘。淳于之屬，所以應鐘磬。」周禮鼓人「以金錞和鼓」，注：「錞，錞于也。圓如碓頭，大上小下，樂作鳴之，與鼓相和。」御覽引阮禮圖云：「鎛，鐘之大者也。形如鐘而大耳。」儀禮大射儀：「笙磬東南，其南笙鍾，其南鑮。頌磬西南，其南頌磬，其南鑮。鍾磬編懸，鑮特懸。」蓋淳于所以和鍾磬，鑮所以應鍾磬。故云「節度之所生也」。大義引樂葉圖徵云：「兑主秋分，天地萬物人功皆以定，故聖王法承天以定爵禄。爵禄者不過其能。宮爲君，商爲臣。商，章也。言臣章明君之功德，尊卑有位，位有物，物有宜。功成者爵賞，功敗者刑罰，故樂用鍾。」即此「君臣有節度」之義也。字當作「鑮」，作「鎛」者，叚借也。説文：「鎛，鎛鱗

〔一〕「蟲」下「首」原作「有」，據樂緯改。

〔二〕「世本」下「垂」原作「乘」，據風俗通改。

也。〔一〕鍾上横木上金華也。一曰田器。」釋名：「鎛，迫也。亦鋤類。」鐘鎛之鎛，田器之鎛，皆取義于迫也。鎛、迫亦疊韻爲訓。「時之氣聲也」，語亦有譌。柷敔者，終始之聲，萬物之所生也。陰陽順而復，故曰柷。承順天地，序迎萬物，天下樂之，故樂用柷。柷，始也。敔，終也。書皋陶謨「合止柷敔」，僞孔傳：「柷敔，所以作止樂。」釋名釋樂器云：「柷，如物始見柷柷然也。敔，止也，所以止樂。」御覽引樂叶圖徵云：「乾主立冬，陰陽終始，故聖人承天以制柷圉，使死者不恨，生者不怨。」漢書志注：「柷與俶同，俶，始也。樂作先鼓之，故謂之柷。」書鈔引釋名：「柷，始也。」説文攴部：「敔，禁也。一曰樂器椌楬也。形如木虎。」段氏玉裁注以「一曰」以下爲後人妄增。案樂記「椌、楬」注：「柷敔，蓋椌柷、楬敔也。」楬卽取遏止之義，與敔之訓禁同。是柷敔者，終始之音也。敔、禦音義同，敔亦作「圉」，圉又爲止罪人之所，亦取義于止也。釋名釋樂器：「敔，衙也，衙，止也，所以止樂也。」衙有止義，故後世職員駐札，通謂之衙。敔、衙皆从吾，故漢世掌爲天子清蹕禦暴者爲執金吾。應劭注：「吾，禦也。」是也。又風俗通引禮樂記：「柷，漆桶，方畫木，方三尺五寸，〔二〕高五寸，中有椎，上用柷止音爲節。」小師職司農注：「柷如漆筩，中有椎。」詩疏引鄭書注云：「合樂用柷，柷狀如漆筩合之者，投椎于其中動之。」唯釋名云「柷狀如伏虎」，則以敔制爲柷制矣。一説笙、柷、鼓、簫、琴、塤、鐘、磬如其次。笙在北方，柷在東北方，鼓在東方，簫在東南方，琴在南方，塤在西南方，鐘在西方，磬在西北方。別録異説也。以樂記校之，惟笙、柷、塤、磬不合。蓋笙，生也。陽生于子，故北方。柷敔者，終始之聲。易説卦傳：「艮，東北之卦也。萬物之所成，終而成始也。」故柷敔東北方也。塤在西南，與淮南注合。磬象萬物之

〔一〕「鱗」上原脱「鎛」字，據説文補。

〔二〕「方」上原衍「長」字，據風俗通删。

成，西北亦金方，故磬可西北方也。錢氏大昕答問云：「鼓鐘二方與前説同。其餘皆異。説文以管爲十二月之音，笙爲正月之音，則前説近之。」「琴」舊作「瑟」，依盧改。聲五、音八何？聲爲本，出于五行；音爲末，象八風。故樂記曰「聲成文謂之音，知音而樂之謂之樂」也。風俗通聲音云：「詩曰『鶴鳴九皐，聲聞于天』。書『八音克諧，無相奪倫』。由是言之，聲本音末也。」又曰：「聲所以五者，繫五行也。音所以八者，繫八風也。」

右論五聲八音

問曰：異説並行，則弟子疑焉。孔子有言：「吾聞擇其善者而從之。〔一〕多見而志之，知之次也。」「文武之道，未墜于地。」「天之將喪斯文也。」「樂亦在其中矣」。聖人之道，猶有文質，所以擬其説，述所聞者，亦各傳其所受而已。並見論語。「志」、「識」通，作「志」者，魯論語也。案此節疑崩薨卷末語，錯簡在此。穀梁哀十四年疏引論語云：「文武之道，未墜于地，在人。文王既没，其爲文之道，實不在我身乎？」二章文亦雜出，豈其所見他論曾有然耶？

右通論異説

大瑟謂之灑，長八尺一寸，廣一尺八寸，二十七弦。此舊脱，御覽五百七十六引有之。當是此篇佚文。廣雅釋樂云：「伏羲氏瑟長七尺二寸，上有二十七弦。」吕覽古樂云：「瞽叟乃拌以五弦之瑟，作以爲十五弦之瑟；舜乃拌瞽叟之所爲瑟，益以八弦，以爲二十三弦之瑟。」俱與此不同。

〔一〕「吾聞」，論語述而篇作「多聞」。

白虎通疏證卷四

封公侯（共十四章）

王者所以立三公九卿何？曰：「天雖至神，必因日月之光。地雖至靈，必有山川之化。聖人雖有萬人之德，必須俊賢。三公、九卿、二十七大夫、八十一元士，以順天成其道。」此今文尚書、今韓詩、今文春秋説也。北堂書鈔引五經異義：「今尚書夏侯、歐陽説，天子三公，一曰司徒，二曰司馬，三曰司空。九卿、二十七大夫、八十一元士。凡百二十。在天爲星辰，在地爲山川。」繁露官制象天篇云：「王者制官，三公、九卿、二十七大夫、八十一元士，凡百二十人，而列臣備矣。」又禮昏義云：「天子立三公，九卿，二十七大夫，八十一元士。」是漢世今文五經家並如此説。古周禮、古尚書則異。書鈔引異義又云：「古周禮説，天子立三公，曰太師、太傅、太保，無官屬，與王同職。故曰『坐而論道，謂之王公』。又立三少，以爲之副，曰少師、少傅、少保，是謂三孤。冢宰、司徒、宗伯、司馬、司寇、司空，是謂六卿之屬。大夫士庶人在官者，凡萬二千石。」〔一〕許慎謹案：「周公爲傅，召公爲保，太公爲師，無爲司徒、司空文，知師、保、傅，三公官名也。五帝、三王不同物者，周之制也。」則許氏以古説爲周制，今説爲前代制矣。鄭駮無考。漢書百官公卿表云：「太師、太傅、太保，是爲三公。蓋參天子坐而議政，無不總統，故不以一職爲官名。又立三少爲之副，少師、

〔一〕「二千」下原脱「石」字，據五經異義補。

少傅、少保，是爲孤卿，與六卿爲九焉。記曰：三公無官，言有其人然後充之。」〔一〕似參用今古文家說。案：鄭注周禮「鄉老二鄉則公一人」，〔二〕云「王置六卿，則公有三人。三公者，內與王論道，中參六官之事，外與六卿之教」也。而彼疏引鄭氏書傳注云：「周禮，天子六卿，與太宰、司徒同職者，則謂之司徒公。與宗伯、司馬同職者，則謂之司馬公。與司寇、司空同職者，則謂之司空公。一公兼二卿，舉下以爲稱，則三公卽具六卿中矣。」然月令疏引鄭注書傳，以三公領九卿爲夏制，則必以古文說爲周制，其於許叔重無駁，可知矣。漢人多尚公羊，故續漢志注引漢官儀云：「王者時議以漢無司徒官，故定三官之號：大司徒、大司馬、大司空。世祖卽位，因而不改。」是也。考周禮朝士職云：「建邦外朝之法，〔三〕左九棘孤卿大夫位焉。」「右九棘公侯伯子男位焉。」「面三槐三公位焉。」則公與卿異，似周制以太師、太傅、太保爲三公，三孤並六卿爲九卿焉。故周禮疏引鄭答趙商云：「周公左，召公右，兼師、保，初時然矣。」詩大明云「惟師尚父」，是太公爲太師也。太公罷，周公以太傅遷太師，故書序云「周公爲師」是也。顧命云「乃同召太保奭」，是召公爲太保也。則周有三公明矣。而周禮無其職者，禮文王世子曰「及三公不必備，惟其人」。然則三公得其人則置，失其人則闕。不必常設，亦猶漢之大將軍、太傅之職也。」鹽鐵論相刺篇：「天設三光以照記，天子立公卿以明治。」說苑君道篇：「湯問伊尹曰：『三公、九卿、二十七大夫、八十一元士，知之有道乎？』伊對曰：『夫王者得賢才以自輔，然後治也。雖有堯舜之明，而股肱不備，則主恩不流，化澤不行。』」與此義同也。司馬主兵，司徒主人，司空主地。王者受命爲天地人之職，故

〔一〕「後」下「充」字原作「居」，據漢書百官公卿表改。　〔二〕兩「鄉」原作「卿」字，據周禮地官改。　〔三〕「建」下原脫「邦」字，據周禮朝士補。

分職以置三公，各主其一，以効其功。韓詩外傳八曰：「三公者何？曰：司空、司馬、司徒也。司馬主天，司空主土，司徒主人。」漢書百官公卿表云「或説司馬主天，司空主土，司徒主人」，〔一〕即用今文説。云「各主其一，以効其功」，與古文家説不以一職爲官名者殊焉。論衡引書大傳曰：「郊社不修，山川不祝，風雨不時，霜雪不降，責之天公。臣多弑主，孽多亂宗，五品不訓，責於人公。城郭不繕，溝池不修，水泉不降，水爲民害，則責於地公。」御覽引書傳又曰：「百姓不新，五品不訓，則責之司徒。蠻夷猾夏，寇賊奸宄，則責之司馬。溝瀆壅遏，水爲民害，則責之司空。」蓋司馬主兵，亦謂天公；司徒主人，亦稱人公；司空主地，亦稱地公也。一公置三卿，故九卿也。天道莫不成於三：天有三光，日、月、星；地有三形，高、下、平；人有三等，君、父、師。故一公三卿佐之，一卿三大夫佐之，一大夫三元士佐之。天有三光，然後能遍照，各自有三法，物成於三，有始，有中，有終。明天道而終之也。潛夫論考績云：「聖王之建百官也，皆所以承天治地，物養萬民者也。」繁露官制象天篇：「天子自參以三公，三公自參以九卿，九卿自參以三大夫，三大夫自參以三士。」類聚引書傳曰：「古者天子三公，每一公三卿佐之，每一卿三大夫佐之，每一大夫三元士佐之。」説苑臣術篇：「三公者，所以參五事也。九卿者，所以參三公也。大夫者，所以參九卿也。列士者，所以參大夫也。」案説文三部云：「三，天地人之道也。」左傳昭三十二年云：「不及四十年。」周禮保章氏疏引服注：「三者，天地人之數。天地人之道皆成於三，故公卿大夫士亦自三以上也。九者，數之大終；三者，數之小終。」易師爻詞云「王三錫命」，集解引荀注云：「三者，陽德成也。」大元進云「三歲不還」，注：「三者，終也。」故以三明天

〔一〕「司」下「徒」原作「從」，據漢書百官公卿表改。

道之終也。舊本作「而能遍照」，盧云：「『而』乃本字，『能』是後人所注，古人言『能』，亦作『而』字。」三公、九卿、二十七大夫、八十一元士，凡百二十官。下應十二子。公羊桓八年注：「天子置三公、九卿、二十七大夫、八十一元士，凡百二十官，下應十二子。」疏引元命苞曰：「立三台以爲三公，北斗九星爲九卿，二十七大夫，內宿部衞之列，八十一紀以爲元士，凡百二十官焉，下應十二子。」注：「此言天子立百二十官者，非直上紀星數，亦下應十二辰，故曰『下應十二子』。」續漢天文志「天者北辰星，合元垂燿建帝形，運機授度張百精。三階，九列，二十七大夫，八十一元士，斗、衡、太微、攝提之屬，百二十官，二十八宿各布列，〔一〕下應十二子」，亦斯義也。別名記曰：「司徒典民，司空主地，司馬順天。」別名記，逸禮篇名也。禮疏作辨名記，「辨」、「別」同也。天者施生，所以主兵何？兵者爲謀除害也，所以全其生，衞其養也，故兵稱天。寇賊猛獸，皆爲除害者所主也。論語曰：「天下有道，則禮樂征伐自天子出。」荀子議兵篇：「彼兵者，所以禁暴除害也，非争奪也。故仁人之兵，所存者神，所過者化。」小字本「謀」字似「民」字，稍模糊，影鈔小字本、元本俱作「諸」。司馬主兵。不言兵言馬者，〔二〕馬陽物，乾之所爲，行兵用焉。〔三〕不以傷害爲文，故言馬也。南齊志引五行傳曰：「乾爲馬。」繫辭傳：「服牛乘馬。」集解引虞注亦云：「乾爲馬。」馬與龍同氣，故龍、馬並爲陽物也。史記正義引虞喜志林云：「馬，兵之首也。」漢馬援傳云：「馬者，甲兵之本。」以兵者不祥之名，故吕覽論威篇「兵者，〔四〕天下之凶器」。故避「兵」傷害之名而第言「馬」也。「不言兵」三字

〔一〕「太微」原作「天微」，「各布」原作「非不」，據續漢志改。　〔二〕各本「不言」二字前均有「司馬主兵」四字，據補。

〔三〕「用」下「焉」原作「也」，據各本改。　〔四〕「論威」原作「論盛」，據吕氏春秋改。

舊脱，據書鈔補。「文」舊作「度」，據書鈔改。司徒主人。不言人言徒者，徒，衆也。重民衆。公羊昭八年傳「簡車徒也」，注：「徒，衆。」僞孔周官傳云：「主徒衆，教以禮義。」舊作「重民」，書鈔有「衆」字。司空主土。不言土言空者，空尚主之，何況於實。以微見著。揚雄司空箴云：「乃立地官，空惟是職。」即「空尚主之」之義也。又云：「空臣司土，敢告在側。」

右論三公九卿

王者立三公、九卿、二十七大夫，足以教道照幽隱，必復封諸侯何？重民之至也。繁露諸侯篇云：「古之聖人，見天意之厚於人也，故南面而君天下，必以兼利之，爲其遠者目不能見，其隱者耳不能聞，於是千里之外，割地分民，而建國立君，使爲天子視所不見，聽所不聞，朝夕召而問之也。諸侯爲言諸侯也。」〔一〕是封諸侯亦以教道照幽隱之意也。善惡比而易知，故擇賢而封之，以著其德，極其才。上以尊天子，備蕃輔。下以子養百姓，施行其道。開賢者之路，謙不自專，故列土封賢，因而象之，象賢重民也。「知」舊誤在「故」字下，盧改正。

右論封諸侯

州伯者，〔二〕何謂也？伯，長也。選擇賢良，使長一州，故謂之伯也。王制曰：「千里之外設方伯。五國以爲屬，屬有長。十國以爲連，連有率。〔三〕三十國以爲卒，卒有正。二百一

〔一〕春秋繁露諸侯篇「爲言」下有「猶」字。〔二〕各本「州伯」下無「者」字。〔三〕禮記王制篇「率」作「帥」。

十國以爲州，州有伯。」此殷制也。王制注云：「殷之州長曰伯。」詩旄邱序云：「責衞伯也，不能修方伯連率之職也。」疏引鄭志答張逸云：「侯德適任之，謂衞侯之德適可任州伯也。」以爲一州之長稱州伯，故知伯，長也。王制注云：凡長皆因賢侯爲之。以既長諸侯，非賢不可，故於州內選一賢侯，非於州外別立一長以爲州牧也。」其必千里之外者，禮疏引鄭志又云：「張逸問曰：『九州而八伯者何？』答曰：『圻內之州不置伯，有鄉遂之吏主之。』伯卽牧也。」據此，知王圻千里之外始設方伯也。屬、連、卒、州者，鄭注云：「屬、連、卒、州，猶聚也。」伯、帥、正，亦長也。知者，國語齊語云：「四里爲連，連爲之長。」大司徒云：「五黨爲州。」周禮又有里正、鄰長諸職。雖有不同，其取義則一也。王制疏引元命苞云：「陽成於三，列於七，三七二十一，故二百一十國也。」又公羊桓二年注云「古者諸侯五國爲屬，屬有長，二屬爲連，連有帥，三連爲卒，卒有正，七卒爲州，州有伯」，與王制合。疏以爲春秋説文。

唐虞謂之牧者何？尚質。使大夫往來牧視諸侯，故謂之牧。旁立三人，凡十二人。尚書曰：「咨十有二牧。」書堯典云：「覲四岳羣牧。」是唐、虞謂之牧也。周亦稱牧，大宗伯云：「八命作牧，九命作伯。」牧，州牧也。方伯，二伯也。故王制注云：「虞夏及周皆曰牧。」宣三年左傳云「夏之方有德也」，「貢金九牧」。夏承唐虞，故亦稱牧也。禮曲禮云「九州之長入於天子之國曰牧」，注云：「每一州之中，天子選諸侯之賢者爲之牧也。」漢書薛宣朱博傳：「何武與丞相方進共奏言：〔一〕『古選諸侯賢者以爲州伯，書曰「咨十有二牧」，所以廣聰明，燭幽隱。』」周時於牧之下又有二伯佐之，故僖四年左傳云：「五侯九伯，汝實征之。」王制疏引服注：「謂五等之侯，九州之

〔一〕「共奏」原作「俱」，據漢書薛宣朱博傳改。

伯。」邶風疏引鄭志答張逸春秋異讀云：〔一〕「五侯，侯爲州牧也。九伯，伯爲州伯也。一州一牧，二伯佐之。太公爲王官之伯，二人共分陝而治。自陝以東，當四侯半一，侯不可分，故言五侯。九伯則九人，若主五等諸侯，〔二〕九州之伯，是天子何異？何夾輔之有也？」則左傳云「九伯」，與王制之州伯異。「旁立三人」者，說苑君道篇：「十二牧，方三人，出舉遠方之民。」蓋一方三人，四方，故十二牧也。盧云：「旁與方同，謂四方方立三人。」尚書「方鳩僝功」，說文引作「旁述僝功」。方施象形，此書聖人篇引作「旁施」。士喪禮注「今文『旁』爲『方』」也。王制又曰：「天子使其大夫爲三監，監於方伯之國，國三人。」注：「使佐方伯領諸侯。」疏引崔氏云：「此謂殷之方伯皆有三人以輔之。」〔三〕殷於方伯之下別立三人，意唐虞時牧下亦然也。堯時稱九牧，舜稱十二牧，夏時又稱九牧，周時以伯爲牧，下之伯以侯受八命者爲牧。此歷代沿革之殊也。〔四〕

何知堯時十有二州也？以禹貢言九州也。

書堯典言「肇十有二州」，在舜「受終於文祖」之下，〔五〕而此言堯時者，漢書谷永傳：「堯遭洪水之災，天下分絕爲十二州。」蓋堯時分絕十二州，至舜時始更爲之定界也。史記注引馬注云：「禹平水土，置九州，舜以冀州之北廣大，分置并州。燕齊遼遠，分燕置幽州，分齊爲營州，〔六〕於是爲十二州。」又引鄭注云：「舜以青州越海，而分齊爲營州，冀州南北太遠，分衛爲并州，燕以北爲幽州，新置三州，並

〔一〕詩邶風旄丘序疏云：「因漢張逸受春秋異讀，鄭云：『五侯……』」，其義大異，此當作「邶風疏引鄭志，因張逸受春秋異讀，答云：『五侯……』」。〔二〕「九伯」下原脫「則九人」三字，「若」下原脫「主」字，「諸」原作「之」，據詩邶風旄丘序疏補改。〔三〕「以」下「輔」原作「佐」，據禮記王制疏改。〔四〕「歷」下原脫「代」字，據文義補。〔五〕「終」下原脫「於」字，據尚書補。〔六〕「分齊」二字原作「新置」，據史記注改。

舊爲十二州。」案通典云：「黄帝方制天下，立爲萬國，顓頊之所建，帝嚳所受制，創立九州。」是九州之設，由來已久，至唐虞時，乃肇爲十二，自禹以後，雖改制不定，要皆以九州爲正。故禹貢所載「濟、河惟兖州」，「海、岱惟青州」，「海、岱及淮惟徐州」，「淮、海惟揚州」，「荆、衡惟荆州」，「荆、河惟豫州」，「華陽黑水惟梁州」，「黑水、西河惟雍州」，並冀州爲九。此夏時之九州也。爾雅釋地云：「兩河閒曰冀州，河南曰豫州，河西曰雝州，漢南曰荆州，江南曰揚州，濟河閒曰兖州，濟東曰徐州，燕曰幽州，齊曰營州。」詩疏引孫炎、釋文引李巡皆以爲殷制也。文選注引韓詩商頌云：「方命厥后，奄有九域。」薛氏章句：「九域，九州也。」毛詩作「九有」，傳：「九有，九州也。」是爾雅釋殷制也。職方氏職云：「東南曰揚州，正南曰荆州，河南曰豫州，河東曰兖州，正東曰青州，正西曰雍州，河内曰冀州，〔一〕東北曰幽州，正北曰并州。」此周制也。王者所以有二伯者，分職而授政，欲其亟成也。王制曰：「八伯各以其屬屬於天子之老二人，分天下以爲左右，曰二伯。」五經通義云：「王者已有州伯，所以復有二伯何？欲使紬陟也。三歲一閏，天道小備，故二相紬陟也。何以爲二伯乎？曰：以三公在外稱伯，東西分爲二。所以稱爲伯何？欲抑之也。三公，臣之最尊者也，又以王命行天下，爲其盛，故抑之也。明有所屈也。」孔叢子居衞篇：「羊客問曰：『古帝王分天下，使二公治之，謂之二伯。』」又云：「殷王公之時，王季以功，九命作伯，受瓚鬯之賜。文王因得專征伐，猶周、召之爲伯也。」禮曲禮云：「五官之長曰伯。」是職方注謂爲三公者，周禮「九命作伯」。職，主也。是伯分主東西者。案置二伯者，殷周之制。王制所載，殷制也。大宗伯云「九命作伯」，是周制也。史記注引鄭書注云：「始羲和之時，主四岳，謂之四伯。至其死後，分岳事置八伯，皆王官。」詩崧高注

〔一〕「内」原作「南」，據周禮職方氏改。

云：「當堯時，姜氏爲四伯，至堯末，分置八伯。」國語周語以四岳佐禹爲一王四伯，則唐虞之時有四人，後又爲八人。故御覽引大傳云『維元祀巡守四岳八伯』，有陽伯、儀伯、夏伯、羲伯、秋伯、和伯、冬伯，其一人缺文，蓋和叔之後也。知八伯不爲八州之伯者，以唐虞之時，州伯稱牧。又大傳於巡狩時，已有「兆十有二州」之語，故知非州伯也。夏時則無文可知。「二人」以下十字舊無，〔一〕今案下文，自當全引。

詩云：「蔽芾甘棠，勿翦勿伐，召伯所茇。」召南甘棠文也。毛詩序曰：「甘棠，美召伯也。」說苑貴德引詩傳曰：「自陝以西，召公主之。召公述職，當桑蠶之時，不欲變民事，故不入邑中，舍於甘棠之下而聽斷焉。陝閒之人皆得其所，故後世思歌詠之焉。」又鹽鐵論授時云：「故召伯聽斷於甘棠之下，爲妨農業之務也。」是此詩爲召伯爲方伯時作矣。召南疏引鄭志：「趙商問：『甘棠、行露之詩，美召伯之功，箋以爲當文王與紂之時。詩傳及樂記，武王卽位，又分周公左，召公右，爲二伯。文王之時，不審召公何得爲伯？』答曰：『甘棠之時，召伯自明，誰云文王與紂之時乎？』」則甘棠爲武王分陝以後之詩明矣。小字本、元本俱作「邵伯」，下同。

春秋公羊傳曰：「自陝已東，周公主之。自陝已西，召公主之。」〔二〕隱五年傳文也。注「陝在宏農陝縣。」師凌氏曙公羊問答曰：「郡國志，陝縣有陝陌，二伯所分。括地志陝原在陝州陝縣西南二十里，分陝從原爲界。集古録陝州石柱，相傳以爲周、召分陝所立，以別地里。」御覽引十道志：「陝州陝郡，禹貢豫州之域，周爲二伯分陝之地，卽古虢國。」

不分南北何？東方被聖人化日少，西方被聖人化日久，故分東西，使聖人主其難，賢者主其易，乃俱致太平也。又欲令同有陰陽寒暑之節，共法度也。此據虞夏之制，分爲四伯，故據以問焉。論語泰伯云

〔一〕「十」原作「九」，據文義改。

〔二〕春秋公羊傳隱公五年作「自陝而東者，周公主之。自陝而西者，召公主之」。

「三分天下有其二，以服事殷」，疏引鄭注云：「於時三分天下有其二，以服事殷，故雍、梁、荆、豫、徐、揚之人咸被其德而從之。」然則文王之時，惟青、兗、冀未歸聖化，以其在朝歌之東，習紂惡俗，王化未及達耳。鄭詩譜云：「其得聖人之化者，謂之周南，得賢人之化者，謂之召南。」是周公聖人，召公賢人。故周公主其難，召公主其易也。故御覽引樂動聲儀云：「召公，賢者也。明不能與聖人分職，常戰慄恐懼，故舍於樹下而聽斷焉。勞身苦體，然後乃與聖人齊，是故周南無美，而召南有之也。」魏書：「漢武帝問於李業興曰：『詩周南王者之風，繫之周公，召南仁賢之風，繫之召公，何名爲繫？』對曰：『鄭注儀禮曰：昔太王、王季，居於岐陽，躬行召南之教，以興王業。及文王行今周南之教，以受命作邑於酆，分其故地，屬之二公。』武帝又問曰：『若是故地，應自統攝，何曰分封二公？』業興曰：『文王爲諸侯之時，所化之本國，今既登九五之尊，不可復守諸侯之故地，故分封二公。』」所分陝者，是國中也。若言面，八百四十國矣。禮王制云「凡四海之内九州，州方千里，凡二百一十國」，則八州共一千六百八十國，二伯分東西之治，是一面得八百四十國矣。又公羊隱八年注：「東方二州，四百二十國。」專據一方言之。四方八州，則千六百八十國，二公分治，均各八百四十國也。

右論設牧伯

諸侯有三卿者，分三事也。五大夫下天子。王制曰：「大國三卿，皆命於天子，下大夫五人，上士二十七人。次國三卿，二卿命於天子，一卿命於其君。」「小國二卿，皆命於其君」。大夫悉同。禮王度記曰：「子男三卿，一卿命於天子。」此周制也。漢書王嘉傳：「故繼世立諸侯，象賢也。雖不能盡賢，天子爲擇臣，立命卿以輔之。」鹽鐵論除狹篇：「古者封賢祿能，不過百里，猶以爲一人之身明不能照，聽不能達，故立卿大夫士以佐之，而政治乃備。」禮疏引三禮義宗云：「諸侯三卿：司徒兼冢宰，司馬兼宗伯，司空兼司寇。三卿之下，則五小卿，爲五大夫。」故周禮太宰職云「諸侯立三卿五大夫」也。五大夫者，司徒之下立二人，小宰，小司徒也。司馬之下，以其事省，故立一人，爲小司馬，兼宗伯之事。司空之下立二人，小司寇、小司空。孔子爲司空者，小司空也。小小司空爲小司寇也。公羊傳文八年「宋人殺其大夫司馬，宋司城來奔」，注：「天子有大司徒、大司馬、大司空，皆三公官名也。諸侯有司徒、司馬、司空，皆卿官也。」又襄十一年傳云「古者上卿、下卿、上士、下士」，注：「説古制司馬官數。古者諸侯有司徒、司空，上卿各一，下卿各二。司馬事省，上下卿各一。上士相上卿，下士相下卿，足以爲治。」則何氏蓋以上卿爲卿，下卿爲大夫，亦合三卿、五大夫之制。周禮太宰「施典於邦國」，「設其參，傅其伍」，注：「參謂卿三人，伍謂大夫五人。」是也。詩雨無正云「三事大夫」，箋云：「王流在外，三公及諸侯隨王而行者，皆無君臣之禮。天子以三公爲三事，故諸侯亦以三卿分三事也。下天子者，天子六卿、二十七大夫故也。」王制以小國二卿，皆命於其君。此引王度記，謂子男三卿，一卿命於天子。案鄭氏王制注云：「小國亦三卿，一卿命於天子，二卿命於其君。」此引似脱誤耳。或者欲見圻内之國二卿歟？且王制又云：「小國之上卿，位當大國之下卿，中當其上大夫，下當其下大夫。」是圻外子男之國三卿明矣。鄭又爲一説，以圻内之國唯置二卿，以殷時圻内惟子男故也。後漢書仲長統傳法戒篇曰「春秋之時，諸侯明德者皆一卿爲政」者，亦謂當國惟一卿也。

右論諸侯卿大夫

諸侯封不過百里，象雷震百里所潤雲雨同也。易震卦詞云：「震驚百里，不喪匕鬯。」儀禮疏引鄭注云：「雷發聲於百里。古者諸侯，象諸侯出教令能警戒百里，國內則守宗廟社稷，爲之祭主，不亡其匕鬯。」御覽引王注又云：「有靈而尊者莫若於天，有靈而貴者莫若於王。有聲而威者莫若於雷，有震而嚴者莫若於侯。是天子當乾，諸侯用震，地不過一同，雷不過百里也。」後漢光武紀：「建武二年，博士丁恭議曰：『古帝王封諸侯，不過百里，故利以建侯，取法於雷，强榦弱枝，所以爲治也。』」舊無「雷」字，盧據御覽百九十八引援神契文補。雷者，陰中之陽也，諸侯象焉。諸侯比王者爲陰，南面賞罰爲陽，法雷也。淮南天文訓云：「陰陽相薄，成而爲雷。」古微書元命苞云：「陰陽合爲雷。」雷於易爲震，震爲一陽生於二陰之下，故爲陰中之陽也。初學記引五行傳曰：「雷者，諸侯之象。」集解引虞氏易注云：「震爲侯。」故雷爲侯象也。七十里、五十里，差德功也。故王制曰：「凡四海之內九州，州方千里，建百里之國三十，〔一〕七十里之國六十，五十里之國百有二十。」「名山大澤不以封，其餘以爲附庸閒田」。小字本、元本作「差功德也」。王制疏引孝經說云：「德不備者不異其爵，功不異者不異其土。」是也。天子所治方千里，此平土三千，並數邑居、山川至五十里。名山大澤不以封者，與百姓共之，不使一國獨專也。山木之饒，水泉之利，千里相通，所以均有無，贍其不足。禮王制：「天子百里之內以共官，千里之內以爲御。」是天子所謂方一千里也。此處文有譌，「五十里」宜作「五千里」。王制：「凡四海之內，斷長補短，方三千里。」又鄭注「凡九州」下云：「殷湯承之，更制中國方三千里之界，亦分爲九州，而建此千七百七十三國。」是所謂「平土三千」，即據王制說也。「並數邑居、山川至五千里」，意謂山陵、林麓、川澤、溝瀆、城郭、宮室、塗巷三分去

〔一〕「三」原作「二」，據禮記王制改。

一，故并數之爲五千里。除去止平土三千也。鹽鐵論地廣篇：「古者天子之立於天下之中，縣内方不過千里，諸侯列國不及不食之地。禹貢至於五千里，民各供其君，諸侯各保其國，是以百姓均調，而繇役不勞也。」又前漢吴王濞傳贊曰：「古者諸侯不過百里，山海不以封，蓋防此矣。」卽不使一國獨專之義也。又鹽鐵論復古篇：「古者名山大澤不以封，爲下之專利也。山海之利，廣澤之畜，天下之藏也。」後漢劉翊傳：「名山大澤不以封者，蓋爲民也。」制土三等何？因土地有高下中三等。末二字據書鈔補。三等者，小司徒云：「上地家七人」，「中地家六人」，「下地家五人」。〔一〕又遂人亦有上地、中地、下地。大司徒有一易之地，再易之地，不易之地。彼俱言定賦授田之制。然考鄭注大司徒云：「玄謂食者半，〔二〕參之一，四之一者，土均均邦國地貢輕重之等，其率之也。公之地以一易，侯伯之地以再易，子男之地以三易。」卽制土三等，因土地三等之義也。

右論封諸侯制土之等

王者卽位，先封賢者，憂民之急也。故列土爲疆非爲諸侯，張官設府非爲卿大夫，皆爲民也。禮樂記：「將帥之士，使爲諸侯，名之曰建櫜。」毛詩序：「賚，大封於廟也。賚，予也。言所以錫予善人也。」箋：「大封，武王伐紂時封諸臣有功者。」〔三〕疏引皇甫謐世紀云：「武王伐紂之年，夏四月乙卯，祀於周廟，將率之士皆封諸侯國四百人。」是卽位先封賢者事也。潛夫論三式云：「然封疆立國不爲諸侯，張官置吏不爲卿大夫，必有功於民，乃得

〔一〕「家」字原脱，據周禮小司徒補。　〔二〕「者」原作「其」，據周禮大司徒注改。　〔三〕「臣」原作「侯」，據詩賚鄭箋改。

保位。」荀子大畧篇：「天之生民，非爲君也。天之立君，以爲民也。故古者列地建國，非以貴諸侯而已，列官職，差爵禄，非以尊大夫而已。」漢書谷永傳：「臣聞天生蒸民，不能相治，爲立王者以統理之，〔一〕方制海内非爲天子，列土封疆非爲諸侯，皆以爲民也。」是也。此「爲疆」亦當作「封疆」，涉下兩「爲」字譌也。易曰：「利建侯。」此言因所利故立之。易屯卦詞也。樂記曰：「武王克殷反商，下車封夏后氏之後於杞，投殷人之後於宋，封王子比干之墓，釋箕子之囚。」禮疏引別録，以此爲賓牟賈問章文。鄭彼注云：「封，謂故無土地者也。」論語堯曰篇：「周有大賚，善人是富。」天下太平，乃封親屬者，示不私也。昭二十八年左傳：「成鱄曰：『昔武王克商，光有天下，封兄弟之國十有五人，姬姓之國四十人。』」案僖二十四年左傳云：「昔周公弔二叔之不咸，故封建親戚，以蕃屏周。」然則兄弟姬姓之國，周公既平武庚後乃封，成鱄特推言其始，故自武王克商時述之也。後漢申屠剛傳：「剛封策曰：『王者承順天地，典爵主刑，不敢以天官私其親，不敢以天罰輕其親。』」〔二〕是也。即不私封之何？「普天之下，莫非王土，率土之賓，莫非王臣」。海内之衆已盡得使之，不忍使親屬無短足之居，一人使封之，親親之義也。詩小雅北山文也。詩作「溥」，傳云：「溥，大也。」説文水部：「溥，大也。」又日部：「普，日無色也。」「溥」正字，「普」假借也。孟子萬章文亦作「普」。詩作「率土之濱」。傳：「率，循。濱，涯也。」孟子萬章同。濱是四畔近水之處，言「率土之濱」，舉其四方所至之内言之。此作「賓」者，蓋謂率土之諸侯也。或皆魯詩説，與毛不同。故後喪服篇小字本、

〔一〕「之」原作「云」，據漢書谷永傳改。

〔二〕「官」原作「爵」，「罰」原作「爵」，據後漢書申屠剛傳改。

元本俱作「賓」。漢書王莽傳，又梁釋僧祐宏明集，載何尚之答宋文帝贊揚佛事，亦俱作「賓」。盧云：「短足，疑是託足之誤。」漢書賈山至言曰：「使其後世曾不得邪徑而託足焉。」班固漢書贊曰：「秦竊自號爲皇帝，而子弟爲匹夫，內無骨肉本根之輔，外無尺土蕃翼之衞。」曹冏六代論：「子弟無尺寸之封，功臣無立錐之地。」是使親屬無託足之居也。「二人使封之」，「人」字疑衍，言與功臣一並封之，是親親之義。故魏志注引魏氏春秋載宗室曹冏上書曰：「臣聞古之王者，必建同姓，以明親親，必樹異姓，以明賢賢。」是也。以尚書封康叔，據平安也。詩疏引書大傳云：「周公居攝，一年救亂，二年克殷，三年踐奄，四年建侯於衞。」是今文尚書以封康叔在平武庚後也。故定四年左傳：「昔武王克商，成王定之，選建明德以蕃屏周，故周公相王室以尹天下」，「分康叔」，「命以康誥而封於殷墟」。是也。王者始起，封諸父昆弟，示與己共財之義，故可以共土地。喪服不杖期章傳曰：「夫死妻穉子幼，子無大功之親。」注：「子無大功之親，謂同財者也。」故凡言昆弟者，皆大功以上親，有同財之義，其小功以下，則爲兄弟，小功以下疏故也。一說諸父不得封諸侯，二十國厚有功，象賢，以爲民也。賢者子孫類多賢。「二十國」字譌。郊特牲云：「繼世以立諸侯，象賢也。」蓋謂諸侯封國，所以象賢，諸父非賢者子孫，懼其子孫不象賢，無以治民也。故下云：「始封諸侯無子，死，不得與兄弟何？古者象賢也。弟非賢者子孫。」亦其意也。案左傳僖五年云：「太伯、虞仲，太王之昭也。虢仲、虢叔，王季之穆也。」是周有天下封諸侯之事。此兼載異說，無足據也。又卿不世位，爲其不子愛百姓，各加一功，以虞樂其身也。「卿不世位」義具下。此就諸父不得封推言之也。「各加一功」，疑有譌。受命不封子者，父子手足無分離異財之義。儀禮喪服傳：「父子一體也。」後漢呂傳世語云：「舉秀才，不知書。舉孝廉，父別居。」是父子無分離異財之義也。至昆弟支體有分別，故封之也。以舜封弟象有比之野也。盧云：「吴本、胡本皆作『有比』，程本、何本作『有庳』。」案小字、大德本亦作「有比」，俞本作「有庳」。孟子萬章同。史記武五子傳作「有鼻」。漢鄒陽傳有「有畀」。案「鼻」、「畀」、「庳」、「比」皆音同，得通也。顧氏炎武日知録注云：「水經注：『王隱曰：「應陽縣本泉陵之北部，東五里有鼻墟，象所封也。山下有象廟。」』後漢書東平王蒼傳注：『有鼻，在今永州營道縣北。』袁譚傳注：『今猶謂之鼻亭。』〔二〕『舜都蒲阪，而封象於道州鼻亭，在三苗以南荒服之地，誠爲可疑。如孟子所論親之欲其貴，愛之欲其富，又且欲其源源而來，何以不在中原近畿之處而置之三千餘里之外耶？蓋上古諸侯之封萬國，〔一〕其時中原之地必無閒土可以封故也。』閻氏若璩釋地三續則云：『有庳之封，蓋近帝都。而今不可考也。』」

右論封諸侯親賢之義

封諸侯以夏何？陽氣盛養，故封諸侯，盛養賢也。封立人君，陽德之盛者也。月令曰：「孟夏之月，行賞，封諸侯，慶賜，〔二〕無不欣悦。」此依月令爲説也。禮祭統曰：「古者於禘也，發爵賜福，於嘗也，出田邑，發秋政。」則祭統以封諸侯當在秋也。鄭氏注月令，據祭統以難之云：「今此行賞可也，而封諸侯，則違於古封諸侯出土地之事，於時未可，似失之。」通典引聖證論：「王肅云：『孟夏之月，天子行賞，封諸侯，慶賜遂行，無不欣悦。故左傳賞以春秋是也。』是王氏則宗月令，與白虎通同。通典又引五經總論云：「月令所紀，非一王之制。凡稱古者，

〔一〕「日知録」下原脱「注」字，「且欲」下原脱「其」字，「近」下「畿」原作「圻」，「之」下「處」原作「地」，「上古」下原脱「諸侯」二字。據日知録補改。

〔二〕禮記月令「慶賜」下有「遂行」二字。

無遠近之限，未知夏封諸侯，何代之典。秋祭田邑，夏乎殷乎？而王據月令以非祭統，鄭宗祭統以疑月令，無乃俱未通哉？莫若通以三代説也。」案書洛誥「命周公後」在「烝祭歲」之後，鄭以「烝祭」絶句，本疏約鄭義云：「歲成王元年正月朔日也。以朝享之後，告神以周公其宜立爲後者，謂將封伯禽也。」是周之封諸侯，或在周之正月，於月令又爲仲冬，與祭統又不合。束皙以爲非一王之制，似爲可信。御覽引京房古易云：「夏至离王，景風用事，人君當爵有德，封有功。」淮南子時則訓：「南方之極，其令曰，爵有德，賞有功，惠賢良，出大禄，行大賞，起毁宗，立無後，封建侯，立賢輔。」淮南所説五方之令，皆依五時之令，是亦以封諸侯在夏也。

右論夏封諸侯

何以言諸侯繼世？以立諸侯象賢也。潛夫論三式云：「先王之制，繼體立諸侯，以象賢也。」盧云：「『何以言諸侯繼世』下，當有『禮郊特牲曰繼世』七字，文脱耳。」鄭注禮云：「賢者子孫，恆能法其先父德行。」郊特牲又云「諸侯不臣寓公，故古者寓公不繼世」，注：「寓，寄也。寄公之子非賢者子孫，不足尊也。」明寓公不繼世，以不能象賢故也。公羊莊四年傳云：「國君何以爲一體，國君以國爲體，諸侯世，故國君爲一體也。」**大夫不世位何？股肱之臣任事者也。**此今文春秋説也。隱三年公羊傳：「其稱尹氏何？貶。曷爲貶？譏世卿。世卿非禮也。」宣十年傳同。詩疏引五經異義云：「公羊、穀梁説，卿大夫世位，則權並一姓。」故經譏周尹氏、齊崔氏也。左氏説，卿大夫得世禄，不得世位。父爲大夫死，子得食其故采，如有賢才〔一〕，則復升父故位。故傳曰：『官有世功，則有官族。』謹案易爻位，三爲三公，二

〔一〕「死」原作「故」，「如」原作「而」，據五經異義改。

爲卿大夫。訟六三曰：「食舊德。」食舊德，謂食父故禄也。尚書：「世選爾勞，予不絶爾善。」論語曰：「繼絶世，興滅國。」國謂諸侯，世謂卿大夫。詩云：「凡周之士，不顯亦世。」孟子：「文王之治岐也，仕者世禄。」知周制世禄也。」案三傳之説，不甚抵牾。公、穀之譏世卿，亦惟指不世位言，故有「權并一姓」之戒。漢書樂恢傳：「夫政在大夫，孔子所疾；世卿持禄，春秋以戒。聖人懇測，不虚言也。」孟子告子云「仕無世官」，注：「仕爲大臣，不得世官，賢臣乃得世禄也。」然則臣子有功，自得世禄。故禮禮運：「大夫有采以處其子孫。」孟子：「仕者世禄也。」若果有大功，亦得世位，故詩小雅序云：「刺絶功臣之世。」書盤庚：「世選爾勞。」詩疏引鄭箴膏肓亦云：「公卿之世立大功德，先王之命，有所不絶。」是大夫亦有得世位者矣。特不世位者其常也。云「股肱之臣任事者」，書臯陶謨：「臣作朕股肱。」又曰：「股肱良哉。」漢書魏丙傳贊曰：「君爲元首，臣爲股肱，〔一〕明其一體相待而成也。」書疏引鄭書注云：「動作視聽，皆由臣也，故以股肱喻臣也。」公羊隱三年傳注云：「禮，公卿大夫士皆選賢而用之，卿大夫任重職大，不當世也。」故明云「任事者也」。爲其專權擅勢，傾覆國家。公羊隱三年傳注云：「爲其秉政久，恩德廣大，小人居之，必奪君之威權，故尹氏世，立王子朝，齊崔氏世，弑其君光，君子疾其末則正其本也。」又曰：孫首也庸，不任輔政，妨塞賢路，故不世位。故春秋公羊傳曰：「譏世卿。世卿非禮也。」盧云：「此文有脱誤，疑是『又盧子孫庸愚，不任輔政』云云。舊『世位』訛『世世』，今改正。」大戴千乘云：「凡事尚賢進能，使知事爵不世能，官之不愆。」孔氏廣森補注云：「古者有世禄，無世位。故春秋譏尹氏也。大夫不世，苟有能者始官之，慮其有庸愚不任輔政故也。」諸侯世位，大夫不世，安法？以諸侯南面

〔一〕兩「爲」字原皆作「曰」，據漢書魏丙傳贊改。

之君，體陽而行，陽道不絶。大夫人臣北面，體陰而行，陰道有絶。以男生内嚮，有留家之義，女生外嚮，有從夫之義。此陽不絶，陰有絶之效也。禮王制「天子之縣，内諸侯禄也，外諸侯嗣也」，注：「選賢置之於位，其國之禄如諸侯，不得位。〔一〕外諸位，有功乃封之，使之世也。」然則王朝之大夫有二，一則父死子繼，在喪稱元士，除服襲父爵，與外諸侯之制同。即王制所載「天子之縣内九十三國」，如春秋之周、召、劉、單諸氏是也。若圻内之公卿大夫，止受采者，父死子繼，食其故禄，不得繼公卿大夫之位。即王制所云「大夫不世爵」也。亦得稱諸侯者，王制云：「天子之三公視公侯，〔二〕天子之卿視伯，天子之大夫視子男。」其禄與諸侯同，故亦得稱諸侯也。

右論諸侯繼世

國在立太子者，防簒煞，壓臣子之亂也。大戴千乘篇「立子設如宗社」，洪氏頤煊注：「子，嫡子也。如宗社，言無易樹子。」又云「宗社先示威，威明顯見」，注：「衆著其嫡庶之分。」是即防簒壓亂義也。春秋之弒太子，罪與弒君同。春秋曰「弒其君之子奚齊」，明與弒君同也。此今文家説也。公羊僖九年經曰「晉里克弒其君之子奚齊」，傳：「此未踰年之君，其言弒其君之子奚齊何？殺未踰年君之號也。」注：「欲言弒其子奚齊，〔三〕嫌無君，文與殺大夫同。欲言弒其君，又嫌與弒成君同。」然則奚齊雖已即君位，不與君在之太子同。然獻公薨於九月，至此尚未卜葬，禮，君未葬，稱子某，明未成君也。君之名未成，故與太子得同也。春秋之例，下殺上爲弒，敵相殺爲殺。左、穀經

〔一〕「其國」下原脱「之」字，「不得」下原衍「世」字，據禮記王制注改。　〔二〕「天子」下原脱「之」字，據禮記王制補。

〔三〕「其」下原衍「君」字，據公羊傳僖公九年注删。

皆作「殺其君之子奚齊」，是古文春秋不以弑太子之罪與弑君同也。繁露精華篇云：「春秋之法，未踰年之君稱子。〔一〕「至里克弑奚齊，避此正詞，而稱君之子何也？驪姬一謀而三君死之」，「蔽於所欲得位，而不見其難也。春秋疾其所蔽，故去其位詞，徒言君之子而已。錄所痛之詞也。」然則經書「君之子」者，痛奚齊之無罪，書「弑」者，罪里克之弑君也。

君薨，適夫人無子，有育遺腹，必待其產立之何？專適重正也。左傳哀三年云：「季孫有疾，命正常曰：『無死，南孺子之子男也，則以告而立之，〔二〕女也，則肥也可。』」杜注：「南孺子，桓子之妻也。明康子爲桓子之孽子，故命待南孺子之子生而立之也。」盧云：「『育』字疑衍，『專』字或疑『尊』之誤。」禮曾子問云：「君薨而世子生，如之何？孔子曰：『卿大夫士從攝主北面於西階南。』」注：「攝主，上卿代君聽國政。」然則君薨有遺腹子，上卿代攝國政也。曾子問曰：「立適以長不以賢何？以言爲賢不肖不可知也。」尚書曰：「惟帝其難之。」立子以貴不以長，防愛憎也。春秋傳曰「立適以長不以賢，立子以貴不以長」也。公羊隱元年傳曰「立嫡以長不以賢，立子以貴不以長」，注：「嫡謂嫡夫人之子，尊无與敵，故以齒。子謂左右媵及姪娣之子，位有貴賤，又防其同時而生，故以貴也。禮，嫡夫人無子，立右媵；右媵無子，立左媵；左媵無子，立嫡姪娣；嫡姪娣無子，立右媵姪娣；右媵姪娣無子，立左媵姪娣。質家親親，先立娣；文家尊尊，先立姪。嫡子有孫而死，質家親親，先立弟；文家尊尊，先立孫。其雙生也，質家據見立先生，文家據本意立後生：皆所以防愛憎也。」故後漢東海恭王傳：「詔曰：『春秋之意，立子以貴。東海王陽，皇后之子，宜承大統，皇太子彊崇執謙退，願備藩國。父子之情重，久違之。』」荀悅漢紀論：「聖人之制，必有所

〔一〕「踰年」下原脱「之君」二字，據春秋繁露補。　〔二〕「無」原作「吾」，「則」下原脱「以」字，據左傳哀公三年改補。

定，所以防忿爭，一統緒也。」春秋之義，立嫡以長，立子以貴，是皆用今文家說也。古文左氏家則異。左氏昭二十六年傳云：「王后無嫡，則擇立長，年鈞以德，德鈞以卜。」何休膏肓難之云：「春秋之義，三代異建，嫡媵別貴賤，有姪娣以廣親疎，立嫡以長不以賢，立子以貴不以長。王后無嫡，明尊敬之義，無所卜筮。不以賢者，人狀難別，嫌有所私，故絶其怨望，防其覬覦。今如左氏所言，年鈞以德，德鈞以卜，君之所賢，人必從之，豈復有卜？隱、桓之禍，皆由是興，乃曰古制，不亦謬哉！」舊脱「傳」字，並「曰」下「立」字，又「貴」訛作「賢」，今悉補正。尚書，見皐陶謨。爲賢不肖難知，故書言「知人則哲」，「惟帝其難」，故不以賢也。

右論立太子

始封諸侯無子死，不得與兄弟何？古者象賢也，弟非賢者子孫。禮郊特牲曰：「繼世以立諸侯，象賢也。」又曰：「古者寓公不繼世。」以寓公犯誅絶之罪，子孫無賢可繼，故不世也。儀禮喪服大功九月章傳曰：「是故始封之君不臣諸父昆弟，封君之子不臣諸父而臣昆弟。」蓋子之繼父，猶臣之繼君，同服斬衰，今封君且不得臣昆弟，又安得而子昆弟？是以封君死，不得與昆弟，然則封君之子亦不得與諸父也。若然，宋世家微子死，得立其弟微仲者，鄭氏檀弓注：「以殷道親親立弟也。」案周制或以弟後兄，甚至以諸父爲後，俱一同臣子之例，爲國體以祖廟爲重，不得顧私親，忘大義。封君非受國於先祖，本無所爲傳重，不過己一日之功，衹可與己之子孫，爲太祖，不得援尊同之昆弟，屈之爲嗣，是犯倫逆義之大者。若微子之封，非由微子，本周人所封，以奉商祀，與黄帝、堯、舜及夏之後並爲三恪、二王後，故杞、宋不得以東樓、微子爲太祖，則微仲之後微王與繼體之君無子得及親屬者同也。春秋傳曰「善善及子孫」，不言及昆弟。昆弟尊同，無相承養之義。昭二十年公羊傳文。〔一〕此下舊有「以閔公不繼莊公也」，誤，盧删。昆弟不相繼，至繼體諸侯，無子得及親屬者，以其俱賢者子孫也。重其先祖之功，故得及之。後漢宋意傳「諸父昆弟，無所不臣」，謂繼體諸侯也。僖元年公羊傳：「此非子也。其稱子何？臣子一例也。」注：「僖公繼成君閔公，繼未踰年君。禮，諸侯臣諸父兄弟，以臣之繼君，猶子之繼父也。其服皆斬衰。〔二〕故傳稱臣子一例。」若然，公羊成十五年注云「弟無後兄之義，爲亂昭穆之序，失父子之親」者，彼自指大夫不得以兄弟爲後，諸侯以國爲體，緣民臣之心不可一日無君，故繼世不立則旁枝承統，所謂社稷爲重，君爲輕。若大夫不得世，故必取死者之子若昆弟之子以爲後，不得取尊同之昆弟爲後。故春秋譏仲嬰齊繼公孫歸父也。其諸侯立廟，則昭穆各以其世，如隱、桓、閔、僖當同爲一世。故文二年公羊注云：「惠公與莊公，當同南面西上。隱、桓與閔、僖，亦當同北面西上。自先君言之，隱、桓及閔、僖各當爲兄弟，顧有貴賤耳。自繼代言之，有父子君臣之道。」是以論服制自如子之繼父，論廟制則仍兄弟同例也。此下舊接下條「禮服傳曰」云云，盧別出各爲一條。「相繼」下舊又衍「之義」二字，依盧删。繼世諸侯無子，又無弟，但有諸父庶兄，當誰與？與庶兄，推親之序也。以僖公得繼閔公也。公羊疏引異義云：「質家立世子弟，文家立世子子。」以此言之，繼世諸侯當立子，無子立母弟，無母弟始立庶兄弟以及諸父從昆弟等，此由親及疎之義也。「當誰與，與庶兄」，舊作「當誰庶與兄」，誤。又「僖公得繼閔公也」，此句即舊本誤句，案其文義，訂補於此。

〔一〕「二十」原作「十四」，據公羊傳改。〔二〕「斬」下原脫「衰」字，據公羊傳僖公元年注補。

右論昆弟相繼

禮服傳曰：「大宗不可絶，同宗則可以爲後爲人作子何？明小宗可絶，大宗不可絶。故舍己之後，往爲後於大宗。所以尊祖重不絶大宗也。」春秋傳曰：「爲人後者爲之子。」「爲之子」，舊作「爲人子者」，盧訂正。公羊宣八年傳「仲遂卒於垂」，注：「貶，加字者，起嬰齊所氏明爲歸父後，大宗不得絶也。」〔一〕案大宗不絶之説，古有二義。通典引石渠禮議云：「大宗無後，族無庶子，已有一嫡子，當絶父祀以後大宗否？戴聖曰：『大宗不可絶，言嫡子不爲後者，不得先庶耳。族無庶子，則當絶父以後大宗。』聞人通漢云：『大宗有絶，子不絶其父。』宣帝制曰：『聖議是也。』」然則戴氏以大宗不可絶，寧絶小宗以後大宗，聞人以小宗有庶子，始可後大宗，嫡子不得絶小宗以後大宗。考儀禮喪服齊衰期傳云：「何以期也？不二斬也。何以不二斬也？持重於大宗者，降其小宗也。爲人後者孰後？後大宗也。曷爲後大宗？大宗者，尊之統也。大宗者，收族者也。不可以絶，故族人以支子後大宗也。適子不得後大宗。」又斬衰章傳云：「何如而可爲人後？同宗則可爲之後。何如而可以爲人後？支子可也。」通典引范寧亦云：「支子有出後之義，而無廢嫡之文，故嫡子不得後大宗。傳所云『嫡子不得繼大宗』，此乃小宗不可絶之明文也。」案禮傳所云，自謂有支子者不得以嫡子後大宗耳。禮傳明云「大宗不可絶」，不云少宗不可絶也。大宗百世不遷，所以紀族人，序昭穆。小宗五世則遷，服盡而後視如路人，數典忘祖，弊所自生。若如聞人、范氏所云，則尊祖敬宗，其義安在？後世氏族之紊，未必不由乎此。且大宗所以收族，合族以食，序以昭穆，禘之太祖，殤與無後，莫不咸在，亦不至如

〔一〕「不」下「得」原作「可」，據公羊傳宣公八年注改。

寧所云「生不敬養，没不敬享」也。爲後本所以傳重，傳重者，傳所受宗廟、土地、爵位、人民之重也。大宗百世不遷，爲大宗有重可傳者也。小宗五世則遷，爲小宗無重可傳，故祖易於上，則宗易於下也。天子以別子爲諸侯，其世爲諸侯者，大宗也。諸侯以別子爲卿，其世爲卿者，大宗也。卿以別子爲大夫，其世爲大夫者，大宗也。大夫以別子爲士，其世爲士者，大宗也。天子建國，則諸侯於國爲大宗，對天子言，則小宗，未聞天子之統可絶，而國統不可絶也。諸侯立家，則卿於家爲大宗，對諸侯則小宗，未聞諸侯之統可絶，而卿之家統不可絶也。卿置側室，大夫二宗，士之隸子弟等，皆可推而著見也。若然，小宗既絶以後大宗，則本宗之烝嘗乏闕，亦殊非情典。故通典引鄭志：「劉德問：『以爲人後者支子可也，長子不以爲後，同宗無支子，惟有長子，長子不後人則大宗絶，後則違禮，如之何？』田瓊答云：『以長子後大宗，則成宗子。禮，諸父無後，祭於宗子家，後以其庶子還承其父之祀。』」如田所云，亦可謂恩義兼備，何又至如寧所云「三千之罪，無後爲重」焉？爲後亦有二。一則大宗無子，立小宗爲後，斬衰章「爲人後者」是也。爲後者則爲所後者三年，爲所後者之祖父母妻，妻之父母昆弟，昆弟之子若子，並如本親，爲本親之父母，則齊衰期章是也。爲本親之昆弟，則大功章「爲人後者爲其昆弟」是也。爲本親之姊妹，則小功章「爲人後者爲其姊妹適人者」是也。皆降一等，所以抑本親以專其後也。故宣帝追尊衞太子、史皇孫下詔時，有司議曰：「禮，爲人後者爲之子，故降其父母不得祭，尊祖之義也。」哀帝欲爲定陶恭王立廟，師丹議曰：「爲人後者爲之子，爲所後服斬衰，降其父母期，明尊本祖而重正統也。恭皇長爲一國太祖，萬世不毁，恩義已備，陛下既繼體先帝，持重大宗，承宗廟、天地、社稷之祀，義不可復奉恭皇之祭也。」故魏文詔亦曰：「禮不可以父命辭王父命，漢氏諸侯之入，皆受天子之命，而猶顧其私親，僭擬天號，豈爲人後之義？」是則宗法止於大夫士，而爲後則通於王侯，而其出降之義則無貴賤一也。一則或祖有廢疾及他故不立，或父若祖先死，今君受國於曾祖若祖，亦當伸其本服，爲服三年。故儀禮疏引雷次宗説云：「此文當云『爲人後者，爲所後之父』，闕此五字者，以其所後之父或早卒，今所後之人不定，或後祖，或曾或高，故闕之也。」是也。然己雖爲曾若高若祖服重服，而己之曾若祖若父或死，亦當仍從本服不得降，雖父祖並未立，而父先死，亦當爲祖三年，故齊衰期章「爲君之父母妻長子祖父母」，〔一〕傳曰：「何以期也？從服也。」「父母長子君服斬，妻則小君也。父卒然後爲祖後者服斬」，注：「此爲君矣。而有父若祖之喪者，謂始封之君也。若是繼體，則其父若祖有廢疾不立，父卒者，父爲君之子孫，宜嗣位而早卒，今君受國於曾祖。」是也。若祖是庶，而孫爲持重，亦服斬。通典引庾蔚之議云：「祖庶父嫡，己承父統，而不謂之繼祖，則祖當誰祭之？祖雖非嫡，而是己之所承，執祭傳統，豈得不以重服服之」？是也。若然，嫡既死，得立旁宗爲後者，即所謂傳重，而非正體者也。

右論爲人後

王者受命而作，興滅國，繼絶世何？爲先王無道，妄殺無辜，及嗣子幼弱，爲强臣所奪，子孫皆無罪囚而絶，重其先人之功，故復立之。論語曰：「興滅國，繼絶世。」漢書外戚恩澤侯表云：「自古受命及中興之君，必興滅繼絶，修廢舉佚。」又功臣表云：「是以内恕之君，樂繼絶世，隆名之主，安立亡國，至於不及下車，德念深矣。」〔二〕公羊昭三十一年傳「大夫之義不得世，故於是推而通之也」，注：「主書者在春秋前，〔三〕見王

〔一〕「祖父母」下原衍「長子」二字，據儀禮删。〔二〕「德」下「念」原作「意」，據漢書功臣表改。〔三〕「主書」上原脱「注」字，據公羊傳昭公三十一年注補。

者起，當追有功，顯有德，興滅國，繼絶世。」漢成帝詔曰：「蓋聞褒功德，繼絶統，所以重宗廟，廣聖賢之路也。故博陽侯吉，以舊恩有功而封，今其世絶，朕甚愍之。夫善善及子孫，古今之通義也。」後漢馮異傳：「安帝詔曰：『夫仁不遺親，義不忘勞，興滅繼絶，善善及子孫，古之典也。』」據此兼二義：一則因無道主妄殺無辜，絶人之嗣。一則爲强臣所奪，致無罪而絶。故有王者起，必興繼之焉。「因」字疑衍。誅君之子不立者，義無所繼也。諸侯世位，象賢也。今親被誅絶也。春秋傳曰：「誅君之子不立。」公羊昭十一年傳：「其稱世子何？不君靈公，不成其子也。不君靈公，則曷爲不成其子？誅君之子不立。」注：「雖不與楚誘討其惡，坐弒父誅，當以誅君論之，故云爾。」又云「非怒也，無繼也」，注：「公誅子當絶。」以共諸侯世位，本皆象賢，誅君之子，無賢可象，理無繼嗣矣。故定元年公羊傳「定無正月者，即位後也」，注：「今無正月者，昭公出奔，國當絶，定公不得繼體奉正，故諱爲微詞。」然則諸侯犯誅絶之罪，而先祖又有大功不可絶，則宜立誅君之兄弟貴戚之賢者。故武庚叛，周公誅之，立微子，即此意也。是以前漢梅福傳：「匡衡議：〔一〕『春秋之義，諸侯有不能保其社稷者絶。』」正用公羊義也。其大夫有誅絶之罪，亦宜立其兄弟賢者，但諸侯或兄弟輩無可立，即以叔後姪，以孫後祖，亦無不可。其大夫則必取有罪者之兄弟輩，以後有罪者之父，故叔孫僑如有罪，則立其弟豹，臧孫紇有罪，則立其弟。爲諸侯奪宗，大夫不奪宗也。君見弒，其子得立何？所以尊君，防篡弒也。春秋經曰「齊無知殺其君」，貴妾子公子糾當立也。此公羊春秋説也。「殺其君」，當爲「弒其君」。莊八年：「齊無知弒其君諸兒。」九年「公伐齊納糾」，傳：「糾者何？公子糾也。何以不稱公子？君前臣名也。」注：

〔一〕「議」原作「曰」，據漢書梅福傳改。

「嫌當爲齊君在魯，君前不爲臣禮。」又云「齊人取子糾殺之」，傳：「其稱子糾何？貴也。其貴奈何？宜爲君者也。」注：「故以君薨稱子某言之者，著其宜爲君。」然則公羊家以襄無嫡子，子糾爲襄公貴妾子，宜立爲君也。故九年「齊小白入於齊」，〔一〕傳云：「曷爲以國氏？當國也。其言入何？篡詞也。」然則桓公之立，有奪宗之罪，故經以入爲詞也。又定元年傳云「定無正月者，即位後也」，注：「雖書即位於六月，實當如莊公有正月。」然則諸侯以罪出奔，則後君不得以繼體奉正爲詞。齊襄公無故見弒，義不得絶，故魯桓見弒，而莊公元年，春秋得書其正月，見其繼體守正故也。

右論興滅繼絶之義

大夫功成未封而死，子得封者，善善及子孫也。春秋傳曰：「賢者子孫宜有土地也。」

公羊昭三十一年云：「黑弓以濫來奔。」傳文彼云：「曷爲通濫？賢者子孫宜有地也。」公羊定四年「葬劉文公」傳：「外大夫不書葬，此何以書？録我主也。」注：「禮，諸侯入爲天子大夫，更受采地於京師，天子使大夫爲治其國，有功而卒者，當益封其子。時劉卷以功益封，故不以故國而以采地書葬起其事。因恩以廣義也。」又昭二十年「曹公孫會自鄸出奔宋」，〔二〕傳：「君子之善善也長，惡惡也短，惡惡止其身，善善及子孫。」故漢書王莽傳「善善及子孫，賢者之後，宜有土地」，〔三〕皆用今文家説也。孟子梁惠王下「士者世禄」，註云：「賢者子孫必有土地。」即用公羊注義。

右論大夫功成未封得封子

〔一〕「九年」原作「八年」，據公羊傳莊公九年改。〔二〕「又」下原脱「昭」字，據公羊傳昭公二十年補。〔三〕「宜」原誤作「豈」，據漢書王莽傳改。

周公不之魯何？爲周公繼武王之業也。春秋傳曰：「周公曷爲不之魯？欲天下一於周也。」〔一〕詩云：「王曰叔父，建爾元子，俾侯於魯。」周公身薨，天爲之變，成王以天子之禮葬之，命魯郊，以明至孝，天所興也。此今文書春秋説也。所引春秋傳曰者，文十三年公羊傳文。注云：「周公聖人，德至重，功至大，東征則西國怨，西征則東國怨，嫌之魯恐天下迴心趣鄉之，故封伯禽，命使遥供養，死則奔喪爲主，所以一天下之心於周也。」又曰：「封魯公以爲周公也，周公拜於前，魯公拜於後。」書洛誥「惟告周公其後」。周頌疏引鄭注云：「謂將封伯禽。」又云「王命周公後，作册逸誥。」是封伯禽事也。詩見魯頌閟宫。書金縢云：「秋，大熟，未穫，天大雷電以風，禾盡偃，大木斯拔，邦人大恐。」又云：「今天動威，以彰周公之德。」又云：「我國家禮亦宜之。」前漢書注引大傳云：「周公疾，曰：『吾死，必葬於成周，示天下臣於周也。』周公死，天乃雷雨以風，禾盡偃，大木斯拔。國恐，王與大夫開金縢之書，執書以泣，曰：『周公勤勞王家，予幼子，不及知。』乃不葬於周，而葬於畢，示天下不敢臣。」通鑑前編引大傳又云：「所以明有功，尊有德，故忠孝之道，咸在周公、成王之閒。故魯郊，成王所以禮周公也。」然則今文尚書以金縢風雷之變在周公既没之後。案僖三十年公羊傳曰：「卜郊何以非禮？魯郊非禮也。」注云：「以魯郊非禮，故卜爾。昔武王既没，成王幼少，周公居攝行天子事，制禮作樂，治太平，有王功。周公薨，成王以王禮葬之，命魯使郊，以彰周公之德，非正，故卜。」史記魯世家云：「於是成王乃命魯得郊祭文王。」論衡感類篇云：「開匱得書，覺悟泣過，決以天子禮葬公，出郊觀變，天止雨反風，禾盡起。」漢書梅福傳云：「昔成王以諸侯禮葬周公，而皇天動威，雷風著災。」〔二〕儒林傳：「谷永上

〔一〕「天下」、「一」原倒，據各本乙。　〔二〕「災」原作「變」，據漢書梅福傳改。

疏曰："昔周公薨，成王葬以變禮而得正。"」後漢周舉傳："詔問曰：'言事者多云，昔周公攝天子事，及薨，成王欲以公禮葬之，天爲動變，及更葬以天子之禮，即有反風之應。'舉對曰：'昔周公有請命之應，隆太平之功，故皇天動威，以彰聖德。'」漢紀："張奂上疏曰：'昔周公既薨，成王葬不具禮，天乃大風偃禾折樹，成王發書感悟，備禮改葬，天乃立反風，樹木盡起。'"周舉傳注引尚書洪範五行傳曰："周公死，成王不圖大禮，故天大雷雨，禾偃木拔，乃成王悟金縢之策，改周公之葬，尊以王禮，申命魯郊，而天立復風雨，禾稼盡起。"漢世今文甚行，故此及諸家並依而用焉。馬、鄭等以啓金縢在周公居東時，成王因發金縢，乃迎公歸。並古文家説，白虎通所不取。

右論周公不之魯

京師〔一〕（共八章）

王者京師必擇土中何？所以均教道，平往來，使善易以聞，爲惡易以聞，明當懼慎，損於善惡。孟子萬章篇："夫然後之中國，踐天子位焉。"史記注引劉熙云："帝王所都爲中，故曰中國。"左傳哀六年引夏書曰"惟彼陶唐，有此冀方"，注："唐、虞、夏同都冀州。"淮南地形訓"正中冀州曰中土"，注："四方之主，故曰中土。"是王者必擇土中也。御覽引要義云："王者受命創始，建國立都，必居中土，所以總天地之和，據陰陽之正，均統四方，以制萬國也。"又引譙周法訓云："王者居中國何也？順天之和，而四方之統也。"書康誥云："周公初基，作新大邑於東國洛。"

〔一〕"京師"篇名原脱，今補。

本疏引鄭注云：「此時未作新邑，基謀岐陽之域，處五岳之外，周公爲其於政不均，故東行於洛邑。四方民聞之，同心來會，樂即功成，效其力焉。」史記周本紀云：「成王在豐，使視洛邑，周公復卜申視，卒營築，〔一〕居九鼎焉。曰：『此天下之中，四方入貢道里均。』」作召誥、洛誥。」呂覽長利篇：「南宫适曰：『君獨不聞成王之定成周之説乎？其詞曰：惟予一人，營居於成周，惟予一人有善易得而見焉，有不善易得而誅焉。』」漢書婁敬傳：「敬曰：『成王乃營成周，都洛，以爲此天下中，諸侯四方納貢職，道里均矣。有德則易以王，無德則易以亡。凡居此者，欲令務以德致人，不欲阻險，〔二〕令後世驕奢以虐民也。』」「損」疑「省」之譌。親書屬遠篇：「古者天子地方千里，中之而爲都，輸將繇使，其遠者不在五百里而至。公侯地百里，中之而爲都，輸將繇使，其遠者不在五十里而至。輸將者不苦其勞，繇使者不傷其費。故遠方人安其居，士民皆有歡樂其土，此天下所以能長久也。」皆均教道、平往來之義也。尚書曰：「王來紹上帝，自服於土中。」召誥文。周禮地官云：「日長景尺有五寸，謂之地中，乃建王國焉。」李淳風算經引馬傳云：「地中，洛陽也。」論衡難歲篇：「儒者論天下九州，以爲東西南北，盡地廣長，九州之内五千里，竟三河土中，周公卜宅。經曰：『王來紹上帝，自服於土中。』雒則土之中也。」水經注引援神契曰：「八方之廣，周洛爲中，謂之洛邑。」博物志：「周在中樞三河之分，風雨所起，四險之國。武王克殷，定鼎郟鄏，以爲東都。」御覽引世紀云：「周公相成王，以酆、鎬偏在西方，職貢不均，乃使召公卜居洛水之陽，以即中土。」是也。聖人承天而制作。〔三〕尚書曰：〔四〕「公不敢不敬天之休，來相宅。」洛誥

〔一〕「卒」原作「率」，據史記周本紀改。　〔二〕「諸侯」上原衍「居」字，「有德」下原脱「則」字，「阻」、「險」原倒，據漢書婁敬傳改乙。　〔三〕正文「聖人承天而制作」七字原脱，據各本補。　〔四〕「尚書曰」原作「又日」，據各本改。

文。相，視也。

右論建國

周家始封于何？后稷封于邰，公劉去邰之邠。詩曰：「卽有邰家室。」又曰：「篤公劉，于邠斯觀。」周家五遷，其意一也。皆欲成其道也。時寧先白王者，不以諸侯移，必先請從然後行。所引詩，見大雅生民、篤公劉。小字本「邰」作「台」，與下「于邠斯觀」，皆與王伯厚詩考所引合。盧云：「案吳越春秋，后稷其母台氏之女，台乃其本字也。」御覽引帝王世紀曰：「后稷始封邰，今扶風是也。及公劉徙邑於邠，今新平漆之東北有邠亭是也。故詩稱『篤公劉，于邠斯館』。至太王避狄，循漆水踰梁山，徙邑於岐山之陽，西北岐城舊址是也。故詩稱『率西水滸，至于岐下』。南有周原，故始改號曰周。王季徙程，故書序曰『維周王季宅程』是也。故孟子稱文王生於畢郢，西夷之人也。暨文王受命，徙都於酆，在今京兆之西是也。故稱『伐戎于崇，作邑于酆』。及武王伐紂，營洛邑而定鼎焉，今洛陽西南洛水之北，有鼎中觀是也。」此皇甫所序周家五遷之事也。今案武王遷鎬，詩「鎬京辟雍」是也。洛邑營於成王之世，武王第遷鼎於是耳。九引孟子「生於畢郢」，亦誤。文王生於太王之世，故云「生於岐周」也。然則周家五遷者，邠也，岐也，程也，豐也，鎬也，專指周初而言。至後懿王遷於大邱，平王遷洛邑，敬王遷成周，赧王又遷居西周而失位，皆因國小政亂，迫逐而徙，無有欲成其道之故，故不足數也。「于邠斯觀」，毛詩作「館」，「觀」、「館」通，禮雜記「公館復」，釋文：「館本一作觀。」春秋莊元年「築王姬之館於外」，嫁娶篇引作「觀」。白虎通所用多魯詩說，作「觀」者，或魯詩也。史記司馬相如上林賦「靈圉燕于閑觀」，漢書作「館」。元后傳「春幸繭館」，注引漢宮閣疏云：「上林苑有繭觀。」〔一〕列女傳「柘觀」，外戚傳作「柘舘」，〔二〕並同。「時寧先白王者」，舊作「時寧先皇者」，誤。盧云：「言必請之於王。」是也。書序：「成王在豐，欲宅洛邑，使召公先相宅，作召誥。」又云：「召公既相宅，周公往營成周，使來告卜。」疏引顧氏說云：「周公既至洛邑，乃遣以所卜告於王。」是也。是則周公攝政，先以白王之事也。

右論遷國

京師者，何謂也？千里之邑號也。前漢地里志：「雒邑與宗周通，封圻爲千里。」詩玄鳥云：「邦畿千里。」京，大也。師，衆也。天子所居，故以大衆言之。詩文王「祼將于京」，傳：「京，大也。」方言云：「京，大也。燕之北鄙，齊楚之郊，或曰京。」說文帀部云：「師從帀從自，自四帀，衆意也。」易象傳曰：「師，衆也。」堯典「師錫帝曰」，史記作「衆皆言於堯」。〔三〕獨斷云：「天子所都曰京師。京，水也。地下之衆者莫過於水，地上之衆者莫過於人。京，大。師，衆也。故曰京師也。」公羊桓九年傳：「京者何？大也。師者何？衆也。天子之居，必以衆大之詞言之。」注：「地方千里，周城千雉，宮室官府，制度廣大，四方各以其職來貢，莫不備具，所以必自有地者，治自近始。故據土與諸侯分職而聽其政焉。」舊脫「以」字，〔四〕盧據公羊補。明什倍諸侯，法日月之經千里。春秋傳曰：「京師，天子之居也。」王制曰：「天子之田方千里。」「什倍」二字舊脫，盧據御覽百五十五補。孟子萬章：「天子之制，地方千里，公侯皆方百里。」是什倍諸侯也。獨斷曰：「京師，天子之圻內千里，象日月，日月躔次千里。」王制注亦云：「象日月之大，

〔一〕「苑」原作「院」，據漢書元后傳改。　〔二〕「舘」原作「覾」，據漢書孝成班倢伃傳改。　〔三〕「堯」原誤作「帝」，據史記改。　〔四〕「脫」原作「作」，據文義改。

亦取晷同也。」疏引考靈燿云：「地與星辰四遊，升降於三萬里之中，夏至之景，尺有五寸，是半三萬里得萬五千里。」周禮司徒注云：「凡日景，於地千里而差一寸。」王制疏又引元命苞云：「日圓，望之廣尺，以應千里。」故云法日月之徑皆千里也。春秋傳者，公羊桓九年傳文也。

右論京師

或曰：夏曰夏邑，殷曰商邑，周曰京師。兼採異說也。案詩殷武「商邑翼翼，四方之極」，後漢書注引韓詩作「京師翼翼，四方是則」。然則京師之稱，不惟周然也。白虎通所載或說，多與今文經師不合，此類是也。匡衡傳引詩「商邑翼翼」云云，下云：「此成湯所以建至治，保子孫，紀異俗，而懷鬼方也。」衡習齊詩，與韓異。尚書曰「率割夏邑」，謂桀也。書湯誓云：「夏王率遏衆力，率割夏邑。」謂桀施害民之政于夏之都邑也。「在商邑」，謂殷也。書酒誥云「辜在商邑」，傳：「紂聚罪人在都邑而任之。」

右論三代異制

禄者，録也。上以收録接下，下以名録謹以事上。王制曰：「天子三公之田視公侯，卿視伯，大夫視子男，士視附庸。上農夫食九人，其次食八人，其次食七人，其次食六人。下農夫食五人。庶人在官者以是爲差也。諸侯之下士視上農夫，禄足以代其耕也。中士倍下士，上士倍中士，下大夫倍上士。卿四大夫禄，君十卿禄。次國之卿，三大夫禄，君十卿禄。小國之卿，倍上大夫禄，君十卿禄。天子之縣内，有百里之國九，七十里之國二十一，五十里之國六十三，凡九十三國。名山大澤不以封。其餘以禄士，以爲閒田。」節首十八字，舊本無，盧據王制疏所引補。案此孝經説也。周南疏引孝經援神契曰：「禄者，録也。取上所以敬録接下，下所以謹録事上也。」天官職幣「皆辨其物而奠其録」，注：「故書録爲禄。〔一〕杜子春云：『禄當爲録。』」「禄」、「録」音義相兼也。所引王制與孟子大同小異。孟子萬章下云「天子之卿受地視侯，大夫受地視伯，元士受地視子男」，與王制不合。鄭彼注云：「此地殷所因夏爵三等之制也。」然則夏之公視公侯，卿視伯，大夫視子男。殷則公視公，卿視侯，大夫視伯子男，士並視附庸。秩命差次適相比當。以下文天子之縣内考之，似王制爲得其實。周禮典命：「上公九命，侯伯七命，子男五命。」又云：「王之三公八命，其卿六命，其大夫四命。」内臣之命，降於外臣一等，而爵禄禮秩則從乎外臣也。鄭禮注又云：「農夫皆受田於公田，肥墽有五等，〔二〕收入不同也。」呂覽士容篇云：「上田夫食九人，下田夫食五人，可以益，不可以損，一人制之，十人食之，六畜皆在其中矣。」案此亦夏殷制，若周則九等受田。故左傳疏載賈逵説：「自衍沃之地，九夫爲井，外又有二而當一，以至九而當一者。」周禮小司徒「上地家七人，中地家六人，下地家五人」，注云：「有夫有婦，然後爲家，自二人以至於十人，爲九等。一家男女七人以上，則授之以上地，所養者衆也。男女五人以下，則授之下地，所養者寡也。」正以七人、六人、五人爲率者，舉中而言。然則七人、六人、五人，是中地之三等，四人、三人、二人，是下地之三等，八人、九人、十人，是上地之三等與？管子揆度篇「上農挾五，中農挾四，下農挾三」者，管子所紀，多與古經不合，伯國之權制也。趙岐孟子注云：「庶人在官者，食禄之等差，由農夫有上中下之次，亦有此五等。」案王制，一則云「下士

〔一〕「故」原作「古」，據周禮職幣改。

〔二〕「墽」原作「瘠」，據禮記王制鄭注改。

與庶人在官者同禄」，一則云「下士視上農夫，以府史胥徒差次之」，則府當同之上農夫，史胥徒當以差視中下農夫矣。王制又云：「諸侯之下士禄食九人，中士食十八人，上士食三十六人，下大夫食七十二人，卿食二百八十八人，君食二千八百八十人。次國之卿食二百一十六人，君食二千一百六十人。小國之卿食百四十四人，君食千四百四十人。」周氏柄中四書辨正云：「安溪李文貞曰：『諸侯之卿不命於天子者，其禄秩與大夫等，其命於天子者，不論大小國皆四大夫也。大國三卿皆命於天子，故視大夫四倍，次國二卿命於天子，其一與大夫同禄，則以三卿與三大夫總較，惟三倍耳。小國則一卿命於天子，其二與大夫同禄，則以三卿與三大夫相較，惟二倍耳。』」義或然也。天子之縣內，鄭禮注：「謂夏時天子所居州界名也。」方百里之國九者，鄭注：「三公之田三，致仕者副之，爲六，其餘三，待封王之子弟。」次國二十一者，注：「卿之田六，有致仕者副之，爲十二，又三爲三孤之田。其餘六，亦待封王之子弟。」小國六十三注：「大夫之田二十七，有致仕者副之，爲五十四。其餘九，亦待封王之子弟。」是則三公、九卿、二十七大夫，適與百里、七十里、五十里之數相合。則王制之確於孟子信矣。

右論制禄

諸侯入爲公卿大夫，得食兩家采不？曰：有能然後居其位，德加於人，然後食其禄，所以尊賢重有德也。今以盛德入輔佐，得兩食之。故王制曰：「天子之縣内諸侯禄也，外諸侯嗣也。」今文春秋説也。春秋定四年「葬劉文公」，何休公羊傳注云：「畢采者，禮，諸侯入爲天子大夫，更受采地於京師，天子使大夫爲治其國，有功而卒者，當益封其子。時劉卷以功益封，故不以故國而以采地書葬起其事，因恩以廣義也。」是故諸侯入爲天子大夫，得食兩家采也。凌先生曙公羊禮説云：「采有二，始封之時，則有采地，入爲天子大夫，更受采地。其始封所受者，尚書大傳曰：『古者諸侯始受封，則有采地，百里諸侯以三十里，七十里諸侯以二十里，五十里諸侯以十五里。其後子孫雖有罪黜，其采地不黜，使其子弟賢者守之，世世以祠其始封之人。』紀季以酅入於齊，酅卽紀之采也。」此國滅而采不滅之證。其人爲天子大夫，更受采者，詩所謂「還予授子之粲兮」，傳「諸侯入爲天子卿士，受采禄」，是也。案鄭本圻内之國，而得舉以證諸侯入爲王朝公卿士者，以鄭自武公得虢、鄶十邑之地，已列爲諸侯，地及於圻外，而猶爲司徒，故得稱入也。圻外諸侯受采之制亦有二。有受而傳之子孫者，公羊注所云是也。召公封燕，仍爲王朝太保，食采於周，其次子世受之。春秋時周大夫有召伯，亦其例也。一則入爲大夫時，食其采，身没之後，仍歸采地於王朝，王制所云「内諸侯禄也」，注：「還賢置之於位，〔一〕其國之禄如諸侯，不得世。」又云「大夫不世爵」，注：「謂縣内及列國諸侯爲天子大夫者，受采者但守其禄位而已，不得據有其地。故衞武公、齊丁公並入爲卿士，不聞有子孫世守采地於京師也。其諸侯入爲大夫，其命數仍如其故，詩疏引鄭志答趙商云：「諸侯入爲卿大夫，與在朝仕者異，各依本國命數。蓋如天子三公八命，其由諸侯公爵入爲者，自九命也。」舊本「入」譌「人」，「故」譌「何」，又脱「得」字，及「次之」字，悉依盧校補正。其圻外諸侯，以功德入爲王卿士，則嫡子監國，周禮典命職：「凡諸侯之嫡子誓於天子攝其君，則下其君一等。」是也。

右論諸侯入爲公卿食采

〔一〕「位」原作「外」，據禮記王制注改。

天子太子食采者，儲君，嗣主也，當有土以尊之也。太子食百里，與諸侯封同。故禮曰：「公士大夫子子也。」無爵而在大夫上，故知百里也。「子子也」，盧云「有誤」。舊脱「知」字，依盧補。案「公士大夫」文，出儀禮喪服篇，無云「太子食采」事，未詳上下脱文若何。周禮春官都宗人注：「都，謂王子弟所封也。」左傳閔元年：「使太子主曲沃，士蔿曰：『太子不得立矣。分之都城，〔一〕而位以卿，先爲之極，又焉得立？』」似太子無食采事也。未詳所本。

右論太子食采

公卿大夫皆食采者，示與民同有無也。禮禮運：「大夫有采以處其子孫。」載師職云「家邑任稍地，小都任縣地，大都任疆地」，注：「家邑，大夫之采地。小都，卿之采地。大都，公之采地。」胡氏匡衷儀禮釋官云：「諸侯孤卿大夫之采地，無明文可證，惟雜記疏引熊氏云：『公大都采地方百里，侯伯大都方五十里，子男大都方二十五里，中都無文。小都一成之地方十里。』」今案公之采地當三等，侯伯子男采地當二等，公之孤方百里，卿方五十里，大夫方十里，侯伯之卿大夫亦如之。子男之卿方二十五里，大夫方十里，以侯伯子男無孤，故惟二等，不必有中都也。公侯伯之卿采地同者，以其命數同也。子男之卿異乎公侯伯者，以子男國小地狹也。大夫仍方十里不降者，以孟子大小國大夫之禄不殊，而卿以上各異，則知侯國之大夫，其采地皆一成也。

右論公卿大夫食采

〔一〕「元年」原作「二年」，「分」原作「公」，據左傳閔公元年改。

五行（共七章）

五行者，何謂也？謂金木水火土也。淮南原道訓「節四時而調五行」，注：「五行，金木水火土也。」素問藏氣法時論：「五行者，金木水火土也。」言行者，欲言爲天行氣之義也。書洪範：「初一曰五行。」永樂大典鑒字部載鄭書注云：「行者，言順天行氣也。」釋名釋天云：「五行者，五氣也。於其方各施氣也。」漢書藝文志：「五行者，五常之形氣也。」「欲言」，月令疏作「言欲」，盧云：「書內作『欲言』處甚多，〔一〕今俱從舊本不改。御覽十七作『猶言』，欲與猶本可通用。」地之承天，猶妻之事夫，臣之事君也。其位卑，卑者親視事，故自同於一行尊於天也。易文言傳：「坤道其順乎，承天而時行。」大戴禮三朝記誥志曰：「天生物，地養物。」管子霸言篇：「地大而不理，命曰土滿。」此明土亦在五行中義也。繁露五行之義篇云：「是故木已生而火養之，金已死而水藏之。〔二〕火樂木而養以陽，水克金而喪以陰，土之事天竭其忠。故五行者，乃孝子忠臣之行也。」御覽「妻」作「婦」，舊「其位」上有「謂」字，「親」下無「視」字，盧據御覽刪補。「同」舊作「周」，誤。尚書曰：「一曰水，二曰火，三曰木，四曰金，五曰土。」書洪範文也。史記集註引鄭注云：「此數本諸陰陽所生之次也。」易繫辭上曰：「天一地二，天三地四，天五地六，天七地八，天九地十。」月令疏引鄭注云：「天一生水於北，地二生火於南，天三生木於東，地四生金於西，天五生土於中。陽無偶，陰無配，未得相成。地六成水於北，與天爲偶；天七成火於南，與地爲配；地八成木於東，與天爲偶；天九成金於西，與地

〔一〕「內」下脫「作」字，據禮記月令疏補。

〔二〕「水」原作「木」，據春秋繁露五行之義篇改。

爲配；地十成土於中，與天爲偶也。」水位在北方。北方者陰氣，在黄泉之下，任養萬物。南齊五行志引洪範五行傳曰：「水北方，冬藏萬物，氣至陰也。」繁露五行對篇云水者冬藏，至陰也。御覽引書大傳云：「北方者，萬物伏藏之方。」水之爲言准也。養物平均，有准則也。舊本誤「准」作「淮」，梁本又誤改作「濡」，今依盧氏校改。「養物平均」二句，舊作「陰化沾濡任生木」，盧氏據月令疏引改正。御覽引元命苞曰：「水之爲言演也。陰陽淖濡，流施濳行也。故其立字兩『人』交『一』，以中出者爲水。一者數之始，兩人譬男女，言陰陽交物，以一起也。」廣雅釋言云：「水，準也。」釋名釋天云：「水，準也。準，平物也。」説文水部云：「水，準也，北方之行，象衆水並流，中有微陽之氣也。」蓋水性平，故周禮輪人爲輪：「水之以視其平，沈之均。」又匠人：「建國水地以縣也。」爾雅疏引云：「水，準也。言水之平均而可準法也。」盧云：「准與準同。逸周書、管子、文子、莊子、淮南子、家語皆有此字。」〔一〕木在東方。東方者，陽氣始動，萬物始生。淮南時則訓「東風解凍」注：「東方木，火母也。」隋書五行志引洪範五行傳曰：「木者東方。」説文木部：「木，冒也。冒地而生，東方之行。从屮，下象其根也。」御覽一百九十六引此作「東方，物所以生也」。類聚引書大傳云：「東方者，動方也。物之動也。」素問玉機真藏論：「東方木也。萬物之所以始生也。」舊本「陽」上有「陰」字，衍。木之爲言觸也。陽氣動躍觸地而出也。舊脱此五字，盧據月令疏引補。御覽引元命苞曰：「木者陽精，生於陰，故水者木之母也。木之爲言觸也，氣勫躍也。〔二〕其字『八』推『十』爲木，八者陰合，十者陽數。」爾雅釋木釋文引此文作「木之爲言踊也，陽氣踴躍」。義同。火在南方。南方者，陽在上，萬物垂枝。説文火部：「火，燬也。南

〔一〕「逸周書」上原衍「見」字，「文子」下原衍「一」字，據盧校删。

〔二〕「氣動」上原衍「言觸地」三字，據元命苞删。

方之行，炎而上。」漢書五行志云：「火，南方，揚光輝爲明者也。」繁露五行相生篇云：「南方者，火也。」國語周語注：「南，任也。陰任陽事，助成萬物也。」說文𣎵部：「南，艸木至南方有枝任也。从𣎵，羊聲。」火之爲言委隨也。言萬物布施。火之爲言化也。陽氣用事，萬物變化也。初學記引元命苞曰：「火之爲言委隨也。故其字『人』散，散者爲火也。」火委隨，火化，皆疊韻爲訓。金在西方。西方者，陰始起，萬物禁止。金之爲言禁也。月令疏引作「言秋時萬物陰氣所禁止」。南齊五行志引五行傳云：「金者，西方，萬物既成，殺氣之始也。」論衡物勢篇：「西方，金也。」易隨云「王用享于西山」，虞注：「兑爲西。兑爲少陰之卦，故爲陰始起。」釋名云：「金，禁也。」素問天元紀大論注：「金主收斂，應秋。」說文金部：「金者，禁也。陰氣始起，萬物禁止。」〔一〕土在中央。中央者土，土主吐含萬物，土之爲言吐也。月令疏引作「言土居中，總吐萬物也」。「中央者土，土」，舊本止有「者」字，盧據御覽補。御覽無「含」字。漢書五行志：「土，中央，生萬物者也。」漢書杜欽傳：「土者，中宮之部也。」釋名釋地：「土，吐也。能吐生萬物也。」書禹貢「禹敷土」，鄭注：「能吐生萬物者曰土。」御覽引元命苞云：「土之爲言吐也。言子成父道，吐也。氣精以輔也。〔二〕陽立於三，故成生，其立字『十』加『一』爲土。」說文土部：「土者，吐生者也。」〔三〕何以知東方生？樂記曰：「春生夏長，秋收冬藏。」繁露五行對篇云：「春主生，夏主長，秋主收，冬主藏。」土所以不名時者，地，土之別名也。廣雅釋地云：「地，土也。」比於五行最尊，故不自居部職也。繁露五行對篇：「五行莫貴於

〔一〕「金」訓「禁」，見釋名。說文金部：「金，五色金也。」此引說文有誤。　〔二〕「氣精」下「以」原作「於」，據元命苞改。　〔三〕說文土部：「土，地之吐生物者也。」此引說文有誤。

土。土之於四時無所命者，不與火分功名。」又云：「忠臣之義，孝子之行，取之於土。土者，五行最貴者也。」續漢志引王肅禮注云：「土者，五行之主也。」元命苞曰：「土無位而道在，故大一不興化，〔一〕人主不任部職。」「土無位」，舊作「土之爲位」，又脱「一」字，盧據御覽補正。御覽引元命苞曰：「土無位而道在，故太乙不興化，人主不任部，地出雲起雨，以合從天下，勤勞出於地，功名歸於天。」注：「土以謙自正，以卑自斂，終不自伐生養之苦，乃興雲雨以爲功，一歸於天中。」繁露五行對篇云：「地出雲爲雨，起氣爲風。風雨者地之所爲，地不敢有其功名，必上之於天命，若從天於命者。故曰天風天雨也，莫曰地風地雨也。勤勞在地，名一歸於天。」禮月令「神農將持功」，注：「言土以受天雨澤，安靜養物爲功。」引孝經緯云：「地順受澤，謙虚開張，含泉任萌，滋物歸中。」「與」舊作「預」，御覽作「與」，盧定作「與」，讀爲預。

右總論五行

五行之性，或上或下何？火者，陽也。尊，故上。風俗通引書大傳曰：「火者，太陽也。」古微書春秋感精符云：「火者，陽之精也。」水者，陰也。〔二〕卑，故下。淮南天文訓：「陰氣爲水。」論衡順鼓篇：「水，陰也。」木者少陽，公羊成十二年經「雨木冰」，注：「木者少陽。」隋書五行志引劉向洪範五行傳云：「木者，少陽。」易繫辭下「蓋取諸豫」，荀注：「震爲木。」震在東方，亦爲少陽之卦。金者少陰，繁露官制篇云：「秋者，少陰之選也。」故金亦爲少陰。有中和之性，故可曲直從革。書疏引鄭書注云：「東宮於地爲木，木或曲或直，人所用爲器。西宮於地爲金，金性從形爲革，人所用爲器。」史記注引馬融書注云：「金之性從人而更，可銷鑠。」素問五常政大論「火見燔焫，革金且耗」，

〔一〕「興原作「與」，據御覽引元命苞改。

〔二〕「陰」原作「陽」，據文義改。

注：「革謂皮革，亦謂革易也。」說文金部：「金從革不違，西方之行。」然曲直似爲二義，則從革亦宜别解。孫氏星衍尚書疏云：「曲直者，言木可揉曲，亦可從繩正直。從革者，言金可從順，又可變革也。」是也。中謂金，和謂木，中爲陰，和爲陽，以對太陽太陰言，故云「中和之性」也。舊「曲」下衍一「可」字，盧刪。土者最大，苞含物將生者出，將歸者入，不嫌清濁爲萬物。尚書曰：「水曰潤下，火曰炎上，木曰曲直，金曰從革，土爰稼穡。」盧云：「『爲萬物』下疑脱一『母』字。」說文土部：「土，地之吐生萬物者也。二象地之下，地之中，丨物出形也。」繁露五行對篇云：「土者，五行最貴者也。」是土於五行爲最大也。盧云：「家語困誓篇：『生則出焉，死則入焉。』荀子、韓詩外傳、説苑並有『生則立焉，死則入焉』之文。」「將歸者入」，舊上衍「者」字，下脱「入」字，今從朱校改。荀子堯問篇云：「深掘之而得甘泉，樹之而五穀蕃，草木殖焉，禽獸育焉，生則立焉，死則入焉，多其功而不息，爲人下者，其猶土也。」〔一〕即此義也。書見洪範。五行所以二陽三陰何？尊者配天，金木水火，陰陽自偶。易繫辭「兩儀生四象」，鄭注：「布六於北方以象水，布八於東方以象木，布九於西方以象金，布七於南方以象火。」虞注：「乾二五之坤成坎、離、震、兑，震春兑秋，坎冬離夏。」是卽金木水火陰陽自偶之義。土者地，不居部職，故以配天也。二陽三陰：木水，陽；土金火，陰也。

右論五行之性

水味所以鹹何？是其性也。所以北方鹹者，萬物鹹與所以堅之也，猶五味得鹹乃堅也。周禮瘍醫「以鹹養脉」，注：「鹹，水味，水之流行地中似脉。」素問陰陽應象大論云「水生鹹」，注：「凡物之味鹹者，皆

〔一〕「則」下「立」原作「出」，「不」下「息」原作「得」，「猶」上原脱「其」字，據荀子堯問篇改補。

水氣之所生也。」又寶命全形論云「夫鹽之味鹹」，注：「鹹謂鹽之味苦，浸淫而潤物者也。」五行大義云：「北方鹹，物所以堅之也。猶五味得鹹乃堅也。」又引元命苞云：「鹹者鎌，鎌，清也。至鹹之氣，使之清而鹹。」〔一〕鹹與堅、鎌，又疊韻爲義也。木味所以酸何？東方萬物之生也。酸者以達生也，猶五味得酸乃達也。瘍醫「以酸養骨」，注：「酸，木味，木根立地中似骨。」淮南時則訓「其味酸」，注：「酸之言鑽也。萬物鑽地而生。」呂覽注：「木味酸。酸者，鑽也。萬物應陽鑽地而出。」大義云：「木所以酸者，象東方萬物之生。酸者，鑽也。言萬物鑽地而出，五味得酸而達也。」又引元命苞云：「酸之言端也。氣始生，竱心自端也。」〔二〕酸與鑽、端，亦疊韻爲訓也。火味所以苦何？南方主長養，苦者，所以長養也，猶五味須苦可以養也。瘍醫云「以苦養氣」，注：「苦，火味，出入無形，似氣。」素問五運行大論「苦勝辛」，注：「苦，火味。」又云「火生苦」，注：「物之味苦者，皆始自火之生化也。」大義云：「火所以苦者，所以長養之，五味須苦乃以養之。」又引元命苞云：「苦者，勤苦乃能養也。」金味所以辛何？西方煞傷成物，辛所以煞傷之也。猶五味得辛乃委煞也。瘍醫「以辛養筋」，注：「辛，金味，金之纏合異物似筋。」說文：「辛，秋時萬物成而熟，金剛味辛，辛痛即泣出。」大義云：「金味辛者，〔三〕物得辛乃委殺也。亦云故新之辛也，故物皆盡，新物已成，故曰辛。」又引元命苞云：「陰害故辛，殺義，故辛刺陰氣使其然也。」土味所以甘何？中央者，中和也，故甘，猶五味以甘爲主也。瘍醫「以甘養肉」，注：「甘，土味，土含載四者似肉。」繁露循天之道篇云：「甘者，中央之味也。」素問陰陽應象大論注：「物之味甘者，皆土氣之所生也。」繁露五行之義篇云：「甘者，五味之本也。」淮南原道訓：「味者，甘立

〔一〕「使」上原衍「故」字，據元命苞刪。　〔二〕「竱」原作「焉」，據元命苞改。　〔三〕「金」原作「此」，據五行大義改。

而五味亭矣。」大義云：「土所以甘者，中央，中和也。甘，美也。」元命苞云：「甘者，食常，言安其味也。甘味爲五味之主，猶士之和成於四行也。」尚書曰：「潤下作鹹，炎上作苦，曲直作酸，從革作辛，稼穡作甘。」何、孔傳：「鹹，水鹵所生。苦，焦氣之味。酸，木實之性。辛，金之氣味。甘味生於百穀。」此言五味，專舉五行質性，說與白虎通不合，其說亦未備。物之酸鹹者多，不獨斥鹵木實，而木實之味亦不盡酸。胡氏謂洪範正論云：「此節潤水等字，仍當作水火等字解，『潤下作鹹』，言凡物之鹹者，皆屬水焉。餘仿此。」五行，萬物立本無不具，俱以氣言，不必拘拘以質言也。北方其臭朽者，北方水，萬物所幽藏也。又水者受垢濁，故臭腐朽也。禮月令注：「氣若有若無爲朽。」論語集解包注：「朽，腐也。」尚書洪範傳：「水受惡穢，故有朽腐之氣。」五行大義云：「朽者，水之氣也。若有若無，言氣微也。亦云水者受垢濁，故其臭朽腐也。」許慎云「朽爛之氣北方氣」，同。東方木也。萬物新出地中，故其臭羶。呂氏春秋：「孟春之月，其臭羶。」又淮南時則訓「其臭羶」，注並云：「羶，木香臭也。」說文作「羴」，云「羊臭，从三羊」，或从「亶」作「羶」。匡謬正俗云：「羶者脂氣，春屬木，凡草木所生，其氣羶也。故其字从羊。」南方者火也。盛陽承動，故其臭焦。淮南時則訓注：「焦，火香臭也。」素問金匱真言論注：「凡氣因火，變則爲焦。」說文作「㸈」：「火所傷也。」洪範傳云：「火之氣味，火燒物焦，焦則味苦。」大義云：「臭焦者，陽氣蒸動，烟火之氣也。」許慎云：「焦者，火燒物有噍殺之氣，夏氣同也。」西方者金也。萬物成熟始復諾，故其臭腥。說文肉部作「胜」，云：「犬膏臭也。一曰不熟也。」「腥，星見食豕，令肉中生小息肉也。」〔一〕洪範傳：「金之氣味，言金臭之氣則腥。」大義云：「西方殺氣腥也。」許慎云：「未

〔一〕「膏」原作「旁」，「息」原作「臭」，據說文改。

熟之氣腥也。西方金之氣象也。」「萬物成熟始復諸」句，有訛脱。中央者，土也。土養，故其臭香也。素問金匱真言論注：「凡氣因土，變則爲香。」説文：「香，芳也。从黍、从甘。」洪範傳：「味甘生於百穀，味甘則氣香。」大義云：「臭香者，土之氣香爲主也。」許慎云：「土得其中和之氣，故香也。」月令曰：「東方其臭羶，南方其臭焦，中央其臭香，西方其臭腥，北方其臭朽。」禮月令、吕氏春秋十二紀、淮南時則訓並有此文。所以名之爲東方者，動方也。萬物始動生也。漢書曆志云：「東，動也。易氣動物。」類聚引書大傳云：「東方者，動方也。物之動也。」尸子：「東者，動也。震氣故動。」南方者，任養之方，萬物懷任也。曆志云：「南，任也。陽氣任養物。」御覽引書大傳云：「南方者何也？任方也。任方者，物之方任。」古南、男、任三字通。家語正論：「鄭伯，南也。」王注左氏作「男」。禹貢「二百里男」，史記夏本紀作「二百里任」，是也。懷任猶懷妊也。西方者，遷方也。萬物遷落也。曆志云：「西，遷也。陰氣遷落物。」御覽引書大傳云：「西方者，何也？鮮方也。」匡謬正俗云：「西有先音。」案古韻西不與齊韻通。詩小明「我征徂西」，與「明明上天」叶，班固西都賦「洒湧其西」，與「涇渭之川」叶，樂府雁門大守行「安陽亭西」，與「莫不欲傳」叶。故此云「遷方」，亦義從諧聲出也。北方者，伏方也。萬物伏藏也。曆志云：「北，伏也。陽氣伏於下。」御覽引書傳云：「北方者，何也？伏方也。伏方者，萬物伏藏之方也。」尸子：「北，伏也。萬物至冬皆伏，貴賤若一也。」

右論五味五臭五方

少陽見於寅，寅者，演也。獨斷云：「春爲少陽，其氣始出生養也。」易稽覽圖「少陽時並而聲微」，注：「少陽，謂泰卦用事於正月。」繁露官制象天篇「春者，少陽之選也」，是也。淮南天文訓：「寅則萬物螾螾也。」釋名釋天云：「寅，演也。演，生物也。」廣雅釋言云：「寅，演也。」史記律書：「寅言萬物始生螾然也。」説文寅部：「寅，髕也。正月陽氣動，去黄泉，欲上出，陰尚彊，〔一〕象宀不達，髕寅於下也。」古寅與先韻通，故以演釋寅，唐韻入六脂，以脂切。書「寅賓出日，寅餞納日。」徐仙民並音夷，劉三吾因謂寅有二音，釋翼其反者爲敬，延知反者爲東方之辰。然以史、漢、羣雅諸書證之，則東方之辰不得切爲延知反也。且寅訓爲敬，亦義從諧聲出者，尤不得有夷音也。故大義引三禮義宗云：「寅，引也。」亦無脂韻。律中太蔟。律之言率，所以率氣令生也。禮月令：「孟春之月，律中太蔟。」御覽引元命苞云「律之爲言率也。所以率氣令達也」，注：「率猶遵也。」又引月令章句云：「律，率也。」續漢志：「律，術也。」爾雅釋言：「律，述也。」廣雅釋言：「率，述也。」輾轉相訓，義得通。盛於卯。卯者，茂也。律中夾鐘。淮南天文訓：「木生於亥，壯於卯。」史記律書：「卯之言茂也。」釋名：「卯，冒也。載冒土而出也。」説文卯部：「卯，冒也。二月萬物冒地而出，象開門之形。故二月爲天門。」淮南天文訓亦云「卯，則茂茂然」也。〔二〕大義引義宗云：「卯，茂也。陽氣至此，物生滋茂。」古茂、卯、冒並同音。禮月令：「仲春之月，律中夾鐘。」衰於辰。辰者，震也。律中姑洗。説文辰部：「辰，震也。三月陽氣動，雷電振，民農時也。物皆生，從乙匕，象芒達，厂聲也。」大義云：「辰，震也。震動奮迅也。」又引義宗云：「此月之時，物盡震動而長。」禮月令：「季春之月，律中姑洗。」「衰於辰」者，火行時生，故木氣衰也。其日甲乙。甲者，萬物孚甲也。禮月令：「孟春之月，其日甲乙。」釋名釋天云：「甲，孚甲也。萬物解孚甲而生也。」解象傳曰：「雷雨作

〔一〕「泉」下「欲」原作「始」，「尚」上原脱「陰」字，據説文改補。

〔二〕「卯」下原脱「則」字，據淮南子天文訓補。

而百果草木皆甲坼。」釋文馬、陸「坼」作「宅」。文選注引鄭注云：「木實曰果。皆讀如人倦解之解。解謂坼嘑。皮曰甲，根曰宅。」是卽萬物孚甲之義也。說文甲部：「甲，東方之孟，〔一〕陽氣萌動。从木，戴孚甲之象。」史記律書：「甲者，萬物剖孚甲而出也。」〔二〕然則甲本木戴孚甲之象，〔三〕以其在春，故春日亦引申爲甲也。乙者，物蕃屈有節欲出。說文乙部：「乙象春草木寃曲而出，陰氣尚彊，其出乙乙也。」史記律書：「乙者，言萬物生軋軋也。」釋名釋天：「乙，軋也。自抽軋而出也。」案此以屈、出諧乙聲，軋亦同，故得以軋解乙也。易泰九家注「震象稱乙」，亦以震東方之卦故也。時爲春。春之爲言偆，偆動也。繁露陽尊陰卑篇：「春之爲言猶偆偆然。偆者，喜樂之象也。」偆、蠢通。漢書律志：「春，蠢也。」禮鄉飲酒義：「東方者春，春之爲言蠢也。」釋名釋天：「春，蠢也。蠢然而生。」風俗通祀典：「春者，蠢也。蠢蠢搖動也。」毛詩采芑傳：「蠢，動也。」說文䖵部：「蠢，蟲動也。」蓋萬物動於下，故物蟲之動，故春爲蠢也。位在東方。其色青，其音角者，氣動躍也。爾雅釋文引劉歆注云：「角，觸也。物觸地而出，戴芒角也。」漢曆志同。諸書無訓角爲躍者，惟此及禮樂篇爾。角與躍古不同韻，似當改爲「氣動觸也」是。其帝太皞。太皞者，大起萬物擾也。孟子音義引張鎰音云：「皞與昊同。昊，大也。」詩疏引異義：「今尚書說，春曰昊天。」爾雅疏引李注亦訓爲其氣昊大之天也。淮南時則訓注：「太昊，伏羲有天下之號，死託祀於東方之帝。」蓋伏羲以木德王，以太昊爲天下號，後人因祀爲春帝。故月令注云：「蒼精之君也。」其神句芒。句芒者，物之始生，芒之爲言萌也。吕氏春秋仲春紀注：「句芒，少昊氏之裔子曰重，位爲木德之帝，死爲木官之神。」山海經「東方句芒，鳥身人面，乘兩龍」，注云：「木神也。方面素

〔一〕「甲」下原衍「位」字，據說文删。〔二〕「孚」，史記律書作「符」。〔三〕「孚」下原脱「甲」字，據文義補。

服。」墨子明鬼篇：「昔者鄭穆公常晝日處於廟，有神人入門而左，鳥身，素服三絶，面正方。」然則天神自有句芒，爲木官，後重爲木正，有功於民，取以配食句芒，故重亦冒句芒之稱。許慎、賈逵諸儒，以五人官即五人神，非也。御覽引三禮義宗云：「木正曰句芒者，物始生，皆句曲而芒角，因用爲官名。」太玄玄數「神句芒」注：「句取春句曲而生芒萌然。」則此文以物之始生解「句」字，以萌解「芒」字也。芒、萌亦聲義相兼。其精青龍，陰中陽故。「其精青龍」，舊在「芒之爲言萌也」上，今移此。淮南天文訓「其獸蒼龍」，注：「木色蒼，蒼龍順其色也。」古微書元命苞云：「龍之爲言萌也。陰中之陽也。」太陽見於巳。巳者，物必起，律中中呂。獨斷云：「夏爲太陽，其氣長養。」易稽覽圖：「正陽者，從二月至四月，陽氣用事時也。」繁露官制象天篇：「夏者，太陽之選也。」「物必起」者，必讀如畢。釋名釋天：「巳，巳也。陽氣畢布施也。」説文巳部：「巳，巳也。四月陽氣已出，陰氣已藏，萬物見，成文章。故巳爲蛇，象形。」大義引義宗云：「巳，起也。物至此時，皆畢盡而起。」起、已皆諧聲爲義也。禮月令：「孟夏之月，律中中呂。」壯盛於午。午，物滿長，律中蕤賓。淮南天文訓：「火生於寅，壯於午。」説文午部：「午，啎也。五月陰氣午逆陽冒地而出玄。」釋名釋天：「午，仵也。陰氣從下上，與陽相仵逆也。」太玄玄數注：「午取其鄂布也。」大義引義宗云：「午，長也，大也。明物皆長大也。」是即物滿長之義也。禮月令：「仲夏之月，律中蕤賓。」衰於未。未，味也。律中林鐘。説文未部：「未，味也。六月滋味也。五行，木老於未。象木重枝葉也。」大義引義宗云：「時物向成，皆有滋味。」史記律書：「未者，言萬物皆成，有滋味也。」亦訓昧。淮南天文訓：「未，昧也。」釋名：「未，昧也。日中則仄，向幽昧也。」禮樂篇云：「味之言昧也。」輾轉相通也。禮月令：「季春之月，律中林鐘。」「衰於未」者，坤貞於六月而二陰生，故地二生火，陰起則陽衰也。其日丙丁。

丙者，其物炳明。禮月令「孟夏之月，其日丙丁」，注：「丙之言炳也。」説文丙部：「丙，位南方，萬物成炳然。陰氣初起，陽氣將虧。」史記律書：「丙者，言陽道著明。」釋名釋天云：「丙，炳也。物生炳然皆著見也。」丁者，强也。史記律書：「丁者，言萬物之丁壯也。」説文丁部：「丁，夏時萬物皆丁實。」〔一〕廣雅釋詁云：「丁，强也。」故人强壯之年亦謂之丁年。李陵答蘇武書云「丁年奉使」是也。丁、强亦諧聲爲義。時爲夏。夏之言大也。太玄玄數「爲夏」注：「夏，大也。萬物皆長大也。」御覽引義宗云：「夏，大也。至此之時，物已長大，故以爲名。」位在南方。其色赤，其音徵。徵，止也。陽度極也。漢書律志：「徵，祉也。」風俗通引劉歆鐘律書云：「徵者，祉也。物盛大而繁祉。」訓祉訓止，皆聲義相兼者。禮樂篇：「徵者，止也。陽氣止也。」其帝炎帝。炎帝者，太陽也。淮南天文訓「其帝炎帝」，注：「炎帝以火德王天下，死託祀於南方之帝。」山海經注：「炎帝，神農焉，以火德王，主南方，故謂之炎帝。」小宗伯注「赤」曰：「赤熛怒，炎帝食焉。」然則炎本火義，神農以火德王，故號之爲炎帝也。其神祝融。屬續也。屬續義見上號篇。淮南天文訓「其位朱明」，注：「祝融也。」山海經「南方祝融，獸身人面，乘兩龍」，郭注：「火神也。」月令注：「火官之臣。」其精朱鳥，離爲鸞故。淮南天文訓「其獸朱鳥」，注：「朱鳥，朱雀也。」後漢書章帝紀注：「鸞鳥者，赤神之精，鳳皇之佐，雞身赤尾，色赤，被五彩，鳴中五音。」易旅「鳥焚其巢」，虞注：「離爲鳥。」鸞爲鳥之長，故云「離爲鸞」也。少陰見於申。申者，身也。律中夷則。易稽覽圖注云：「少陰，謂否卦也。」七月否用事，於辰爲申。」繁露官制象天篇：「秋者，少陰之選也。」獨斷云：「秋爲少陰。」釋名釋天云：「申者，身也。物皆成其身體，各申束之使備成也。」大義引義宗云：

〔一〕「夏时」下原脱「萬物」二字，據説文補。

「申者，身也。物皆身體成就也。」淮南天文訓：「申者，呻之也。」史記律書云：「言陰用事，申賊萬物。」義異。禮月令：「孟秋之月，律中夷則。」壯於酉。酉者，老也。物收斂。律中南呂。淮南天文訓：「金生於巳，壯於酉。」史記律書云：「酉者，萬物之老也。」説文酉部：「酉，就也。八月黍成，可爲酎酒。古文酉从丣，〔一〕卯爲春門，萬物已出。酉爲秋門，萬物已入。一，閉門象也。」漢書曆志：「留孰於酉。」大義云：「酉者，老也。亦云孰也。萬物老極而成孰也。」並取物收斂成熟爲義。老、就、收皆諧聲爲義。禮月令：「仲秋之月，律中南呂。」舊脱「也」字，依盧補。衰於戌。戌者，滅也。律中無射。無射者，無聲也。史記律書云：「戌者，言萬物盡滅。」漢書曆志「畢入於戌」，注：「戌，滅也。九月陽氣微，萬物畢成，陽火入地也。」淮南天文訓：「戌者，滅也。」考威從火戌聲，言陽氣至戌而盡滅也。五行大義亦云：「戌，威也，殺也。九月殺衰，物皆滅也。」又引義宗云：「此時物衰滅也。」禮月令：「季秋之月，律中無射。」案此文上下皆未釋律義，此「無射者」六字疑衍文。其日庚辛。庚者，物庚也。禮月令「其日庚辛」，注：「庚之言更也。」御覽引義宗云：「庚，更也。」釋名釋天：「庚猶更也。」説文庚部：「庚，位西方，象秋時萬物庚庚有實也。」史記律書：「庚謂陰陽更萬物。」五行大義云：「一云庚者，更也。」辛者，陰始成。禮月令注：「辛之言新也。」釋名釋天：「辛，新也。物初新，皆收成也。」説文辛部：「辛，秋時萬物成。」九月時於消息爲剥。剥，五陰一陽。故陰道始成。至十月則純陰用事也。時爲秋，秋之言愁也。禮鄉飲酒義：「秋之爲言愁也。」御覽引書傳云：「秋者，愁也。愁者，萬物愁而入也。」又引義宗云：「秋之言揫縮之義，陰氣出地，始殺萬物也。」愁、揫音同，義微異。舊「愁」下有「亡」字，盧删。其位西方。其色白，其音商。

〔一〕「酎」原作「酬」，「古文」下原脱「酉」字，「从」原作「作」，據説文改補。

商者，强也。漢書律志：「商之爲言章也。」〔一〕此蓋謂物至秋皆强，故訓强也。其帝少皞。少皞者，少斂也。淮南天文訓「其帝少昊」，注：「少昊，黄帝子青陽也。以金德王，號曰金天氏，死託祀於西方之帝。」周禮小宗伯注：「白曰白招拒，少昊食焉。」禮月令注：「此白精之君。」案以少昊爲少斂，未詳。其神蓐收。蓐收者，縮也。呂覽注：「少昊氏裔子曰該，有金德，死祀爲金神。」山海經云「西方蓐收，左耳有蛇，乘兩龍」，注：「金神也。」晉語：「虢公夢在廟，有神人面白毛，虎爪，執鉞立於西阿，公懼而走。覺，召史嚚而占之。曰：『如君之言，則蓐收也。』」是則蓐收爲天神，該爲金正，亦託祀也耳。蓐收爲縮者，收有斂聚之義，與縮意近也。其精白虎。虎之爲言搏討也故。淮南天文訓：「其獸白虎。」文選東京賦「屯神虎於秋方」，薛注：「神虎，金獸也。」易頤：「虎視眈眈。」漢上易引馬注：「兑爲虎，秋土肅殺，征討不義，故取於白虎。」以虎猛，故言搏討也。盧云：「故字衍。」太陰見於亥。亥者，侅也。律中應鐘。易稽覽圖注云：「太陰，謂從否至臨也。」〔二〕繁露官制象天篇：「冬者，太陰之選也。」獨斷云：「冬爲太陰也。」史記律書：「亥者，該也。言陽氣藏於下，故該也。」廣雅釋言：「亥，荄也。」釋名釋天：「亥，核也。收藏百物核，取其好惡真僞也。亦言物成皆堅核也。」説文亥部：「亥，荄也。十月微陽起，接盛陰。」淮南天文訓：「亥者，閡也。」漢志云：「該閡於亥。」案侅之本義爲非常，此或即荄、閡之假借。十月陰匿陽於下，萬物皆荄茲未達而該閡。漢書儒林傳，趙賓讀易，箕子之明夷爲荄茲，言「萬物方荄茲」，亦謂坤終於亥，乾出於子也。「侅」舊誤作「仰」，盧云：「漢律志：『該閡於亥。』莊子盜跖篇：『侅溺於馮氣。』徐邈音礙，五代反，又户該反。今定爲侅，形相近。史記律書作該也。」禮月令：「孟冬之月，律中應鐘。」壯於

〔一〕「言」上原脱「爲」字，據漢書律曆志補。

〔二〕「至」原作「從」，據易稽覽圖注改。

子。子者，孳也。律中黃鐘。淮南天文訓：「水生於申，壯於子。」律書：「子者，〔一〕滋也。萬物滋於下也。」此文孳當讀如漢志三統歷「孳萌於子」之孳。說文子部：「子，十一月陽氣動，萬物滋。人以爲稱。」「𢀈，古文『子』，從巛。」廣雅釋言云：「子，孳也。」五行大義云：「子者，孳也。陽氣既動，萬物孳萌。」又引義宗云：「陽氣至，孳養生。」滋、兹、孳、子，並音義兼通。禮月令：「仲冬之月，律中黃鐘。」衰於丑。丑者，紐也。律中大呂。淮南天文訓：「丑者，紐也。」史記律書云：「陽氣在上未降，〔二〕萬物厄紐未敢出。」漢書律志：「紐萌於丑。」說文丑部：「丑，紐也。十二月，萬物動用事。象手之形。時加丑，亦舉手時也。」〔三〕釋名釋天：「丑，紐也。寒氣自屈紐也。」五行大義云：「丑者，紐也。紐者，繫也。續萌而繫長也。」又引義宗云：「言居終始之際，故以紐結爲名。」禮月令：「季冬之月，律中大呂。」其日壬癸。壬者，陰使壬。禮月令「孟冬之月，其日壬癸」，注：「壬之言任也。」御覽引義宗云：「壬，任也。」史記律書云：「壬之爲言任也。」說文壬部：「壬位北方也。」五行大義云：「壬者，任也。陰任於陽。」即「陰使任」之義也。癸者，揆度也。禮月令注：「癸之言揆也。」史記律書：「癸之爲言揆也。」釋名釋天：「癸，揆也。揆度而生，乃出土也。」御覽引義宗云：「癸，揆也。」說文癸部：「癸，冬時水土平，可揆度也。」太玄注：「癸，取其揆也。」五行大義云：「癸者，揆也。揆然萌芽於物也。」時爲冬。冬之爲言終也。漢書律曆志云：「冬，終也。」初學記引月令章句云：「冬，終也。萬物於是終也。」釋名釋天：「冬，終也。物終成也。」御覽引義宗云：「冬，終也。立冬之時，萬物終成。」其位在北方。其音羽，羽之爲言舒，言萬物

〔一〕「者」原作「也」，據史記律書改。

〔二〕「陽」原作「陰」，據史記律書改。

〔三〕「舉手」下原脫「時」字，據說文補。

始孳。「其音羽」上，脫「其色黑」三字，羽、舒亦諧聲爲義。「萬物始孳」之「孳」疑誤。風俗通引劉歆云：「羽者，宇也。物始藏，宇覆之也。」漢書律志：「羽，宇也。」**其帝顓頊。顓頊者，寒縮也。**義詳號篇。淮南天文訓「其帝顓頊」，注：「黃帝之孫，以水德王，號曰高陽氏，死託祀於北方之帝也。」小宗伯注云：「黑曰汁光紀。顓頊食焉。」月令注：「此黑精之君。」項、縮蓋疊韻爲訓。**其神玄冥。玄冥者，入冥也。**呂覽「其神玄冥」，注：「玄冥，水官也。少昊氏之子曰循，爲玄冥師，死祀爲水神。」案山海經「北方禺强，人面鳥身，珥兩青蛇，踐兩青蛇」，注：「玄冥，水神也。」莊子大宗師篇：「禺强立於北極。」則玄冥亦天神。〔一〕楚詞大招「冥凌浹行」，注：「冥，玄冥，北方之神也。」又遠遊「考玄冥於空桑」，注：「玄冥，太陰之神，主刑殺也。」然則循爲水正，故因以託名焉。訓入冥者，亦望文生義，無實證焉。**其精玄武。掩起離體泉，龜蛟珠蛤。**淮南天文訓：「其獸玄武。」「龜蛟珠蛤」，當爲「衆龜蛇蚌蛤」，皆甲蟲也。後漢王梁傳「玄武，水神之名。」注：「玄武，北方之神，龜蛇合體。」又馮衍傳注：「玄武，謂龜蛇，位在北方，故曰玄。」**土爲中宮。**繁露五行對：「土者，五行之中也。」月令：「中央土。」**其日戊己。戊者，茂也。己者，抑屈起。**月令「其日戊己」，注：「戊之言茂也。己之言起也。日之行從黃道，月爲之佐，至此萬物皆枝葉茂盛，其含秀者抑屈而起也。」說文戊部：「戊，中宮也。象六甲五龍相拘絞也。己，中宮也。象萬物辟藏詘形也。」生長既極則應戊，貿易前體也。己，紀也。物既成，有條紀也。**其音宮。宮者，中也。**廣韻引作「宮之爲言中也」。風俗通引鐘律書：「宮者，中也」。史記索隱引元命苞云：「宮之言宣也。」〔二〕**其帝黃帝，其神后土。**淮南天文訓注：「黃帝，少典之子也。以土德王天下，號曰軒轅，死託祀於中

〔一〕「則」下「玄」原作「水」，據文義改。　〔二〕「宣」原作「中」，據史記天官書索隱改。

央之帝。」小宗伯注：「黄帝含樞紐，黄帝食焉。」月令注：「此黄精之君。后土，土官之神。」

右論陰陽盛衰

月令十一月律謂之黄鐘何？黄者，中和之色。鐘者，動也。言陽氣於黄泉之下動，養萬物也。

舊本「陽氣」下有「動」字，盧氏據史記正義刪。正義又引作「黄者，中和之色」。國語周語云「故名之曰黄鐘，所以宣養六氣九德也」，韋注：「黄，中之色也。鐘之言陽氣鐘聚於下也。十一月陽伏於下，陰始萌。」淮南天文訓：「黄鐘者，鐘已黄也。」史記律書云：「言陽氣踵黄泉而出也。」漢書律志云：「黄者中之色，君之服。鐘者種焉。」又云：「黄，五色莫盛焉，故陽氣施種於黄泉，〔一〕孳萌萬物，爲六氣元也。」獨斷：「三代建正之别名，律中黄鐘，言陽氣踵黄泉而出。」風俗通音樂篇：「鐘者，動也。」五行大義引義宗云：「鐘，應也。言陽氣潛動於黄泉之下，應養萬物，萌芽欲出。」月令疏引元命苞亦云「黄鐘者始黄」，注云：「始萌黄泉中。」義亦同也。月令注：「黄鐘九寸。」天文訓云：「其數八十一。」國語周語注：「管長九寸，徑三分，圍九分。律長九寸，因而九之，九九八十一。黄鐘之數立焉。」蓋九爲老陽之數，天開於子，乾起於子月，以消息言之，乾之初九爲十一月，故定爲黄鐘之律。

十二月律謂之大吕何？大者，大也，吕者，拒也。言陽氣欲出，陰不許也。吕之爲言拒也，旅抑拒難之也。

五行大義引三禮義宗云：「吕，助也，十二月陽方生長，陰氣助之，生育之功，其道廣大也。」國語周語「元閒大吕，助宣物也」，注：「大吕助陽宣散物也。」漢書律志云：

〔一〕「莫」原作「黄」，「施」原作「始」，「黄泉」原作「前」，據漢書律曆志改。

「大呂，呂，旅也。言陰大，旅助黃鍾宣氣而牙物。」〔一〕呂覽注：「呂，旅也。萬物萌動於黃泉，未能達見，所以旅，旅去陰卽陽，助其成功。故曰大呂。」案諸家之說，〔二〕皆與白虎通義異。惟御覽引風俗通云：「呂之言拒也。依卽拒難之也。」漢志又云：「呂，拒也。言與陽相承，更迭而至也。」月令注云：「大呂者，蕤賓之所生也。三分益一，律長八寸二百四十三分寸之百四。」天文訓云：「大呂之數七十六，以蕤賓之數五十七三分之，得十九，以十九益五十七，是爲七十六也。」續漢律曆志：「大呂律長八寸四分小分三弱。」**正月律謂之太蔟何？太亦大也，蔟者湊也。言萬物始大，湊地而出也。**五行大義引三禮義宗云：「蔟者，湊之義也。正月之時，萬物始大，湊地而出。」國語周語「二曰太蔟。所以金奏贊陽出滯也」，注：「太蔟言陽氣太蔟達於上也。」淮南天文訓作「簇」，云「太簇者，簇而未出也」。漢志作「族」，云「族，聚也」。又云「奏也，言陽氣大奏地而達物也」。獨斷云：「太簇言萬物始簇而生。」呂覽注：「太陰氣衰，少陽氣發，萬物動生，簇地而出。」淮南子天文訓注云：〔三〕「簇，簇也。陰衰陽發，萬物簇地而生，故曰大蔟。」蔟、簇、族、湊，音義皆通。月令注云：「太蔟者，林鍾之所生，上三分益一，律長八寸。」天文訓云：「太蔟之數七十二。」其義同也。**二月律謂之夾鍾何？夾者，孚甲也。言萬物孚甲，種類分也。**五行大義引一說云：「夾者，俠也。言萬物爲孚甲所俠，至此方解，鍾應而出。」國語周語云「二閒夾鍾出四隙之細也」，注：「鍾，聚也，細也。」漢志云：「夾鍾，言陰夾助太蔟宣四方之氣而出種物也。」〔四〕案志以夾助爲義，與此不同。淮南天文

〔一〕「宣」下「氣」原作「陽」，「牙」原作「聚」，據漢書律曆志改。〔二〕「之」下「說」原作「日呂」，據文義改。〔三〕「天文訓」原作「時則訓」，據淮南子改。〔四〕「夾」下「鍾」原作「助也」，「出」下「種」原作「鍾」，據漢書律曆志改。

訓：「夾鐘者，鐘始夾甲也。」蓋謂種類始孚甲，與此同也。古夾、甲字通。周禮射鳥氏「則以並夾取之」，先鄭讀夾爲甲，是也。月令注：「夾鐘夷則之所生，三分益一，律長七寸二千一百八十七分寸之千七十五。」續漢律曆志云：「夾鐘律七寸四分小分九微强。」三月律謂之姑洗何？姑者，故也。洗者，鮮也。言萬物皆去故就其新，莫不鮮明也。樂元顯云：「史記正義引作『沽洗』。」定四年左傳、石經及釋文，並作「沽洗」，當從之。盧云：「説苑修文篇、宋本俱作『沽洗』，今本亦經後人改易矣。」五行大義引義宗云：「姑者，枯也。洗濯之義。三月物生新潔，洗除其枯也。」國語周語「三曰姑洗。所以修潔百物，考神納賓也」，注：「姑，潔也。洗，濯也。〔一〕言陽氣養生，洗濯枯穢，改柯易葉也。」漢書律志：「洗之言絜也。言陽氣洗物，辜絜之也。」〔二〕淮南天文訓云：「姑洗者，陳去而新來也。」又云「音比姑洗」，注：「姑，故也。洗，新也。陽氣養生，去故就生，故曰姑洗。」時則訓注：「姑，故。洗，新也。是月陽氣養生，去故就新。」呂覽注：「是月陽氣發生，去故就新也。」雖訓洗爲新，與訓鮮不同而義合。以洗爲鮮者，洗與先通。易釋文「洗京」，荀、虞、董、張、蜀才本並作「先」，先、鮮同音也。月令注：「姑洗，南吕之所生也。三分益一，律長七寸九分寸之一。」續漢律志：「姑洗律七寸一分小分一微强。此其整數也。」四月謂之仲呂何？言陽氣將極中充大也，故復中難之也。舊本「將極」二字倒，下有「彼」字，無「中充大也」四字，皆盧據史記正義引補正。五行大義引義宗云：「吕者，拒也，難之義，言陰欲出，陽氣在於中距執之。」國語周語「三閒仲吕，宣中氣也」，注：「陽氣越於中，〔三〕至四月宣散於外，純乾用事，

〔一〕「濯」原作「潔」，據國語周語注改。

〔二〕「辜」原作「姑」，據漢書律曆志改。

〔三〕「仲」原作「中」，「越」原作「起」，據國語周語注改。

陰閉藏於內，所以助陽成功也。」漢書律志：「仲呂，言微陰始起未成，著於其中，旅助姑洗宣氣齊物也。位於巳。」案志亦訓呂爲旅也。淮南天文訓：「律受仲呂。仲呂者，中充大也。」說文人部：「仲，中也。」呂覽注云：「陽散在外，陰實在中，所以旅陽成功也。故曰仲呂。」淮南時則訓注同。月令注：「中呂無射之所生，三分益一，律長六寸萬九千六百八十三分寸之萬二千九百七十四。」續漢律志云：「長六寸六分小分六。」五月謂之蕤賓何？蕤者，下也。賓者，敬也。言陽氣上極，陰氣始起，故賓敬之也。五行大義引三禮義宗云：「蕤者，垂下之義。賓者，敬也。五月陽氣下降，陰氣始起，共相賓敬。」國語周語：「四曰蕤賓。所以安靖神人，獻酬交酢也。」〔一〕注：「蕤，委蕤，柔皃也。言陰氣爲主，委蕤於下，陽氣盛長於上，有似於賓主，故可用之宗廟賓客，以安靜神人，行酬酢也。」漢書律志：「蕤，繼也。賓，道也。言陽始道陰氣，使繼養物也。」〔二〕淮南天文訓：「蕤賓者，安而賓也。」史記律書：「蕤賓者，言陰氣幼少，〔三〕故曰蕤痿。陽不用事，故曰賓。」呂覽注：「是月陰氣萎蕤在下，象主人，陽氣在上，似賓客也。」天文訓「陰比蕤賓」注同。此云「賓敬」，亦謂賓敬陽也。月令注：「蕤賓，應鐘之所生，三分益一，長六寸八十一分寸之二十六。」續漢律志：「蕤賓律六寸三分小分二微強。」六月謂之林鐘何？林者，衆也。萬物成熟，種類衆多也。五行大義引三禮義宗云：「林，茂盛也。六月之中，物皆盛茂，聚積於野，故爲林也。」國語周語：「四閒林鐘，和展百事，俾莫不任肅純恪也。」注：「林，衆也。言萬物衆盛也。鐘，聚也。」漢書律志：「林，君也。言陰氣受任，助蕤賓君主種

〔一〕「酢」原作「錯」，據國語周語改。〔二〕「言陽」下原衍「氣」，「使」原作「始」，據漢書律曆志删改。〔三〕「者」上原脱「蕤賓」二字，下原脱「言」字，據史記律書補。

物，使長大楙盛也。〔一〕淮南天文訓「音比林鐘」，注：「林，衆。鐘，聚也。陽極陰生，萬物衆聚而盛，故曰林鐘。」吕覽注：「陽氣衰、陰氣起，萬物衆聚而成。」淮南子云「林鐘者，引而止也」，義異。月令注云：「林鐘，黄鐘之所生，三分去一，律長六寸。」七月謂之夷則何？夷，傷也。則，法也。言萬物始傷，被刑法也。大義引義宗云：「夷，平也。則，法也。七月萬物將成，平均結實，皆有法則，德吉也。」國語周語「五曰夷則。所以詠歌九則，〔二〕平民無貳也」，注：「夷，平也。則，法也。言萬物既成，可法則也。」漢志：「則，法也。言陽氣正法度，〔三〕而使陰氣夷當傷之物。」史記律書云：「夷則者，言陰氣之賊萬物。」管子四時篇：「德始於春，刑始於秋，陰氣刑物，故謂之夷則。」淮南天文訓：「夷則者，易其則也。」同訓則爲法則之則，而義自異。天文訓又云「音比夷則」，注：「夷，傷。則，法也。陽衰陰發，萬物彫傷，應法成性，故曰夷則。」時則訓注亦同。月令注：「夷則者，大吕之所生，三分去一，律長五寸七百二十二分寸之四百五十一。」續志：「三寸六分小分二弱。」八月謂之南吕何？南者，任也。言陽氣尚有，任生薺麥也，故陰拒之也。五行大義引三禮義宗云：「南，任也。八月之中，物皆含秀，有懷任之象，助成功之義。」律書正義引作「陽氣尚任包大生薺麥也」。國語周語：「五閒南吕，贊陽秀也」。注：「南，任也。陰任陽事，助成萬物也。」漢書律志：「南，任也。」言陰氣旅助夷則，任成萬物也。」淮南天文訓「南吕者，任保大也」。吕覽注：「南，任也。言陽氣收藏，陰侣於陽，任成

〔一〕「陰氣」上原脱「言」字，「楙」原作「樹」，據漢書律曆志補改。　〔二〕「歌」原作「法去」，據國語周語改。　〔三〕「法」下原脱「也」字，「言陽」下原脱「氣」字，據漢書律曆志補。

其功也。」禮月令「仲秋乃勸種麥」，疏引蔡邕章句云：「陽氣初胎於酉，故八月種麥應時而生也。」〔一〕月令注：「南呂者，太蔟之所生，三分去一，律長五寸三分寸之一。」續漢律志云：「五寸三分小分三強。」九月謂之無射何？射者，終也。言萬物隨陽而終，當復隨陰而起，無有終已也。五行大義引三禮義宗云：「射，厭也，厭惡之義。九月物皆成實，無可厭惡。」漢書律志：「射，厭也。言陽氣究物，而使陰氣畢剝落之，終而復始，無厭已也。」淮南天文訓「無射者，無厭也」，義同。又云「音比无射」，注：「陰氣上升，陽氣下降，萬物隨陽而藏，無有射出息也。」月令注：「無射者，夾鐘之所生，三分去一，律長四寸六千五百六十一分寸之六千五百二十四。」續漢律志：「無射律四寸九分小分九強。」十月謂之應鐘何？應者，應也。鐘者，動也。言萬物應陽而動下藏也。五行大義引三禮義宗云：「十月之時，歲功皆成，陰氣之用應陽，功收而聚積，故云鐘也。」國語周語注：「言陰應陽用事，萬物鍾聚。」淮南天文訓：「應鐘者，應其種也。」漢書律志：「言陰氣應無射，該藏萬物，而雜陽閡種也。」淮南天文訓注：「陰應於陽，轉成其功，萬物應時聚藏也。」月令注：「應鐘者，姑洗之所生，三分去一，律長四寸二十七分寸之二十。」續漢律志：「四寸七分小分四微强。」

右論十二律

五行所以更王何？以其轉相生，故有終始也。木生火，火生土，土生金，金生水，水生木。釋名釋天：「五行者，五氣也。於其方各施行也。」董子繁露五行相生篇云：「五行者，五官也。比相生而閒相勝也。」

〔一〕「初」下「胎」原作「始」，「月」下「種」原作「薺」，據禮記月令疏改。

易說封傳：「帝出乎震，齊乎巽，相見乎離，致役乎坤，說言乎兑，戰乎乾，勞乎坎，成言乎艮。」卽五行相生之位也。五行大義引白虎通云：「木生火者，木性温煖，伏其中鑽灼而出，故生火。火生土者，火熱，故能焚木，木焚而成灰，灰卽土也，故火生土。土生金者，金居石依山，津潤而生，聚土成山，山必生石，故土生金。金生水者，少陰之氣，温潤流澤，銷金亦爲水，所以山雲而從潤，故金生水。水生木者，因水潤而能生，故水生木。」又引元命苞云：「陽吐陰化，故水生木也。」是以木王，火相，土死，金囚，水休。王所勝者死，囚，故王者休。盧云：「『囚』字上似脱『勝王者』三字。〔一〕又似脱『王所生者相』句。」案此春秋説也。「故王者休」，當作「故生者休」。古微書春秋運斗樞云：「四時生者休，王所勝者死，相所勝者囚。假令春之三月木王，水生木，木勝土，土死、木旺，火相、王所生者相，相所生者囚。」〔二〕淮南地形訓：「木壯，水老，火生，金囚，土死。火壯，木老，土生，水囚，金死。土壯，火老，金生，木囚，水死。金壯，土老，水生，火囚，木死。水壯，金老，木生，土囚，火死。」五行大義云：「休王之義，凡有三種。第一論五行休王，第二論支干休王，第三論八封休王。五行休王者，春則木王，火相，水休，金囚，土死。夏則火王，土相，木休，水囚，金死。六月則土王，金相，火休，木囚，水死。秋則金王，水相，土休，火囚，木死。冬則水王，木相，金休，土囚，火死。支干休王者，春則甲乙寅卯王，丙丁巳午相，壬癸亥子休，庚辛申酉囚，戊己辰戌丑未死。夏則丙丁巳午王，戊己辰戌丑未相，甲乙寅卯休，壬癸亥子囚，庚辛申酉死。六月則戊己辰戌丑未王，庚辛申酉相，丙丁巳午休，甲

〔一〕「字」下「上」原作「下」，據盧校改。

〔二〕「王所」下原衍「以」字，「水生木」下原衍「水休」二字，「木旺」原作「木生火」，「所」下「生」原作「勝」，據古微書春秋運斗樞刪改。

乙寅卯囚，壬癸亥子死。秋則庚辛申酉王，壬癸亥子相，戊己辰戌丑未休，丙丁巳午囚，甲乙寅卯死。冬則壬癸亥子王，甲乙寅卯相，庚辛申酉休，戊己辰戌丑未囚。丙丁巳午死。」又論八節八卦休王囚死之說，其意皆無異旨也。木王火相何以知爲臣？盧云：「『四』字上下有脱文。」案此下蓋覆論火相、土死、金囚、水休之義也。五行大義二云：「凡當王之時，皆以子爲相者，以其子方壯，能助治事也。父母爲休者，以其子當王，氣正盛，父母衰老，不能治事，如堯老委舜以國政也。所畏爲死者，以其身王能制殺之，所克者爲囚，以其子爲相，能囚仇敵也。」然則木王於春，木生火，火爲臣子助君父治事，故爲相也。土所以死者，子爲父報仇者也。此論土死之義也。木王則土死，木克土也。得有報仇義也。土克水，水生木，木爲水子，木又克土，是爲父報仇也。五行之子慎之物歸母，木王、火相、金成，其火燋金。此節上下文疑有訛脱，大旨論木王金囚之義，金能克木，木生火，火燋金，是亦有爲父報仇之義。五行大義云：「五行之道，子能極父之難，故金位克木，火復其仇。」莊子外物篇「木與木相摩則燃，金與火相守則流」，亦謂木生火，火燒金之義也。金生水，水滅火，報其理。火生土，土則害水，莫能而禦。五行大義二云：「火既消金，水雪其恥。」此亦論水王火死之義。以火克金，金生水，水爲金子，爲金滅火也。土王水死者，亦以水克火，火生土，復害水，是皆爲父報仇者也。五行所以相害者，天地之性，衆勝寡，故水勝火也。精勝堅，故火勝金。剛勝柔，故金勝木。專勝散，故木勝土。實勝虚，故土勝水也。漢書藝文志：「陰陽者，順時而發，推刑德，隨斗擊，因五勝，假鬼神而爲助者。」師古曰：「五勝，五行相勝也。」淮南子主術訓：「夫火熯則水滅之，金堅則火消之。」義皆同。火陽，君之象也。水陰，臣之義也。臣所以勝其君何？此謂無道之君，故爲衆陰所害，猶紂王也。是使水得施行，金以蓋之，土以應之，欲温則温，欲寒則寒，亦何從得害火乎？抱朴子塞難篇云：「案河、洛之文，皆云『水火者，陰陽之餘氣也』。是火陽水陰也。」魏書房景先傳載五經疑問云：「問：『王者受命，木火相生。』曰：『五精代感，稟靈者興，相生之義，有允不違。至如湯武革命，殺伐是用，水火爲資。』」蓋卽本此。五行大義引白虎通云：「陽爲君，陰爲臣，水以太陰之氣制太陽之火，金以少陰之氣制少陽之木，喻如失道之君，若殷湯放桀，武王伐紂，此皆誅有罪也。」較爲詳備。若水得施行，於火不害，蓋如君臣得所，如水不害火。五行大義二云：「當衰氣者，反而爲克者所制，如鼎鑊中水爲火所煎。」取義微異。曰：五行各自有陰陽。木生火，所以還燒其母何？曰：金勝木，火欲爲木害金，金者堅强難消，故母以遜體助火燒金，此自欲成子之義。又陽道不相離，故爲兩盛，火死，子乃繼之。五行大義二云：「木中有火，火還燒木，此是生火方盛，故能燒木。」取義亦微殊。木王所以七十二日何？土王四季各十八日，合九十日爲一時，王九十日。「何」字衍文。五行大義二引龜經云：「甲乙寅卯爲辰土，丙丁巳午爲未土，庚辛申酉爲戌土，壬癸亥子爲丑土。」凡五行之王，各七十二日，土居四季，季十八日，並七十二日。土有四方，生死不同，其論定位，則止季夏之月。禮月令「中央土」，是也。大義引元命苞，言「數成於三，故合於三，三月陽極於九，故一時九十日也。」土所以王四季何？木非土不生，火非土不榮，金非土不成，水非土不高，土扶微助衰，曆成其道，故五行更王，亦須土也。王四季，居中央，不名時。小字本「榮」作「熒」，是也。大義引五行傳及白虎通云：「木非土不生，根柢茂榮；火非土不融，得木著形；金非土不成，入範成名；水非土不停，隄防禁盈；土扶微助衰，應成其道」：故五行更互須土。土王四季，而居中央。」較此爲備，亦本五行傳義也。又引潁氏春秋釋例云：「五行生數，未能變化，各成其事。水凝而未能流行，火有形而未能炎光，木精破而體剛，金強而斫，土鹵而斥，於是天以五臨民，君化之。傳曰：『配以五成。』案水數一，得土而成六；火數二，得土而成七；木數三，得土而成八；金數四，得土而成九。故月令四時皆言成數，言金木水火皆須土而成也。」繁露五行之義篇：「土者，天之股肱也。其德茂美，不可名以一時之事，故五行而四時者，土之兼也。」五行何以知同時起丑訖義相生？傳曰：「五行並起，各以名別。」此文有譌，當云「五行何以知同時而起，託義相生。」大義二云：「五行同土而異時者，土離其親，有所配偶，譬如一生亦同元氣而生，各出一家，配爲夫妻，化生子息。夫五行皆資陰陽氣而生，故云濡氣生水，溫氣生火，強氣生木，剛氣生金，和氣生土。故知五行得時而起，託義相生。傳曰『五行並起，各以名別』也。」亦較爲詳備。陽氣陰煞，火中無生物，水中反有生物何？生者以內，火陰在內，故不生也。易「離爲火」，集解引崔憬云：「取卦陽在外，象火之照也。」「坎爲水」，集解引宋衷云：「卦陽在中，內光明，有似於水。」是也。是卽火陰在內，水陽在內之象也。故大戴天圓云：「明者，吐氣者也，是故外景。幽者，含氣者也，是故內景。〔一〕故火曰外景，而金水內景。」水火獨一種，金木多品何？以爲南北陰陽之極也，得其極，故一也。東西非其極也，故非一也。淮南天文訓：「積陽之熱氣生火，積陰之寒氣爲水。」〔二〕蓋南主夏，爲太陽，北主冬，爲太陰，故爲陰陽之極。東主春，爲少陽，西主秋，爲少陰，故非極也。易八卦，金木土皆有二卦，水火惟一卦，亦此義也。水木可食，金火土不可食何？木者陽，陽者施生，故可食。火

〔一〕兩「是故」原作「故曰」，據大戴禮曾子天圓改。　〔二〕「寒氣」下「爲」原作「生」，據淮南子天文訓改。

者陰在内，金者陰嗇杀，故不可食。上云「五行所以二陽三陰何？」二陽謂水木，陽生，故能食人。三陰謂火金土，陰殺，故不能食人」也。火水所以殺人何？水盛氣也，故入而殺人。火陰在内，故殺人壯於水也。金木微氣，故不能自殺人也。論語衞靈公：「子曰：『水火吾見蹈而死者矣。』」左傳昭二十年：「鄭子産曰：『夫火烈，民望而畏之，故鮮死焉。水懦弱，民狎而玩之，則多死焉。』」是火殺人壯於水也。火可不入其中者，陰在内也。入則殺人矣。水土陽在内，故可入其中。金木微氣也，精密不可得入也。釋名釋天：「火消化物也，亦言毁也。物入則皆毁壞也。」大義三云：「如火陰在内，無所堪容。」又云：「如水隄在内，堪能容納。」故火入乃殺人，水可入其中也。淮南天文訓：「明者，吐氣者也。是故火曰外景，幽者，含氣者也。是故水曰内景。吐氣者施，含氣者化，是故陽施陰化。」水火不可加人功爲用，金木加人功。火者盛陽，水者盛陰者也。氣盛不變，故不可加人功爲人用，金木者不能自成，故須人加功以爲人用也。御覽天部引孫卿子曰：「水火有氣而無生也。」五行之性，火熱水寒，有温水，無寒火何？明臣可爲君，君不可更爲臣。五行大義引白虎通云：「火熱水冷，有温水，無寒火何？明臣可爲君，君不可爲臣。火煎水爲湯者，不改其形，但變其名也。水滅火爲炭者，形名俱盡也。亦如君被廢而不存，臣有罪而退職也。」較詳。又云：「五行相克，木穿土不毁，火燒金不毁者，皆陽氣仁，好生故也。金伐木犯，水滅火犯者，陰氣貪，好殺故也。」西京雜記：「董仲舒曰：『葶藶死於盛夏，欵冬華於嚴寒，水極陰而有温泉，火至陽而有涼焰，故知陰不得無陽，陽不容都無陰也。』」取義與此殊。五行常在，火乍亡何？水太陰也，刑者故常在。金少陰，木少陽，微氣無變，故亦常在。火太陽精微，人君之象，象尊常藏，猶天子居九重之内，臣下衛之也。藏於木者，依於仁也。抱朴子：「木行爲仁，爲青。」「依於仁」，論語述而語。水自生金，須人取之乃成，陰卑不能自成也。韓非子内儲説上七術篇：「荆南之地，麗水之中生金。」舊唐書德宗紀：「詔：『邕州所奏金坑，〔一〕誠爲潤國，語人以利，非朕素懷。其任人採砂，〔二〕官不得禁。』」是金須人取也。木所以浮，金所以沈何？子生於母之義。肝所以沈，肺所以浮何？有知者尊其母也。素問難經三十三難云：「肝青象木，肺白象金，肝得水而沈，木得水而浮，肺得水而浮，金得水而沈，何也？肝者，非爲純木也，乙角也。庚之柔，釋其微陽而吸其微陰之氣，其意樂金。肺者，非純金，辛商也。丙之柔，釋其微陰，始而就火，其意樂火。」若然，肝本乙木與庚合，故從金，肺本辛金與丙合，故從火。脾本己土與甲合，故從木。義相兼矣。「尊其母」者，水生木，金生水，木爲水子，金爲水母，肝木爲水子，故沈。肺金爲水母，故浮。浮爲尊，沈爲卑也。一説木畏金，金之妻庚，受庚之化，木者法其本，柔可曲直，故浮也。肝法其化，直故沈。五行皆同義。盧云：「文有訛。」案大義三引白虎通云：「一説云：甲木畏金，以乙妻庚，受庚之化，木法其本，直甲故浮。肝法其化，直乙故沈。庚金畏火，以辛妻丙，受丙之化，金法其本，直庚故沈。肺法其化，直辛故浮。」當據以補正。大義引五行書云「甲以女弟乙嫁庚爲妻，丙以女弟丁嫁壬爲妻，戊以女弟己嫁甲爲妻，庚以女弟辛嫁丙爲妻，壬以女弟癸嫁戊爲妻」，皆卽五行相雜之義也。

〔一〕「詔」原作「謂」，據舊唐書德宗紀改。〔二〕「其任人採砂」，舊唐書德宗紀作「其坑任人開採」。

右論五行更王相生相勝變化之義

天子所以內明而外昧，人所以外明而內昧何？明天人欲相嚮而治也。「子」字當爲衍文。行有五，時有四何？四時爲時，五行爲節。故木王即謂之春，金王即謂之秋，土尊不任職，君不居部，故時有四也。義並見上。繁露五行之義篇「是故木居東方而主春氣，火居南方而主夏氣，金居西方而主秋氣，水居北方而主冬氣」。「土居中央」。「金木水火雖各職，不因土方不立」也。子不肯禪何法？法四時火不興土而興金也。「子不肯禪」語有訛，此當謂不立子而立孫，如衞輒之比者也。父死子繼何法？法木終火王也。繁露五行之義篇：「是故木受水而火受木，土受火，金受土，水受金。諸授之者，皆其父也。受之者，皆其子也。常因其父以使其子，〔一〕天之道也。」五行相代，皆父死子繼之義，此第舉火繼木爲喻也。兄死弟及何法？夏之承春也。古微書樂稽耀嘉云：「兄弟之敍生於火。」蓋火爲禮，禮敘長幼，與此取義微異。「善善及子孫」何法？春生待夏復長也。公羊昭二十年傳文。鄉飲酒義：「南方者夏，養之長之，假之仁也。」春生夏長，物生於春，待長於夏也。」「惡惡止其身」何法？法秋煞不待冬。亦公羊昭二十年傳文。主幼臣攝政何法？法土用事於季、孟之閒也。禮月令「中央土，其日戊己」，在季夏、孟秋閒也。子復仇何法？法土勝水，水勝火也。大義二云：「五行之道，子能拯父難，故金往克木，火復其仇，火既消金，水雪其恥。」意謂火爲木克金，水爲金克火，與此土爲火勝水，皆有子爲父報仇義也。子順父，妻順夫，臣順君，何法？法地順天也。易坤文言傳：「坤道其

〔一〕「因」上「常」原作「嘗」，「父」下「以」原作「而」，據春秋繁露五行之義改。

順乎，承天而時行。」又曰：「地道也，妻道也，臣道也。地道無成而代有終也。」御覽引説題辭云：「地之爲言婉也，承天行其義也。」又引元命苞云：「土之爲言吐也，言子成父道，吐其精氣以輔也。」男不離父母何法？法火不離木也。古微書樂稽耀嘉云：「父子之仁生於木。」木爲仁，木生火，火不離木，是猶男不離父母也。女離父母何法？法水流去金也。古微書樂稽耀嘉云：「夫婦之别生於水。」取義亦殊。此自以金生水，水去金，是猶女離父母也。娶妻親迎何法？法日入，陽下陰也。禮郊特牲：「男子親迎，男先於女，〔一〕剛柔之義也。天先乎地，君先乎臣，其義一也。」易咸彖傳：「柔上而剛下，二氣感應，以相與止而説。」男下女，即陽下陰之義也。君讓臣何法？法月三十日，名其功也。日爲君，月爲臣，三十日統名月，是爲名功於月，故與君讓臣義合也。善稱君，過稱己，何法？法陰陽共敍共生，陽名生，陰名煞。「共敍」當改爲「共殺」。繁露陽尊陰卑篇：「春秋君不名惡，臣不名善，善皆歸於君，惡皆歸於臣。」臣有功，歸功於君何法？法歸明於日也。大義四云：「月爲陰精體，月無光，藉日照之乃明。」猶如臣之無威，〔二〕假君之勢，乃成其威，與此取義大同小異。繁露保位權篇：「羣臣分職而治」，〔三〕「而人君得載其中」，「聖人由之，故功出於臣，名歸於君也」。臣諫君何法？法金正木也。樂稽耀嘉云：「君臣之義生於金，金主義。」又御覽引漢含孳云「臣法金位」，注：「金，陰中之剛，故喻臣位。」孝經諫諍章：「天子有諍臣七人，雖無道，不失其天下。」木爲陽，金爲陰，陰正陽，是臣諫君之象。子諫父何法？法火揉直木也。孝經諫諍章「父有諍子，則身

〔一〕「先」下「於」原作「乎」，據禮記郊特牲改。　〔二〕「臣」下「之」原作「月」，據文義改。　〔三〕「羣」原作「人」，據春秋繁露保位權篇改。

不陷於不義」，是也。木生火，火爲木子，火揉直木，是子諫父之象。**臣諫君不從則去，何法？法水潤下達於土也。**禮曲禮：「爲人臣者，三諫而不聽則去。」**君子遠子近孫，何法？法木遠火近土也。**禮曲禮：「君子抱孫不抱子。」木生火，火生土，木遠火而近土，是昭穆相當象也。**親屬臣諫不相去，何法？法木枝葉不相離也。**盧云：「舊本『木』上有『水』字，衍。」孟子萬章下論貴戚之卿云：「君有過則諫，反覆之而不聽，則易位。」是親屬臣無相去之義。故詩疏引箴膏肓云：「楚鬻拳同姓，有不去之恩。」又引論語鄭注云：「箕子、比干不忍去。」皆同姓之臣有親屬之恩，君雖不道，不忍去之也。左傳文七年：「公族，公室之枝葉也。」故以親屬喻枝葉不相離也。故莊公九年公羊注云「禮，公子無去國道也」。**父爲子隱何法？木之藏火也。**野客叢書引春秋決事比曰：「甲無子，拾道旁子乙爲己子，及乙長，有罪殺人，以狀語甲，甲藏匿乙，甲當何論？曰：甲無子，振活養乙，雖非己出，春秋之義，父爲子隱，甲宜匿乙。」案春秋舉疏以見親，乞養子隱，則親子可知。木生火，火復藏於木，是父爲子隱之象。古微書樂稽耀嘉云：「父子之仁生於木。」**子爲父隱何法？法水逃金也。**書皋陶謨「何憂乎驩兜」，史記集解引鄭注：「禹爲父隱，故不及鯀。」是聖人法天，爲父隱，非其私也。故論語子路篇：「父爲子隱，子爲父隱，直在其中矣。」又鹽鐵論憂邊篇：「大夫曰：『爲人子者，致孝以承業，父有非，則子匿逃之。故父没則不改父之道。春秋譏毀泉臺，爲其隳先祖所爲，〔一〕揚君父之惡也。』」是也。金生水，水復逃金，謂金沈於水不見，如子爲父隱之象。**君有衆民何法？法天有衆星也。**書洪範云「庶民惟星」，傳：「星，民象也。」**王者賜，先親近後疎遠，何法？法天雨高者先得之也。**□□□□□□□□□□

〔一〕「隳」原作「墮」，據鹽鐵論憂邊篇改。

□□□□□□□□□□□□□□□□長幼何法？法四時有孟、仲、季也。禮月令「孟春之月」，「仲春之月」，「季春之月」之類是也。朋友何法？法水合流相承也。古微書樂稽耀嘉云「朋友之信生於土」，與此取義亦殊。父母生子養長子何法？法水生木長大也。古微書春秋元命苞：「木者陽精，生於陰，故水者木之母，其字『八』推『十』爲木。八者陰，合十者陽數。」大義一云：「三言得火者，火既主禮，孝敬爲先，不敢棄所生之德，故其數三，從木數也。」子養父母何法？法夏養長木，此火養母也。繁露五行之義篇：「以子而迎成養，如火之樂木也。」後漢書荀爽傳：「臣聞之於師曰：『漢爲火德，火生於木，木盛於火，故其德爲孝。』」注：「火，木之子；夏，木之位。木至夏而盛，故爲孝。」又御覽引荀氏家傳曰：「荀爽對策曰：『臣聞火生於木，故其德孝。漢之謚帝稱孝者，其義取此也。故漢制使天下皆誦孝經，選吏則舉孝廉，以孝爲務也。』」較爲詳。繁露陽尊陰卑篇：「爲人子者，視土之事火也。」「傳於火以調和養長，然而弗名者，皆並功於火，〔一〕火得以盛，不敢與天分功，美孝之至也。」亦謂子歸功於父，故取象於土事火也。不以父命廢王父命，何法？法金不畏土而畏火。此公羊說也。哀三年傳「不以父命辭王父命」，「是父之得行乎子也」。御覽引帝命驗云：「土者，金之父也。金生於土，土生於火，金懼火爍。」是不以父命廢王父命之象。陽舒陰急何法？法日行遲，月行疾也。義見日月篇。有分土，無分民，何法？法四時各有分，而所生者道也。此亦公羊說也。君一娶九女何法？法九州，象天之施也。義詳嫁娶篇。小字本「象」

〔一〕「以」下原脫「調」字，「養」下原脫「長」字，「弗」原作「其」字，「皆」下「並」原作「歸」字，據春秋繁露陽尊陰卑篇補改。

作「丞」，是也。「丞」與「承」古通用。御覽引異義云：「地有九州，足以承天。」故天子娶九女，法之也。不娶同姓何法？法五行異類乃相生也。左傳二十三年云：「男女同姓，其生不蕃。」是異類乃相生也。子喪父母何法？法木不見水則憔悴也。繁露五行之義篇「喪父如水之克金也」，與此取象異。蓋水生木，木無水則憔悴，子喪父母，〔一〕則毁瘠之象。喪三年何法？法三年一閏，天道終也。後漢書張純傳：「禮説三年一閏，天氣小備，五歲再閏，天道大備。」父喪子，夫喪妻，何法？法一歲物有終始，天氣亦爲之變也。徐幹中論：「名之繫於實也，猶物之繫於時也。生物者春，吐華者夏，布葉者秋，收成者冬。」是一歲物有終始之義也。年六十閉房何法？法六月陽氣衰也。義具嫁娶篇。公羊隱元年傳注「男子年六十閉房」，是也。人有五藏六府何法？法五行六合也。繁露人副天數篇：「内有五藏，副五行數也。」人目何法？法日月明也。日照晝，月照夜。人目所不更照何法？法日亦更用事也。繁露人副天數篇：「乍視乍瞑，副晝夜也。」王者監二王之後何法？法木須金以正，須水以潤也。論語八佾云：「周監於二代。」水生木，金生水，木借正潤於金、水，是監二代義也。明王先賞後罰何法？法四時先生後煞也。漢書董仲舒傳：「陽爲德，陰爲刑，刑主殺而德主生。是故陽常居大夏，而以生育養長爲事，陰常居大冬，而積於空虚不用之處。以此見天之任德不任刑也。」

右論人事取法五行

〔一〕「母」上原脱「父」字，據正文補。

白虎通疏證卷五

三軍（共十章）

國必三軍何？所以戒非常，伐無道，尊宗廟，重社稷，安不忘危也。說苑指武篇：「司馬法曰：『國雖大，好戰必亡；天下雖安，忘戰必危。』易曰：『君子以除戎器，戒不虞。』」又引易云：「存不忘亡，是以身安而國家可保也。」何以言有三軍也？論語曰：「子行三軍則誰與？」詩云：「周王于邁，六師及之。」論語述而篇及詩大雅棫樸篇文。毛傳：「天子六軍。」鄭箋：「二千五百人爲師。今王興師行者，殷末之制，未有周禮。」案本疏引鄭志：「趙商問：『此箋引常武「整我六師」，宣王之時，又出征伐之事，〔一〕不稱六軍，而稱六師，不達其意。』」「又臨碩並引詩三處『六師』之文，以難周禮」。鄭釋之云：「春秋之兵，雖累萬之衆皆稱師。詩之『六師』，謂六軍之師。」鄭氏總言三文「六師」皆云「六軍」，是鄭亦持疑未定也。此引「六師」以證軍制，當亦以六師爲六軍，因諸侯之三軍，並及天子之六軍也。鄭司農亦並引詩三「六師」之文，以證夏官之六軍。後鄭無駮，知與先鄭同也。三軍者何法？天地人也。以爲五人爲伍，五伍爲兩，四兩爲卒，五卒爲旅，五旅爲師，五師爲軍。萬二千五百人爲一軍。三軍三萬七千五百人也。並周禮夏官序官文。注：「伍一比，兩一閭，卒一族，旅一黨，師一州，軍一鄉。」國語齊語言

〔一〕「又」下「出」原作「此」，據詩棫樸疏改。

萬人爲一軍」者，韋昭云：「萬人爲軍，齊制也。周則萬二千五百人爲軍。」三軍，故三萬七千五百人也。説文以爲四千人爲軍。一切經音義引字林亦以爲四千人爲軍，與此異也。「五旅爲師」下，舊本作「師二千五百人，師爲一軍，六師一萬五千人也」。盧據御覽二百九十八改正。**傳曰：一人必死，十人不能當。百人必死，千人不能當。千人必死，萬人不能當。萬人必死，横行天下。雖有萬人，猶謙讓自以爲不足，故復加二千人，因法月數。月者，羣陰之長也。十二月足以窮盡陰陽，備物成功，萬二千人亦足以征伐不義，致天下太平也。**後漢張宗傳：「宗曰：『愚聞一卒畢力，百人不能當。萬夫致死，可以横行。』」蓋古傳有此語，故張宗節引之也。故説苑指武亦云：「故一人必死，十人弗能待也。十人必死，百人弗能待也。百人必死，千人弗能待也。千人必死，萬人弗能待也。萬人必死，横行於天下，令行禁止，王者之師也。」疑「待」皆「得」之訛，上「二千」，舊本與御覽皆作「五千」，訛。盧據下文改正。「萬二千人」，「萬」字舊脱，亦無「天下」二字，並依盧據御覽補。**穀梁傳曰：「天子有六軍，諸侯上國三軍，次國二軍，下國一軍。」**穀梁襄十一年傳云「古者天子六師，諸侯一軍」，注：「然則此言天子六師，凡萬有五千人。大國三軍，則三萬七千五百人，諸侯制踰天子，非義也。總云諸侯一軍，又非制也。」案此所引四句，似皆穀梁傳文，彼之「天子六師」，即此之「天子六軍」。古軍與師通稱。故詩疏引鄭志謂「春秋億萬之衆皆稱師也」。公羊隱五年傳注：「二千五百人爲師。禮，天子六師，方伯二師，諸侯一師。」公羊昭五年傳：「舍中軍者何？復古也。」魯於春秋不得爲方伯，而以二軍爲復古，則是公羊家當云「方伯三師，諸侯二師」。古者一、二皆積畫，不無訛易也。故三畧：「聖王御世，度得失而爲之制，故諸侯二師，方伯三師，天子六師也。」然則周禮言「大國三軍」，即何氏所云之「方伯三師」也。周禮之「次國二軍」，卽何注之「諸侯二師」也。何注雖未言小國，從可知也。但何氏以師與軍異其人數，與周禮不合。此以一軍爲萬二千五百人，用古周禮說也。考周以公爲大國，惟二王之後及受九命爲方伯者稱公，自侯伯以下，皆稱諸侯。故魯頌言「公徒三萬」。魯爲二軍，二萬五千人，欲侈言師旅之盛，故舉大數，稱三萬也。諸侯所以一軍者何？諸侯，蕃屏之臣也。任兵革之重，距一方之難，故得有一軍也。末「也」字舊本脫，盧據御覽補。

右總論三軍

王者征伐，所以必皮弁素幘何？伐者凶事，素服示有悽愴也。伐者質，故衣古服。禮曰：「三王共皮弁素幘。」服亦皮弁素幘。又招虞人亦皮弁，知伐亦皮弁。詩疏引孝經援神契曰：「皮弁素幘，軍旅也。」禮作「素積」。鄭禮注：「積猶辟也。以素爲裳，辟蹙其要中。」則不宜作「巾幘」之「幘」。案天子、諸侯、大夫、士，行軍皆以韋弁服。周禮司服云「凡兵事，韋弁服」，注：「韋弁，以韎韋爲弁，又以爲衣裳。」春秋傳曰「晉郤至衣韎韋之跗注」是也。今時伍伯緹衣，古兵服之遺色。鄭氏此注，以裳亦用韋。詩疏引鄭據雜問志，則讀左傳之「跗注」爲幅屬，謂韎韋幅如布帛之幅，而連屬以爲衣而素裳。考裳與屨同色。鄭氏禮注謂韋弁服用白舄、青絇、繶純，則宜素裳也明矣。韎是蒨染之色。毛詩瞻彼洛矣傳云：「一入曰韎。」是則韎近赤黃之閒，故用黃狐裘裼以黃衣。左氏襄四年傳曰：「臧之狐裘，敗我於狐駘。」定九年傳「晳幘而衣狸製」是也。又詩瞻彼洛矣云「韎韐有奭，以作六師」，箋：「此諸侯世子除三年之喪，服士服見天子，天子以其賢，任爲軍將，使代卿士將六軍而出。」是以士冠禮三冠彌加，有皮弁而無韋布，亦以韋弁服以征伐，兵凶事故也。若皮弁，則天子服以視朝。詩頍弁箋「天子之朝皮弁」，是也。諸侯服以視朔。論語鄉黨篇：「素衣麑裘。」詩疏引鄭注云「諸侯視朔之服」，是也。王朝之大夫，亦用皮弁以朝，以在朝君臣同服也。諸侯之大夫，亦從君視朔，無服，以行兵之事，未知此與孝經緯所説何本也？考左傳稱「晳幘而貍製」，注：「晳，白也。幘，齒上下相值。」則春秋之世，行軍者或用白冠，色如皮弁與？「三王共皮弁素積」，語出士冠記，注：「質不變。」此謂三代自天子至士，皆用以再加，對爵弁玄端二服，三代不同也。「服亦皮弁素幘」，盧云：「服上疑有『諸侯視朔』四字。」案此必指兵事，引以證征伐必皮弁素幘也。孟子萬章云：「敢問招虞人何以？曰：『以皮冠。』」昭二十年左傳：「皮冠招虞人。」薛氏禮圖以皮冠卽皮弁，説者因以皮弁爲出獵之冠。案天子田以冠弁，諸侯田以韋弁，惟諸侯射於竟，其服或用皮弁服。故襄十四年傳：「衛獻公射鴻於囿，孫、甯二子從之，不釋皮冠而與之言，二子怒。」孔疏謂「敬大臣宜去皮冠」。又昭十二年左傳：「楚靈狩于州來，去皮冠而與子革言。」然則皮冠是加於田獵冠之上者，若果皮弁，則孫、甯何爲怒獻公乎？此以皮冠卽皮弁，亦與禮經不合。

右論王者征伐所服

王者將出，辭於禰，還格於祖禰者，言子辭面之禮，尊親之義也。禮曾子問「出反必親告於祖禰」，注：「皆奠幣以告之。」又云：「古者師行，無遷主，則何主？孔子曰：『主命。』天子諸侯將出，必以幣帛皮圭告于祖禰，遂奉以出，載於齋車以行。』」孔叢子問軍禮篇：「以齋車載遷廟之主及社主行，大司馬奉之，無遷廟主則以幣帛告於祖禰，謂之主命，亦載齋車。」然則天子諸侯有遷主者必載遷主以行，無則載幣帛以行，出辭歸格，皆下及於未遷之祖禰。故王制云「歸假于祖禰，〔一〕用特」也。禮曲禮：「凡爲人子者，出必告，反必面。」故王侯將出，亦有辭面之禮，不敢死其親之義也。其辭面之禮，天子用特牲，諸侯卑，則否。曾子問注云：「皆奠幣以告之。」是也。王制曰：「王者將出，類于上帝，宜于社，造于禰。」禮王制注云：「類、宜、造，皆祭名。」春官大祝「六祈。一曰類，二曰造」，是也。說文示部「類」作「禷」，「造」作「祰」。案此節是言天子巡守之禮，然其禮近，故亦得引之也。獨見禰何？辭從卑，不敢留尊者之命，至禰不嫌不至祖也。盧云：「此二十二字，見巡狩篇。」案此亦當載蓋辭告之禮先從卑至尊，以至遷主，故既告之後，即載遷主以行。故王制止言「造乎禰」，明從禰始也。歸則先反行主，由尊及卑，故王制云「格于祖禰」，明由祖及禰廟，故云「至禰不嫌不至祖也」。王制疏載皇氏說云：「行必有主，無則主命，載於齋車。書云『用命賞于祖』是也。」今出辭別，先從卑起，最後至祖，仍取遷主則行也。若前至祖，後至禰，是留尊者之命，爲不孝也。故曲禮曰「已受命，君言不宿于家」，亦其類也。若還，則先祖後禰，如前所言也。所以然者，先應反行主祖廟故也。尚書曰：「歸格于藝祖。」書堯典文，釋文引馬注：「藝，禰也。」案御覽引書大傳作「歸格于藝祖」。又此下亦引尚書言「歸格于祖禰」，多用今文書說，知此亦宜作「歸格于禰祖」也。作「藝」者，後人據古文書改也。出所以告天何？示不敢自專也。非出辭反面之道也。與宗廟異義。「出所以告天」下，舊有「至告祖無元后廟後告者示不敢留尊者之命也告天」二十二字，舛誤難讀，依盧氏删去。禮王制「類乎上帝」，注：「帝謂五德之帝，所祭於南郊者。」孔叢問軍禮篇：「乃類于上帝，柴於郊，以出。天子父天母地，爲天之子，故必告之，以示無自專之義。諸侯非天子命，不得動衆

〔一〕「歸」下「假」原作「格」，據禮記王制篇改。

起兵，亦無敢自專之義也。」王制又云：「天子將出征，類乎上帝。」爾疋釋天云：「是類是禡，師祭也。」是出必告天之禮也。還不復告天者，天道無外內，故不復告也。尚書言「歸格于祖禰」，不言告於天，知不告也。王制云：「反釋奠于學。」又說巡守禮云「歸格于祖禰」，並無告天之文。故孔氏彼疏亦引文解之也。

右論告天告祖之義

王者受命，質家先伐，文家先改正朔何？質家言天命已使已誅無道，今誅得，爲王，故先伐。文家言天命已成，爲王者乃得誅伐王者耳。故先改正朔也。說郛載詩推度災云：「王者受命，必先祭天，乃行王事。詩曰：『濟濟辟王，左右奉璋。』此文王之祭天也。」又繁露郊祭篇：「文王受天命而王天下，先郊乃敢行事，而興師伐崇。」又四祭篇云：〔一〕「已受命，必先祭天，乃行王事，文王之伐崇是也。」引詩上言「奉璋」，下言「伐崇」。詩疏引書傳云：「文王受命，一年斷虞、芮之訟。」又引帝王世紀云：「文王于是更爲受命之元年。」乾鑿度云：「入戊午蔀二十九年伐崇，作靈臺，改正朔，布王號於天下。」考史記序伐崇在受命之六年，是則改正朔，布王號，皆在伐崇之時，明未伐殷時已改正朔，布王號也。又改正朔者，文代其質也。文者先其文，質者先其質。故論語曰：「予小子履，敢用玄牡，敢昭告于皇天上帝。」此湯伐桀告天，用夏家之牲也。堯曰篇文。今論語作「皇皇后帝」，此作「皇天上帝」，魯論也。集解引孔注云：「此伐桀告天之文。」「墨子引湯誓，其詞若此」。又云：「用玄牡者，殷家尚白，未變夏禮。」安國習壁中論語，蓋參用古文說也。禮明堂位：「夏后氏用黑驪，殷白牡，周騂剛。」殷當

〔一〕「又」下「四祭篇」三字原脫，據春秋繁露補。

用白牡，以質家先伐後改正朔，湯爲諸侯，當承夏家之制，故仍用玄牡也。書疏引鄭注云「用玄牡者，爲舜命禹事，於時總告五方之帝，莫適用，用皇天大帝之牲」者，鄭以天神有六，圜邱之祭用蒼色牲，夏正郊天，始用當代之牲。蒼與玄近，故以玄牡爲皇天大帝之牲。孝經疏引孔傳，以郊即圜邱，則孔氏不信六天之説也。盧云：「此段以三正篇互參訂。」詩曰：「命此文王，于周于京。」此言文王誅伐，故改號爲周，易邑爲京也。明天著忠臣孝子之義也。湯親北面稱臣而事桀，不忍相誅也。禮曰：「湯放桀，武王伐紂時也。」荀子正論篇：「天下歸之之謂王，天下去之之謂亡。故桀紂無天下，而湯武不弑君，由此效之也。湯武者，民之父母也。桀紂者，民之怨賊也。」即時義也。

右論商周改正誅伐先後之義

王法天誅者，天子自出者，以爲王者乃天之所立，而欲謀危社稷，故自出，重天命也。孟子公孫丑云「天吏也」，注：「天吏者，天使也。爲政當爲天所使，誅伐無道，故謂之天吏也。」繁露觀德篇：「時編於君，君編於天，天之所棄，天下弗祐，桀紂是也。」是則天之所立，而欲違天，故宜犯誅絶之罪，故下云「重天誅，爲宗廟社稷」也。是以成王即政，淮、奄又叛，成王親往征之。書序云：「成王東伐淮夷，遂踐奄，作成王政。」漢書吴王濞傳，天子制詔數七國罪，亦云「爲逆無道，起兵以危宗廟」也。犯王法，使方伯誅之。左傳僖四年云：「五侯九伯，汝實征之，以夾輔周室。」又公羊僖四年「齊人執陳袁濤塗」。傳云：「執者曷爲或稱侯，或稱人，稱侯而執者，伯討也。稱人而執者，非伯討也。」注：「有罪方伯所宜討。」故成十五年「晉人執曹伯歸于京師」，注：「爲篡喜時。」又僖二十八年「晉人執衛侯歸之于京師」，又定元年「晉人執宋仲幾于京師」，傳：「其言于京師何？伯討也。」是皆諸侯犯王法，使方伯誅之之事也。尚書曰：「今予惟恭行天之罰。」〔一〕此言開自出伐扈也。書甘誓文也。書序云：「啟與有扈戰于甘之野，作甘誓。」史記夏本紀謂「啟立，有扈氏不服，啟伐之」。釋文引馬氏書注云「有扈，姒姓之國」，依世本之文。國語楚語注云：〔二〕「夏有觀扈。」是其恃親而不恭者也。然則扈爲啟之親屬，謀叛夏室，與周之三監相似，故啟親滅之也。作「開」者，盧云：「避漢景帝諱，改『啟』爲『開』也。」王制曰：「賜之弓矢，乃得專征伐。」謂誅犯王法者也。舊作「犯王誅者」，誤。周禮夏官序官「以九伐之法正邦國」，注：「諸侯有違王命，則出兵以征伐之，所以正之也。」春官「八命作牧，九命作伯」，注：「謂侯伯有功德者，加命得專征伐，於諸侯上公有功德者，加命爲二伯，得征五侯。」故楚辭天問云「伯昌號衰，秉鞭作牧」，王逸云：「文王爲雍州牧。」是也。

右論天子自出與使方伯之義

大夫將兵出，不從中御者，欲盛其威，使士卒一意繫心也。故但聞軍令，不聞君命，明進退在大夫也。淮南子兵略訓：「凡國有難，君自宫召將，詔之曰：『社稷之命在將軍，即今國有難，〔三〕願請子將而應之。』將軍受命，乃之太廟，主親操鈇鉞，持頭，授將軍其柄，曰：『從此上至天者，將軍制之。』將已受鈇鉞，答曰：『國不可以外制也，君不可從中御也，二心不可以事君，疑志不可以應敵。』」說苑指武篇：「將帥受命者，將帥入，軍吏畢入，皆

〔一〕「予」上「今」原作「命」，據尚書甘誓改。　〔二〕「楚語」下「注」原脱，據國語楚語補。　〔三〕「詔」原作「謂」，「即今」原作「藉令」，「難」原作「將」，據淮南子兵略訓改。

北面再拜稽首受命。天子南面而授之鉞，東行，西面而揖之，示弗御也。」孔叢問軍禮篇：「故天子命將，親潔齋盛服，設奠於祖以詔之。大將先入，軍吏從，皆北面再拜稽首而受，天子當階南面，命授之節鉞，大將受，天子乃東向西面揖之，亦弗御也。」孫子謀攻篇云：「故君之所患於軍者三：不知軍之不可進而謂之進，不知軍之不可退而謂之退，是謂之縻軍。」注：「縻，御也，又繫也。君不知軍之形勢，而欲從中御也。故太公曰：『國不可以從外治，君不可以從中御。』」漢書馮唐傳：「臣聞上古王者之遣將也，跪而推轂曰：『闑以內者寡人制之，闑以外者將軍制之，軍功爵賞，皆決於外，歸而奏之。』非虛言也。臣大父言李牧之爲趙將，居邊，軍市之租皆自用饗士，賞賜決於外，不從中覆也。」〔一〕後漢馮緄傳：「策曰：『進赴之宜，權時之策，將軍一之，出郊之事，不復內御。』」是也。「君命」，御覽作「天子命」。

春秋傳曰：「此受命于君，如伐齊則還何？大其不伐喪也。」「大夫以君命出，進退在大夫也」。公羊襄十九年文。注：「禮，兵不從中御外，臨事制宜，當敵爲師，惟義所在。」漢書終軍傳：「御史大夫張湯劾偃矯制大害，法至死。偃以爲春秋之義，大夫出疆，有可以安社稷，存萬民，顓之可也。」又後漢宋均傳：「均曰：『夫忠臣出疆，有可以安國家，專之可也。』」出疆猶專，將兵可專明矣。古「如」與「而」通用。

右論兵不內御

天子遣將軍必於廟何？示不敢自專也。獨於祖廟何？制法度者，祖也。王制曰：「受命于祖，受成于學。」言於祖廟命遣之義也。左傳隱十一年：「鄭伯授兵于太宮。」淮南子兵畧訓：「將軍受命，

〔一〕兩「闑」字原作「閫」，「之」下「租」原作「祖」，「中」下「覆」原作「御」，據漢書馮唐傳改。

乃令祝史太卜，齋宿三日，之太廟，鑽靈龜，卜吉日，以受鼓旗。君入廟門，西面而立。將入廟門，趨至堂下，北面而立。」詩常武云「王命卿士，南仲太祖」，傳：「王命南仲于太祖。」故老子偃武篇云「將軍有廟勝之策」也。反亦告於祖，周禮宗伯「師還獻愷於祖」，是也。

右論遣將於廟

王命法年卌受兵何？重絶人世也。師行不必反，戰不必勝，故須其有世嗣也。年六十歸兵何？不忍並鬬人父子也。王制曰：「六十不預服戎。」又曰：「八十一子不從政，九十家不從政，父母之喪，三年不從政，齊衰大功，三月不從政，廢疾非人不養者，一人不從政。」

此用易孟、詩韓、禮戴及古周禮說也。王制正義引五經異義云：「禮戴說，王制云：『五十不從力政，六十不與服戎。』易孟氏、韓詩説，年二十行役，三十受兵，六十還兵。古周禮說，國中自七尺以及六十，野自六尺以及六十有五，皆征之。謹案五經說各不同，是無明文可據。漢承百王之制，〔一〕二十三而役，六十五已老，而周復征之，非用民意。」鄭駁之云：「周禮是周公之制，王制是孔子之後大賢所記先王之事。周禮所謂皆征之者，〔二〕使爲胥徒給公家之事，如今之正衛耳。六十不與服戎，胥徒事暇，坐息之閒，多其五歲，又何太違之云？徒給公家之事，非用民意耶？王制所云力政，挽引築作之事，所謂服戎，謂從軍爲士卒。二者皆勞於胥徒，故早舍之。」是許以周禮爲非，鄭以五經之說皆可通也。舊本文多脫，盧依御覽增補。又御覽「卌」作「四十」。案五經說皆云「卌受兵」。漢高紀二年注：「孟康曰：『古者二十而傅，三年耕

〔一〕「王」下「之」原作「而」，據五經異義改。〔二〕「所謂」下原脫「皆」字，據駁五經異義補。

有一年儲，故二十三而後役之。」」漢儀注云：「民年二十三爲正，一歲爲衛士，一歲爲材官騎士，習射御騎馳戰陣。年五十六衰老，乃得免爲庶民，就田里。」則漢制亦不得至四十受兵也。且禮戴説，男子三十而娶，始有繼嗣之端。故未至三十不受兵者，所以重絶人世也。三十有子，六十則子又三十，應受兵，故六十還兵者，不忍並鬭人父子也。鹽鐵論未通篇云：「十九年已下爲殤，未成人也。二十而冠，三十而娶，可以服戎事。五十已上曰艾老，杖于鄉，不從力政，所以扶不足而息高年也。」後漢班超傳「曹昭上疏曰『妾聞古者十五受兵，六十還之』」者，「十五受兵」謂據野外爲言，「六十還之」據中國爲説也。

右論受兵還兵

古者師出不踰時者，爲怨思也。天道一時生，一時養。人者，天之貴物也，踰時則內有怨女，外有曠夫。詩云：「昔我往矣，楊柳依依；今我來思，雨雪霏霏。」春秋曰：「宋人取長葛。」傳曰：「外取邑不書，此何以書？久也。」穀梁隱五年「宋人圍長葛」，〔一〕傳曰：「此其言圍，何也？久之也。伐不踰時。」注云：「古者師出不踰時，〔二〕重民之命，愛民之財，乃暴師經年，僅而後克，無仁隱之心，而有貪利之行。」又何氏公羊傳注云：「古者師出不踰時，今宋更年取邑，久暴師苦衆居外，故書以疾之。」是二傳俱以踰時爲譏也。以三月一時，天道小備，踰而不歸，則民興怨思也。御覽三百六引禮記曰：「師出不踰時，爲怨思也。」踰時即內有怨女，外有

〔一〕「隱」下「五」原作「六」，據穀梁傳改。

〔二〕「注云」下原衍「古者師出不踰時注云」九字，據穀梁傳隱公五年删。

曠夫矣。「禮記」或「禮説」之訛。所引詩者，小雅采薇文。案此蓋用三家詩説也。漢書匈奴傳：「懿王時，王室遂衰，戎狄交侵，暴虐中國。中國被其苦，詩人始作，疾而歌之曰：〔一〕『靡室靡家，玁狁之故。』『豈不日戒，玁狁孔棘。』」師古曰：「此采薇之詩也。」然則三家詩以采薇爲懿王時詩，故引以證踰時怨思也。鹽鐵論備胡篇云：「古者無過時之師，無踰時之役。」又引詩云：「昔我往矣，楊柳依依；今我來思，雨雪霏霏。」「故聖人憐其如此，〔二〕閔其久去父母妻子，暴露中野，居寒苦之地」。蓋亦用三家詩韓、毛詩義。詩杕杜云「女心悲止，征夫歸止」，傳：「室家踰時則思。」即爲怨思義也。故易林咸之涣云：「采薇、出車，上下役急。」毛詩序以此爲文王時詩，故鄭箋以此章爲重叙其往反之情，極言其苦以説之。白虎通所不取。

右論師不踰時

王者有三年之喪，夷狄有内侵，伐之者，重天誅，爲宗廟社稷也。春秋傳曰：「天王居于狄泉。」傳曰：「此未三年，其稱天王何？著有天子也。」此文有脱誤。「夷狄有内侵伐之者」下不貫，意謂王者有三年喪，適有夷狄侵伐事，卽當從權出師，所以重天誅，爲宗社也。禮曾子問曰：「金革之事無辟也者非與？」孔子曰：「吾聞諸老聃曰：『昔者魯公伯禽有爲爲之也。』」蓋徐戎之難，東郊不開，不得已而征之，正爲宗廟社稷故也。所引春秋，昭二十三年文。公羊傳注云「時庶孽並篡，天王失位徙居，微弱甚，故急著正其號，明天下當救其難而事之」，無夷狄

〔一〕「歌」下原脱「之」字，據漢書匈奴傳補。

〔二〕「憐」下「其」原作「世」，據鹽鐵論備胡篇改。

内侵之説。案此年上云「晉人圍郊」，傳：「郊者何？天子之邑也，曷爲不繫于周？〔一〕不與伐天子也。」又云「戊辰，吴敗頓、胡、沈、蔡、陳、許之師于雞父」，傳：「此偏戰也，曷爲以詐戰之詞言之？不與夷狄之主中國也。然則曷爲不使中國主之，中國亦新夷狄也。」注：「中國所以異乎夷狄者，以其能尊尊也。王室亂，莫肯救，君臣上下壞敗，亦新有夷狄之行，故不使主之。」然則經書「天王」，其以晉人圍郊，吴敗六國，庶孽並起，故特正天王之號，以重宗廟社稷與？此所據或亦公羊先師之説，何氏未取以入注，故佚而無考焉。繁露玉英篇：「春秋有經禮，有變禮，天子三年然後稱王，經禮也。有物故則未三年而稱王，變禮也。」〔二〕即此義焉。

右論大喪作畔

誅伐（共九章）

誅不避親戚何？所以尊君卑臣，强幹弱枝，明善善惡惡之義也。春秋傳曰：「季子煞其母兄，何善爾？誅不避母兄，〔三〕君臣之義也。」尚書曰「肆朕誕以爾東征」，誅弟也。後漢梁統傳：「春秋之誅，〔四〕不避親戚，所以防患救亂，坐安衆庶。」〔五〕又宋意傳：「春秋之義，諸父昆弟，無所不臣，所以尊尊卑

〔一〕「繫」下「于」原作「乎」，下原脱「周」字，據公羊傳昭公二十三年改補。　〔二〕「禮」下「也」原作「焉」，據春秋繁露玉英篇改。　〔三〕公羊傳莊公三十二年作「季子殺母兄，何善爾？誅不得辟兄」，與此引略異。　〔四〕「之」下原衍「義」字，據後漢書梁統傳删。　〔五〕「庶」下原衍「者也」二字，據後漢書梁統傳删。

卑，强幹弱枝者也。」所引春秋傳者，莊三十二年「公子牙卒」，公羊傳：「何以不稱弟？殺也。曷爲不言刺？〔一〕爲季子諱殺也。」又云「季子殺母兄，何善爾？誅不得辟兄，君臣之義也」。注：「以臣事君之義也。惟人君然後得申親親之恩。」是卽尊君卑臣，强幹弱枝，善善惡惡之義也。故繁露精華篇云：「春秋之聽獄也，必本其事而原其志。志邪者不待成，首惡者罪特重，本直者其論輕。是故魯季子追慶父，而吴季子釋闔閭。」然則慶父、闔閭同爲弒臣之賊，季子誅慶父則善之，季札不誅闔閭而亦賢之者，繁露玉英篇：「非其位，不受之先君而自卽之，春秋危之，吴王僚是也。」襄十九年公羊傳：「將從先君之命與，則國宜之，季子者也。如不從先君之命與，則我宜立者也。」然則吴僚之得國不以正，則闔閭弒君之罪亦差於慶父矣。所引尚書，大誥文也。書序：「武王崩，三監及淮夷叛，周公相成王，將黜殷，作大誥。」是此篇所述皆，述周公誅管、蔡之事。書金縢云：「我之弗辟，我無以告我先王。」僞孔氏傳訓辟爲法，卽誅不避親之義也。以管叔爲公弟，義詳下姓氏篇。

右論誅不避親

諸侯有三年之喪，有罪且不誅何？君子恕己，哀孝子之思慕，不忍加刑罰。春秋傳曰：「晉士匄帥師侵齊，至穀，聞齊侯卒，乃還。」傳曰：「大其不伐喪也。」今文春秋說也。所引傳曰，襄十九年公羊文。傳曰：「還者何？善辭也。何善爾？大其不伐喪也。此受命於君而伐齊，則何大乎其不伐喪？大夫以君命出，進退在大夫也。」注：「禮，兵不從中御外，臨事制宜，當敵爲師，唯義所在。士匄聞齊侯卒，引師而去，恩動孝子之

〔一〕「曷爲」原作「何以」，據公羊傳莊公三十二年校。

心，義服諸侯之君。是後兵寢數年，故起時善之言。〔一〕漢書蕭望之傳：「春秋晉士匄帥師侵齊，聞齊侯卒，引師而還，君子大其不伐喪。以爲恩足以服孝子，義足以動諸侯。」是也。故襄二年傳「遂城虎牢」，公羊傳：「曷爲不言取之？爲中國諱也。曷爲爲中國諱？諱伐喪也。」繁露竹林篇：「春秋曰：『鄭伐許。』奚惡于鄭而夷狄之也？曰：衞侯速卒，鄭師侵之，是伐喪也。伐喪無義，故大惡之。」是皆譏伐喪之文也。

右論不伐喪

諸侯之義，非天子之命，不得動衆起兵誅不義者，所以强幹弱枝，尊天子，卑諸侯也。

左文、書説也。御覽引書大傳云：「諸侯之義，非天子之命，不得動衆起兵殺不義者，所以强幹弱枝，尊天子，卑諸侯也。」禮王制云：「諸侯賜弓矢然後征，賜鈇鉞然後殺。」故繁露王道篇：「桓公存邢、衞、杞，不見春秋，内心予之，行法絶而不予，止流之道也，非諸侯之所當爲也。」又楚莊王云：「楚莊王殺陳夏徵舒，春秋貶其文，不予專討也。」公羊宣十一年傳：「曷爲不與諸侯之義，不得專討也。」故公羊之例，于方伯自專之事，皆實與而文不與。實予者，予其有功諸侯，文不與者，不與其無天子之命也。故御覽引漢含孳云「强幹弱流，天之道」，注：「流猶枝也。」桓二年左傳云：「吾聞國家之立也，本大而末小，是以能固。故天子建國。」公羊疏引文謚例云：「六輔者，京師輔君，諸夏輔京師。春秋爲尊王而作，故於擅自動衆起兵者，皆無大辟焉。」故孟子盡心云「春秋無義戰」，注：「春秋所載戰伐之事，無應王義者。」是也。論語曰：「天下有道，則禮樂征伐自天子出。天下無道，則禮樂征伐自諸侯出。」季氏篇文。詩疏引鄭注云：

〔一〕「之」下原脱「言」字，據公羊傳襄公十九年注補。

「平王東遷，諸侯始專征伐。」案雨無正云「斬伐四國」，箋云：「天子諸侯於是更相侵伐。」沔水箋云：「諸侯出兵妄相侵伐。」然則諸侯專政，自厲、宣時已然，平王後始卒無顧忌，天子不能禁止耳。上無天子，下無方伯，諸侯有相滅亡者，力能救之，則救之可也。今文春秋説也。公羊僖元年傳云：「實與而文不與。文曷爲不與？諸侯之義，不得專封也。諸侯之義不得專封，則其曰實與之何？上無天子，下無方伯，天下諸侯有爲無道者，〔一〕臣弑君，子殺父，力能討之，則討之可也。〔二〕此處文舊訛脱，依盧據公羊文補。論語曰：「陳恒弑其君，孔子沐浴而朝，請討之。」此憲問篇文。哀十四年左傳云：「孔某三日齊而請伐齊。公曰：『魯爲齊弱久矣，子之伐之，將若之何？』對曰：『陳恒弑其君，民之不與者半。以魯之衆，加齊之半，可克也。』」此即公羊力能討之則討之之義也。王者諸侯之子，篡弑其君而立，臣下得誅之者，廣討賊之義也。隱四年公羊傳曰：「衛人殺州吁于濮，其稱人何？討賊之辭也。」注：「討者，除也。明國中人人得討之，所以廣忠孝之路。」以此言之，弑君之賊，人人得而討之，即左傳所云「陳恒弑其君，民之不與者半」，是也。昭四年「執齊慶封」，傳云：「慶封之罪何？脅齊君而亂齊國也。」注：「稱侯而執者，伯討也。月者，善義兵。」是亂國之臣，鄰國力能討之者，得討之，亦春秋廣討賊之義也。又襄三十一年「蔡世子般弑其君」，而書「葬蔡景公」者，公羊傳：「君子辭也。」爲臣下力不能討，君子故恕之。亦若魯桓弑於齊，莊公力不能討，亦書葬，而恕魯之臣子也。春秋傳曰：「臣弑君，臣不討賊，非臣也。」隱十一年公羊傳文。穀梁亦云：「其不言葬何也？君

〔一〕「曷」上原脱「文」字，「天下」原作「天子」，據公羊傳僖公元年補改。　〔二〕「天下諸侯有」以下至「則討之可也」，見公羊傳宣公十一年。公羊傳僖公元年作「相滅亡者，力能救之，則救之可也」。

弑，賊不討，不書葬，以罪下也。」注：「責臣子也。」公羊傳又云：「春秋君弑，賊不討，不書葬，以爲不繫乎臣子也。」若然，閔公被弑，而賊討，亦不書葬者，何氏云：「不書葬者，賊未討，以慶父之死在閔公既葬後也。」桓公爲外所弑，而亦書葬者，以賊在外，齊强魯弱，臣子力不能討，故春秋恕之。」是以桓十八年公羊傳云：「賊未討，何以書葬？仇在外也。仇在外則何以書葬？君子辭也。」是也。穀梁之義，亦與公羊説大同。繁露王道篇：「春秋之義，臣不討賊，非臣也。子不復仇，非子也。故誅趙盾。賊不討者不書葬，臣子之誅也。許世子不嘗藥而誅，爲弑父也。」又曰：「蔡世子班弑其君，楚子誅之。」三傳皆作「般」，班、般通。弑君在襄三十年，楚子誅之在昭十一年，傳：「此討賊也，雖誘之，則曷爲絶之？懷惡而討不義，君子不予也。」然則春秋自譏其誘討，不謂其賊不當討也。盧云：「楚子誅之，此自以意言之，非傳文也。」

右論討賊之義

王者受命而起，諸侯有臣弑君而立，當誅君身死，子不得繼之者，以其逆，無所承也。詩云：「毋封靡于爾邦，惟王其崇之。」此言追誅大罪也。或盜天子土地，自立爲諸侯，絶之而已。

此今文春秋説也。昭十一年：「楚師滅蔡，執蔡世子有以歸用之。」公羊傳：「此未踰年之君也，其稱世子何？不君靈公，不成其子也。不君靈公，則曷爲不成其子？誅君之子不立。」何休云：「靈公卽般也。不君不與，靈公坐弑父誅，不得爲君也。不成其子，不成有得稱子繼父也。」又云：「雖不與楚誘討其惡，〔一〕坐弑父誅，當以誅君論之。」是諸侯以臣弑君而立，誅君身死，子不得繼之也。所引詩者周頌烈文篇文。毛傳：「封，大也。靡，累也。崇，立也。」諸侯無大罪者崇

〔一〕「討」下原脱「其惡」二字，據公羊傳昭公十一年注補。

之，則有大罪於國者，追而誅絶之明矣。春秋之義，得罪於天子者絶，諸侯無天子命，盜土地而自立，故宜誅絶之也。公羊莊二十五年「衞侯朔卒」，注：「春秋篡明者當書葬，朔不書葬，〔一〕嫌與篡同例，身絶國不絶，故去葬，明犯天子命重，不得書葬，與盜國同。」又僖二十五年「納頓子于頓」，注：「前出奔，當絶，還入爲盜國，當誅書楚納之，〔二〕與之同罪也。」又襄二十六年「衞侯衎復歸于衞」，注：「名者，〔三〕起盜國，盜國明，則復歸爲惡剽出見矣。」是也。

右論誅大罪

父煞其子當誅何？以爲天地之性人爲貴，人皆天所生也，託父母氣而生耳。王者以養長而教之，故父不得專也。春秋傳曰：「晉侯煞其世子申生。」〔四〕「直稱君者，甚之也。」

僖五年公羊傳：「曷爲直稱晉侯？以殺。殺世子母弟直稱君者，甚之也。」注：「甚之者，甚惡殺親親也。春秋公子貫於先君，唯世子及母弟以今君録，親親也。今舍國體直稱君，知以親親責之。」襄二十六年「宋公殺其世子痤」，何注：「痤有罪，平公書葬。」然則太子母弟有大罪當誅者，削去太子母弟之號。隱元年「鄭伯克段于鄢」，不言弟，是也。太子母弟微有罪而被誅，則直稱君，以著失親親之罪。又書君葬，以著子弟之罪。襄二十六年「宋公殺其世子痤」，昭十一年書「葬宋平公」是也。若太子母弟無罪而君殺之，則當從當誅之例，晉殺申生書「晉侯」，僖九年不書晉獻公葬，是也。若襄三十年「天王

〔一〕「朔」下原脱「不」字，據公羊傳莊公二十五年注補。〔二〕「誅」下原脱「書」字，據公羊傳僖公二十五年注補。〔三〕「名」上原衍「衎」字，據公羊傳襄公二十六年注删。〔四〕公羊傳僖公五年「煞」作「殺」。「煞」下原脱「其」字，據公羊傳僖公五年補。

殺其弟佞夫」，則又以王在三年喪中，不能親親，而殺先君之子，故舉其重者，書「天王」以罪之也。後漢楊終傳：「春秋殺太子母弟直稱君，甚惡之者，坐失教也。」「直稱君者」七字，舊訛作「不出蔡」三字，依盧據公羊傳改正。

右論父煞子

佞人當誅何？爲其亂善行，傾覆國政。韓詩内傳曰：「孔子爲魯司寇，先誅少正卯，〔一〕謂佞道已行，亂國政也。佞道未行章明，遠之而已。」論語曰：「放鄭聲，遠佞人。」莊十七年「齊人執鄭瞻」，公羊傳云：「此鄭之微者，何言乎齊人執之？書甚佞也。」論語陽貨篇：「惡利口之覆邦家者。」書皋陶謨：「何畏乎巧言令色孔壬？」史記「孔壬」作「佞人」。鹽鐵論刺議篇：「以邪道人謂之佞。」是亂善行，傾覆國家也。家語相魯篇：「孔子誅亂政大夫少正卯，戮之於兩觀之下。子貢曰：『少正卯，魯之聞人也。今夫子爲政而誅之，或者爲失乎？』子曰：『天下有大惡五，而竊盜不與焉。心逆而險，行僻而堅，言僞而辨，記醜而博，順非而澤，少正卯兼有之，此人之奸雄者也，不可以不除。』」亦以其亂國政，故先誅之也。故説苑指武篇：「孔子斬少正卯以變衆，佞賊之人而不誅，亂之道也。」是也。若佞惡未著，則但聲言其佞，遠之而不用，如論語所云是已。

右論誅佞人

冬至所以休兵不舉事，閉關商旅不行何？此日陽氣微弱，王者承天理物，故率天下靜，不復行役，扶助微氣，成萬物也。自此至「故大寒也」，當移在「則預備之矣」下。初學記引五經通義云：「冬至

〔一〕「先」，韓詩内傳作「時」，屬上句。

所以休兵鼓，商旅不行，君不親政事何？冬至陽氣萌生，陰陽交精，始成萬物，氣微在下，不可動泄。王者承天理物，率先天下，靜而不擾也。〔一〕御覽引曆義疏云：「冬至者，極也，太陰之氣上干於陽，太陽之氣下極於地，寒氣已極，故曰冬至，氣當易之，是以王者閉門閭，商旅不行。」類聚引通義又云：「夏至陰始動而未達，故寢兵鼓，不設政事，所以助微氣之養也。易曰：『先王以至日閉關，后不省方，以此助之。』」而說者或以冬至、夏至有異。通典引劉遐說曰：「陽實君道，是以微陽初興，慶其方盛，寢鼓息兵，不欲震蕩。禮尊無二，若當助陰，豈一之義？」又鄭瑶謂「冬至少陽初發，萌芽之漸，欲省事順動，以應至道，是以不省方事，安能鳴鼓？後代擬議寢之，非爲助陽也。夏至少陰肇起，殺氣自興，否、剥將至，大戚方來，宜有鳴鼓開關，興兵駭旅，施命四方，誥其逆兆，以遏小人方長之害。二至之義，否、泰自殊，休戚道異，寢兵之教，不宜同也。」然則諸家以夏至不宜閉關禁商旅矣。此言「扶助微氣成萬物」，又引孝經説文，續漢志注引此文，即作「至日所以休兵」云云，明白虎通不分冬至、夏至也。案月令：「仲夏之月，君子齊戒，處必揜身無躁，百官靜事無刑，以定晏陰之所成。」〔二〕又仲冬之月云：「君子齊戒，處必掩身，身欲寧，事欲靜，以待陰陽之所定。」二處文義正同。又僖五年左傳：「凡分、至啟閉，必書雲物，爲備故也。」〔三〕易復象辭，亦第統言至日閉關，未明分冬至、夏至，蓋以二至者陰陽升降之極，萬物非陰不長，非陽不生，故聖人於其微時，必寢事息兵，以待其成，所謂扶陽抑陰，豈施於此也？故後漢魯恭

〔一〕「不」下「親」原作「聽」，「萌」下原脱「生」字，「微」下「在」原作「而」，「理」下「物」原作「政」，「率」下原脱「先」字，據五經通義改補。　〔二〕「以」下「定」原作「待」，據禮記月令改。　〔三〕「爲」下「備」原作「閉」，據左傳僖公五年改。

傳：「案易五月姤用事。經曰：『后以施令誥四方。』言君以夏至之日，施命令止四方行者，所以助微陰也。」〔一〕盧云：「案通典軍禮三引通義，『冬至所以寢兵數』云云，又云『夏至陰氣始動未達，故亦寢兵數，不設政事，所以助養陰氣也。』似此亦當有夏至一段文，脱耳。續漢志注亦約而言之，亦未可知。故孝經讖曰：「夏至陰氣始動，冬至陽氣始萌。」通卦驗以五月辟卦爲姤，姤一陰生，冬至辟卦爲復，「復一陽生」，故陰氣動於夏至，陽氣萌於冬至。易曰：「先王以至日閉關，商旅不行。」復象辭也。夏至陰始起，反大熱何？陰氣始起，陽氣推而上，故大熱也。冬至陽始起，反大寒何？陰氣推而上，故大寒也。御覽引通義云：「夏至陰動於下，推陽而上之，故大熱於上。冬至陽動於下，推陰而上之，故大寒於上。」易稽覽圖云：「冬至之後三十日極寒，夏至之後三十日極温。」通典引魏台訪議云：「冬至陽動於下，推陰而上之，故大寒於上。夏至陰動於下，推陽而上之，故大熱於上。」是也。

右論冬至休兵

子得爲父報仇者，臣子之於君父，其義一也。忠臣孝子所以不能已，以恩義不可奪也。隱十一年公羊傳云：「春秋君弑賊不討，不書葬，以爲無臣子也。子沈子曰：『君弑，臣不討賊，非臣也。子不復仇，非子也。』」注：「明臣子不討賊當絶。」〔二〕故繁露王道篇：「故誅趙盾，賊不討者不書葬，臣子之誅也。許世子不嘗藥而誅，爲弑父。」是也。是臣子一例也。故曰：「父之仇不與共天下，兄弟之仇不與共國，朋友之仇不與同

〔一〕「誥」上「令」原作「命」，「止」上原脱「令」字，「微」下原衍「陽」字，據後漢書魯恭傳改補删。〔二〕「當」下「絶」原作「誅」，據公羊傳隱公十一年注改。

朝，族人之仇不共鄰。」故春秋傳曰：「子不復仇非子。」子夏曰：「居兄弟之仇如之何？仕不與共國，銜君命遇之不鬭。」此約禮曲禮、檀弓文也。曲禮：「父之仇不與共戴天，兄弟之仇不反兵，交遊之仇不同國。」檀弓云「從父昆弟之仇」，即此「族人之仇」。曲禮云「交遊之仇」，即此「朋友之仇」。故公羊莊四年傳「諱與仇狩也」，注：「禮，父母之仇不同戴天，兄弟之仇不同國，九族之仇不同鄉黨，朋友之仇不同市朝。」與此同也。若然，調人云：「父之仇辟諸海外，兄弟之仇辟諸千里之外，從父兄弟之仇不同國。」〔一〕君父之仇得辟者，彼疏引趙商問云：「調人職稱父之仇辟諸海外，君亦然。注：『使辟於此，不得就而仇之。』商以春秋之義，子不復仇非子，臣不討賊非臣。楚勝之徒，猶言『鄭人在此，仇不遠矣，不可以見仇而不討』。於是伐之。臣感君恩，孝子思其親，不得不報。子夏曰：『居父母之仇，如之何？』孔子曰：『寢苫枕干，不仕，不與共天下，遇諸市朝不反兵。』天下尚不反兵，海内何爲和之？」「鄭答曰：『仇在九夷之東，八蠻之南，六戎之西，五狄之北，雖有至孝之心，能往討不乎？〔二〕子之所云，偏於此義。』」然則不共戴天，止就臣子之義言之。故鄭注曲禮云：「父者子之天，殺己之天，與共戴天，非孝子也。〔三〕行求殺之乃止。」是也。若果在四夷之外，則臣子亦勢有不能矣。曲禮疏引五經異義：「公羊説，復百世之仇。古周禮説，復仇可盡五世之内，五世之外，施之於彼則無罪，施之於己則無義。所復者惟謂殺者之身，乃在被殺者子孫，可盡五世得復之。」謹案：魯

〔一〕「辟」下「諸」字原作「於」，「父」下「兄」字原作「昆」，據周禮調人改。〔二〕「亦然」上原衍「之仇」二字，「可」下原脱「以」字，「鄭答」原作「孔子」，「仇」下原衍「若」字，「討」下原脱「不」字，據周禮調人疏删補改。〔三〕「孝」下原脱「子」，據禮記曲禮注補。

桓公爲齊襄公所殺，其子莊公與齊桓公會，春秋不譏。又定公是魯桓公九世孫，〔一〕孔子相定公會齊侯于夾谷，是不復百世之仇也」。鄭氏無駁。穀梁注引何休廢疾云：「今親納仇子，反惡其晚，恩義相違，莫此之甚。」此蓋駁莊九年傳譏「當可納而不納」之文也。鄭氏釋之云：「於仇不復，則怨不釋，而魯釋怨，屢會仇讐，一卑其君，〔二〕一貶其臣，亦足以責魯臣子，其餘則同，不復譏也。至於伐齊納糾，譏當可納而不納耳。」據鄭氏之義，則以春秋于溺伐衛已貶其臣，公及齊人狩于禚又貶其君。自此以後，不復有貶辭，則夾谷之會，及莊公會桓之事，其不必有譏文明矣。許氏據以難公羊，其說非也。此不言復仇遠近之世，知亦與公羊復百世之仇同也。其實公羊於伐齊納糾亦無譏莊公忘仇之文，何休廢疾亦止深文難穀梁，故鄭君從而釋之也。父母以義見殺，子不復仇者，爲往來不止也。春秋傳曰：「父不受誅，子不復仇可也。」曲禮疏引異義云：「凡君非理殺臣，公羊說子可復仇，故子胥伐楚，春秋善之。左氏說，君命天也，是不可復仇。」鄭駁之云：「子思云：『今之君子，退人若將隊諸淵，毋爲戎首，不亦善乎！』子胥父兄之誅，隊淵不足喻伐楚。」使吴首兵，合於子思之言。是此及鄭氏皆同公羊說也。定四年公羊傳又云：「父受誅，子復仇，推及之道也。」注云：「父以無罪爲君所殺，諸侯之君與王者異，於義得去，君臣已絶，故可也。」然則父不受誅，子復仇之義，止通於諸侯也。若然，文姜弑父，莊公不復仇，春秋無譏文者，誅不加上，但宜絶之。故公羊莊元年傳但譏其念母也。然則文姜之罪，天子誅之，方伯誅之，可也。故僖元年善齊桓誅哀姜也。此云「爲往來不止」者，公羊定四年注：「子復仇，非當復討

〔一〕「復者」下原脱「惟謂」二字，「魯桓」下原脱「公」字，據禮記曲禮疏補。

〔二〕「一」下「卑」原作「貶」，據穀梁傳莊公九年注改。

其子。一往一來曰推及。」然則父既當誅，子復仇，仇復又討其子，是往來不止也。

右論復仇

誅者何謂也？誅猶責也。誅其人，責其罪，極其過惡。春秋曰：「楚子虔誘蔡侯班煞之于申。」傳曰：「誅君之子不立。」舊脱首五字，盧據御覽卷三百四補。國語周語「翟人來誅，殺譚伯」，注：「誅，責也。」荀子仲尼篇「文王誅四」，注：「誅者，討伐殺戮之通名。」〔一〕晉語：「小國敖，大國入焉曰誅。」盧云：「『于申』下當并引執蔡世子有以歸，方與下文合。」討者何謂也？討猶除也。欲言臣當掃除弑君之賊也。公羊隱四年注：「討者，除也。」又云：「明國中人人得討之，所以廣忠孝之路。」春秋曰：「衛人殺州吁于濮。」傳曰：「其稱人何？討賊之辭也。」公羊隱四年傳：「春秋例，凡稱人者皆衆詞。」故下文「衛人立晉」傳亦云：「其稱人何？衆立之辭也。」穀梁隱四年傳亦云：「稱人以殺，殺有罪也。」注：「有弑君之罪者，則舉國之人皆欲殺之。」又莊九年「齊人殺無知」傳亦云：「稱人以殺大夫，〔二〕殺有罪也。」公羊雖無傳，當亦以爲討賊之辭也。故繁露王道篇：「衛人殺州吁，齊人殺無知，明君臣之義，守國之正也。」是也。魏志注引典論云「山東收守，咸以春秋之義，衛人討州吁于濮，言人人皆得討賊」。即用二傳義也。伐者何謂也？伐者，擊也。欲言伐擊之也。尚書敍曰：「武王伐紂。」說文人部：「伐，擊也。」牧誓云：「不愆于四伐、五伐、六伐、七伐。」詩疏引鄭注云：「伐謂擊刺也。一擊一刺曰一伐。」公羊傳莊十年云：「粗者曰侵，精者曰伐。」注：「將兵至境，以過侵責之，服則引兵而去。伐者，侵責之不服，推兵入竟，伐擊之益深，用

〔一〕「之」下原脱「通」字，據荀子仲尼篇注補。

〔二〕「殺」下原脱「大夫」二字，據穀梁傳莊公九年補。

意稍精密。」〔一〕則伐重於侵矣。穀梁隱五年，以爲「斬樹木、壞宫室曰伐。」案文王伐崇，高宗伐鬼方，仁者之師，豈有斬樹木、壞宫室之事？穀梁説非也。左氏以爲有鐘鼓曰伐，亦通。所引書序，周書泰誓篇序文也。「敍」字舊脱，盧據御覽補。**征者何謂也？征猶正也。欲言其正也。輕重從辭也。尚書曰「誕以爾東征」，誅禄甫也。又曰：「甲戌，我惟征徐戎。」**書序作「成王政」，釋文引馬本作「成王征」。注云：「征，正也。」國語周語「穆王將征犬戎」，注：「征，正也。上討下之稱。」孟子盡心下：「征之爲言正也。」説文辵部：「𨑨，正行也。從辵，正聲。」「征」輕辭，「正」重辭，聲意相兼也。所引尚書，大誥及費誓文也。二文皆以上伐下，故稱征。孟子盡心云：「征者，上伐下也。敵國不相征也」。**戰者何謂也？尚書大傳曰：「戰者，憚警之也。」春秋讖曰：「戰者，延改也。」**御覽三百四、類聚五十九引大傳作「憚驚也」。御覽三百八引「憚」下又有「也」字。廣雅釋言云：「戰，憚也。」法言「吾子云見豺而戰」，注：「戰，悸也。」悸有驚意，則訓憚者疊韻爲訓，訓驚者輾轉相訓也。又論語述而：「子之所慎，齊、戰、疾。」則作「警」亦通。「延改也」三字，未詳何義，蓋「改」是「攻」之誤。吕覽上農篇「不可以戰」，注：「戰，攻也。」延攻者，古「延」與「誕」通，漢書古今人表「赧王延」，史記注作「赧王誕」。誕訓爲大，言其大相攻鬭也。**弑者何謂也？弑者，試也。欲言臣子殺其君父，不敢卒，候閒司事，可稍稍弑之。易曰：「臣弑其君，子弑其父，非一朝一夕之故也。」**公羊隱十一年傳：「何隱爾？弑。」隸續載蔡氏石經「弑」作「試」，蓋嚴氏春秋也。「欲言臣子殺其君父」，殺言弑。荀子議兵篇：「傳曰『威厲而不試』。」鹽鐵論作「威厲而不殺」。殺音試，古音同也。卒讀如孟子「卒然問

〔一〕「稍」下「精」原作「侵」，據公羊傳莊公九年注改。

曰」之「卒」。漢書成帝紀云「興卒暴之作」，注：「卒，急也。」又師丹傳「卒暴無漸」，注：「卒讀如猝。」説文犬部：「猝，犬從草暴出逐人也。」言不敢暴行此事也。司讀如伺。前漢高五王傳：「舍人怪之，以爲物而司之，得勃。」又灌夫傳「太后亦已使候司」，言候其閒隙，伺其事也。釋文云：「弑從式，殺從殳，不同。君父言弑，積漸之名，臣下言殺，卑賤之稱也。」所引易，坤文言傳文。**篡者何謂也。篡猶奪也，取也。欲言庶奪嫡，孽奪宗，引奪取其位。春秋傳曰：「其言入何？篡詞也。」**史記衞青傳「與壯士篡取之」，索隱：「篡猶刼也，奪也。」説文厶部：「屰而奪取曰篡。從厶，算聲」。爾雅釋詁「篡，取也」，注：「篡者，奪取也。」所引春秋傳，莊六年、九年公羊傳皆有此文。**襲者何謂也？行不假途，掩人不備也。**穀梁襄二十三年傳「齊侯襲莒」，注：「輕行掩其不備曰襲。」孟子公孫丑注：「密聲取敵曰襲。」左傳疏引釋例云：「掩其不備曰襲。」**春秋傳曰：「其謂之秦何？夷狄之也。曷爲夷狄之？秦伯將襲鄭。」入國掩人不備，行不假途，人銜枚，馬繮勒，晝伏夜行爲襲也。**僖三十三年公羊傳文。「入國」以下，皆白虎通釋「襲」義也。彼注云：「輕行疾至，不戒以入曰襲。」又云：「行疾不假途，變必生。」淮南氾論訓注：「凡以兵伐國，不擊鼓。密聲，曰襲。」是也。周禮秋官序官銜枚氏注：「銜枚，止言語讙囂也。枚狀如箸，横銜之，爲之繣，結於項。」是人銜枚，使人不得喧囂也。馬繮勒，使馬不得呼鳴也。**諸侯家國，入人家，宜告主人，所以相尊敬，防并兼也。**鄭氏聘禮注云：「諸侯以國爲家，不敢直徑也。若天子出，則無假道之禮，天子以天下爲家也。」若然，國語周語「定王使單襄公聘于宋，遂假道于陳以聘楚」者，儀禮疏引服氏説云：「是時天子微弱，故與諸侯相聘問。」是也。然則過竟假道，一則使鄰國有禮，一則使鄰國有備也。故公羊桓六年「實來」傳：「化我也。」注：「行過無禮謂之化。」諸侯相過，至竟必假途，過都必朝，所以崇禮讓，絶慢易，戒不虞也。春秋傳曰：「桓公假途于陳而伐楚。」禮曰：「使次介先假道，用束帛。」公羊僖四年傳文。所引「禮曰」，疑逸禮文也。今所傳士禮，周禮、禮記俱無諸侯出軍假道之禮。案儀禮聘禮載諸侯使大夫出聘之禮云：「若過邦，至于竟，使次介假道，束帛將命于朝，曰：請帥奠幣。」注：「將猶奉也，帥猶道也。請道已道路所當由也」。此或即引聘禮文，假以喻行軍假道之禮也。即如是，諸侯賣王者道，禮无往不反，非謂所賣者也。盧云：「『謂所』二字疑倒。」以諸侯無專地之義，故疑而問也。將入人國，先使大夫執幣假道，主人亦遣大夫迎于郊，爲賓主設禮而待之，是其相尊敬也。聘禮又云：「下大夫取以入告，出許，遂受幣。明遣大夫迎于郊，爲賓主也。」又云：「餼之以其禮，上賓太牢，積唯芻禾，介皆有餼。」注：「凡賜人以牲，生曰餼。餼猶稟也，給也。」是設禮而待之也。防并兼奈何？諸侯之行，必有師旅，恐掩人不備。士卒斂取恒遲，先假途，則預備之矣。左氏定四年傳云：「君行師從，卿行旅從。」故雖卿出聘問，亦須假道，亦以防掠暴也。故聘禮又云：「賓南面，上介西面，衆介北面東上。史讀書，司馬執筴，立于其後。」注：「賓南面，專威信也。史於衆介之前北面讀書，以勅告士衆，爲其犯禮暴掠也。」又云：「司馬主軍法者，執策示罰。」行軍假道之禮，雖無明文，意亦當同。故穆公不假道伐鄭，晉與姜戎要之殽而敗之也。

右總論誅討征伐之義

諫諍（共八章）

臣所以有諫君之義何？盡忠納誠也。論語曰：「愛之能勿勞乎？忠焉能勿誨乎？」孝經事君章「進思盡忠，退思補過」，注：「進見於君則思盡忠節，君有過則思補益。」又云「將順其美，匡救其惡」，〔一〕注：「君有美善，則順而行之；君有過惡，則正而止之。」是盡忠納誠之義也。論語，見憲問篇。吴志步隲傳：「太子登在武昌，與隲書曰：『賢人君子，所以興隆大化，佐理時務也。受性闇蔽，〔二〕不達道數，雖實區區欲盡心於明德，歸分於君子，至於遠近士人，猶或未詳。傳曰：「愛之能勿勞乎，忠焉能勿誨乎。」斯其義，豈非所望於君子哉！』」是亦以愛忠斥人臣，納善言，與此合。蓋魯論語。鹽鐵論疾貪篇：「大夫曰：『縣官之於百姓也，如慈父之於子也。忠焉能勿誨乎，愛之能勿勞乎！』」則以論語此章言爲父之事。詩隰桑「遐不謂矣」，箋：「謂，勤也。謂我心愛此君子，雖遠在野，其能不勤思之乎？」孔子曰：「愛之能勿勞乎？」則又爲思賢之辭，義皆與此異。孝經曰：「天子有諍臣七人，雖無道不失其天下；諸侯有諍臣五人，雖無道不失其國；大夫有諍臣三人，雖無道不失其家；士有諍友，則身不離於令名；父有諍子，則身不陷於不義。」此諫諍篇文也。家語三恕解：「昔者明王萬乘之國，有諍臣七人，則主無過舉；千乘之國，有諍臣五人，則社稷不危；百乘之家，有諍臣三人，則禄位不替；父有諍子，不陷無禮；士有争友，不陷無義。」注：「天子有三公四輔，主諫諍以救其過失也。諸侯有三卿股肱之臣，有内外者也。故有五人焉。大夫之

〔一〕「其」下「惡」原作「過」，據孝經事君章改。

〔二〕「闇」下「蔽」原作「昧」，據三國志步隲傳改。

臣，有室老、家相、邑宰，凡三人。士雖有臣，既微且陋，不能以義匡其君，故須朋友之諫争於己也。」孝經疏引王肅彼注，又以諸侯五人指三卿内外，史又引孔彼傳以天子所命之孤及三卿與上大夫爲諍臣五人，〔一〕家相、室老、側室爲諍臣三人，若並以意解説，未知此同否也？荀子子道篇則云：「萬乘之國有争臣四人，千乘之國有争臣三人，百乘之家有争臣二人。」説各有本，未可同焉。**天子置左輔、右弼、前疑、後承，以順。**孝經疏引書大傳云：「古者天子必有四鄰：前曰疑，後曰承，左曰輔，右曰弼。天子有問，無以對，責之疑；可志而不志，責之丞；可正而不正，責之輔；可揚而不揚，責之弼。其爵視卿，其禄視次國之君。」然則四輔亞於三公，故視卿也。「以順」下，盧云：「疑有脱文。」**左輔主脩政，刺不法。**荀子臣道篇：「有能比知同力，率羣臣百吏而相與彊君撟君，君雖不安，不能不聽，遂以解國之患，除國之大害，成於尊君安國，謂之輔。」説苑臣術同。大戴保傅篇：「明堂之位曰：誠立而敢斷，輔善而相義者，謂之充。」彼「充」卽此「輔」也。故賈子保傅云：「充立於左，是太公也。」**右弼主糾，糺周言失傾。**盧云：「『周』當『害』字之誤。」糺，廣韻居黝切，與「糾」通。説苑臣術篇：「有能亢君之命，反君之事，竊君之重，以安國之危，除主之辱，攻伐足以成國之大利，謂之弼。」大戴保傅篇：「絜廉而切直，匡過而諫切者，謂之弼。弼者，拂天子之過者也。」是主糺害言失傾之義也。此下三句，文義不屬，似有譌脱。**前疑主糺度定德經。**大戴保傅作「道謂篤行而好學，多聞而道慎，天子疑則問，應而不窮者謂之道。道者，導天子以德也。」**後承主匡正常，考變失，四弼興道，率主行仁。**「承」或作「丞」。漢書百官表：「丞者，承也。」大戴保傅云：「博聞强記，接給而善對者，謂之丞。丞者，承天子之遺忘者也。」「失」舊作

〔一〕「所命」下原脱「之孤」二字，據孝經諫諍篇疏補。

「夫」，屬下讀，疑當改爲「失」。夫陽變於七，以三成，故建三公，序四諍，列七人。雖無道不失天下，杖羣賢也。此上並釋天子七人之義。後漢書注引鄭注孝經云：「七人，謂三公及前疑、後承、左輔、右弼。」孝經疏引孔傳，說亦同。引文王世子以解七人之義，是與此同也。杖、仗通。

右總論諫諍之義

諸侯之臣諍不從得去何？以屈尊申卑，孤惡君也。禮曲禮「爲人臣之禮，不顯諫，三諫而不聽則逃之」，注：「逃，去也。君臣有義則合，無義則離。」又云：「大夫士去國踰竟爲壇墠。」孟子萬章下「君有大過則諫，〔一〕反覆之而不聽則去」，注：「諫君不從，去而待放，遂不聽之則去而之他國也。」公羊莊二十四年傳「三諫不從，遂去之」，注：「不從得去者，仕爲行道，道不行，義不可素餐，所以申賢者之志，孤惡君也。」言「屈尊」者，使納善而申卑者之志，又以孤夫惡君也。故說苑正諫篇：「三諫而不用則去，不去則身亡，身亡者，仁人所不爲也。」去曰「某質性頑鈍，言愚不任用，請退避賢。」如是君待之以禮，臣待放；如不以禮待，遂去。孟子離婁篇：「諫不行，言不聽，膏澤不下於民。」即言愚不任用也。公羊宣元年傳：「君放之，非也；大夫待放，正也。」是君待以禮，則臣待放也。若君不待以禮，則不必待放卽去。如孟子離婁云「有故而去，則君搏執之，又極之於其所往」等是也。〔二〕「如是」下舊作「之是待以禮」，譌。盧從周訂正。君待之以禮奈何？曰：「予熟思夫子言，未得其道，今子不且畱。聖人之制，無塞賢之路，夫子欲何之？」則遣大夫送至於郊。孟子離婁篇：「有故而去，則君使人導之出疆。」

〔一〕「有」下原脫「大」字，據孟子萬章下補。

〔二〕「於」下原脫「其」，「往」下原衍「之」字，據孟子離婁下補刪。

彼謂「有故而去」者，故即送之出竟，與此微異也。檀弓：「子思曰：『古之君子，進人以禮，退人以禮。』」故有舊君反服之禮也。自「去曰」至此，似有成文。必三諫者何？以爲得君臣之義。公羊莊二十四年傳「三諫不從，遂去之，故君子以爲得君臣之義」，注：「諫必以三者，取月生三日成魄，臣道就也。」必待放於郊者，忠厚之至也。冀君覺悟能用之。孟子公孫丑：「予三宿而出晝，〔一〕於予心猶以爲速，王庶幾改之。」亦即「冀君覺悟」之意也。所以必三年者，古者臣下有大喪，君三年不呼其門，所以復君恩。宣元年公羊傳文。注：「重奪孝子之恩也。君有三年之恩於臣，故臣亦以三年之義復之。復，報也。」必三年者，或亦取月三日成魄，臣道就之意也。「者」字依盧補。今已所言，不合於禮義，君欲罪之可得也。宣元年公羊傳「古者大夫已去，三年待放」，注：「三年者，古者疑獄三年而後斷。易曰：『繫用徽纆，寘于叢棘，三歲不得，凶。』」是也。自嫌有罪當誅，故三年不敢去。則待放之義，一則復君恩，一則恐有罪當誅，故待之三年也。援神契曰：「三諫，待放復三年，盡惓惓也。」漢書劉向傳：「惓惓之義。」又賈捐之傳：「敢昧死竭卷卷。」卷卷猶惓惓，懇至之意也。御覽四百五十六作「卷眷」。所以言放者，臣爲君諱，若言有罪放之也。宣元年「晉放其大夫胥甲父于衛」，公羊傳：「放之者何？猶曰無去是云爾。然則何言爾？近正也。」是則大夫本無罪而去，又不可揚君之過，故變出奔之例而言放，引罪於己，若爲君放然也。禮坊記云「善則稱君，過則稱己」，孟子告子篇言「孔子不欲以微罪行」，皆是。故史記樂毅傳報燕王書云：「忠臣去國，不潔其名。」又禮曲禮「大夫士去國，不説人以無罪」，注：「已雖遭放逐，不自以無罪解説於人，過則稱己。」是也。御覽作「若言有過而放矣」。

〔一〕「而」下原衍「後」字，據孟子公孫丑下删。

所諫事已行者，遂去不留。凡待放者，冀君用其言耳。事已行，災咎將至，無爲留之。此以上並援神契文也。論語八佾篇：「成事不說，遂事不諫。」所以待放者，本冀君之改過，今過已行，雖諫何益？故下引孔子行事改之也。舊本多譌，盧據御覽改正。「已行」，御覽作「遂以行」。易曰：「介如石，不終日，貞吉。」易豫六二爻辭。釋文引古文易作「砎如石」，言象兩石相摩擊而出火之意。集解引虞注讀爲「纖介」之「介」。則此蓋用古文易也。繫辭傳云：「君子見幾而作，不俟終日。」易曰：「介于石，不終日，貞吉。」介如石矣，寧用終日？論語曰：「三日不朝，孔子行。」論語微子文。史記孔子世家云：「齊陳女樂，季桓子微服往觀，怠於政事。子路曰：『夫子可以行矣。』孔子曰：『魯今且郊，如致膰乎大夫，則吾猶可以止。』桓子卒受齊女樂，三日不聽政，郊又不致膰俎於大夫，孔子遂行，宿乎屯。而師已送，曰：『夫子則非罪。』」〔一〕然則孔子以魯受女樂，猶冀其覺悟，及三日不聽政，又不致膰俎於大夫，是其過惡已行，故不脱冕而行，以無及諫也。又不欲過在君，故以微罪行。趙注孟子云：「膰肉不至，我黨從祭之禮不備，有微罪乎？」

臣待放於郊，君不絶其禄者，示不合耳。自此至「重恥也」，亦援神契文。禮曲禮下：「去國三世，爵禄有列于朝，出入有詔于國。若兄弟宗族猶存，則反告於宗。」後鄭注：「爵禄有列于朝，謂君不絶其祖祀，復立其族。」釋文引盧注云：「世，歲也。萬物以歲。」孟子離婁篇「去三年不反，然後收其田里」，注：「乃收其田萊及里居焉。」是三年待放，不絶其禄也。御覽「耳」上有「故去」二字。以其禄參分之二與之，一留與其妻長子，使得祭其宗廟。儀禮喪服經齊衰三月章云「大夫在外，其妻長子爲舊國君」，傳曰：「何以服齊衰三月也？妻言與民同也。長子言未去也。」又

〔一〕「膰」原作「燔」，下「膰」字同，「受」下原脱「齊」字，「則」下「非」原作「無」，據史記孔子世家改補。

「舊君」傳曰：「大夫爲舊君，何以服齊衰三月也？大夫去君，埽其宗廟，〔一〕故服齊衰三月也。言與民同也，何大夫之謂乎？言其以道去君，而猶未絶也。」注：「以道去君，謂三諫不從，待放於郊。未絶者，言爵禄尚有列於朝。出入有詔於國，妻子自若民也。」然則大夫以道去君，爲舊君服者有二。後一條謂大夫三年待放，君未絶其禄，故爲服齊衰三月之服。前一條謂大夫未至三年，見君之過惡已著，已去本國，君仍未絶其禄，留與其妻長子主宗廟。故其長子爲舊君服，又妻有歸宗之義，故亦爲之服也。若然，齊衰三月章又有「爲舊君君之母妻」者，傳曰：「仕焉而已者也。」通典引雷次宗云：「經前已有『舊君』，今復有此『舊君』傳，所以知前經爲仕焉而已，後經是待放未去者，蓋以兼服小君，知恩有淺深也。仕焉而退，君臣道定，〔二〕恩義既施，恩及母妻。今被放而去，名義盡矣，若君不能埽其宗廟，則但不爲戎首而已。以其禄未絶，故得同於人，適庶足以反服於君，不獲及其親也。」是也。

賜之環則反，賜之玦則去，明君子重恥也。

荀子大略篇「絶人以玦，反絶以環」，注：「玦如環而缺，肉好若一謂之環。環有還義。」國語晉語：「驪姬使奄楚以環。」爾雅釋言注：「環，玉環。環，還也。」故賜之環則還也。玦有決義，晉語「而玦之以金銑者，寒甚矣」，注：「玦，決也。」閔二年左傳注：「玦示當決斷，故賜之玦則決而去也。君臣以義合，故得玦則去。」禮表記云「事君三違不出竟，則利禄也」，注：「違，去也。利禄，言爲貪禄留也。」又云：「君子三揖而進，一辭而退，以遠亂也。」是君子重恥之義也。

王度記曰：「反之以玦。其待放者，亦與之物，明有分土無分民也。」

此文疑錯，當云「反之以環，其不得反者」云云也。

詩曰：「逝將去女，適彼樂土。」

詩魏風碩鼠篇文。

或曰：天子之臣，不得言放。天子以天下爲家

〔一〕「君」下「埽」原作「歸」，據儀禮改。

〔二〕「道」下「定」原作「足」，據通典改。

也。桓八年公羊傳云：「女在其國稱女，此其言王后何？王者無外。」又僖二十四年傳：「王者無外，此其言出何？」是則天子以天下爲家，無可出，故無可放。故襄三十年「王子瑕奔晉」，不言出也。若然，成十二年書「周公出奔晉」者，公羊傳云：「王者無外，此其言出何？自其私土而出也。」注謂「起諸侯入爲天子三公也。」〔一〕然則周公不事天子，自其私土而出，故絶其本國也。親屬諫不得放者，骨肉無相去離之義也。盧改「得」作「待」，誤。上五行篇云：「親屬臣諫不相去何法？法木枝葉不相離也。」骨肉無相離之義，故不得放也。故莊二十七年公羊傳：「何通乎季子之私行？辟内難也。君子辟内難，不辟外難。」是則親屬有故不得去，但宜辟之而已。春秋傳曰：「司馬子反曰：『君請處乎此，臣請歸。』」子反者，楚公子也，時不得放。「得」舊作「待」，誤。宣十五年公羊傳文也。彼云：「莊王使子反窺宋城，華元亦乘堙而出見之。子反曰：『子之國何如？』華元曰：『易子而食之，析骸而爨之。』子反曰：『吾軍亦有七日之糧爾。盡此不勝，將去而歸爾。』反于莊王。王曰：『吾今取此而後歸爾。』子反曰：『臣已告之矣。』莊王怒。子反曰：『以區區之宋，猶有不欺人之臣，可以楚而無乎？』莊王曰：『諾。雖然，吾猶取此而歸爾。』〔二〕子反曰：『然則君請處于此，臣請歸爾。』」是子反諫莊王不聽，故卽引師而歸耳，無云「去而之他」也。明親屬不得放也。子反名側。成十六年云「楚殺其大夫公子側」，知楚公子也。

右論三諫待放之義

〔一〕「爲」下原脱「天子」二字，「公」下「也」原作「國者」，據公羊傳成公十二年注補改。

〔二〕「爾」原作「耳」，據公羊傳宣公十五年改。

士不得諫者，士賤，不得豫政事，故不得諫也。謀及之，得因盡其忠耳。禮保傅曰：「大夫進諫，士傳民語。」孟子萬章下云「位卑而言高，罪也」，注：「位卑不得高言豫朝事，故但稱職而已。」不得豫朝事，故不得諫君也。若謀及之，則因盡其忠者。國語周語云「故天子聽政，使公卿至於列士獻詩」，注：「獻詩以諷也。」是也。大戴保傅篇云「工誦正諫，士傳民語」，與此所引異。注：「工，樂人也。瞽官長誦，謂隨其過，誦詩以諷。大夫諫，足以義使於瞽叟。」是大夫進諫之義，即具於正諫中也。周語又云「庶人傳語」，注：「庶人卑賤，見時得失，不得達，傳以語王也。」是民語不能自達，須由士以傳之焉。御覽四百五十七引作「士民傳語」。

右論士不得諫

妻得諫夫者，夫婦一體，榮恥共之。詩云：「相鼠有體，人而無禮，人而無禮，胡不遄死？」此妻諫夫之詩也。諫不從，不得去之者，本娶妻非爲諫正也。故一與之齊，終身不改，此地無去天之義也。舊本無「一體」二字。御覽「夫婦」作「夫妻」。所引詩，鄘風相鼠章文。或魯詩義與毛殊。御覽夫婦四百五十七所引，乃首章。困學紀聞與此同。列女傳貞順篇：「黎莊夫人既往，而不同欲，所務者異，未嘗得見，甚不得意。其傅母憫夫人賢，公反不納，憐其失意，又恐其已見遣，而不以時去，謂夫人曰：『夫婦之道，有義則合，無義則去。今不得意，胡不去乎？』乃作詩曰：『式微式微，胡不歸？』夫人曰：『婦人之道，壹而已矣。彼雖不吾以，吾何可離於婦道乎？』乃作詩曰：『微君之故，胡爲乎中路？』終執貞壹，不違婦道，以俟君命。君子故序之以編詩。」即地無去天之義也。「一與之齊」二語，見禮郊特牲。

右論妻諫夫

子諫父，父不從，不得去者，父子一體而分，無相離之法。猶火去木而滅也。論語：「事父母幾諫。」下言「又敬不違」。禮曲禮曰：「爲人子之禮，不顯諫，三諫而不聽，則號泣而隨之。」又內則云：「父母有過，下氣怡色，柔聲以諫，諫若不入，起敬起孝。悦則復諫，不悦，與其得罪于鄉黨州里，寧熟諫。父母怒，不悦而撻之流血，不敢疾怨，起敬起孝。」注：「子從父之令，不可謂孝也。」論語里仁：「事父母幾諫，見志不從，又敬不違，勞而不怨。」是子諫父，父不從，不得去也。公羊傳定十四年「衞世子蒯聵出奔宋」，注：「主書者，子雖見逐，無去父之義。」明君臣以義，父子以恩。故云「父子一體而分，無相離之法」。若然，檀弓載晉太子申生事，申生不去，爲父所殺，不得爲孝。以親有小過，當安處之，隨宜諫諍。若其父大爲無道，若不迴避，必當殺己，是陷父不義，而成其殺子之惡。故閔二年左傳：「梁餘子養曰：『死而不孝，不如逃之。』」家語六本篇：「孔子謂曾子曰：『小則受，大則走。』曾子曰：『孝子之諫，有達善而無爭辨。爭辨者，亂之所由興。』」是也。「待放去」，「去」舊作「木」，依影鈔小字本、元本改。臣之諫君何法？法金正木也。子之諫父，法火以揉木也。臣諫君以義，故折正之也。子諫父以恩，故但揉之也，木無毀傷也。待放去，取法於水火，無金則相離也。見五行篇。「待放去」以下，疑有衍脱。

右論子諫父

諫者何？諫者，閒也，更也。是非相閒，革更其行也。論衡譴告篇：「諫之爲言閒也。」聘禮記「皮馬相閒」，注：「古文閒爲干，干，犯也。言臣子干君之過，犯顏而諫之也。」廣雅釋詁：「諫，正也。」地官序官諫人注：「諫猶正也。以道正人行。」「更」亦有正義。舊本「閒也」下有「因也」二字，〔一〕初學記及御覽俱無，下亦無釋，依盧刪去。舊本此下多闕畧，依盧據初學記補正。人懷五常，故知諫有五。其一曰諷諫，二曰順諫，三曰闚諫，四曰指諫，五曰陷諫。公羊莊二十四年注、家語辨正篇並有其文。公羊注：「諫有五：一曰諷諫，二曰順諫，三曰直諫，四曰争諫，五曰贛諫。」疏未明所出。案何注之「直諫」，即此之「指諫」。何注之「贛諫」，即此之「陷諫」。惟彼「争諫」與此「闚諫」小異。家語辯政篇：「孔子曰：『忠臣之諫君，有五義焉。一曰譎諫，二曰贛諫，三曰降諫，四曰直諫，五曰風諫。』」案彼之「譎諫」，即此之「闚諫」。彼之「降諫」，即此之「順諫」。與此文皆大同小異。諷諫者，智也。知禍患之萌，深睹其事，未彰而諷告焉。此智之性也。後漢書李雲傳論注：「諷諫者，知禍患之萌而諷告焉。出大戴禮。」〔二〕案今大戴無此文。文選甘泉賦序「奏甘泉賦以風」，注：「不敢正言謂之諷。」公羊注：「一曰諷諫。孔子曰：『家不藏甲，邑無百雉之城，季氏自墮之。』」是也。初學記作「睹其未然」。順諫者，仁也。出詞遜順，不逆君心。此仁之性也。家語注：「卑降其體，所以降也。」後漢書注：「出詞遜順，不逆君心也。」説苑臣術篇：「從命利君謂之順。」公羊注：「二曰順諫，曹羈是也。」案公羊莊二十四年傳：「戎將侵曹，曹羈諫曰：『戎衆而無義，君請勿自敵也。』曹伯曰：『不可。』三諫不從，遂去之。」是出詞遜順也。闚諫者，禮也。視君顔色不悦，且卻，悦則復前，以禮進退。此禮之性也。後漢書注：「闚諫者，視人君顔色而諫也。」家語有「譎諫」。王注：「正其事以譎諫其君。」何氏公羊注有「争諫」。如子反請歸是也。俱與此異。指諫者，信也。指者，質也。質相其事而諫。此信之

〔一〕「有」上「下」字原脱，據盧校補。

〔二〕「出」，後漢書李雲傳注作「見」。

性也。指、質同音。論語皇疏：「質，實也。」後漢書注：「指諫者，質指其事而諫也。」公羊注有「直諫」，引子家駒是也。案昭二十五年傳：「昭公將殺季氏，告子家駒曰：『季氏爲無道，僭于公室久矣，吾欲弑之，何如？』子家駒曰：『諸侯僭于天子，大夫僭于諸侯久矣。』」是無所私隱，直指其事也。舊作「指質相其事」也，盧據初學記補「者質也」三字，據御覽補「而諫」二字。御覽「相」作「指」。陷諫者，義也。惻隱發於中，直言國之害，勵志忘生，爲君不避喪身。此義之性也。後漢書注：「陷諫者，言國之害，忘生爲君也。」國語魯語「上陷而不振」，注：「陷，墜也。見君有過，明知身之墜，不避斧鉞之誅，而直陳其菑害也。」公羊注：「五曰贛諫，百里子、蹇叔子也。」是也。案僖三十三年傳：「秦伯將襲鄭，百里子與蹇叔子諫曰：『千里而襲人，未有不亡者也。』」是陷諫之事也。孔子曰：「諫有五，吾從諷之諫。」家語辨政篇「唯度主而行之，吾其從風諫乎」，注：「風諫，依違遠罪避害者也。」後漢書李雲傳論云：「論曰：禮有五諫，諷爲上。」〔一〕是也。說苑正諫亦云：「一曰正諫，二曰降諫，三曰忠諫，四曰戇諫，五曰諷諫。」「孔子曰：『吾其從諷諫乎。』」初學記作「吾從於諷」。下又云：「諷也者，謂君父有闕而難言之，或託興詩賦以見於辭，或假託他事以陳其意，冀有所悟而還於善。諫也者，謂事有不善，有指而言之，上至君父，下及朋友，論之不疑，必有所益。故孔子稱君有争臣，父有争子，士有争友。此之謂也。」疑皆節引白虎通文。事君進思盡忠，退思補過，去而不訕，諫而不露。「進思盡忠」二句，孝經事君章文也。韋注：「進見於君，則思盡忠節，退居私室，則思補其身過。」又左傳宣十二年：「士渥濁諫曰：『林父之事君也，進思盡忠，退思補過。』」「去而不訕」二語，疑亦有所本。故曲禮曰：「爲人臣，不顯諫。」繁露竹

〔一〕「諫」、「諷」原倒，據後漢書李雲傳改。

林篇：「且春秋之義，臣有惡，君名美，故忠臣不顯諫，欲其由君出也。書曰：『爾有嘉謨嘉猷，入告爾君于內，爾乃順之于外，〔一〕曰：此謀此猷，惟我君之德。』此爲人臣之法也。古之良大夫，其事君皆若是。」纖微未見於外，如詩所刺也。若過惡已著，民蒙毒螫，天見災變，事白異露，作詩以刺之，幸其覺悟也。毛詩序：「下以風刺上，主文而譎諫，言之者無罪，聞之者足以戒，故曰風。」後漢書李雲傳論：「若夫託物見情，因文載旨，使言之者無罪，聞之者足以自戒，貴在於意達言從，理歸乎正，曷其絞訐摩上，〔二〕以衒沽成名哉。」是則纖微未著，宜從諷諫，若過惡已著，則當據事直書，冀有所懼也。

右論五諫

明王所以立諫諍者，皆爲重民而求己失也。禮保傅曰：「于是立進善之旌，懸誹謗之木，建招諫之鼓。」賈子保傅云：「於是有進賢之旌，有誹謗之木，有敢諫之鼓。」淮南子主術訓：「故堯置敢諫之鼓，舜立誹謗之木，湯有司直之人，武王立戒懼之鞀。」管子桓公問篇云：「黃帝立明堂之議，堯有衢室之問，舜有告善之旌，禹立建鼓於朝，湯有總諫之庭，武王有靈臺之復。」皆與此互異。王法立史記事者，以爲臣下之儀樣，人之所取法則也。動則當應禮，是以必有記過之史，徹膳之宰。賈子保傅云：「太子既冠，免于保傅之嚴，則有司過之史，有徹膳之宰。」禮玉藻曰：「動則左史書之，言則右史書之。」漢書藝文志：「左史記言，右史記

〔一〕「乃」上「爾」原作「而」，據春秋繁露改。

〔二〕「以」下原脫「自」字，「歸」下「乎」原作「於」，「訐摩」原作「詐靡」，據後漢書李雲傳補改。

事。」玉藻疏引六藝論同與此反。案左是陽，故記動，右是陰，故記言。當以玉藻爲正。禮保傅曰：「王失度，則史書之，工誦之，三公進讀之，宰夫徹其膳。是以天子不得爲非。賈子保傅云：「瞽史誦詩，工誦箴諫，大夫進謀，士傳民語。」又云：「食以禮，徹以樂。失度則史書之，工誦之，三公進讀之，宰夫徹其膳。」故史之義不書過則死，宰不徹膳亦死。賈子保傅云：「天子有過，史必書之，史之義不得書過則死，而宰收其膳，宰之義不得收膳則死。」「過」字舊無，盧據保傅補。所以謂之史何？明王者使爲之也。漢書杜延年傳注：「史、使一也。」或作「使」字。」是史、使或通用，言爲王者所使，故謂之史。亦諧聲爲義者也。說文又部：「史，記事者也。從又持中，中，正也。」謂之宰何？宰，制也。使制法度也。儀禮燕禮「膳宰具官饌于寢」，注：「膳宰，天子曰膳夫，掌君飲食膳羞者也。」是膳夫亦謂之宰也。廣雅釋言：「宰，制也。」故呂覽不苟篇「與良宰遺之」，注：「宰，膳宰也。」以其俱主政教，故亦得有宰名也。故荀子王制篇：「宰爵知賓客、祭祀、饗食、犧牲之牢數也。」〔一〕宰所以徹膳何？陰陽不調，五穀不熟，故王者爲不盡味而食之。禮曲禮云：「歲凶，年穀不登，君膳不祭肺。」周禮膳夫云：「王日一舉。」又云：「大喪則不舉，大荒則不舉，大札則不舉，天地有烖則不舉。」是陰陽不調，五穀不熟，則王者不盡味而食。不盡味，猶左傳哀元年「食不兼味」也。詩雲漢傳：「歲凶年穀不登，則膳夫徹膳。」即此。禮曰：「一穀不升，不備鶉鷃。二穀不升，不備鳧雁。三穀不升，不備雉兎。四穀不升，不備囿獸。五穀不升，不備三牲。」此疑逸禮文也。雲漢疏引大戴禮有此文。襄二十四年穀梁傳：「一穀不升謂之嗛，二穀不升謂之饑，三穀不升謂之饉，四穀不升謂

〔一〕「之」下「牢」原作「宰」，據荀子王制篇改。

之康，五穀不升謂之大侵。大侵之禮，君食不兼味，臺榭不飾，道路不除，百官布而不制，鬼神禱而不祀。」韓詩外傳云：「一穀不升謂之餒，二穀不升謂之饑，三穀不升謂之饉，四穀不升謂之荒，五穀不升謂之大祲。」餘與穀梁同。彼二文皆分析五種之名，此則差次減殺食品之異也。案內則記上大夫庶羞有雉、兎、鶉、鴽四種。又記諸物之不可食者有舒雁翠，舒鳧翠。是人君燕食百二十品，宜兼備此諸物明矣。囿獸，蓋謂麋鹿麕兎等也。三牲，謂牛羊豕也。此處舊本文多脱，盧據詩雲漢及禮曲禮疏補。人臣之義，當掩惡揚美，所以記君過何？各有所緣也。掩惡者，謂廣德宣禮之臣。

右論記過徹膳之義

所以爲君隱惡何？君至尊，故設輔弼，置諫官，本不當有遺失。禮表記「事君欲諫不欲陳」，注：「陳謂言其過於外也。」〔一〕又引詩曰「心乎愛矣，瑕不謂矣。中心藏之，何日忘之」。疏引皇氏疏以爲「人臣中心包藏君惡，不欲鄉人陳之」也。故春秋爲尊者諱。公羊隱二年傳「此滅也，其言入何？〔二〕內大惡，諱也」，注：「明魯臣子當爲君父諱。」是也。孔子爲昭公諱知禮，亦斯意也。禮坊記云「善則稱君，過則稱己，則民作忠」，是也。後漢范升傳：「子以人不閒於其父母爲孝，臣以下不非其君上爲忠。」〔三〕意亦以君之無非，以臣能匡救故也。論語曰：「陳司敗問：『昭公知禮乎？』孔子曰：『知禮。』」此爲君隱也。述而篇文也。彼又云：「某也幸，苟有過，人必知之。」集

〔一〕「陳」字原脱，據禮記表記注補。　〔二〕「言」上「其」、「入」下「何」字原脱，據公羊傳隐公二年補。　〔三〕「其父」上原脱「於」字，「母」下原衍「昆弟」二字，「非其」下原脱「君」字，據後漢書范升傳補删。

解引孔云：「諱國惡，禮也。聖人道宏，故受以爲過。」君所以不爲臣隱何？以爲君之與臣，無適無莫，義之與比。爲賞一善而衆臣勸，罰一惡而衆臣懼。若爲卑隱，爲不可殆也。音義引論語鄭注：「適作敵，莫謂貪慕也。」蓋謂君之於臣，無敵無慕，好惡皆不設以成心也。則論語之君子宜斥人君言。故風俗通十反篇：「蓋人君者，闢門求賢，得賢而賞，聞善若驚，〔一〕無適也，無莫也。」又詩杕杜箋云：「君子之人來至此國，皆可來至君所，君子之人義之與比。」後漢書劉梁傳，梁著和同論曰：「是以君子之於事也，無適無莫，必考之以義焉。」又曰：「苟失其道，〔二〕則兄弟不阿；苟得其義，則仇讐不廢。」下引祁奚舉解狐，周公誅二叔云云。是舊解皆指用賢言也。故尚書曰：「畢力賞罰，以定厥功。」詩疏引泰誓云：「予受先公戮力賞罰，以定厥功，明于先祖之遺。」史記周本紀作「畢力賞罰，以定其功。」抱朴用刑篇：「盟津之會，畢力賞罰。」則此亦本泰誓語，引以證上「賞一善而衆臣勸，罰一惡而衆臣懼」也。書顧命云：「畢協賞罰，戡定厥功。」意與此同。故說苑政理篇云：「夫有功而不賞，則善不勸，有過而不罰，則惡不懼。書曰『畢協賞罰』，此之謂也。」諸侯臣對天子，亦爲隱乎？然本諸侯之臣，今來者爲聘問天子無恙，非爲告君之惡來也。喪服傳：「諸侯之大夫，以時接見於天子。」此即謂大夫奉君命聘問天子者也。故孝經曰：「將順其美，匡救其惡。故上下能相親也。」孝經事君章文也。注：「君有美善，則順而行之，君有過惡，則正而止之。下以忠事上，上以義接下，君臣同德，故能相親。」疏以爲依王肅、魏真克說也。蓋言君有過則諫，不宜

〔一〕「人」、「君」原倒，「若」下「驚」原作「鶩」，據風俗通十反篇乙改。

〔二〕「義」下「焉」原作「也」，「苟」下「失」原作「得」，據後漢書劉梁傳改。

揚其惡於人也。君不爲臣隱，父獨爲子隱何？以爲父子一體，榮恥相及。故論語曰：「父爲子隱，子爲父隱，直在其中矣。」喪服傳云：「父子一體也。」五行篇云：「父爲子隱何法？法木之藏火也。」故漢律即有親屬得相容隱之令。鹽鐵論周秦篇：「父母之於子，雖有罪，猶匿之，豈不欲服罪爾，〔一〕子爲父隱，父爲子隱，未聞父子之相坐也。」漢宣詔曰：「自今子首匿父母，妻匿夫，孫匿大父母，皆勿坐。其父母匿子，夫匿妻，大父母匿孫，殊死皆上請。」亦此意也。今律亦有親屬得相容隱之條。兄弟相爲隱乎？曰：然。與父子同義。故周公誅四國，常以祿甫爲主也。鹽鐵論周秦篇：「聞兄弟緩追以免賊，未聞兄弟之相坐也。」蓋兄弟同氣，故亦爲之隱，春秋爲親者諱是也。四國，謂三監及武庚也。周公東征，不及三監，故大誥止言「殷小腆」，更無及三監之文。左傳僖二十四年云：「昔周公弔二叔之不咸，故封建親戚，以蕃屏周。召穆公思周德之不類，故糾合宗族于成周，而作常棣。」詩疏引鄭、賈以二叔謂管、蔡，毛詩序云：「常棣，燕兄弟也。閔管、蔡之失道。」類聚引韓詩序同。是管、蔡失道，周公但閔之而已。故詩譜：「問者曰：『常棣閔管、蔡之失道，何故列於文王之詩？』曰：『閔之者，閔其失兄弟相承順之道，至於被誅若在成王、周公之時，則是彰其罪，非閔之，故爲隱，推而上之。』」是則周公作詩，猶不忍編於成王、周公之世，其相爲隱明矣。朋友相爲隱者，人本接朋結友，爲欲立身揚名也。朋友之道有四焉，通財不在其中。近則正之，遠則稱之，樂則思之，患則死之。御覽引劉欣新議：「夫交接者，人道之本始，紀綱之大要，名由之成，事由之立。」又家語困誓篇：「行修而名不章，友之罪也。」後漢李燮傳：「所交皆舍短取長，好成人之美。」〔二〕魏志胡質

〔一〕「罪」下「爾」字原脱，據鹽鐵論周秦篇補。〔二〕「之」下「美」原作「名」，據後漢書李燮傳改。

傳：「古人之交也，取多知其不貪，奔北知其不怯，聞流言而不信，〔一〕故可終也。」是朋友相隱之義也。「朋友之道」下，疑亦成語。初學記引魏文帝集論云：「同憂樂，共富貴，而友道備矣。」莊子人間世云：「凡交，近則必相磨以信，遠則必忠之以言。」皆與此義相成。

夫妻相爲隱乎？傳曰：「曾子去妻，黎蒸不熟。」問曰：婦有七出，不蒸亦預乎？曰：吾聞之也，絕交令可友，棄妻令可嫁也。黎蒸不熟而已，何問其故乎？〔二〕此爲隱之也。盧云：「黎與藜通。」家語弟子行篇：「參後母遇之無恩，而供養不衰。及其妻以蒸藜不熟，因出之。人曰：『非七出也。』參曰：『蒸藜小物耳，吾欲使熟而不用吾命，況大事乎？』遂出之。」與此小異。然則曾子以其妻本犯七出，慮彰其惡，故借小過出之，爲之隱也。新序雜事三云：「臣聞君子絕交無惡言，去臣無惡聲。」亦與此義通。

右論隱惡之義

鄉射（共五章）

天子所以親射何？助陽氣達萬物也。春，陽氣微弱，恐物有窒塞不能自達者。夫射自內發外，貫堅入剛，象物之生，故以射達之也。漢書五行志：「禮，春而大射，以順陽氣。」孟子滕文公「序者射也」，注：「射者三耦四矢，以達物道氣也。」說文矢部：「䠶，弓弩發於身，而中於遠也。」禮射義：「射者，男子之事也。」又內則「以桑弧蓬矢六，射天地四方」，亦取由內達外之義也。「春」下「陽」字舊脫，盧據御覽七百四十六補。

〔一〕「流言」下原脫「而不信」三字，據三國志胡質傳補。

〔二〕「故」下「乎」字原脫，據各本補。

右論天子親射

含文嘉曰：「天子射熊，諸侯射麋，大夫射虎豹，士射鹿豕。」儀禮鄉射記云：「凡侯，天子熊侯白質，諸侯麋侯赤質，大夫布侯，畫以虎豹，士布侯，〔一〕畫以鹿豕。」注：「此所謂獸侯也。燕射則張之，鄉射及賓射當張采侯二正，而記此者，天子諸侯之燕射，各以其鄉射之禮而張此侯，由是云焉。」然則天子諸侯燕射必行鄉射之禮，但設獸侯之爲異耳。周禮梓人云「張獸侯則王以息燕」，注：「獸侯，畫獸之侯也。」然則天子塗以白質，諸侯塗以赤質，大夫士不塗，但於布上畫獸頭於正鵠之處也。然御覽引禮圖云：「天子燕射熊侯，諸侯卿大夫士虎豹侯。諸侯燕射，君亦熊侯，卿大夫亦宜參侯，士豕鹿。卿大夫與其臣燕射，君臣共射虎豹侯。士燕射，亦宜豹侯，畫鹿豕焉。」圻內諸侯與外國同。則又與各經殊焉。其大射之禮，則司裘云：「王大射，則共虎侯、熊侯、豹侯，設其鵠。諸侯則共熊侯、豹侯，卿大夫則共麋侯，皆設其鵠。」梓人所云「張皮侯而棲鵠」是也。鄭注司裘云：「王之大射，虎侯王所自射，熊侯諸侯所射，豹侯卿大夫以下所射。諸侯之大射，〔二〕熊侯諸侯所自射，豹侯羣臣所射。卿大夫之大射，麋侯君臣共射。」然則天子三侯，故分爲三等。圻內諸侯助射用熊侯，故自射亦用熊侯。大夫助射用豹侯，故自射用麋侯。麋、豹等也。圻外諸侯亦得用三侯，但與天子異其獸。大射所云「大侯九十，糝侯七十，豻侯五十」，鄭彼注云：「大侯者，熊侯也。糝，雜也。豹鵠而麋飾，下天子大夫也。」是也。士無臣，故無大射之禮。其賓射，則梓人云：「張五采之侯，〔三〕則遠國屬。」是也。周禮射人云：「王以

〔一〕「布」下「侯」字原脱，據儀禮鄉射禮補。

〔二〕「所」下原衍「以」字，「諸侯」下原脱「之」字，據周禮司裘注删補。

〔三〕「張」上原衍「亦」字，據周禮梓人删。

六耦射三侯，九節，五正。諸侯以四耦射二侯，七節，三正。孤卿大夫以三耦射一侯，五節，二正。士以三耦射豻侯，五節，二正。」注：「三侯者，五正、三正、二正之侯也。二侯者，三正、二正之侯也。〔一〕一侯者，二正而已。」「畫五采者爲五正，中朱，次白，次蒼，次黄，玄居外。三正損玄黄，二正去白、蒼而畫以朱、緑，皆居侯中參分之一。」鄉射亦與賓爲射，故宜同賓射也。禮緯之説，未必盡同鄭氏。白虎通所引，亦未知爲賓爲燕也。天子所以射熊何？示服猛，遠巧佞也。熊爲獸猛。巧者，非但當服猛也。示當服天下巧佞之臣也。列子黄帝篇「熊羆狼豹貙虎爲前驅」，注：「熊羆皆猛獸勇鬭者也。」「遠巧佞也」，舊無「遠」字，御覽作「遠巧物也」。「物」字訛，下「巧佞」作「巧妙」，恐亦誤，「示當服」疑是「亦當服」，並盧氏説者也。諸侯射麋何？示遠迷惑人也。麋之言迷也。説文鹿部：「麋，鹿屬。」山海經中山經「荆山其獸多閭麋」，注：「麋似鹿而大也。」一切經音義引蒼頡篇云：「麋以冬至日解角者也。」漢書五行志注：「麋之爲言迷也。」又李奇注云：「麋，迷也。」莊十七年「多麋」，公羊傳：「何以書？記異也。」注：「麋之爲言猶迷也。」又引感精符云：「象魯爲鄭瞻所迷惑也。」大夫射虎豹何？示服猛也。説文矢部：「天子䠶熊虎豹，服猛也。」鄉射記注：「射熊虎豹，不忘上下相犯。」義異。士射鹿豕何？示除害也。各取德所能服也。説文：「士䠶鹿豕，爲田除害也。」〔二〕大夫士射兩物何？大夫士俱人臣，示爲君親視事，身勞苦也。或曰：臣陰，故數偶也。儀禮鄉射禮注：「君畫一，臣畫二，陽奇陰偶之數也。」與或説合。侯者以布爲之。布者，用人事之始也。本正則末正矣。儀禮鄉射禮「乃張侯」，注：「侯謂所射布也。」又記言獸侯，大夫士皆言布侯，明以布爲之

〔一〕兩「侯」下「也」字原脱，據周禮射人注補。

〔二〕「田」下原衍「取」字，據説文删。

也。說文矢部：「矦，春享所䠶侯也。從人從厂，象張布，矢在其下。」〔一〕禮禮運：「治其麻絲，以爲布帛。」又郊特牲云「太古冠布」，皆從人事之始也。**名之爲侯者何？明諸侯有不朝者，則當射之。故禮射祝曰：「嗟爾不甯侯，爾不朝于王所，故亢而射爾。」**儀禮大射儀注：「尊者䠶之，以威不甯侯；卑者射之，以求爲侯。」故逸詩有貍首之篇。儀禮大射注：「貍之言不來也。其詩有射諸侯首不朝者之言，〔二〕因以名篇。後世失之。」蓋周衰禮廢，諸侯不朝者衆，惡其有「射不朝」之言，故去而不録也。故漢書郊祀志云：「周靈王即位，時諸侯莫朝周，萇弘乃明鬼神事，設射不來。不來者，諸侯之不來朝者也。」然則萇弘正行古禮，而說者乃謂「依物怪以致諸侯」，則誤矣。所射引祝者，與考工梓人大同小異。彼云：「祭侯之禮，以酒脯醢。其詞曰：『惟若甯侯，毋或若汝不甯侯，不屬于王所，故抗而射汝。』」說文「矦」字下云：「其祝曰：毋若不甯侯，不朝于王所，故伉而䠶汝。」〔三〕說文所引，多古周禮說，與此所見之本同也。首句舊本作「所以名爲侯何」，「故」舊作「以故天下失業」，衍五字，並依盧校改。考工記梓人「故抗而射女」下云：「彊飲彊食，詒女曾孫，諸侯百福。」**所以不射正身何？君子重同類，不忍射之，故畫獸而射之。**禮射義云「射者，內志正，外體直」，注：「內正外直，正鵠之名出自此。」或曰：「鵠，鳥名，正亦鳥名。齊魯之閒名題肩爲正，正、鵠皆鳥之捷黠者。」鄭以正鵠之名有此二義，故於射義及大射儀並兩解之焉。射人注亦云：「正之言正也。射者，內志正則能中也。」

〔一〕「在」下原脱「其」字，「下」下原衍「也」字，據說文補刪。〔二〕「諸侯」下原脱「首」字，「不朝」下原脱「者」字，據儀禮大射注補。〔三〕「毋」下「若」原作「或」，「伉」原作「抗」，據說文改。

右論射侯

射正何爲乎？曰：射義非一也。夫射者，執弓堅固，心平體正，然後中也。禮射義云：「內志正外，體直，然後持弓矢審固。持弓矢審固，然後可以言中。」注：「內正外直，習於禮樂，有德行者也。」言內志正方能中正，故射正也。故說苑修文篇：「射者必心平體正，持弓矢審固，然後射者能以中也。」此言賓射射正之義也。**二人爭勝，樂以德養也。**御覽引作「養德」，是也。禮射義：「孔子曰：『君子無所爭，必也射乎。』」注：「必也射乎，言君子至於射，則有爭也。」以射皆有耦，有上射，有下射。大射儀曰：「命上射曰：某御于子。命下射曰：〔一〕子與某子射。」皆選其才之相近者爲耦。是二人爭勝也。**勝負俱降，以宗禮讓，故可以選士。**舊多訛脱，盧據御覽補。周禮大司徒云「以陽禮教讓，則民不爭」，注：「陽禮，謂鄉射飲酒之禮也。」鄉射禮云：「乃射，上射既發，挾弓矢，而後下射射，拾發以將乘矢，卒射，皆執弓不挾，南面揖。上射降三等，下射少右，從之中等。」是勝負俱降，以崇讓也。禮射義云：「天子將祭，必先習射于澤。澤者，所以擇士也。」大射禮目録云：「諸侯將有祭祀之事，與其羣臣射，以觀其禮。」是則觀其揖讓之禮，即可以選士之賢不肖也。文選東京賦云「因進距衰，表賢簡能」，薛注：「進，善也。衰，老也。言因其進則舉而用之，衰減者距而退之，謂擇賢以大射，所以表明德行，簡録其能否也。」**夫射者，發近而制遠也。其兵短而害長也，故可以戒難也。所以必因射助陽選士者，所以扶助微陽而抑其强，和調陰陽，戒不虞也。何以知爲戒難也？詩曰：「四矢反兮，以禦亂兮。」**詩，齊風猗嗟文也。箋：「必四矢者，象其能禦四

〔一〕「大射儀」原作「鄉射儀」，「射」下「曰」原作「者」，據儀禮大射儀改。

方之亂也。」「抑其强」七字，御覽舊作「所以調助微抑强，調和陰陽」。韓詩作「四矢變兮」，見詩釋文。因射習禮樂，射於堂上何？示從上制下也。禮曰：「賓主執弓請升，射於兩楹之間。」禮射義云：「射者，男子之事也。因而飾之以禮樂也。設侯于堂下，設物于兩楹閒。」自上射下，是從上制下也。所引「禮曰」，約鄉射、大射文。天子射百二十步，諸侯九十步，大夫七十步，士五十步。明尊者所服遠，卑者所服近也。大射儀：「大侯九十，參七十，干五十。」此圻外諸侯之制。諸侯大侯，大夫參侯，士干侯，以次差之，則天子當百二十也。鄭氏以九十、七十、五十皆謂弓數。案鄭注云：「弓之下制六尺。」弓步數同也。但鄭注司裘，以天子亦九十弓，與圻外諸侯同，與此異耳。御覽引禮圖亦云：「天子大射之時，天子虎侯九十步，諸侯熊侯七十步，卿大夫豹侯五十步。圻內諸侯大射，熊侯九十步，卿大夫參侯七十步，士豻侯五十步。」與鄭注同。遠近四等，尊卑四節，知就所服言之也。

右總論射義

所以十月行鄉飲酒之禮何？所以復尊卑長幼之義。春夏事急，浚井次牆，至有子使父，弟使兄，〔一〕故以事閑暇，復長幼之序也。鄭目録云：「諸侯之鄉大夫，三年大比，獻賢能於其君，〔二〕以禮賓之，與之飲酒。」凡鄉飲酒禮，有四。一則賓賢能，鄉飲酒禮是也。二則鄉大夫飲國中賢者，鄉飲酒義所云是也。三則鄉射，州長春秋習射于州序，周禮州長職所云是也。四則黨正蜡祭飲酒，鄉飲酒義所云「六十者坐，五十者立侍」是已。十月行禮，當爲黨正飲酒事。周禮黨正云：「國索鬼神而祭祀，則以禮屬民，而飲酒于序，以正齒位。」注：「國索鬼神而祭

〔一〕「弟」上各本均無「兄」字，據刪。　〔二〕「獻」上原衍「將」字，據鄭目録刪。

祀，謂歲十二月大蜡之時，〔一〕建亥之月也。正齒位者，鄉飲酒義所謂「六十者坐，五十者立侍。六十者三豆，七十者四豆，八十者五豆，九十者六豆」，是也。必正之者，爲民三時務農，將闕於禮，至此農隙而教之尊長養老，見孝弟之道也。」天子十月亦與羣臣行鄉飲酒之禮，〔二〕月令孟冬之月云「是月也，大飲烝」，注：「十月農功畢，天子諸侯與其羣臣飲酒于太學，以正齒位，謂之大飲，别之於他其禮亡。今天子以燕禮，郡國以鄉飲酒禮代之。」〔三〕詩七月云：「十月滌場，朋酒斯饗。曰殺羔羊，躋彼公堂，稱彼兕觥。」亦即此禮也。浚井次牆，盧謂「次與茨同義，〔四〕謂苫蓋也。」案書梓材云：「惟其塗墍茨。」釋名釋宮室：「茨，次也，次比草爲之也。」茨從次得聲義，故亦得作「次」。莊子徐無鬼：「將見大隗于具茨之山。」釋文：「一本作次。」是也。小字本正作「茨」。

右論鄉飲酒

王者父事三老，兄事五更者何？欲陳孝弟之德以示天下也。後漢書注引援神契云：「天子尊事三老，兄事五更。」樂記：「食三老五更於大學，所以教諸侯之孝也。天子袒而割牲，執醬而饋，執爵而酳，冕而總干，所以教諸侯之弟也。」文王世子云「遂設三老五更羣老之席位焉」，注：「三老五更，天子以父兄養之，示天下以孝弟也。」注又引援神契所謂「諸侯歸各帥于其國，大夫勤于朝，州里驅于邑」，是教天下之事也。

故雖天子必有尊也，言有父也。必有先也，言有兄也。禮祭義：「是故至孝近乎王，雖天子必有父。至弟近乎霸，雖諸侯必有兄。」其實天子

〔一〕「蜡」下原脱「之」字，據周禮黨正注補。　〔二〕「羣臣」下原脱「行」字，據文義補。　〔三〕「諸侯」、「與其」原倒，「於」下「他」原作「燕」，「禮」下「代」原作「待」，據禮記月令注乙改。　〔四〕「同」下原脱「義」字，據盧校補。

諸侯俱有父事兄事之義，禮特析舉之也。天子臨辟雍，親袒割牲，尊三老，父象也。謁者奉几杖，授安車輭輪，供綏執授，兄事五更，寵接禮交加，客謙敬順貌也。續漢志注引援神契云：「尊三老者，父象也。謁者奉几，安車輭輪，供綏執授事。〔一〕五更，寵以度，接禮交容，謙恭順貌。」宋注：「安車，坐乘之車輭輪，蒲裹輪。供綏，三老就車，天子親執綏授之。」「度，法也。度以寵異之也。」書傳畧說作「乘車輲輪」，鄭注云：「言輲輪，明其小也。」舊作「濡輪」，盧云：「或轜輪之誤。」案說文車部：「輇，蕃車下庳輪也。」車有藩蔽，而下爲卑輪，故爲安車，以輪卑則車安也。「輪」下云：「無輻曰輇。」蓋喪車、安車皆無輻，取其安，故喪車亦曰輇車。鄭注周禮「蜃車」云，「禮記或作槫，或作輇」，是也。若輲車自爲喪車，雜記「大夫載以輲車」是也。然則「輭輪」當爲「輇輪」。戴氏震云「輇者輪之名，輲者車之名」，是也。今河南開封、陳州等處，猶有四輪車，無輻而卑，或其遺制與？禮文王世子云：「適饌省醴，〔二〕養老之珍具。」桓四年公羊注：「是以王者父事三老，兄事五更，食之於辟雍，天子親袒而割牲，〔三〕執醬而饋，執爵而酳，冕而總干，率民之至。」文大致與此同。此制漢世猶行之，故續漢禮儀志云：「乘輿先到辟雍，遣使者安車迎三老五更。三老升，三公設几，九卿正履，天子親袒割牲，執醬而饋，祝鯁在前，祝饐在後。五更南面，公進供，禮亦如之。」是也。「供」舊作「恭」，盧據續漢志改。禮記祭義云：「祀于明堂，所以教諸侯之孝也。享三老、五更于太學，所以教諸侯之弟也。」文選注、初學記、藝文類聚引此並云：「禮三老于明堂，所以教諸侯之孝也。禮五更于太學，所以教諸侯之弟

〔一〕「執」下原脱「授」字，據續漢志注補。　〔二〕「適」上原衍「天子」二字，據禮記文王世子删。　〔三〕「親袒」上原脱「天子」二字，下原脱「而」字，據公羊傳桓公四年注補。

也。」似得其實，祭義「享」作「食」。不正言父兄，言老、更者，老者，壽考也。欲言所令者多也。史記老子列傳注引張君相注云：「老，考也。七十曰老。」獨斷云：「老者，舊也，壽也。」更者更也，所更歷者衆也。獨斷云：「更者長也，更相代至五也，能以善道改更己也。」卽如是，不但言老言三何？欲其明於天地人之道而老也。五更者，欲其明於五行之道而更事也。御覽引援神契云：「三者道成於三，五者，訓於五品，其言能以善道改更己也。」續漢志注宋均注云：「三老老人知天地人之事者，五更老人知五行更代之事者。」與緯義相足也。又引漢官儀云：「三者道成於天地人，老者久也，舊也。五者訓於五品，更者五世長子更相代，言其能以善道改更己也。」獨斷云「破更爲叟」，則與老義不別矣。三老、五更幾人乎？曰：各一人。曰：何以知之？既以父事，父一而已，不宜有三。文王世子注：「三老、五更各一人也，皆年老更事致仕者也。」續漢志注引盧植注，以「老，三老，爲選三公老者爲三老，卿大夫者爲五更」，亦參五之也。案漢世立三老、五更皆一人，則知各一人明矣。

右論養老之義

白虎通疏證卷六

致仕(一章)

臣年七十，懸車致仕者，臣以執事趨走爲職，七十陽道極，耳目不聰明，跂踦之屬，是以退老去，避賢者路，所以長廉遠恥也。懸車，示不用也。公羊疏引春秋緯云：「日在懸輿，一日之暮，人生七十，亦一時之暮，而致其政事于君。故曰懸輿致仕。」淮南子天文訓：「至於悲泉，爰止其女，爰息其馬，是謂懸輿。」二說皆以人年七十與日在懸輿同。故云「懸輿致政」，與此懸車示不用之義異也。左氏桓九年傳：〔一〕「冬，曹太子來朝，賓之以上卿，禮也。」疏引何氏膏肓云：「左氏以人子安處父位，尤非衰世救失之宜，於義左氏爲短。」〔二〕鄭箴之云：「必如所言，父有老耄罷病，孰當理其政，預王事也？」然則爲君者或年老廢疾，亦得傳事於子孫，典命所云「攝其君」是也。爲臣者無可傳，故致其事於君也。舊無「老」字「遠」字，盧據曲禮疏補。致事者，致其事於君，君不使退而自去者，尊賢者也。故曲禮曰：「大夫七十而致仕。」王制曰：「七十致政。」曲禮疏不云置，而云致者，置是廢絕，致是與人，明朝廷必有賢代己也。正用此意。「退而」二字，盧據禮疏補。曲禮「致仕」作「致事」。御覽三百八十三亦作「致仕」。鄭注云：「致其所掌之事於君而告老。」與此說同。卿大夫老，有盛德者留，賜之几杖，不

〔一〕「九年」原作「五年」，據左傳改。

〔二〕「義」下原脫「左氏」二字，據左傳桓公九年疏補。

備之以筋力之禮。曲禮「若不得謝，則必賜之几杖」，注：「謝猶聽也。君必有命勞苦辭謝之，其有德尚壯，則不聽耳。」疏引熊氏禮疏云：「既不聽致事，則祭義『七十杖于朝』是也。聽致事，則王制『七十杖于國，八十杖于朝』是也。」故漢書孔光傳：「光稱疾辭位，太后詔曰：『俊艾大臣，惟國之重，賜太師靈壽杖，黃門令爲太師省中坐置几。』」是留賜几杖事也。「卿」作「鄉」，誤，「備」上疑脱「責」字。在家者三分其禄，以一與之，所以厚賢也。前漢平帝紀：「元始元年，令天下吏比二千石以上年老致仕者，參分故禄，以一與之，終其身。」蓋古有此説，故莽依用焉。然漢世石奮則以上大夫禄歸老於家，周仁則以二千石禄歸老，張歐，天子亦寵以上大夫禄歸老，皆致仕給禄事也。人生七十，臥非人不温，適四方，乘安車，與婦人俱，自稱曰老夫。禮王制云「八十非人不煖」，此云「七十」，微異。又曲禮云「行役以婦人，適四方，乘安車，自稱曰老夫」，注：「婦人、安車，所以養其身體也。安車坐乘，若今小車矣。」疏引書傳畧説云：「致仕者以朝，乘車輲輪。」鄭云：『乘車，安車，言輲輪，明其小也。』」案喪大記「君葬用輴」，注：「輴皆當爲『載以輇車』之輇。」「輇車」或作「團車」，或作「輲車」，則輲輪當亦如葬車之輪，近地而行。故鄭云「明其小也」。鄭注又云：「老夫，老人稱也。亦明君尊。」春秋傳曰：「老夫耄矣。」曲禮曰：「大夫致仕，若不得謝，則必賜之几杖。」王度記曰：「臣致仕于君者，養之以其禄之半。」禮王制云：「八十杖于朝。」蓋年過七十，不得致仕，故許之几杖也。「王度記」下，別采異説也。沈氏彤説云：「前説謂大夫以上，後説謂元士以下。」義或然也。几杖所以扶助衰也。故王制曰：「五十杖於家，六十杖於鄉，七十杖於國，八十杖於朝。」儀禮有司徹云「受宰几」，注：「几所以坐安體。」説文木部：「杖，持也。」老人以筋力衰，坐須以几，行須以杖。是助衰之義也。禮祭義云：「七十杖于朝，八十不俟朝。」王制疏云：「此謂大夫士年老而聽致事者，〔一〕若不聽致仕，則祭義云『七十杖于朝。』」是也。案曲禮疏引熊氏說正如此，下有孔氏駁文，與王制疏不應矛盾，則王制疏亦即熊氏義也。臣老歸，年九十，君欲有問，則就其室，以珍從，明尊賢也。故禮祭義云：「八十不俟朝，君問則就之。」禮王制云：「九十者，天子欲有問焉，則就其室，以珍從。」注：「尊養之。」〔二〕鄭注祭義云：「老而致仕，君或不許，異其禮而已。」則王制所云君欲有問之禮，亦指聽致事者也。禮王制「七十不俟朝」，注：「大夫士之老者，君揖則退。」則亦指聽致事者也。祭義所說，指未聽致事者，故須至八十始不俟朝也。大夫老歸，死以大夫禮葬，車馬衣服如之何？曰：盡如故也。謚篇云：「卿大夫老歸，死有謚。」是與未老大夫同，故知車馬衣服亦宜同也。

右總論致仕義

辟雍（共六章）

古者所以年十五入大學何？以爲八歲毁齒，始有識知，入學學書計。七八十五，陰陽備，故十五成童志明，入大學，學經籍。公羊僖十年注：「禮，諸侯之子，八歲受之少傅，教之以小學，業小道焉，履小節焉。十五受太傅，教之以大學，業大道焉，履大節焉。」賈子容經云：「古者年九歲入就小學，蹍小節焉，業小道焉。束髮就大學，蹍大節焉，業大道焉。」大戴保傅篇：「古者年八歲而出就外舍，學小藝焉，履小節焉。束髮而就大學，

〔一〕「老」下原脱「而」字，據禮記王制疏補。

〔二〕「養之」原作「賢也」，據禮記王制注改。

學大藝焉，履大節焉。」注：「小學，謂庠門師保之學也。大學，王宮之東者。束髮，謂成童。」禮書疏引書大傳云：「古之王者，必立大學小學，使公卿之大子，大夫元士之嫡子，十五年始入小學，見小節焉，踐小義焉。二十入大學，見大節焉，踐大義焉。故入小學，知父子之道，長幼之序；入大學，知君臣之義，上下之位也。」案公羊、戴禮所説，當是天子大子、諸侯世子之禮，書傳所云，或是公卿大夫適子制也。故後漢楊終傳「禮制，人君之子年八歲，爲置少傅，教之書計，以開其明，〔一〕十五置太傅，教之經典，以道其志」也。**學之爲言覺也。以覺悟所不知也。**御覽引禮記外傳曰：「學者，覺也。」論語「學而時習之」，皇疏：「學，覺也，悟也。」説文：「斆，悟也。」御覽引成伯璵禮注云：「學，覺也。」學、覺疊韻爲訓。**故學以治性，慮以變情。故玉不琢不成器，人不學不知義。**説苑建本云：「學者所以反情治性盡才者也。」荀子正名篇云：「情然而心爲之擇謂之慮。」〔二〕故禮學記云「發慮憲」。言發慮必度於法，故足以變情也。「玉不琢」以下，學記文。荀子大畧篇云：「人之於文學也，猶玉之於琢磨也。」詩曰：「如切如磋，如琢如磨。」謂學問。**子夏曰：「百工居肆以成其事，君子學以致其道。」故曲禮曰：「十年曰幼，學。」論語曰：「吾十有五而志於學，三十而立。」又曰：「生而知之者，上也。學而知之者，次也。」是以雖有自然之性，必立師傅焉。**各本俱作「以致其事」，惟何允中本作「成」。此通引諸書，明人不可無學也。故論語公治長：「十室之邑，必有忠信如丘者焉，不如丘之好學也。」〔三〕言雖有美質，亦不可不學也。所引「子夏曰」文，見子張篇，兩引論

〔一〕「爲」下「置」原作「制」，「其」下「明」原作「萌」，據後漢書楊終傳改。〔二〕「情」下「然」原作「善」，據荀子正名篇改。〔三〕兩「丘」字，原作「某」，據論語公治長改。

語，見爲政、季氏篇。論語讖曰：「五帝立師，三王制之。」論語無緯，唯讖八卷，見七録，宋均注古微書載此語爲比考讖文。說苑君道篇：「郭隗曰：『帝者之臣，其名臣也，其實師也。王者之臣，其名臣也，其實友也。伯者之臣，其名臣也，其實僕也。』」賈子官人云：「故與師爲國者帝，與友爲國者王，與大臣爲國者伯，〔一〕與左右爲國者强，與侍御爲國者，若存若亡，與厮役爲國者，亡可立待也。〔二〕帝顓頊師緑圖，帝嚳師赤松子，帝堯師務成子，帝舜師尹壽，禹師國先生，湯師伊尹，文王師吕望，武王師尚父，周公師虢叔，孔子師老聃。此疑亦論語讖文。韓詩外傳云：「臣聞黄帝學乎大撓，顓頊學乎緑圖，帝嚳學乎湯疇子斯，武王學乎太公，周公學乎虢叔，仲尼學乎老聃。」吕氏尊師云：「神農師悉諸，黄帝師大撓，顓頊師伯夷父，帝嚳師伯招，帝堯師子州支父，帝舜師許由，禹師大成贄，湯師小臣，文王武王師吕望，孔子師老聃。」潛夫論讚學云：「黄帝師風后，顓頊師老彭，帝嚳師祝融，堯師務成，帝舜師紀后，禹師墨如，湯師伊尹，文武師姜尚〔三〕，周公師庶秀，孔子師老聃。」新序：「黄帝學乎大填撓，顓頊學於緑圖，帝嚳學於赤松子，堯學乎尹壽，舜學乎務成，禹學於西王國，湯學於威子伯，文王學乎鉸時子斯，武王學乎虢叔。」皆與此互爲同異。國先生蓋即西王國，路史作「西王悝」，注云：「西王慖也。」「慖」當「國」字之誤。務成子即藝文志之「務成子十一篇」也。「緑圖」兩字，本作「繆圖」。天子之大子，諸侯之世子，皆就師於外者，尊師重先王之道也。故曲禮曰：「聞有來學，無往教也。」易曰：「匪我求童蒙，童蒙求我。」吕覽勸學篇「疾學在乎

〔一〕「帝」上原脱「者」字，「與」下「大」原作「其」，據賈誼新書官人篇補改。　〔二〕「可」下原脱「立」字，據新書官人篇補。　〔三〕「祝融」下原脱「堯」字，「文武」原作「文王」，據潛夫論讚學篇補改。

尊師」，重先王之道也。「尊師則言信矣，道論矣。故往教者不化，召師者不化。」〔一〕注：「易曰：『匪我求童蒙，童蒙求我。』故往教之師不見化從也。童蒙當求師而反召師，亦不宜化師之道也。」又云「自卑者不聽，卑師者不聽」，註：「謂召師而學，〔二〕亦不聽師言也。」此段字句多從藝文類聚所引，御覽百四十七畧同。王制曰：「小學在公宮南之左，大學在郊。」何休公羊桓元年傳註云：「質家右宗廟，左社稷；文家右社稷，左宗廟。」是則文家尚左，質家尚右。夏周文，故夏氏養國老于東序，養庶老于西序。周人養國老于東膠，養庶老于虞庠。虞庠在國之西郊。殷質，故殷人養國老于右學，養庶老于左學。王制制以大學在西郊，故鄭彼註以爲殷制也。儀禮通解引書傳云「古之王者，必立大學小學」，鄭注：「小學在公宮南之左，大學在郊。」與此同也。周則大學在宮之左，小學在西郊。王制疏引熊氏云：「文王時猶從殷禮，故辟雍太學在郊也。」其實大學可移，辟雍不可移，以其觀天文四時，及鳥獸魚鼈，不便于國中也。虞、夏、商皆二學，〔三〕周則五學。王制云「虞庠在國之西郊」。劉芳傳引作「四郊」。又祭義云「天子設四學」，註云：「四學，周四郊之虞庠是也。」然則周立當代大學於國中，謂之東膠，又立小學於西郊，謂之虞庠，後又立於東南北三郊。故文王世子「凡語于郊者」，註：「郊，四郊也。」是也。劉芳傳又引王肅禮註云：「天子四郊有學，去都五十里。〔四〕故蔡邕明堂論引易傳太初篇云：「太子旦入東學，晝入南學，暮入西學，在中曰太學，天子之所自學也。」又大戴保傅篇：「帝入東學，尚親而貴仁。帝入南學，尚齒而貴信。帝入西學，尚賢而貴德。帝入北學，尚貴而貴爵。帝入大學，承師而問道。」蓋皆據周制也。引

〔一〕「師」上「召」原作「君」，據呂氏春秋勸學篇改。　〔二〕「謂」下「召」原作「君」，據呂氏春秋勸學篇注改。

〔三〕「夏」下「商」原作「周」，據文義改。　〔四〕「去」下「都」原作「王城」，據北史劉芳傳改。

此以見大子、世子就師於外之義也。又曰：「王太子，王子，羣后之太子，公卿大夫元士之嫡子，皆造焉。」師氏云「以三德教國子」，註：「國子，公卿大夫之子弟，師氏教之，〔一〕而世子亦齒焉。」堯典「教胄子」，史記註引鄭注云：「國子也。」說文：「胄，允也。」禮謂嫡子爲胄子是也。小學，經藝之宮。大學者，辟雍鄉射之宮。文王世子云：「春夏學干戈，秋冬學羽籥，〔二〕皆於東序。」又云：「禮在瞽宗，書在上庠。」是則餘子初入小學，則習書於虞氏之學，習禮樂於殷之學，習舞於夏后氏之學，是小學爲經義之宮也。至入大學之時，仍兼習四術，故王制注「習禮于大學」，明其餘亦習於大學也。大雅疏引鄭駁異義云：「玄之聞也，王制大學在郊，天子曰辟雍，諸侯曰泮宮，〔三〕天子將出征，受命于祖，受成于學。」然則大學卽辟雍也。案鄭鄉射目録云：「州長春秋以禮會民，而射於州序之禮。」然則鄉射不於大學，此云「鄉射之宮」者，蓋謂天子諸侯大射必行鄉射之禮，故亦得稱鄉射焉。鄉射記云「於郊則閭中」，注：「大射於大學。」是也。

右總論入學尊師之義

父所以不自教子何？爲渫瀆也。又授之道當極說陰陽夫婦變化之事，不可父子相教也。此與孟子說異，離婁上云：「公孫丑曰：『君子之不教子何也？』孟子曰：『勢不行也。教者必以正，以正不行，繼之以怒，繼之以怒，則反夷矣。夫子教我以正，夫子未出於正也，則是父子相夷也。父子相夷則惡矣。古者易子而教之。父

〔一〕「教」下「之」原作「子」，據周禮師氏注改。〔二〕兩「學」字原作「教」字，據禮記文王世子改。〔三〕「曰泮」原作「判」，據禮記王制改。

子之閒不責善，責善則離，離則不祥莫大焉。』」趙岐章指言：「父子至親，相責離恩，易子而教，相成以仁，教之義也。」閻氏若璩釋地又續云：「古人文字簡，須讀者會其意所指，如君子之不教於子，謂不肖子也。猶左傳叔向曰：『肸又無子。』子謂賢子也。不然，當日楊食我猶存。觀孟子直承曰『勢不行也』，則知丑所問原非爲周公之於伯禽，孔子之於伯魚一輩子言也。」案父不教子之語，古人當有成語，故公孫丑據以爲問。蓋子之賢否，未可遽知，書稱「知人則哲」，「惟帝其難」，爲父者又何忍逆料其子之善與不善，而始或教或不教之哉？孟子又云：「責善，朋友之道也。父子責善，賊恩之大者。」明子責父，父責子，皆可致賊恩也。傳本、吳本、胡本「渫」作「世」，譌。何本作「恐」，亦非。盧云：「『又授』疑當作『授受』。」

右論父不教子

師弟子之道有三。論語「朋友自遠方來」，朋友之道也。論語學而文。集解引包云：「同門曰朋。」朋卽爲來受學者。學記所云「三年視敬業樂羣」是也。音義云：「有或作友。」又引鄭注云：「同門曰朋，同志曰友。」是鄭本作「朋友」，與白虎通合。又曰「回也視予猶父也」，父子之道也。先進文也。呂覽勸學云：「曾子曰：『君子行於道路，其有父者可知也，其有師者可知也。夫無父而無師者，餘若夫何言哉！』此言事師之猶事父也。曾點使曾參，過期而不至，人皆見曾點曰：『無乃畏耶？』曾點曰：『彼雖畏，我存，夫安敢畏。』孔子畏於匡，顏淵後，孔子曰：『吾以女爲死矣。』顏淵曰：『子在，回何敢死。』顏淵之於孔子也，猶曾參之事父也。古之賢者，其尊師若此。」以君臣之義教之，君臣之道也。

右論師道有三

天子立辟雍何？辟雍所以行禮樂，宣德化也。御覽引禮統云：「所以制辟雍何？教化天下也。」說苑修文篇云：「天子辟雍，諸侯泮宮，所以行德化。」辟者，璧也。象璧圓，以法天也。雍者，壅之以水，象教化流行也。御覽引禮統云：「辟雍之制奈何？王制曰：『辟雍圓以象璧，雍以水，內如復，外如堰盤焉。』」通典引五經異義云：「辟雍謂之土壅水，外圓如璧，故曰辟雍。」詩靈臺「於樂辟雍」傳：「水旋邱如璧曰辟雍。」詩疏又引盧氏禮注云：「圓之以水如璧。」漢崔駰傳注：「辟雍環之以水，圓而如璧也。」周禮大宗伯注：「璧圓象天，又水所以流行，故取義於象天，與教流行也。」類聚引新論云：「王者始作圓池似璧形，實水其中，以環壅之，名曰辟雍。言其上承天地，以班教令，流轉王道，周而復始。」初學記引新論又云：「王者造明堂辟雍，所以承天分化也。」辟之言積也。積天下之道德。此言辟有二義也。瑞贄篇：「辟之爲言積也。」古「辟」、「積」互釋，故士冠禮「素積」注：「積猶辟也。」疊韻爲訓。雍之爲言壅也。天下之儀則，故謂之辟雍也。漢書多以雍爲壅，故武、元帝紀注並云：「雍讀曰壅。」雍、壅通也。又詩疏引韓詩說云：「言辟雍者，取其雍和也。」是雍亦有二義。「儀則」舊本作「殘賊」，非，依盧改。王制曰：「天子曰辟雍，諸侯曰泮宮。」外圓者，欲使觀者均平也。獨斷云：「天子曰辟雍，謂流水四面如璧，以節觀者。」續漢志注引月令記曰：「水環四周，言王者動作法天地，德廣及四海，方此水也，名曰辟雍。」毛詩靈臺傳亦云：「以節觀者。」泮水箋云：「築土雍水之外，〔一〕圓如璧，四方來觀者均也。」後漢光武紀：「中元元年，建三雍。」「明帝行其禮，帝正坐，自講，諸儒問難於前，冠帶縉紳之士圜橋門而觀聽者蓋億萬計。」是無所壅隔，故得圜門聽之也。又欲言外圓內方，明德當

〔一〕「雍水之外」原作「雍外之水」，據詩泮水箋改。

圓，行當方也。盧云：「以上俱從續漢祭祀志校正。」不言圓辟何？又圓於辟，何以知其圓也？以其言辟也。盧云：「文有誤。案續漢志注引韓詩説云：『不言圓，言辟何？取辟有德。』此文當亦爾。」御覽引新論曰：「王者作圓池如璧形，實水其中，以圜壅之，故曰辟雍。言其上承天地，以班教令，流轉王道，終而復始。」何以知有水也？詩曰：「思樂泮水，薄采其苻。」詩訓曰：「水圓如璧。」通典引唐有司議云：「大戴禮及前代説辟雍，多無水。」案蔡邕云：「水廣二十四丈，四周於水外周隄。」又張衡東京賦：「造舟爲梁。」禮明堂陰陽録：「水行左旋以象天，水廣二十四丈，恐傷於潤，請減二十四步。」又東都賦辟雍詩曰：「乃流辟雍，辟雍湯湯，聖皇莅止，造舟爲梁。」是則辟雍有水之證也。所引詩訓者，蓋魯詩説也。「水也」舊譌「外也」，下衍一「又」字，汪云：「又疑當作以。」案詩無「薄采其苻」句，詩考引此亦作「苻」，然作「苻」與三章韻俱不合，當仍作「芹」爲是。諸侯曰泮宮者，半於天子宮也。明尊卑有差，所化少也。御覽引禮統云：「諸侯泮宮，半有水，半有宮也。諸侯所化者少，故半有宮也。」王制注云：「泮之言班者，所以班政教也。」不取半爲義者，此明其形，彼釋其義，故不同焉。半者，象璜也。獨南面禮儀之方有水耳。其餘壅之言垣，宮名之別尊卑也。明不得化四方也。詩泮水箋云：「泮之言半也。半水者，蓋東西門以南通水，北無也。」周禮大宗伯注云：「半璧曰璜。天子如璧，諸侯半之，故象璜也。」泮水所以節觀者，故缺其北面。諸侯懸樂與國城皆缺其南面者，示有所臣，故不敢全同天子也。御覽引五經通義云：「諸侯不得觀四方，故缺東以南，半天子之學，故曰頖宮。」亦此義也。不言泮雍何？嫌但半天子制度也。詩云：「穆穆魯侯，克明其德，既作泮宮，淮夷攸服。」所引詩，亦魯頌泮水文。案辟雍、明堂、太廟，諸説不同。詩疏引五經異義載韓詩説：「辟雍者，天子之學，所以教天下，春射秋饗，尊事三老、五更，在南方七里之內，立明堂於中，五經之文所藏處。蓋以茅葦，取其潔清也。」又大戴盛德云：「明堂者，所以明諸侯尊卑者，外水，曰辟雍。」此以辟雍與明堂爲一也。又左氏說：「天子靈臺在太廟之中，壅之靈沼，謂之辟雍。」此以太廟與辟雍爲一者也。詩疏引盧氏禮注云：「明堂即太廟也。天子太廟，上可以望雲氣，故謂之靈臺。中可以序昭穆，故謂之太廟。圜之以水似璧，故謂之辟雍。古法皆同處，近世殊爲三耳。」穎氏釋例云：「肅然清静曰清廟。行禘、祫，序昭穆，曰太廟。告朔行政曰明堂。行饗射，養國老，曰辟雍。古雲物，望氛祥，曰靈臺。其四門之學，則曰太學。其中室謂之太室。總謂之宫。」蔡氏月令論、賈、服說左氏傳皆同，此又以祖廟、明堂、辟雍爲一者也。鄭君駁之以爲三靈辟雍同在郊，太廟爲一地，明堂爲一地。案郊特牲云：「繹之於庫門之內。」周禮小宗伯：「右社稷，左宗廟。」是宗廟在雉門之外。若明堂則有在東都者，有在方岳之下者。若太廟同處，則立祖廟於千里之外，時享月祭，將何以行？辟雍，王制明言「小學在公宫南之左，大學在郊」。詩疏引馬氏說，以「明堂在國之陽丙巳之地」，其不得與辟雍爲一又明矣。故袁唯五經正論，一宗鄭氏之說。此雖不言其同異，然引王制之文，以證大學小學所在，自以辟雍在西郊，與鄭氏說同焉。

右論辟雍泮宫

鄉曰庠，里曰序。御覽五百三十五「曰」作「爲」。又引五經通義云：「三王教化之宫，總名爲學。夏曰校，校之言教也。殷曰庠，周曰序。周家人兼用之。〔一〕故鄉爲庠，里爲序，家爲塾。」漢書食貨志云：「於里有序，而鄉有庠。序

〔一〕「夏曰」下原衍「學」字，「家人」上原脱「周」字，「兼」原作「並」，據五經通義删補改。

以明教，庠則行禮而視化焉。」庠者庠禮義，序者序長幼也。說文广部：「庠，禮官養老也。」鄭風詩序：「子衿，刺學校廢也。」下傳云：「言禮樂不可一日而廢。」其實庠不僅言禮義，禮王制「養國老於上庠」，孟子滕文公「庠者養也」，是也。序爲序長幼者，周禮黨正云：「而飲酒于序，以正齒位。」注引鄉飲酒義「六十者坐，五十者立侍，六十者三豆，七十者四豆，八十者五豆，九十者六豆」證之，知序長幼也。其實序不僅序長幼，州長言「射於州序」，孟子滕文公曰「序者射也」，皆緣詞生訓，非必立名之本義。但庠爲鄉學，去國近，故以禮義言之。里近於民，故序長幼言之也。盧云：「御覽作『禮儀也』，似上脱一字，次『庠』字疑當作『詳』。」禮五帝記曰：「帝庠序之學，則父子有親，長幼有序，善如爾舍，明令必次外，〔一〕然後前民者也。未見於仁，故立庠序以導之也。」盧云：「以上文有訛。」古者教民者，里皆有師，里中之老有道德者爲里右師，其次爲左師，教里中之子弟以道藝、孝悌、仁義。此學記所謂「家有塾」是也。舊多訛脱，盧依學記疏補。文獻通考引書傳云：「大夫七十而致仕，老其鄉里。大夫爲太師，士爲少師。」又云：「年十三始入小學，見小節焉，踐小義焉。年十八始入大學，見大節焉，踐大義焉。」是也。此與書傳皆有尊於左，蓋殷法也。「仁」舊作「行」。立春而就事，朝則坐於里之門，餘子皆出就農而後罷。夕亦如之，皆入而後罷。此上舊脱，亦依盧校改。通考引大傳云：「距冬至四十五日始出學，傳農事，上老平明坐於右塾，庶老坐於左塾，餘子畢出，然後皆歸，夕亦如之。餘子皆入，父之齒隨行，兄之齒雁行，輕任並，重任分，斑白者不提挈，出入皆如之。此之謂造士。」漢書食貨志云：「里胥平旦坐於右塾，鄰長坐於左塾，畢出然後歸，夕亦如

〔一〕「必」下「次」原作「須」，據各本改。

之。入者必持薪樵，〔一〕輕重相分，班白不提挈。」是也。

其有出入不時，早晏不節，有過，故使語之，言心無由生也。盧云：「此處文有脱。」

若既收藏，皆入教學。通考引書大傳：「耰耡已藏，新穀已入，歲時事已畢，餘子皆入學。」漢書食貨志：「是月餘子亦在於序室，八歲入小學，學六甲五方書計之事，始知室家長幼之節。十五入大學，學先聖禮樂，而知朝廷君臣之禮。」是也。黨正注云：「三時務農，將闕於禮，至此農隙，而教之尊長養老，見孝弟之道也。」

其有賢才美質，知學者足以開其心，頑鈍之民，亦足以別於禽獸而知人倫。故無不教之民。

孔子曰「以不教民戰，謂棄之」，明無不教民也。漢書食貨志：「其有秀異者，移鄉學於庠序。」蓋古者二十五家爲里，里必有塾。説文門部：「閭，里門也。」爾雅釋宫：「門側之堂謂之塾。」是也。上老庶老坐於此。所以教之學，里胥鄰長坐於此，所以教之耕，故古無不教之民也。孟子滕文公：「飽食煖衣，逸居而無教，則近於禽獸。」謂頑鈍之民也。所引論語，子路篇文。「知」，小字本、元本作「如」，「如」與「而」同。

右論庠序之學

天子所以有靈臺者何？所以考天人之心，察陰陽之會，揆星辰之證驗，爲萬物獲福無方之元。詩云：「經始靈臺。」説苑修文篇云：「積恩爲仁，積仁爲靈。靈臺之所以爲靈者，天地之本，而爲萬物之始也。是故文王始積民以仁，而天下莫不仁焉。文德之至也。德不至則不能文。」御覽引禮統云：「所以制靈臺何？以尊天重民，備災害，預防未然也。明王者當順承天地，禦節陰陽也。」毛詩靈臺箋云：「天子有靈臺，所以觀氛祲，察妖祥

〔一〕「薪」下「樵」原作「蕉」，據漢書食貨志改。

也。」古微書援神契云：「靈臺考符，居高顯神，聖王所以宣德察微。」大雅疏引異義「公羊說，天子三臺，諸侯二。天子有靈臺以觀天文，有時臺以觀四時施化，有囿臺以觀鳥獸魚鼈。〔一〕諸侯當有時臺、囿臺，諸侯卑，不得觀天文」。莊三十一年公羊注：「禮，天子有靈臺，以候天地，〔二〕諸侯有時臺以候四時。」則公羊以諸侯無靈臺也。左氏僖五年傳：「公既視朔，遂登觀臺以望，而書雲物，爲備故也。」又云：「凡分、至、啟、閉，必書雲物。」是亦有候四時之事也。故左疏引服虔注云：「人君入太廟視朔，天子曰靈臺，諸侯曰觀臺，在明堂之中也。」御覽引禮統云：「夏所以爲清臺何？明明相承，太平相續，故爲清臺。殷爲神臺，周爲靈臺何？質者據天，而王天者稱神，文者據地，而王地稱靈，三代異制也。」案乾鑿度云：「伐崇作靈臺。」然則作靈臺時，仍爲諸侯。周公制禮，文王所經始，故即制之以爲天子禮。故孟子梁惠王云：「而民歡樂之，謂其臺曰靈臺。」毛氏傳云「神之精明者稱曰靈」，〔三〕亦如造舟，親迎，皐、應門，冢土之類也。夏殷無此名也。若然，僖十五年左傳言「秦舍晉侯於靈臺」者，杜預以周靈臺故址焉。哀二十五年左傳「衛侯爲靈臺于籍圃」者，孔穎達謂「借名之」，是也。續漢志引含文嘉云：「禮，天子靈臺，所以觀天人之際，陰陽之會也，揆星度之驗徵，六氣之瑞應，神明之變化，覩月氣之所驗，爲萬物獲福於無方之原。」〔四〕即此所本也。所引詩者，大雅靈臺文。此靈臺所處，據鄭氏說，當在國之西郊，與辟雍同處。詩疏引公羊說，以「靈臺在國之東南二十五里，東南少陽用事，萬物著見，二十五里，吉行

〔一〕「囿臺」下原脱「以」字，據大雅疏引異義補。〔二〕「靈臺」下「以候天地」四字原脱，據公羊傳莊公三十一年注補。〔三〕「稱」下原脱「曰」字，據孟子梁惠王疏補。〔四〕「引」下原脱「含」字，「星」下「度」原作「辰」，「驗」、「徵」原倒，「覩」下「月」原作「因」，「萬物」下「獲」原作「履」，據續漢志引含文嘉補乙改。

五十里，朝行暮反也。」此亦無正文，未知所同也。盧云：「『證驗』疑本作『徵驗』，避宋仁宗諱改。續漢志注引援神契『元』作『原』。」天子立明堂者，所以通神靈，感天地，正四時，出教化，宗有德，重有道，顯有能，襃有行者也。初學記引禮含文嘉云：「明堂所以通神明，感天地，正四時，出教令，崇有德，章有道，〔一〕襃有行。」續漢志注引月令記曰：「明堂者，所以明天氣，統萬物。」文選東京賦「左制辟雍」，薛注：「于之班教曰明堂。」類聚引黄圖云：「明堂，明天道之堂也。所以順四時，行月令。」隋書牛宏傳：「明堂者，所以通神靈，感天地，出教化，崇有德。」魏書引蔡氏説云：「明堂者，享功養老，教學選士，皆於其中。」是也。白帖引云：「天子立明堂者，所以正四時之序，敦五教之本，在國之南。」與此微異。小字本「靈」作「明」，又「重有道」與元本俱作「章有道」。明堂上圓下方，八窗四闥，布政之宫，在國之陽。初學記引援神契：「明堂者，天子布政之宫，上圓下方，八窗四闥，在國之陽。」案此禮戴説也。玉藻疏引異義：「禮戴説，禮盛德記曰：『明堂自古有之，凡有九室，室有四户八牖，三十六户，七十二牖，以茅蓋屋，上圓下方，所以朝諸侯，其外有水，名曰辟雍。』明堂月令書説云：『明堂高三丈，東西九仞，南北七筵，上圓下方，四堂十二室，室四户八牖，宫方三百步，在近郊三十里。』講學大夫淳于登説：『明堂在國之陽，丙巳之地，三里之外，七里之内，而祀之，就陽位，上圓下方，八窗四闥，布政之宫。周公祀文王於明堂，以配上帝。中有五帝座星。』古周禮孝經説：『明堂，文王之廟，夏后氏世室，殷人重屋，周人明堂，東西九筵，筵九尺，南北七筵，堂崇一筵，〔二〕五室，凡室二筵，蓋之以茅。』謹案：今禮古禮

〔一〕「神明」原作「神靈」，「德」下「章」原作「重」，據初學記引含文嘉改。〔二〕「有」上原脱「室」字，「四」上原脱「室」字，「陽」上「就」原作「動」，「堂」下原脱「崇」字，據禮記玉藻疏補改。

各以其義説，無明文以知之。」大戴注引韓詩説「明堂在南方七里之郊」，是其户牖之制則取禮戴説，言其所在則取詩韓説也。隋書宇文愷傳引禮圖云：「建武三十年，作明堂，明堂上圓下方，〔一〕上圓法天，下方法地，十二室法日辰，九室法九州。」禮圖作於光武時，其必親見漢世九室之制。故張衡東京賦云：「複廟重屋，八達九房。」其時考工未行，故遵戴禮爲典制。當時儒生並依而用焉。然則戴禮明堂之制，中央太室居中，東曰青陽，南曰明堂，西曰總章，北曰玄堂。青陽右个，卽明堂之左个，居東北，合言之，列爲九室，析言之，則爲十二堂也。若鄭氏則用古周禮説。禮疏引鄭駮異義云：「玄之聞也，禮戴所云，雖出於盛德記，及其下顯與本書異，九室，三十六户，七十二牖，似秦相呂不韋作春秋時説者所益，非古制也。『四堂十二室』字誤，本書云『九室十二堂』。淳于登之言，取義於援神契，援神契説，宗祀文王於明堂以配上帝，〔二〕曰：『明堂者上圓下方，四闥八牖，〔三〕布政之宫，在國之陽。帝者諦也。象上可承五精之神，於辰爲巳。』是以登云然。今漢立明堂於丙巳，由此爲也。〔四〕水木用事，交於東北，木火用事，交於東南，水土用事，交於中央，金土用事，交於西南，金水用事，交於西北。周人明堂五室，帝一室，合於數。」是則鄭氏用古説，班氏、蔡氏等用今説。但蔡氏以廟學明堂皆在一處，此以明堂在國之陽，與玉藻「聽朔於南門之外」合。又引王制，大學在郊，以證辟雍之所在，則與鄭同，而蔡異也。

上圓法天，下方法地，八窗象八風，四闥法四時，九宫法九州，十二坐法十二月，三十六户法三十六雨，七十二牖法七十二風。續漢志注引桓譚新論：「天稱明，故命曰明堂。上圓法

〔一〕「上圓」上原脱「明堂」二字，據隋書宇文愷傳補。〔二〕「宗祀」下原脱「文王」二字，據禮記玉藻疏補。〔三〕「四闥八牖」，禮記玉藻疏作「八窗四闥」。〔四〕「之」下「神」原作「帝」，「由此爲也」原作「蓋爲此也」，據禮記玉藻疏改。

天，下方法地，八窗法八風，四闥法四時，九室法九州，十二坐法十二月，三十六户法三十六雨，七十二牖法七十二風。」隋書宇文愷傳引黄圖云：「堂方百四十四尺，法坤之策也，方象地。屋圓楣，徑二百一十六尺，法乾之策也，圓象天。太室九宫，法九州。太室方六丈，法陰之變數。十二堂法十二月，三十六户法極陰之變數，七十二牖法五行所行日數。八闥象八風，法八卦。通天臺，徑九尺，法乾以九覆六。高八十一尺，法黄鐘九九之數。二十八柱，象二十八宿。堂高三尺，土階三等，法三統。堂四向五色，〔一〕法四時五行。殿門去殿七十二步，法五行所行。」黄圖所載，蓋建武明堂之制也。續漢志注引蔡氏説云：「員蓋方卦，載九六之道也。八闥象八卦，九室象九州，十二宫以應辰，三十六户，七十二牖，以户八牖乘九室之數也。户皆外設而不閉，示天下不藏也。」餘與黄圖同。

右論靈臺明堂

災變（共四章）

天所以有災變何？所以譴告人君，覺悟其行，欲令悔過修德，深思慮也。説苑敬慎篇：「妖孽者，天所以警天子諸侯也。」漢書谷永傳：「臣聞災異皇天所以譴告人君過失，猶嚴父之明，誠畏懼敬改，則禍消福降，忽然簡易，則咎罰不除。」繁露必仁且知篇云：「災者，天之譴也。異者，天之威也。譴之而不知，乃畏之以威。」「凡災異

〔一〕兩「策」字原作「數」，「屋」下原脱「圓」字，「圓」下「象」字原作「法」，「天」下原脱「太」字，「變」下原脱「數」字，「所行」下原衍「二」字，「柱」下「象」字原作「法」，「堂四」下「向」原作「面」字，據隋書宇文愷傳改正。

之本，盡生於國家之失。天出災異以譴告之，譴告之而不知變，乃見怪異以驚駭之。尚不知畏恐，其殃咎乃至，〔一〕以此見天意之仁而不欲害人也。」漢書董仲舒傳：「國家將有失道之敗，而天乃先出災害以譴告之，不知自省，又出怪異以警懼之，尚不知變，而傷敗乃至，〔二〕以此見天心之仁愛人君，而欲止其亂也。」御覽作「覺悟其過，欲令悔慎思慮也」。援神契曰：「行有點缺，氣逆干天，情感變出，以戒人也。」小字本、元本「干」作「于」。漢書李尋傳：「臣聞人氣內逆，則感動天地，天變於星辰日蝕，地變於奇物震動。」盧云：「『情』疑『精』之誤。」

右論災變譴告之義

災異者，何謂也？春秋潛潭巴曰：「災之爲言傷也，隨事而誅。詩疏引五行傳：「害物曰災。」易釋文引子夏傳：「傷害曰災。」國語周語「古者天降災戾」，注：「災謂水火蟲螟之類。」異之爲言怪也，〔三〕先發感動之也。」詩疏引五行傳云：「非常曰異。」公羊隱三年傳「記異也」，注：「非常可怪也，先事而至者異。」公羊定元年傳：「異大於災也。」詩疏引鄭駁異義與洪範五行傳皆云：「非常曰異，害物曰災。」何以言災有哭也？春秋曰：「新宮火，三日哭。」傳曰：「必三日哭何？禮也。」災三日哭，所以然者，宗廟先祖所處，鬼神無形體，曰今忽得天火，得無爲災所中乎？故哭也。所引春秋傳，成三年公羊傳文。注：「宣公之宮廟。」「親之

〔一〕「告之」下原脫「而」字，「其」下「殃」原作「殆」字，據春秋繁露必仁且智篇補改。〔二〕「而」下原脫「天」字，「傷」上「而」字原作「乃」字，「敗」下原脫「乃」字，據漢書董仲舒傳補改。〔三〕「災之」、「異之」下均脫「爲」字，據春秋潛潭巴補。

精神所依，而災，孝子隱痛，不忍正言也。」痛傷鬼神無所依歸，故君臣素縞而哭之。穀梁傳亦云：「新宮者，禰宮也。三日哭，哀也。其哀，禮也。迫近不敢稱謚，恭也。其辭恭且哀，以成公爲無譏矣。」〔一〕注：「宮廟，親之神靈所憑居，〔二〕而遇災，故以哀哭爲禮。」禮檀弓：「有焚其先人之室，則三日哭。故曰新宮火，亦三日哭。」注：「哭者，哀精神之有虧傷。」故禮曾子問：「諸侯旅見天子，入門不得終禮，廢者幾？孔子曰：『四。』『請問之』，曰：『太廟火。』」注：「太廟，始祖廟，宗廟皆然，主於始祖耳。」以「太廟火」與「日食」等並舉，知其爲災大也。周禮疏引鄭志：「林頓難曰：『凡邦有大災，歌哭而請。』魯人有日食而哭，〔三〕傳曰非所哭。哭者，哀也。歌者，是樂也。有哭而歌，是以樂災。』答曰：『日食，異者也。於民無困，哭之爲非，其所裁害，不害穀物，故歌哭非禮也。』」〔四〕然則凡有大災害及於物皆哭明矣。此舉新宮火，見其災之甚者耳。周禮疏引考異郵云「集二十四旱志立服而綏，雲刑理察，〔五〕挺罪赦過，呼嗟哭泣，以成發氣」，是也。「曰」字疑衍。

變者，何謂也？變者，非常也。樂稽耀嘉曰：「禹將受位，天意大變，迅風靡木，雷雨晝冥。」

詩七月序云：「周公遭變。」素問注：「變，謂易其常也。」古「常」、「變」對舉，故非常則爲變。宋書禮志引樂稽耀嘉曰：「禹將受位，〔六〕天意大變，迅風雷雨，以明將去虞而適夏也。」書鈔引書大傳云：「十有四祀，鐘石笙筦變樂聲未罷，疾風發屋，天

〔一〕「新宮」下原脱「者」字，「禰」原作「稱」，「迫」下原脱「近」字，「爲」下原衍一「無」字，「譏」原作「訛」字，據穀梁傳成公三年補改刪。〔二〕「所」下「憑」原作「依」，據穀梁傳成公三年注改。〔三〕「林頓」原作「林碩」，「哭」下原衍「者」字，據周禮女巫疏改刪。〔四〕「哭之」下原脱「爲」字，「故」下原脱「歌」字，據周禮女巫疏補。〔五〕「刑」上「雲」原作「雪」，據周禮女巫疏改。〔六〕「禹」下「將」原作「時」，據宋書禮志引樂稽耀嘉改。

大雷雨。帝沈首而笑曰：『明哉，非一人之天下也，乃見於鐘石。』」通鑑前編又引書傳云：「蟠龍賁信于其藏，蛟魚踴躍于其淵，龜龍咸出其穴，遷虞而事夏也。」皆禹受位，天意大變之事也。妖者，何謂也？衣服乍大乍小，言語非常。故尚書大傳曰「時則有服妖」也。續漢志引五行傳云：「貌之不恭，時則有服妖。」「言之不從，時則有詩妖。」「視之不明，時則有草妖。」「聽之不聰，時則有鼓妖。」「思心之不容，時則有脂夜妖」。〔一〕說文虫部：「衣服、歌謠、草木之怪謂之妖。」〔二〕漢書五行志：「凡草木之類謂之妖。」故鄭子臧聚鷸冠，晉太子申生衣偏衣，劉向以爲服妖。僖二十四年左傳云：「服之不衷，身之災也。」是也。言語非常，如襄三十一年左傳「趙孟語偷」，二十九年「子容專，司徒侈」之類。故前漢五行志：「君炕陽而暴虐，臣畏刑而箝口，則怨謗之氣發於歌謠，故有詩妖。」是也。妖有五，歷代史志有其事，此特舉服妖詩妖例之也。孽者，何謂也？曰：介蟲生爲非常。尚書大傳云：「時則有介蟲之孽，〔三〕時則有龜孽。」五行傳有龜孽，介蟲之孽，倮蟲之孽，魚孽，華孽，龍蛇之孽等五孽，於視、聽、言、動、思。此亦特舉介孽龜孽明之也。漢五行志：「介蟲孽者，謂小蟲有甲飛揚之類，陽氣所生也。」說文虫部：「禽獸蟲蝗之怪謂之蠥。」漢五行志：「蟲豸之類謂之孽。」「妖孽」之「孽」當作「蠥」，從虫，辥聲。孽，庶子，假借。妖猶夭胎，言尚微小，孽則大於妖矣。諸孽歷代史志亦有其事。堯遭洪水，湯遭大旱，亦有譴告乎？堯遭洪水，湯遭大旱，命運時然。繁露煖燠孰多篇云：「禹水湯旱，非常經也。適遭時氣之變，而陰陽失平，非禹湯之過。毋以適遭之變疑平生之常，則所

〔一〕「脂」下「夜」原作「液」，據續漢志引五行傳改。　〔二〕「妖」，說文虫部作「祅」。　〔三〕各本「介」上均有「有」字，據補。

守不失，則正道益明。」易坤靈圖云：「震下乾上无妄，天精起，帝必有洪水之災。天生聖人使殺之，故言乃統天也。」又御覽引文子云「臣聞爲不善而災，報得其應也。爲善而災至，遭時運之會耳，非政所致也。昔成湯遭旱，因自責省」云云，卽命運時然之意也。所以或災變或異何？各隨其行，因其事也。御覽引劉向五行傳云：「凡有所害謂之災，無所害而異於常謂之異。害爲已至，異爲方來。」是各隨其所至名之也。

右論災異妖孽異名

霜之爲言亡也。陽以散亡。御覽引考異郵云：「霜之爲言亡也。物以終也。」〔一〕說文雨部：「霜，喪也。成物者。」釋名釋天：「霜，喪也。其氣慘毒，物皆喪也。」喪、亡並疊韻爲訓。雹之爲言合也。陰氣專精，積合爲雹。初學記引漢含孳云：「專一精并，氣凝爲雹。」說文雨部：「雹，雨冰也。」初學記引西京雜記：「鮑敞問董仲舒曰：『雹何物也？』仲舒曰：『陰義脅陽也。』」續漢志注引考異郵云：「陰氣之專精，凝合生雹，雹之爲言合也。以妾爲妻，大尊重，九女之妃，〔二〕闕而不御，坐不離前，無由相去之心，同輿參驅，房衽之內，歡欣之樂，專政夫人，施而不博，陰氣凝而見戒。」〔三〕古微書感精符云：「雹之爲言合也。」南齊五行志引五行傳：「雹者，陰薄陽之象也。」漢五行志引劉向云：「盛陽雨水温暖而陽熱，陰氣脅之不相入，則轉而爲雹。」故月令注：「陽爲雨，陰氣脅之，凝爲雹也。」御覽十四、八百七十八兩引作「自上而下曰雨雹。」當是此處闕文。又見初學記二。露者霜之始，寒卽變爲霜。文舊脱，據御覽十二補。又

〔一〕「終」下原衍「身」字，據考異郵删。〔二〕「大尊重，九女之妃」，考異郵作「大尊九，五女之妃」。〔三〕「同」下「輿」原作「異」，「夫人」原作「失人」，「見」下「戒」原作「成」，據考異郵改。

見初學記二。禮月令：「白露爲霜。」御覽引蔡注：「露者，陰液也。釋爲露，凝爲霜。」大戴禮曾子天圓篇云：「露，陰陽之氣也。夫陰氣盛則凝爲霜雪，陽氣盛則散爲雨露。」

右論霜雹

日食必救之何？陰侵陽也。漢書孔光傳：「日者，衆陽之宗，人君之表，至尊之象。君德衰微，陰道盛彊，侵蔽陽明，則日蝕應之。」又後漢丁鴻傳：「臣聞日者陽精，守實不虧，君之象也。月者陰精，盈毀有常，臣之表也。故日食者，臣乘君，〔一〕陰淩陽，月滿不虧，下驕盈也。」禮曾子問曰「日食各以其方色與其兵」，注：「方色者，東方衣青，南方衣赤，西方衣白，北方衣黑。」疏引隱義云：「東方用戟，南方用矛，西方用弩，北方用楯，中央用鼓。所以有所討者，以日食陰侵陽，示欲助天子討陰也。〔二〕亦備非常。」穀梁莊二十五年傳：「天子救日，置五麾，陳五兵、五鼓，諸侯置三麾，陳三鼓、三兵。大夫擊門，士擊柝，充其陽也。」注：「凡有聲者，皆陽事，以壓陰氣。」又京氏易傳云：「日者，陽之精，人君之象。驕溢專明，爲陰氣所侵，則有日有食之災，不救必有篡臣之萌。」隱三年左傳注云：「日行遲，月行疾，一歲凡十二交會。然日月動物，雖行度有大量，不能不小有盈縮，故雖有交會而不食者，或有頻交而食者。惟正陽之月，君子忌之，故有伐鼓用幣之事。」是日陽月陰，以月食日是陰侵陽之象。若然，日月交食自是天度之常，而春秋書爲災異者，以日者太陽之精，至尊之物，不宜有所侵犯，聖人因事設教，假神靈以爲鑒戒耳。亦猶陽九百六之會，雖亦時數使然，然人君能改

〔一〕「之」下「表」原作「象」，「臣」下「乘」原作「秉」，據後漢書丁鴻傳改。　〔二〕「陽」下「示欲」原作「所以」，據禮記曾子問疏改。

過修善，雖災異即至，禍亦可消，所以重天變，警人君也。是以二至二分，日食不爲災，而詩十月之交，正夏之八月，而亦爲災。鄭氏以爲陰侵陽，臣侵君之象。是不必正陽之月始爲災也。故詩舉以刺幽王也。鼓用牲于社。社者，衆陰之主，以朱絲縈之，鳴鼓攻之，以陽責陰也。故春秋傳曰：「日有食之，鼓用牲于社。」公羊莊二十五年傳文也。彼傳云：「日食則曷爲鼓用牲于社？求乎陰之道也。以朱絲縈社，或曰脅之，或曰爲闇，恐人犯之，故縈之。」注：「脅與責求同義。社者，土地之主。月者，土地之精。上繫於天而犯日，故鳴鼓攻之，脅其本也。朱絲縈之，助陽抑陰也。」周禮大祝「六祈」，「四曰禜」，注：「禜如日食以朱絲縈社。」〔一〕又曰「五曰攻」，注：「攻如其鳴鼓然。」又云「六曰說」，注：「董仲舒救日食祝曰：『炤炤大明，瀸滅無光，〔二〕奈何以陰侵陽，以卑侵尊？』」是之謂說也。鼓陽社陰，朱亦是陽，是皆以陽責陰之象焉。故說文示部：「禜，設緜蕝爲營，以禳風雨、雪霜、水旱、厲疫於日月、星辰、山川也。一曰禜，衛使災不生。」然則古人禳禦之事，皆有禜禮焉。續漢志注引干寶周禮注云：「社，太陰。朱，火色。絲，維屬。天子伐鼓於社，責羣陰也。諸侯用幣於社，請上公也。伐鼓於朝，退自攻也。此聖人厭勝之法。」是也。則用左氏之說。

所以必用牲者，社，地別神也。尊之，故不敢虛責也。左氏、穀梁皆以用牲爲非禮，則此公羊說也。莊二十五年何注：「先言鼓，後言牲者，明先以尊命責之，後以臣子禮接之，所以爲順也。」案此似指諸侯禮。日食，大水則鼓用牲於社，大旱則雩祭求雨，非苟虛也。助陽責下求陰之道也。繁露精華篇云：「難者曰：『大旱雩祭而求雨，大水鳴鼓而攻社，天地之所爲，陰陽之所起也。或請焉，或怒焉何？』曰：『大旱者，陽滅陰也。陽滅陰

〔一〕「禜」下原衍「讀」字，據周禮大祝注删。〔二〕「瀸」原作「纖」，據周禮大祝注改。

者，尊厭卑也。雖太甚，拜請之而已，無敢有加也。大水者，陰滅陽也。陰滅陽者，卑勝尊也。日食亦然，皆下犯上，以賤傷貴者，逆節也。故鳴鼓而攻之，朱絲而脅之，爲其不義也。此亦春秋之不畏强禦也。[一]是則大水、日食陰侵陽，故鳴鼓，大旱陽厭陰，故但求之，皆助陽責陰，尊君卑臣之義也。〔一〕莊二十五年：「秋，大水，鼓用牲于社于門。」公羊傳：「于社，禮也。于門，非禮也。」故說苑辨物篇：「大旱者，陽氣太盛，以厭於陰，陰厭陽固，陽其塡也。惟塡厭之太甚，使陰不能起也，亦雩祭拜請而已，無敢加也。至於大水及日蝕，皆陰氣太盛而上滅陽精，故鳴鼓而懾之，朱絲縈而刼之。」是則大木亦朱絲縈之，故繁露止雨云「以朱絲縈社十周」是矣。爾雅釋天舞號雩也。周禮司巫：「若國大旱，則帥巫而舞雩。」疏引董仲舒云：「雩，求雨之術，吁嗟之，歌國風周南、小雅鹿鳴、鄉飲酒、大射之歌。」又引考異郵云：「雩者呼嗟求雨之祭。」故繁露求雨篇載其祝詞曰：「昊天生五穀以養人，今五穀病旱，恐不成實，敬進清酒膊脯，〔二〕再拜請雨，雨幸大澍。」穀梁疏引考異郵，亦有禱祠山川之辭，是也。案古雩祭有二，有常祠之雩，以建巳之月行之。桓五年左傳「龍見而雩」，注以爲建巳月。禮月令「仲夏之月，大雩帝」，注：「雩正當以四月，因著正，雩此月，失之矣。」此祭雖不逢旱，亦於正陽之月行之，以角、亢星見，純陽用事，故於此月祭之。詩序絲衣篇：「高子曰：『靈星之尸也。』」論衡明雩以爲龍星。漢書郊祀志：「高祖詔御史立靈星祠。」張晏曰：「龍星左角曰天田，則農祥也。晨見而祭之。」是也。其祭則有樂。論衡說論語風乎舞雩章云：「魯設雩祭於沂水之上。暮者，晚也。春謂四月也。冠者、童子，雩祭樂人也。浴乎沂，涉沂水也。象龍之從水中出也。」是也。有因旱而求雨之雩。周禮女巫云：「旱暵則舞雩。」公羊桓五年注：「旱則君親之南郊，以六事白

〔一〕「尊」下「君」原作「右」，據文義改。

〔二〕「敬」下「進」原作「請」，據春秋繁露求雨篇改。

責：政不善與？人失職與？宮室崇與，婦謁盛與？包苴行與？讒夫昌與？使童男童女各八人而呼雩。」春秋之義，周之六月，不書雩祭，以常事不書。定元年穀梁傳：「雩月，雩之正也。秋大雩，非正也。」是也。然則旱祭之雩，止用童女各八人，呼號而祭。司巫云「帥巫而舞雩」是也。常祭之雩，則論語先進云「冠者五六人，童子六七人」，非直有男女巫也。若天子有正雩之祭，則公羊疏引春秋説云「冠者七八人，童子八九人」，是也。月食救之者，陰失明也。故角尾交、日月食救之者，謂夫人擊鏡，孺人擊杖，庶人之妻楔搔。後漢李固傳：「加近者月食既於端門之側，〔一〕月者大臣之體也。」是陰失明亦宜戒也。類聚引演孔圖云：「麟，木精也。麒麟鬪，則日無光。」〔二〕事類賦引宋注云：「麟龍少陽精，鬪於地，則日月亦將争於上。」淮南天文訓：「麒麟鬪則日月食。」御覽引許注：「麒麟，獨角之獸。故與日月相符。」此「角尾」疑亦「獨角」之誤。周禮庭氏：「若不見其鳥獸，則以救日之弓與救月之矢射之。」御覽引馬注：「救日食，則伐鼓北面，體太陰。救月食，則伐鼓南面，體太陽。」以此弓矢射之，是月食救之也。月食以陽侵陰不爲慝，故但救陰北面之失明也。「夫人擊鏡」以下，未知出何書。御覽引荆州占曰：「月食，后自提鼓階前，把鎚擊鼓三中，良人、諸御者、宮人皆擊柝救之。自己食后，乃齋服縞素，三日不從樂，以應其祥。」與此事所説相近。「楔搔」似當爲「搔楔」。説文木部：「楔，櫼也。」爾雅釋宮「根謂之楔」，注：「門旁兩木栿。」謂以手搏楔，猶穀梁莊二十五年所説「士擊門」，〔三〕門以救日也。太平之時，時雨時霽，不以恆暘而以時暘，天地之氣宜也。舊脱，據初學記二補。書洪

〔一〕「加」原作「如」，「近」下原衍「日」字，據後漢書李固傳改删。〔二〕「日」上「則」字原脱，據演孔圖補。〔三〕「二十五」原作「二十四」，據穀梁傳莊公二十五年改。穀梁傳莊公二十五年作「大夫擊門，士擊柝」。

範云「肅，時寒若」，〔一〕「乂，時暘若」。又云「狂，恆雨若」，「僭，恆暘若」，即休咎之應也。

右論日月食水旱

耕桑（一章）

王者所以親耕，〔二〕后親桑何？以率天下農蠶也。續漢志注引要義云：「天子耤田，以供上帝之粢盛，所以先百姓而致孝敬也。耤，踏也。言親自履踏於天而耕之。」何氏桓十四年注：「天子諸侯親耕，后夫人親桑，以供粢盛祭服，躬行孝道，以先天下也。」周禮天官亨人：「耕耨王耤。」後漢書注引干注：「古之王者爲天子，有四海，而必私置耤田，蓋其義有三焉。一曰以奉宗廟，親致其孝。二曰以訓於百姓在勤，勤則不匱焉。三曰聞之子孫，知稼穡之艱難，無違也。」天子親耕以供郊廟之祭，后親桑以供祭服。孟子滕文公云：「禮曰：『諸侯耕助以供粢盛，夫人蠶繅以爲衣服。』」桓十四年穀梁傳：「天子親耕以供粢盛，王后親蠶以供祭服。」祭義曰：「天子三推，三公五推，卿大夫七推。」今祭義無此文。禮月令「天子三推，三公五推，卿諸侯九推」，無言「七推」者。續漢志注引蔡氏章句云：「禮，自上而下，降殺以兩，勞事反之。諸侯以上，當有孤卿七推，大夫十二，士終畝，可知也。」此文似亦當補入。國語周語：「王耕一墢，班三之。」類聚引賈注云：「班，次也。三之，謂公卿大夫，王之下各三，其上公三發，卿六發，大夫九發。」是又三三相乘者也。耕於東郊何？東方少陽，農事始起。桑於西郊何？西方少陰，女功所成。桓十

〔一〕「時」下「寒」原作「雨」，據尚書洪範篇改。　〔二〕各本「所以」下均無「耕」字，據刪。

四年：「御廩災。」公羊傳注：「天子親耕東田千畝，諸侯百畝。后夫人親西郊，采桑。」疏以爲祭義文，蓋逸禮也。禮祭統云：「天子親耕於南郊，以供粢盛，王后蠶於北郊，以供純服。諸侯耕於東郊，亦以供粢盛，夫人蠶於北郊，以供冕服。」與此不同者，祭統所云，當是周禮。故周禮天官内宰職以王后蠶於北郊，與藉田對方，則天子當耕於南郊。周禮天子諸侯不同制，則諸侯宜降爲東郊，南方太陽，東方少陽也。后夫人同北郊。内宰注：「婦人以純陰爲尊也。」夫人不蠶於西郊，祭統注云：「婦人禮少變也。」此公羊注或是異代禮，當時古周禮未行，故所據之少異也。故曾子問曰：「天子耕東田而三反之。」今曾子問亦無此文。〔一〕蓋亦逸禮文也。吕氏春秋孟春紀注：「禮以三爲文，故天子三推，謂一發也。」即三反之義也。周官曰：「后親桑，率外内命婦蠶於北郊。」此引古文禮説，備異解也。即約内宰文。内宰職云：「中春詔后帥外内命婦始蠶於北郊。」是也。禮祭義曰「古者天子諸侯必有公桑蠶室，近外水爲之築宫，棘牆而外閉之」者也。今祭義作「近川而爲之築宫，仞有三尺」者，盧改從原書。鄭内宰注云「郊必有公桑蠶室」，即本此爲説。御覽引蔡氏月令章句云：「古者天子諸侯必有公桑蠶室，近川而爲之築宫，仞有三尺，棘牆而外閉之。」蓋亦本祭義爲説。

右論王與后親耕親桑之禮

〔一〕「無」下「此」字原脱，據文義補。

封禪（共二章）

王者易姓而起，必升封泰山何？報告之義也。始受命之日，改制應天，天下太平功成，封禪以告太平也。「報」舊作「教」，「日」舊作「時」，盧依初學記、類聚諸書改。風俗通正失云：「王者受命易姓，改制應天下，太平功成，封禪以告太平也。」管子封禪篇云：「古者封太山、禪梁甫者七十二家，皆受命然後得封禪。」初學記引河圖真紀曰：「王者封泰山，禪梁甫，易姓奉度，繼興崇初也。」續漢志引袁宏後漢書云：「夫揖讓受終，必有至德於天下，征伐革命，則有大功於萬物。是故王者初基，則有封禪之事，蓋以其成功告於神明也。」大戴禮注引斗威儀云：「刑法格藏，世作頌聲，封於太山，考績柴燎，禪於梁甫，刻石紀號，〔一〕英炳巍巍，功平世教。」是皆告太平功成之義也。故東觀紀趙憙上言曰：「自古帝王，每世之隆，未嘗不封禪，宜登封告成，爲民報德也。」所以必於泰山何？萬物之始，交代之處也。「之始」二字，舊作「所」，盧據王制疏改。風俗通正失云：「所以必於岱宗者，萬物之始，陰陽交代。」書鈔引通義云：「泰山，五岳之長，羣神之主，故獨封泰山，告太平於天，報羣神功也。」御覽引通義云：「一曰岱宗，言王者易姓受命，報功受成，必於岱宗也。」東方，萬物始交代之處，續漢志注引袁宏云：「夫東方者，萬物之始也。」必於其上何？因高告高，順其類也。故升封者，增高也。下禪梁甫之基，廣厚也。風俗通正失云：「必於其上，示增高也。」「下禪梁甫，禮祠地主，去事之殺，示增廣也。」〔二〕漢書武帝紀「遂登封泰山」，應注：「封於其上，示增高也。」

〔一〕「紀號」原作「記功」，據斗威儀改。

〔二〕兩「示」字原作「亦」，據風俗通正失篇改。

下禪梁甫，祀地主，示增廣，此古制也。」張注：「天高不可及，於泰山立封，又禪而祭之，冀近神靈也。」〔一〕禮禮器云：「是故因天事天，因地事地。」注：「天高，因高者以事也。地下，因下者以事也。」是卽封與禪之義也。「基」上舊衍「山」字，各書所引皆無。皆刻石紀號者，著己之功迹以自効也。禮注引援神契云：「刻石紀功。」風俗通正失云：「刻石紀號，著己績也。」「立石高一丈二尺，刻之曰：『事天以禮，立身以義，事父以孝，成民以仁。〔二〕四守之內，莫不爲郡縣，四夷八蠻，咸來貢職，與天下無極，人民蕃息，天祿永得。』」許愼說文序云：「書者，如也。以迄五帝三王之世，改易殊體，封於泰山者七十有二代，靡有同焉。」卽謂刻石之文也。今所傳李斯泰山石刻、吳天璽紀功碑，卽秦皇、孫皓封禪時所刻石紀號者。「皆」字舊無，初學記有，無「者」字。又舊本「跡」下衍「也」字，「効」作「效做」，今俱據初學記改正。禮器疏「效」作「勸」，通典「迹」作「績」，皆通。天以高爲尊，地以厚爲德。故增泰山之高以報天，附梁甫之基以報地。明天之命，功成事就，有益於天地，若高者加高，厚者加厚矣。漢書武帝紀注：「孟康曰：「王者功成治定，告成功於天。封，崇也，助天之高也。』」「服虔曰：『增天之高，歸功於天。禪，闡也，廣土地也。』」是因高加高，厚加厚之意焉。初學記「基」作「厚」，無「於」字，「基」或作「阯」，或作「階」，皆避唐諱。王制、禮器疏、御覽並作「基」，「天」下舊有「地」字，初學記、御覽皆無。「就」舊作「遂」，亦依初學記、御覽改。或曰：封者金泥銀繩。或曰：石泥金繩，封之以印璽。御覽引漢官儀曰：「傳曰：『封者以金泥銀繩，印之以璽。』」續漢志注引封儀云：「以金爲

〔一〕「增」上「示」原作「亦」，「此」上原衍「也」字，「冀」原作「異」，據漢書武帝紀應劭、張晏注改刪。　〔二〕「刻石」下原脫「紀號」二字，「成」下「民」原作「名」，據風俗通正失篇補改。

繩，以石爲檢。」書鈔引漢官儀云：「以金爲繩，以石爲泥，南三檢，東方西方各二檢。檢中石泥，及壇土色，赤白黑各依如其方色。」又初學記引封禪儀注云：「壇上置石碱，再累階，方五尺，厚一尺，置壇中，刻碱上，施十枚石檢，東西各二檢，南北二檢。上有石蓋，若今之攏子攕子。」是則金泥銀繩者，古傳所説，當是周以前之制，故風俗通正失亦云「金泥銀繩，印之以璽」也。石泥金繩，或是漢制，白虎通作于肅宗之世，故多緣漢制以證經義也。初學記、類聚皆作「封之以金印」。孟康漢書注：〔一〕「王者功成治定，告成功於天。」「刻石紀號，有金册石函，金泥玉檢之封焉。」故孔子曰：「升泰山，觀易姓之王，可得而數者七十餘君。」御覽引漢官儀曰：「孔子稱封泰山，禪梁父，可得而數者七十有二。」韓詩外傳云：「孔子升泰山，觀易姓之王，可得而數者七十餘氏，不可得而數者萬數。」管子封禪云：「古者封泰山，禪梁甫，七十有二家，而夷吾所記者十有二焉。昔無懷氏封泰山，禪云云，宓羲封泰山，禪云云，神農封泰山，禪云云，〔二〕炎帝封泰山，禪云云，黄帝封泰山，禪云云，顓頊封泰山，禪云云，舜封泰山，禪云云，禹封泰山，禪會稽，湯封泰山，禪云云，周成王封泰山，禪社首。」是也。封者，廣也。續漢志：「封者，謂封土爲壇，柴祭告天，代興成功也。」詩烈文「無封靡于爾邦」，傳：「封，大也。」國語晉語「引黨以封己」，注：「厚也。」厚、大皆有廣義。言禪者，明以成功相傳也。廣雅釋云：「禪，傳也。」淮南繆稱訓「禪於家國」，注：「禪，傳也。」續漢志注引袁宏云：「明其代興，則謂之禪。」是也。漢書服注則以「禪爲廣土地」，項威亦謂「除地爲墠，變爲禪，神之也」。與此異者，取其除地而祭，則取義於墠，以其成功相代，則取義於傳禪也。梁甫者，泰山旁山名。漢書地理志「泰山郡有梁父縣」，即以山名縣也。正於梁甫何？以三皇

〔一〕「孟康」原作「應劭」，據漢書武帝紀注改。

〔二〕「泰山」下原脱「禪」字，據管子封禪篇補。

禪於繹繹之山，明己成功而去，有德者居之。繹繹者，無窮之義也。「正」字疑衍。風俗通正失云：「三皇禪於繹繹，明己功成而去，德者居之。〔一〕繹繹者，無所指斥也。」禮器疏作「繹繹，無窮之義。禪於有德者而居之，無窮已」。案方言一：「繹，長也。」詩魯頌閟宫云：「保有鳧、繹。」繹與嶧通。爾雅釋山「屬者嶧」，言駱驛相連屬。然則繹繹之山，其形必相續不絕，宜取無窮之義也。繹即左傳文十三年「邾文公卜遷於繹」之繹。漢書地理志「魯國騶縣，嶧山在北」，與禹貢之嶧陽不同。漢志：「東海下邳縣葛嶧山。」是嶧陽之嶧，與詩之繹，自是二山。孔穎達詩疏混而一之，謬矣。秦本紀說始皇刻石紀功之繹山，即在騶縣者是。廣雅釋詁：「云云，遠也。」則云云亦即取久遠之義。此之繹繹，或即管子之云云也。御覽引逸禮曰：「三皇禪云云，盛意也。」五帝禪於亭亭之山。亭亭者，制度審諟，〔二〕道德著明也。風俗通正失云：「五帝禪於亭亭，德不及皇。亭亭名山，其身禪於聖人。」案文選注：「亭，定也。」即審諦之義也。漢書地理志「泰山郡鉅平有亭亭祠」，即此。御覽引逸禮云：「五帝禪云云，特立於身也。」「云云」當「亭亭」之誤。「亭亭之山」四字舊脫。盧補。「諟」，兩正義皆作「諦」，道也。「道」字舊脫，依禮疏補。三王禪於梁甫之山。梁者，信也。甫者，輔也。信輔天地之道而行之也。風俗通正失云：「三王禪於梁父者，信父者子，言父子相信與也。」案「梁」或作「良」，孟子「王良」，荀子正論作「王梁」。是良有信義。文選王仲宣詠史注：「良，信也。」是也。故梁亦得訓信，此釋亭亭、梁甫，皆望文生義，未必實有其義，要皆取其美號耳。不必如風俗通所云也。御覽引逸禮云：「三王禪梁，義連延不絕，父死子繼也。」「信輔」舊脫，「行」字兩正義有。太平乃封，知告於天，必也於岱宗

〔一〕「德」上原衍「有」字，據風俗通正失刪。

〔二〕「審」下「諟」原作「諦」，據盧校本改。

何？明知易姓也。刻石紀號，知自紀於百王也。禮禮器：「因名山升中於天。」續漢志注引盧注云：「封泰山告太平，升中和之氣於天也。」禮疏引鉤命決：「刑罰藏，頌聲作，鳳凰至，麒麟臻，封泰山，禪梁甫也。」是太平乃封也。故續漢志注：「袁宏云：『然則封禪者，王者之大務也。德不周洽，不得輒議此事。功不宏濟，不得髣髴斯禮。』」是也。續漢志司馬彪論曰：「自上皇以來，封泰山者，至周一十二代。易姓則改封者，著一代之始，明不相襲也。」易姓相代，則封於岱宗，以岱有代義故也。燎祭天，報之義也。書堯典：「至於岱宗，柴。」柴卽燎也。禮注引鉤命決，禮疏引斗威儀，並云「封於泰山，考績柴燎」。是也。儀禮覲禮：「祭天燔柴。」禮祭法云：「燔柴於泰壇。」說文示部「柴」作「祡」，云「燒柴焚燎以祭天神。」續漢志注：「天高不可達，〔一〕故燔柴以祭之，庶高煙上達也。以封泰山，所以報天，故用燎也。」望祭山川，祀羣神也。書堯典：「望于山川，徧于羣神。」詩疏引鄭注：「望者，祭山川之名，徧以尊卑次秩祭羣神，若邱陵墳衍之屬。」公羊僖三十一年傳：「三望者何？望，祭也。然則曷祭？泰山、河、海。」左疏引賈、服注：「左氏以分野之星，國之山川。」周禮疏引許氏異義：「謹案春秋魯郊祭三望，言郊天、日月、星、河、海、岱，凡六宗。魯下天子，不祭日月星，但祭其分野星，國中山、川，故言三望。」是用左氏說。鄭以分星不屬於望，魯境又不及河，以淮、海、岱爲魯三望。然則天子於境內無所不通，故於郊天時廣祭四方山川。何注公羊云：「謂郊時所祭四方羣神，日月星辰，雨師風伯，五岳四瀆，及餘山川三十六所。」是也。故漢建武三十二年封禪山川，百神皆從祀。又燎祭天時，四方羣神亦皆從也。詩云：「於皇明周，陟其高山。」言周太平封泰山也。此與下皆周頌

〔一〕「可」下「達」原作「遠」，據續漢志注改。

般文。毛序以此爲天子巡守而祀四岳之詩，或三家詩以此爲封禪之詩，然獨斷亦以此爲巡守祀四岳河海之所歌，蔡氏所本，則魯詩也。其實封禪亦因巡守告祭山川，與封禪徧祭山川，其禮本同也。「明周」舊作「時周」，盧據詩考所引改。元本作「明周」，與詩考合，小字本作「時周」。又曰：「墮山喬嶽，允猶翕河。」言望祭山川，百神來歸也。鄭箋云：「望秩于山川，小山及高岳皆信。」按山川三圖而次序祭之。下又云「敷天之下，裒時之對」，卽百神來歸之義也。

右論封禪之義

天下太平，符瑞所以來至者，以爲王者承天統理，調和陰陽，陰陽和，萬物序，休氣充塞，故符瑞並臻，皆應德而至。繁露王道篇云：「王者，人之始也。王正則元氣和順，風雨時，景星見，黄龍下。」「天」字舊脱，類聚作「承天順理」。德至天，則斗極明，日月光，甘露降。御覽引援神契云：「王者德至於天，則斗極明，日月光，甘露降。」德至地，則嘉禾生，蓂莢起，秬鬯出，太平感。禮疏引援神契云：「王者德至於地，則嘉禾生，蓂莢起，秬鬯出。」又古微書援神契云：「德至於地，則華萃感。」「華萃」當爲「華苹」，御覽引援神契：「王者德至於地，則華苹盛。」宋書符瑞志云：「華苹其枝正平，王者有德則生，德剛則仰，德弱則低。」漢章帝元和中，華平生郡國，〔一〕是也。是此「太平」亦當「華平」之誤，後人不知華平爲物，故謬改「華」爲「太」耳。德至文表，則景星見，五緯順軌。禮疏引援神契云：「德至八表，則景星見。」漢書天文志：「五星不失行，則五穀豐昌。」五星，謂東方歲木，南方熒惑火，西方太白金，北方辰星水，中央填星土也。易坤靈圖云：「至德之萌，五星若貫珠。」御覽引考靈曜云「歲星得

〔一〕「生」下「郡」原作「羣」，據文義改。

度五穀孳」，〔一〕「熒惑順行甘雨時」，「鎮星得度地無災」，「太白出入當，五穀成熟，人民昌」，不言辰星，蓋脱文也。前漢天文志：「天下太平，五星循度。」卽順軌之義也。「文表」疑亦「八表」之誤。德至草木，則朱草生，木連理。後漢紀注引援神契：「德至草木，則朱草生。」類聚引援神契云：「德至草木，則木連理。」德至鳥獸，則鳳皇翔，鸞鳥舞，麒麟臻，白虎到，狐九尾，白雉降，白鹿見，白鳥下。論語疏引援神契：「德至鳥獸，則鳳皇來。」類聚引援神契云：「德至鳥獸，則鸞鳥舞。」山海經西山經：「女牀之山有鳥焉，其狀如翟而五采。又名曰鸞鳥，見則天下安寧。」郭注：「舊説鸞似雞，瑞鳥也。周成王時，西戎獻之。」周書王會解云「氐羌鸞鳥」，孔注：「鸞大於鳳，亦歸於仁義者也。」左疏引援神契云：「德至鳥獸，則麒麟臻。」占經引援神契云：「德至鳥獸，則白虎動。」又云「德至鳥獸，則狐九尾」，注：「王燕嘉賓，則狐九尾。」王褒四子講德論云「昔文王應九尾狐而東國歸周」，注引元命苞曰：「天命文王以九尾狐。」山海經大荒東經有「青邱之國，有狐九尾」。郭注：「太平則出而爲瑞也。」初學記引郭氏圖讚云：「青邱奇獸，九尾之狐，有道翔見，出則銜書作瑞，周文以標靈符。」御覽引援神契云「德至鳥獸，則雉白首」，注：「妃房不偏，故白雉應。」案類聚引此，亦作「雉白首」。似宜從之。古微書援神契云：「德至草木，則白鹿來。」案白鹿非草木類，宜卽鳥獸之訛也。初學記引援神契云：「德至鳥獸，則白鳥下。」小字本「鳥」作「烏」。德至山陵，則景雲出，芝實茂，陵出黑丹，阜出萐莆，山出器車，澤出神鼎。禮疏引援神契云：「德至山陵，則景雲出。」類聚引援神契云：「蓍養老，則芝茂。」文選注引援神契云：「德至山陵，則出黑丹。」御覽引援神契云：「王者德至山陵，則澤阜出萐莆。」類聚引援神契云：「德至山陵，則山出木

〔一〕「穀」下「孳」原作「滋」，據考靈曜改。

根車。」文選注引援神契云：「德至山陵，則澤出神馬。」案此多用援神契文，當亦作「神馬」，故類聚引此亦作「澤出神馬」也。**德至淵泉，則黄龍見，醴泉涌，河出龍圖，洛出龜書，江出大貝，海出明珠。**禮疏引援神契云：「德至深泉，則黄龍見，醴泉涌，河出龍圖，洛出龜書，聖人則之。」路史注引握河紀云：「堯即政七十年，仲月甲日，至於稷，沈璧於河，青雲起，〔一〕回風搖落，龍馬銜甲，赤文緑色，自河而出。」御覽引中候又云：「舜沈璧於河，黄龍負尾，舒圖出水。」類聚引中候又云：「堯率羣臣東沈璧於洛，赤光起，玄龜負書出，背甲赤文朱字。」〔二〕是皆河圖洛書之證也。占經引援神契云：「德至淵泉，則江出大貝。」古微書援神契云：「德至淵，則海出明珠。」初學記引援神契云「神靈滋液百寶用，則珠母見」，注：「事神明得，則大珠有光，可爲鏡。」卽海所出明珠也。**德至八方，則祥風至，佳氣時喜，鐘律調，音度施，四夷化，越裳貢。**後漢書注引援神契云：「王者德至八方，則祥風至，佳氣時喜。」類聚引此文，無此四字，疑衍文也。「鐘律調」二句，宜亦援神契文，但全書亡佚無考耳。漢書禮樂志：「至於萬物不夭，天地順而嘉應降，故詩曰：『鐘鼓鍠鍠，磬管鏘鏘，〔三〕降福穰穰。』書云：『擊石拊石，〔四〕百獸率舞。』鳥獸且猶感應，而況於人乎，況於鬼神乎！」是則鐘律調、音度施之意也。書鈔引援神契云：「周成王時，〔五〕越裳獻白雉，去京師三萬里，王者祭祀不相踰，宴食、衣服有節則至。」是卽四夷化，越裳貢也。「貢」，類聚作「來」。**孝道至，則萐莆生庖厨。萐莆者，樹名也。其葉大於門扇，不搖自扇，於飲食凊涼，助供養也。**説文艸部「萐」下云：「萐莆者，瑞草也。堯時生於

〔一〕「雲」下「起」原作「氣」，據路史注改。〔二〕「出」下「背」原作「於貝」，據中候改。〔三〕「管」原作「筦」，據詩執競改。〔四〕「石」下「拊」原作「搏」，據尚書舜典改。〔五〕「周成王」下「時」原脱，據援神契補。

庖厨，扇暑而涼。」論衡是應作「萐脯」，「言厨中自生肉脯，薄如萐形，摇鼓生風，寒涼食物」。〔一〕御覽引世紀云：「堯時厨中自生肉，脯薄如翣，摇則生風，使食物寒而不臭，名曰翣脯。」古微書引顧野王瑞應圖云：「萐莆者，樹名也。其葉大如門扇，不摇自動，一名倚扇，肚如蓬，枝多葉少，梗如絲，轉而風生，主於飲食清涼，驅殺蟲蛇。堯時冬死夏生，舜時生於厨右階左，是大孝所應也。」「孝道至」至「庖厨」九字，〔二〕舊多訛脱，盧依類聚改。繼嗣平則賓連生於房户。賓連者，木名也。其狀連累相承，故生於房户，象繼嗣也。宋書符瑞志：「賓連濶達，生於序室，王者御后妃有節則生。」御覽引此，「賓連」下亦有「濶達」二字，疑此脱也。由御后妃有節，故得繼嗣平也。舊本「木」作「樹」，「其狀」二字脱，據御覽補。日曆得其分度，則蓂莢生於階閒。蓂莢者，樹名也。月一日一莢生，十五日畢。至十六日一莢去，故夾階而生，以明日月也。此節舊本多訛，盧據類聚改正。大戴禮注引援神契云：「蓂莢，堯時夾階而生，以記朔也。」御覽引世紀云：「堯時有草夾階而生，每月朔日生一莢，至月半則生十五莢，至十六日後，日落一莢，至月晦而盡。月小餘一莢。王者以是占曆，惟盛德之君，應和氣而生。」文選東京賦「蓋蓂莢爲難蒔也」，薛注：「蓂莢，瑞應之草。」是也。王者使賢不肖位不相踰，則平路生於庭。平路者，樹名也。官位得其人則生，失其人則死。宋書符瑞志：「平露如蓋，以察四方之政，其國不平，則隨方而傾。」路、露通。毛詩皇矣「串夷載路」，孫毓本毛傳云：「路，瘠也。」即假露爲路也。御覽引此，即作「露」，類聚作「不得其人即死矣」。狐九尾何？狐

〔一〕「是應」原作「指瑞」，「萐」下「形」字原脱，「生」下「風」原作「物」，據論衡是應篇改補。〔二〕「九」原作「十二」，據文義改。

死首邱，不忘本也。明安不忘危也。必九尾者何？九妃得其所，子孫繁息也。於尾者何？明後當盛也。宋書符瑞志：「九尾狐，文王得之東夷歸也。」又漢章帝元和中，九尾狐見郡國。景星者，大星也。月或不見，景星常見，可以夜作，有益於人民也。御覽引中候云：「帝堯卽政七十載，出隆伏羲，景星出翼。」鄭注：「景，大也。」又引孫柔之瑞圖云：「景星者，天腥也。狀如半月，生於晦朔，助月爲明，王者不私人卽見。」案「天腥」蓋「大星」之誤。史記天官書：「黄帝時，景星見，形如半月，可以夜作。」甘露者，美露也。降則物無不盛者也。禮禮運：「天降膏露。」御覽引中候云：「甘露潤液。」又引瑞圖云：「甘露者，美露也。王者施德惠，則甘露降其草木。」朱草者，赤草也。可以染絳，別尊卑也。御覽引「染絳」下有「則成黼黻之服，列爲尊卑之差」，多十二字。三禮義宗：「朱草者，赤草也。可以染絳爲服，以別尊卑。王者施德有常，則應德而生。」御覽引中候云「朱草生郊」，注：「朱草，可以染服者。」醴泉者，美泉也。狀若醴酒，可以養老也。禮禮運：「地出醴泉。」爾雅釋天：「甘雨時降，萬物以嘉，謂之醴泉。」然則郭氏自以醴泉出於地爲甘雨之應也。御覽引中候注：「醴，甘也。取名醴酒。」嘉禾者，大禾也。成王之時，有三苗異畝而生，同爲一穟，大幾盈車，長幾充箱，民有得而上之者，成王召周公而問之。公曰：「三苗爲一穗，天下當和爲一乎。」後果有越裳氏重九譯而來矣。所引成王事，大傳文也。史記注引書大傳云：「成王之時，有三苗貫桑葉而生，同爲一穗，其大盈車，長幾充箱，民得而上諸成王，成王召周公而問之。公曰：『三苗爲一穗，天下其和爲一乎。』果有越裳氏重譯而來。」韓詩外傳五云：「成王之時，有三苗貫桑而生，同爲一秀，大幾盈車，長幾充箱。成王問周公曰：『此何物也？』周公曰：『三苗同一秀，意者天下殆同一也。』比期三年，果有越裳氏重九譯而至，獻白雉於周公。」説苑亦載斯語。御覽引中候云「嘉和滋連」。注：「嘉，美也。」書序曰：「唐叔得禾，異畝同穎。」是也。「大禾也」，御覽作「大禾之爲美瑞者也」。「異畝而生」，類聚亦作「貫桑而生」。鳳皇者，禽之長也。大戴記曾子天圓云：「羽蟲之精謂之鳳。」又云：「羽蟲三百六十，而鳳爲之長。」論衡講瑞云：「鳳皇，鳥之聖者也。」上有明王，太平乃來，居廣都之野。呂覽開春云：「鳳凰聖人皆來至矣。」又淮南覽冥訓云：「鳳皇之翔，至德也。」説文鳥部：「鳳，神鳥也。〔一〕出於東方君子之國，翱翔四海之外，過昆侖，飲砥柱，濯羽弱水，暮宿風穴，見則天下大安寧。」山海經南山經：「丹穴之山有鳥焉，其狀如雞，五采而文，名曰鳳凰。首文曰德，翼文曰義，背文曰禮，膺文曰仁，腹文曰信。是鳥也，飲食自然，自歌自舞，見則天下安寧。」雄鳴曰節，雌鳴足足，小音中鐘，大音鼓，遊必擇地，飢不妄食。説苑辨物篇云：「夫鳳，翼挾義，衷抱忠，足履正，尾繫武，小聲合金，大聲合鼓，延頸奮翼，五光並舉。」是也。」黄帝之時，鳳凰蔽日而至，東方止於東園，食常竹實，栖常梧桐，終身不去。自「鳳凰」至此，舊脱，今據詩卷阿疏、左傳昭十七年疏、御覽五百十五補。説苑辨物篇云：「黄帝冕冠黄紳，齋於中宮，鳳乃蔽日而降，乃遂集東囿，食常竹實，棲常梧桐，終身不去。」

右論符瑞之應

巡狩（共十章）

〔一〕「神」下「鳥」字原脱，據説文補。

王者所以巡狩者何？巡者，循也。狩者，牧也。爲天下巡行守牧民也。孟子梁惠王：「巡狩者，巡所守也。」文選注引逸禮云：「巡狩者何？巡者，循也。狩者，牧也。謂天子巡行守牧也。」公羊隱八年注：「巡猶循，狩猶守也。循行守視之詞。」疏以爲堯典文蓋書大傳也。書疏、禮疏引此並作「狩者收也」，盧據通典改。初學記引無「下」字。盧云：「案詩時邁正義云：『本巡守爲天，祭天所以告至也。』則此處不當有『下』字。」道德太平，恐遠近不同化，幽隱不得所者，故必親自行之，謹敬重民之至也。風俗通山澤云：「巡者，循也。狩者，守也。道德太平，恐遠近不同化，幽隱有不得其所者，故自親行之也。」公羊隱八年注：「王者所以必巡守者，天下雖平，自不親見，猶恐遠方獨有不得其所，故三年一使三公黜陟，五年親自巡狩。」文選注引逸禮云：「王者以巡守之禮，尊天重人也。」「者」字以下十四字，盧據王制疏補。考禮義，正法度，同律曆，叶時月，皆爲民也。「考禮義」，宜爲「考禮樂」。禮王制「命典禮考時月，定日，同律，禮樂制度衣服正之」，即此義也。尚書曰：「遂覲東后，叶時月正日，〔一〕同律度量衡，修五禮。」堯典文也。尚書大傳曰：「見諸侯，問百年，太師陳詩，以觀民風俗。命市納賈，以觀民好惡。山川神祇有不舉者爲不敬，不敬者削以地。宗廟有不順者爲不孝，不孝者黜以爵。變禮易樂者爲不從，不從者君流。改衣服制度爲畔，畔者君討。有功者賞之。」禮王制有此文。蓋伏生引以釋書也。尚書曰：「明試以功，車服以庸。」亦堯典文。僞孔傳：「明試以言，以要其功，功成則賜車服，以表顯其能用。」

〔一〕尚書「遂」作「肆」，「叶」作「協」。

右總論巡狩之禮

巡狩所以四時出何？當承宗廟，故不踰時也。禮王制：「春祠，夏禘，秋嘗，冬烝。」四時有宗廟之祭，故不踰時也。以夏之仲月者，同律度當得其中也。二月八月晝夜分，五月十一月陰陽終。公羊疏引鄭書注云：「歲二月，正歲建卯之月也。舜以建子之月爲歲首，而以正歲二月巡守，知歷世皆以夏之仲月也。」鄭小宰注云：「正歲，夏之正月，得四時之正故也。」禮月令「仲春之月」、「仲秋之月」並有「同度量，〔一〕鈞衡石，角斗甬」之文。鄭注以爲「因晝夜等而平當平也。」若然，二至非陰陽中，亦得同律度者，五月晝長夜短，十一月晝短夜長，處陰陽之極，且南方北方，又不得以二、八月時巡，故卽就冬夏之中同之也。王制疏：「巡守皆以夏仲月者，律歷得其中也。二月八月晝夜分，五月十一月陰陽終，故取四仲月也。」卽本此。尚書曰：「二月東巡守，至于岱宗」，「五月南巡守，至于南嶽」，「八月西巡守，至于西嶽」，「十有一月朔巡守，至于北嶽」。亦堯典文。舊「岱宗」下有「柴」字，衍。盧云：「此言四時巡守所至，其柴祀自於下文見之。」御覽引逸禮云：「所以至四嶽者，盛德之山，四方之中，能興雲致雨也。」

右論巡守以四仲義

所以不歲巡守何？爲太煩也。過五年，爲太疎也。因天道時有所生，歲有所成。「不歲」舊作「五歲」，據王制疏改。三歲一閏，天道小備，五歲再閏，天道大備。故五年一巡守，三年二伯

〔一〕「同」下原衍「律」字，據禮記月令删。

出述職黜陟。後漢張純傳引禮稽命徵「三年一閏，天氣小備；五年再閏，天氣大備」。〔一〕風俗通山澤云：「所以五載一出者，蓋五歲再閏，天道大備。」御覽引逸禮云：「所以五年一巡守何？五歲再閏，天道大備。」是也。公羊隱八年注引書傳說云：「故三年一使三公黜陟，五年親自巡守。」是三年一述職也。孟子梁惠王：「述職者，述所職也。」通典「小備」作「少備」，「五年」舊作「五歲」，據王制疏改。「三年」下舊有「小備」二字，衍。一年物有終始，歲有所成，方伯行國，時有所生，諸侯行邑。方伯行國，諸侯行邑，疑亦成語。傳曰：「周公入爲三公，出作二伯，中分天下，出黜陟。」公羊隱五年傳：「自陝而東，周公主之；自陝而西，〔二〕召公主之。」說苑貴德篇引詩傳同。蓋魯詩傳也。周禮春官云：「八命作牧，九命作伯。」周制一州一牧二伯，牧以侯爲之，牧下之伯以伯爲之。殷則牧亦謂之伯。王制所云「州伯」是也。外有方伯，一方伯統四州半。僖四年左傳云：「五侯九伯，汝實征之。」詩疏引鄭答張逸，以侯即牧伯，即牧下之伯是也。時太公入爲太師，出作方伯，故有是命。是周制二伯皆以三公爲之，故上公九命，方伯亦九命也。所引傳曰，未知出何書。「周公」下疑脫「召公」二字。詩曰：「周公東征，四國是皇。」言東征述職，周公黜陟而天下皆正也。豳風破斧文。毛、鄭以此爲周公東征管蔡時作。舊說皆以爲黜陟之詩。公羊僖四年傳「古者周公東征則西國怨，西征則東國怨」，注云：「此道黜陟之時也。〔三〕詩曰『周公東征，四國是皇。』」是也。揚子先知篇以「昔在周公，四國是皇」，與「召伯述職，蔽芾甘棠」對舉，是亦以此爲述職之詩也。案儀禮疏引齊詩作「四國是匡」。皇、匡皆訓正，故毛傳訓

〔一〕「徵」原作「嘉」，兩「氣」原作「道」字，據後漢書張純傳改。後漢書張純傳「禮稽命徵」作「禮說」。〔二〕兩「而」原作「以」，據公羊傳隱公五年改。〔三〕「之」下「時」原作「詩」，據公羊傳僖公四年注改。

皇爲匡。荀子王制篇云：「周公南征而北國怨，曰何獨不來也？東征而西國怨，曰何獨後我也。」後漢書班固奏記，亦有是語。是則周公述職，四方之國皆望其速來正己，故有「四國是皇」之詠焉。韓魯詩皆無考，未知出何書。魯語注：「周公時爲二伯而東征。」則上公爲元帥也。又曰：「蔽芾甘棠，勿翦勿伐，召伯所茇。」言召公述職，親說舍於野樹之下也。召南甘棠文也。說苑貴德篇云：「召公述職，當蠶桑之時，不欲變民事，故不入邑，舍於甘棠之下而聽斷焉。陝邑之人皆得其所，故後世思而歌詠之。」史記燕世家：「召公之治西方，甚得兆民和。召公巡行鄉邑，有棠樹，決獄政事其下。」「召公卒，而民人思召公之政，懷棠樹不敢伐，歌詠之，作甘棠之詩。」漢書王吉傳：「昔召公述職，當民事時，舍于棠下而聽斷焉。是時人皆得其所，後世思其仁恩，至乎不伐甘棠，甘棠之詩是也。」〔一〕漢書注引韓詩說云：「昔召公述職，當民事時，舍於棠下而聽政焉。是時人皆得其所，後世思其仁恩，至乎不伐甘棠。」劉習魯詩，王習韓詩，義並同也。春秋穀梁傳曰：「古之君人者，必時視民之所勤。」莊二十九年傳文。引以證諸侯行邑之義焉。舊作「古之君民以時視民之勤」，〔二〕改正。

右論巡守述職行國行邑義

巡狩必祭天何？本巡狩爲天，祭天所以告至也。尚書曰「東巡狩至于岱宗柴」也。禮郊特牲云「天子適四方，先柴」，注：「所到必先燔柴，有事於上帝。」又王制「柴而望祀山川」，注：「祭天告至也。」公羊隱八年

〔一〕「舍於棠下」四字原脱，「之」上「甘棠」二字原脱，據漢書王吉傳補。

〔二〕「舊」原作「以」，據盧校本改。

傳：「邴者何？鄭湯沐之邑也。天子有事于太山，諸侯皆從，太山之下，諸侯皆有湯沐之邑焉。」〔一〕注：「有事者，巡狩祭天告至之禮也。當沐浴齋戒，以致其敬，故謂之湯沐之邑也。」此謂至五岳之下，祭天告至之禮。說文示部「柴」作「祡」，云：「燒柴焚燎以祭天神。」火部：「尞，祭天也。」因燔柴以祭，因叚柴爲祡字也。文選注引逸禮云：「王者所以有巡守之禮，尊天重人也。」孟子梁惠王引書曰：「作之君，作之師，惟曰其助上帝，寵之四方。」是則王者巡守，助天以治民，故所至必告祭也。王者出，必告廟何？孝子出辭反面，事死如事生。尚書曰：「歸格于祖禰。」曾子問曰：「王者諸侯出，親告祖禰，使祝徧告五廟，尊親也。」儀禮經傳通解續引書傳云：「天子遊不出封圻，不告祖廟。」禮周方千里曰王圻。通典禮十五引子思之言曰：「古者天子將巡守，必先告於祖，命史告羣廟及社稷，圻內名山大川，七月而徧。親告用牲，史告用幣。」孔叢子巡狩篇云：「古者天子將巡守，先告於祖禰，命史告羣廟及社稷，圻內名山大川，告者七日而徧。親告用牲，史告用幣，申命冢宰，而後清道。」又云：「歸，反舍於外次，三日齋，親告於祖禰，用特，命有司告羣廟社稷，及圻內名山大川，而後入聽朝。」是出辭反面之義也。案天子諸侯雖親告，亦不用牲。禮曾子問曰「凡告用牲幣」，注：「牲當爲制。」又云：「孔子曰：『諸侯適天子，必告於祖，奠於禰。』」注：「皆奠幣以告之。」又云：「孔子曰：『天子諸侯將出，必以幣帛皮圭告於祖禰，遂奉以出。』」是告廟不用牲也。其大夫出聘，亦告於廟。儀禮聘禮云：「厥明，賓朝服釋幣於禰。」是也。皆出辭反面，尊親之義也。孫志祖云：「尚書作『藝祖』。」疑藝卽禰之通，釋文：「藝，魚世反，馬王云禰也。」僞孔傳訓藝爲文，非。王者將出告天者，示不專也。故王制曰：「類于上帝，宜乎社，造于禰。」

〔一〕「何」下「鄭」字原脫，「邑」下「焉」字原脫，據公羊傳隱公八年補。

鄭氏王制注云：「帝謂五德之帝，所祭於南郊者。」御覽引異義：「今尚書說，類，祭天名也。以事類祭之奈何？天位在南方，就南郊祭之是也。古尚書說，非時祭天謂之類。言以事類告也。肆類于上帝，告攝讓，非常祭。謹案周禮郊天無言類者，知類非常祭。從古尚書說。」說文作「禷」，謂「以事類祭天神」，則亦用古說。其實今古文義相近也。周人夏正郊天於南郊，然則類祭之天，當是蒼帝靈威仰也。類祭以祖配不？曰：接者尊，無二禮，尊尊之義。公羊宣三年傳曰：「自內出者無匹不行，自外至者無主不止。」周人以后稷配南郊，知禷祭亦當配以太祖也。此處文不明，當謂「禷祭以配祖不？曰：祖者尊，無二禮」云云也。以此禷祭本爲告天，天尊於祖，故不及祖也。造于禰，獨見禰何？辭從卑，不敢留尊者之命，至禰不嫌不至祖也。周禮太祝「六祈」，「二曰造」，注：「杜子春云：『造，祭於祖也。』」說文示部：「祰，告祭也。」禮曾子問：「諸侯適天子，必告於祖，奠於禰。」「諸侯相見，必告於禰，反必親告於祖禰。」〔一〕是造爲告祭之名，當是說禮家或有作「祰」者也。餘詳上征伐篇。卽祭告天，爲告事也。祖爲出辭也。義異。告於尊者，然後乃辭出。此段文義與三軍篇相出入。王者諸侯出，必將主何？示有所尊。故曾子問曰：「王者將出，必以遷廟主行，載於齊車，示有尊也。」「無遷主，以幣帛皮圭告於祖禰廟，遂奉以出，每舍奠焉。」「蓋貴命也。」舊作「以幣帛主」，依曾子問改。孔叢子巡守篇：「以清道之主行，載於齋車，每舍奠焉。」路史注引書傳云：「古者巡守，以遷主廟之主行，出以幣帛告於祖，遂奉以載於齋車，每舍奠焉，然後

〔一〕上「禰」字原作「祖」，下「禰」字原脫，據禮記曾子問改補。

就舍。反必告，奠卒，斂幣玉藏於兩階之閒，蓋貴命焉。」天子出軍巡守，必先由禰告于祖，以及遷主，故即載遷主以行。書甘誓所云「用命賞于祖」是也。僞孔傳：「天子親征，必載遷主行，有功則賞祖主前，示不專也。」亦用伏義。禮大傳「牧之野，設奠於牧室」，注「奠告先祖」是也。無遷主，謂始封君繼體未及五世後者，故以皮幣代也。其職以庶子守之。禮文王世子云「其在軍則守於公禰」，注：「謂從軍者。」公禰，行主也。遷主得言禰者，在外親也。言在軍，則巡守亦然矣。若然，周本紀言「武王伐紂，載木主」。東征不載遷主者，以伐紂本成文王業也。册府元龜載皇氏禮疏云：「惟載新遷一室之主。」則當載高祖之禰矣。必以遷主者，明廟不可空也。禮曾子問：「今也取七廟之主以行，則失之矣。當七廟五廟無虚主。虚主者，惟天子崩，諸侯薨，與去其國，與祫祭於祖，爲無主耳。」

右論祭天告祖禰載遷主義

王者巡守，諸侯待於竟者何？諸侯以守蕃爲職也。禮祭義曰「天子巡守，諸侯待於境」也。此釋祭義義也。天子諸侯分土而治，天子無事不得出圻内，諸侯無事不得至封外，故出則皆有告祭之禮，知天子巡守，惟待於竟焉。若至方岳之下，則一方諸侯皆宜出竟，朝天子，述職考黜也。其天子巡守，諸侯享禮則用牛。禮禮器云：「祭天特牲，天子適諸侯，諸侯膳以犢。」諸侯以天子爲天，故以天子之事天事天子也。又郊特牲亦云：「諸侯膳以犢。」注：「犢者，誠慤未有牝牡之情。」周禮掌客云：「王巡守殷國，則國君膳以牲犢。」是也。

右論諸侯待於竟

王者巡守，必舍諸侯祖廟何？明尊無二上也。故禮坊記曰：「君適其臣，升自阼階，示民不敢有其室也。」〔一〕禮運曰：「天子適諸侯，必舍其祖廟。」禮坊記：「家無二主，尊無二上。」天子爲天下所尊，〔二〕無所避屈，故必舍諸侯祖廟。鹽鐵論禁耕篇：「天子適諸侯，升自阼階，諸侯納管鍵，執策而聽命，示莫爲主焉。」賈子禮篇云：「天子適諸侯之宮，諸侯不敢自阼階主之焉。天子適諸侯，諸侯不敢有宮，不敢爲主人禮也。以敵體相見，賓西階，主人阼階，臣莫敢與君抗禮，故不敢爲主，天子升自阼階，使若自主者然。」故禮器云「天子無介」，注：「天子無介，無客禮也。」鹽鐵論禁耕篇云：「天子適諸侯，升自阼階，諸侯納管鍵，執策而聽命，示莫爲主也。」亦斯意也。坊記云：「故天子四海之內無客禮，莫敢爲主焉。故君適其臣，升自阼階，卽位於堂，示民不敢有其室也。」注：「臣亦統於君。」

右論巡守舍諸侯祖廟

王者出，一公以其屬守，二公以其屬從也。荀子大畧篇云「以其教出畢行，〔三〕使仁居守」，注：「使仁厚者主後事。春秋傳『一子守，二子從』，此明諸侯出疆之禮。又穀梁傳曰：『智者慮，義者行，仁者守。』」則天子禮同也。

右論三公從守

王者巡守崩於道，歸葬何？夫太子當爲喪主，天下皆來奔喪，京師四方之中也。曾子問云：「君出疆，有三年之戒，以椑從，君薨，其人如之何？孔子曰：『共殯服，則子麻弁絰，疏衰菲杖，入自闕，升自西階。如

〔一〕「示」下原脱「民」字，據禮記坊記補。　〔二〕「天」下「下」原作「子」，據文義改。　〔三〕「以」上原衍「使」字，據荀子大略篇删。

小斂，則子免而從柩，入自門，升自阼階。君大夫士一節也。」〔一〕則凡自天子至士，皆歸葬也。左傳隱元年：「天子七月而葬，同軌畢至。諸侯五月，同盟至。大夫三月，同位至。士逾月，外姻至。」知天子以下皆有奔弔之禮也。故聘禮云：「賓入竟而死，遂也，主人爲之具而殯，歸介復命，柩止於門外。」是也。即如是，舜葬蒼梧，禹葬會稽何？於時尚質，故死則止葬，不重煩擾也。禮檀弓：「舜葬於蒼梧之野。」史記五帝紀：「舜踐帝位三十有九年，南巡守，崩於蒼梧之野，葬於江南九疑，是爲零陵。」集解引逸禮云：「舜冢在零陵營浦縣，其山九谿皆相似，故曰九疑。」呂覽安葬篇「舜葬於紀市」，高注：「傳曰『舜葬蒼梧九疑之山』。此云『於紀市』，九疑山下亦有紀邑也。」山海經海内南經「蒼梧山，帝舜葬其陽」，注：「即九疑。」又海内經「南方蒼梧之邱，蒼梧之淵，其中有九疑山，舜之所葬，在長沙零陵界中。」郭注：「山今在零陵營道縣南，其山九谿皆相似，故名。九疑者，總名，其地爲蒼梧也。」說文山部：「九嶷山，舜所葬，在零陵營道。」紀年統箋引世紀云：「有苗氏叛，南征，崩於鳴條，殯以瓦棺，葬於蒼梧九疑山之陽。是爲零陵。」案九疑在今梧州，廣西湖南接壤處，舜時南巡，何復及此？孟子離婁云：「舜卒於鳴條。」考書序：「伊尹相湯伐桀，升自陑，遂與桀戰於鳴條之野，作湯誓。」「夏師敗績，湯遂從之，伐三朡。」續漢郡國志「濟陰定陶有三朡亭」，則鳴條當亦去此不遠也。呂覽簡選篇又謂「殷湯登自鳴條，乃入巢門」。巢即今巢縣，若舜既崩於三朡、巢門相近之地，何必又遠葬零陵、九嶷之閒？則蒼梧或別有斯地，近鳴條不遠也。皇甫謐因創爲征苗之說，誣矣。史記夏本紀：「十年，帝禹東巡守，至於會稽而崩。」又秦本紀：「上會稽，祭大禹。」越世家言「少康封庶子於會稽，以奉禹祀。」太史公自序亦言「會稽有禹穴」。史記注引逸禮云：「禹

〔一〕「殯」上「共」原作「其」，「弁」下「絰」原作「經」，「一」下「節」字原脫，據禮記曾子問改補。

冢在山陰縣會稽山上。會稽山本名苗山，在縣南，去縣七里。」山海經南山經「又東五百里曰會稽之山」，郭注：「今在會稽郡山陰縣南，山上有禹冢及井。」漢書地理志：「會稽郡山陰縣，會稽山在南，上有禹冢、禹井。」知禹葬會稽也。禮曾子問言「入自闕」，注：「闕謂毁宗也。柩毁宗而入，異於生也。」「殷柩出毁宗，周柩入毁宗」。曾子問所言爲周禮，知夏殷以前不備也。

右論道崩歸葬

王者所以太平乃巡守何？王者始起，日月尚促，德化未宣，獄訟未息，近不治，遠不安，故太平乃巡守也。此三十八字佚，盧據大戴禮注補。禮禮器「因名山升中於天」，注謂「巡守至於方岳，燔柴祭天，告以諸侯之成功也。」疏引皇氏、熊氏疏，並云「太平乃巡守」，蓋取此義也。何以知太平乃巡守，以武王不巡守，至成王乃巡守也。詩毛說、春秋古文說，皆以武王時即巡守，以太平乃封禪，巡守不必太平也。故鄭詩譜云：「武王伐紂，定天下，巡守述職。」宣十二年左傳：「武王克商，〔一〕作頌曰：『載戢干戈，載櫜弓矢。』」毛詩序「時邁，巡守告祭柴望也。」箋：「武王既定天下，時出行其邦國，謂巡守也。」毛詩、左傳皆古文家，白虎通多取今說，故不同也。

右論太平乃巡守義

嶽者，何謂也？嶽之爲言捔也，捔功德也。公羊隱八年注：「亦不可國至人見爲煩擾，故至四岳，足以知四方之政而已。」廣韻：「嶽，捔也。」風俗通山澤云：「嶽者，捔功考德，黜陟幽明也。」捔、較音義同，舊「捔」誤「桷」，左傳

〔一〕「武王」上原衍「時邁之詩曰昔」六字，「商」下原衍「而」字，據左傳宣公十二年删。

昭五年疏引作「桷」，亦非。東方爲岱宗者何？言萬物更相代於東方也。風俗通山澤云：「一曰岱宗。岱，始也。宗，長也。」爾雅釋山「泰山爲東岳」，注：「在奉高縣。」御覽引義宗云：「東岳謂之岱者，代謝之義。陽春用事，除故生新，萬物更生，相代之道，故爲岱宗。」舊無「何」字，下數句亦同，或並無「者」字，一據初學記、白帖、御覽、爾雅疏補。南方爲霍山者何？霍之爲言護也。言太陽用事，護養萬物也。小山繞大山爲霍。御覽引義宗云：「南岳謂之霍，霍者，護也。言陽氣用事，盛陽之日，護養萬物，故以爲稱也。」此以霍山爲南岳，今文家說也。水經云：「霍山爲南岳，在廬江灊縣西南。」爾雅釋山「霍山爲南岳」，注：「即天柱山。漢武帝以衡山遼闊，因讖緯皆以霍山爲南岳，故移其神於此。」釋山又云「江南衡」，注：「衡山南岳者，此周時五岳之制，故職方正南曰荆州，其山鎮曰衡山。」漢地志：「長沙國湘南縣，衡山在東南。」是也。然則白虎通自據漢制言也。「小山繞大山爲霍」，舊無此句，御覽三十九引之，宜繫此。案釋山「大山宮，小山霍」，注：「宮謂圍繞之。」邵氏晉涵正義云：「今天柱山中峯小而四圍有大山以宮繞之。」則此文誤也。「太陽」上舊衍「萬物護也」四字。南方衡山者，上承景宿，銓德均物，故曰衡山。」舊無此十七字，據御覽補。此兼明古制以衡山爲南岳之義也。西方爲華山者何？華之爲言穫也。言萬物成熟，可得穫也。爾雅釋山「華山爲西岳」，注：「在弘農縣西南。」風俗通山澤云：「西方華山，華者，華也，萬物滋熟變化於西方也。」〔一〕霍、護雙聲，華、穫疊韻爲訓也。說文作「崋」，又別出「華」字，云「榮也」。義異。御覽引華山記云：「山頂有池，生千葉蓮花，服之羽化，因曰華山。」因後叚「華」爲「崋」，傅會爲此說耳。初學記引此作「西岳華山，少陰用事，萬物生華，

〔一〕「西」下「方」原作「岳」字，「滋」下「熟」原作「然」字，據風俗通山澤改。

故曰華山。」蓋所見本殊也。漢以前以華爲中岳，以岳山爲西岳故也。北方爲恆山者何？恆者，常也。萬物伏藏於北方有常也。爾雅釋山：「恆山爲北岳。」風俗通山澤云：「恆者，常也。萬物伏藏於北方有常也。」恆、常古通用，漢世避文帝諱，改「恆」爲「常」，故時有常山郡。廣雅「常山謂之恆山」，是也。漢書地理志：「常山郡上曲陽縣，恆山北谷在西北，有祠。」初學記引作「陰終陽始，故其道長久，故曰常山」。中央爲嵩高者何？嵩言其高大也。中央之嶽獨加高字者何？中央居四方之中而高，故曰嵩高山。爾雅釋山：「嵩高爲中岳。」風俗通山澤云：「中央曰嵩高，〔一〕嵩者，高也。詩曰『嵩高維岳，峻極于天』。在潁川陽城縣。」爲今登封治也。文選注引西征記：「嵩高，中岳也。東謂之太室，西謂少室，總名嵩也。」漢書地理志：「潁川郡崈高縣，武帝置以奉太室山，是爲中岳。」是漢以前無以嵩高爲中岳也。案嵩山亦謂之崇山，國語周語「融降於崇山」是。亦謂之崧山，釋山「山大而高崧」是。崇、崧皆高義，故取名焉。「中央」下舊脱，依初學記、白帖補。御覽作「嵩者，高也。言峻大也。處中以領四方」。故尚書大傳曰：「五岳，謂岱山、霍山、華山、恆山、嵩也。說文山部：「嶽，東岱，南霍，西華，北恆，中嵩。」許氏多用古尚書說，而與大傳同。蓋當時諸儒皆緣漢制釋經，故多合也。鄭注大宗伯云：「五岳，東爲岱宗，南爲衡山，西曰華山，北曰恆山，中曰嵩山。」而詩疏引鄭志雜問云：「周都豐、鎬，故以吳岳爲西岳。」是周家定以岳山爲西岳，故以華山爲中岳，以周都成周，華山在其圻内故。若周禮注，自指言災異，故以五岳之正名言之，其實周人不以嵩爲中岳也。唐虞以霍大山爲中岳，在冀州，並泰、華、衡、恆爲五。故邵氏晉涵云：「冀州之霍山，與泰、華、衡、恆，唐虞之五岳也。華、嶽、泰、恆、衡，周之五岳也。泰、衡、

〔一〕「中」下「央」原作「岳」，據風俗通山澤改。

華、恆、嵩，漢初相傳之五岳也。泰、華、恆、嵩、霍，武帝所定之五岳也。釋山末所言之五岳，自後儒竄入之文。」爲得其實。此及風俗通、史記封禪書並沿書傳説也。應劭又以霍一名衡。案水經釋禹貢山水澤地，以霍在灊縣，衡在長沙湘南縣，相去殊遠，其爲二山可知。

謂之瀆何？瀆者，濁也。中國垢濁，發源東注海，其功著大，故稱瀆也。爾雅曰「江、河、淮、濟爲四瀆」也。

釋名釋水云：「瀆，獨也，各獨出其所而入海也。」風俗通山澤云：「瀆，通也。所以通中國垢濁，民陵居植五穀也。」水經河水注：「自河入濟，自濟入淮，自淮達江，水徑周通，故有四瀆之名。」風俗通又引三正記及書傳，並謂「江、河、淮、濟爲四瀆。」史記引古文湯誥云「古禹、皐陶久勞於外，東爲江，北爲濟，南爲淮，西爲河，四瀆已修，萬民乃有居」也。

右論五嶽四瀆

白虎通疏證卷七

攷黜（共四章）

諸侯所以攷黜何？王者所以勉賢抑惡，重民之至也。尚書曰：「三載考績，三考黜陟。」此堯典文，古文説也。史記五帝紀云：「三載考一功，三考黜陟。」史記多用古文説，以「黜陟」絶句，漢書李尋傳「經曰『三載考績，三考黜陟』」，是也。儀禮集注引書大傳云：「書曰『三載考績，黜陟幽明』。」是今文讀至「幽明」爲句。漢書谷永傳：「永對曰：『經曰三載考績，三考黜陟幽明。』」是也。繁露考功名篇：「考績之法，考其所積也。」「考試之法，〔一〕大者緩，小者急，貴者舒而賤者促。諸侯月試其國，州伯時試其部，四試而一考。天子歲試天下，三試而一考，前後三考而黜陟，命之曰計。」此三考黜陟之義也。故潛夫論考績云：「故書曰『三載考績，黜陟幽明』。蓋所以昭賢愚而觀能否也。」

右總論黜陟

禮説九錫，車馬、衣服、樂則、朱户、納陛、虎賁、鈇鉞、弓矢、秬鬯，皆隨其德，可行而次。「説」舊作「記」，盧改。汪繩祖云：「『可行』疑當爲『所行』。」此禮含文嘉文也。曲禮疏所引與此同。公羊家説九錫之次則異。曲禮疏載其説云：「一加服，二朱户，三納陛，四車馬，五樂則，六虎賁，七斧鉞，八弓矢，九秬鬯。」穀梁莊元年注引禮

〔一〕「所」下「積」原作「績」，「考」下「試」原作「績」，據春秋繁露考功名篇改。

説之九錫，惟七弓矢、八鈇鉞爲異。韓詩外傳引傳曰：「諸侯之有德者，天子賜之：一錫車馬，二錫衣服，三錫虎賁，四錫樂器，五錫納陛，六錫朱户，七錫弓矢，八錫鈇鉞，九錫秬鬯。」其次又異。蓋異人異説，故文有差異也。後世漢魏九錫文，其次皆與禮説同，自當以禮緯之次爲正。詩疏引宋均注云：「九錫者，乃四方所共見，公侯伯子男所希望。」知諸侯皆得九錫，隨其德行而次之耳。

能安民者賜車馬，能富民者賜衣服，能和民者賜樂則，民衆多者賜朱户，能進善者賜納陛，能退惡者賜虎賁，能誅有罪者賜鈇鉞，能征不義者賜弓矢，孝道備者賜秬鬯。

三國志魏公九錫文：「以君經緯禮律，爲民軌儀。使安職業，無或遷志，是用錫君大輅、戎輅各一，玄牡二駟。君勸分務本，穡人昏作，粟帛滯積，大業惟興，是用錫君衮冕之服，赤舄副焉。君敦尚謙讓，俾民興行，少長有禮，上下咸和，是用錫君軒懸之樂，六佾之舞。君翼宣風化，爰發四方，遠人革面，華夷充實，是用錫君朱户以居。君研其明哲，思帝所難，官才任賢，羣善必舉，是用錫君納陛以登。君秉國之鈞，正色處中，纖毫之惡，靡不抑退，是用錫君虎賁之士三百人。君糾虔天刑，章厥有罪，犯關干紀，罔不誅殛〔一〕，是用錫君鈇鉞各一。君龍驤虎步，旁眺八維，掩討逆節，折衝四海，是用錫君彤弓一，彤矢百，玈弓十，玈矢千。君以温恭爲基，孝友爲德，明允篤誠，感于朕思，是用錫君秬鬯一卣，圭瓚副焉。」義與此同。「賜車馬」已下七字舊脱，又「和民」作「使民和樂」，又「賜」下有「以」字，盧據穀梁疏改正。「不義」，穀梁作「不

〔一〕「三國志」下原衍「注引」二字，「有」下「禮」字原作「序」，「宣」下原衍「皇」字，「發」上原脱「爰」字，「革」下「面」原作「命」，「任」下「賢」字原作「善」，「羣」下「善」字原作「賢」，「犯」下「關」原作「闕」，「誅」下「殛」原作「絶」字。據三國志武帝紀改正。

順」。以先後與施行之次自不相踰，相爲本末然。安民然後富足，富足而後樂，樂而後衆，乃多賢，多賢乃能進善，進善乃能退惡，退惡乃能斷刑。內能正己，外能正人，內外行備，孝道乃生。「富足」舊作「富貴」，譌，又少疊二字，依盧補。此論九錫相次之義。詩旱麓正義云「按禮緯上列九錫之差，下云「四方所瞻，侯子所望」」，知緯文「四方」上當有「九錫之差」，文今佚不可考矣。案何休注公羊，既引九錫之文，即云「百里不過九命，七十里不過七命，五十里不過五命」，其意以九錫即是九命。鄭氏宗伯注云：「侯伯有功德，加命得專征伐于諸侯。」則鄭意以九命之外別有九錫，雖七命五命者皆得九錫，與何義異。此以先後施行之次相爲本末，則亦以功德之厚薄，差九錫之多少，當與鄭說同也。能安民，故賜車馬，以著其功德，安其身。左傳僖二十八年傳「策命晉侯爲侯伯，賜之大輅、戎輅之服」。〔一〕杜注：「大輅，金輅。戎輅，戎車。」案諸侯本得用金輅，據當謂玉輅也。穀梁疏引舊說：「一曰輿馬，謂大輅戎輅各一，玄馬二也。」蓋車馬所以安身，故能安民者賜之。故曲禮云：「夫爲人子者，三賜不及車馬。」亦以卿大夫之子不受，不敢以成尊者，踰於不敢即安之義也。能使人富足衣食，倉廩實，故賜衣服，以彰其體。周制，七命鷩冕，五命毳冕，此以作伯賜服，則所賜者上公衮冕九章之服焉。穀梁疏引舊說：「二曰衣服，謂玄衮也。」是也。故詩疏引鄭駮異義引王制云：「三公一命衮，若有功，則加錫衮衣之謂與？」以其使民衣食足，故即賜衣服，彰其體。漢書食貨志：「食足而知禮節，倉廩實而知榮辱。」故富足然後樂也。能使民和樂，故賜之樂則，以事其先也。禮曰：「夫賜樂者，得以時王之樂事其宗廟也。」「則」字舊脫，据公羊疏補。樂主和，故能和

〔一〕「策」上原衍「王」字，「戎輅」下原脫「之服」二字，據左傳僖公二十八年删補。

民者賜之也。小胥職云掌「正樂懸之位，諸侯軒懸」。鄭司農云：「軒懸，去一面也。」公羊隱五年傳：「天子八佾，諸公六佾，諸侯四佾。」則所賜者軒懸之樂也。朱盛色，户所以紀民數也。故民衆多賜朱户也。文選注引服虔云：「朱户，天子之禮也。朱户，赤户也。」穀梁疏引舊説云：「四曰朱户。謂所居之室朱其户也。」古者人君下賢，降階一等而禮之，故進賢賜之納陛以優之也。文選注引漢書音義，如淳曰：「刻殿基以爲陛，以有兩旁上下安也。」孟康曰：「謂鑿殿基際爲陛，不使露也。」孟説是也。尊者不欲露而升陛，故内之霤也。穀梁疏引舊説：「五曰納陛。謂得中階而升也。」似與白虎通義近。既能進善，當能戒惡，故賜虎賁。虎賁所以戒不虞而距惡。續漢志注引風俗通云：「虎賁，國之祕兵。」孟子盡心「虎賁三千人」，注：「虎賁，武士爲小臣者也。」虎賁本天子宿衞之臣，所以戒不虞。諸侯能距惡，故賜之也。穀梁疏引舊解：「六曰虎賁。謂三百人也。」故左傳僖二十八年「策命晉侯，賜之虎賁三百人」，是也。距惡當斷刑，故賜之鈇鉞，所以斷大刑。禮王制云：「賜鈇鉞然後殺。」文選注引倉頡篇：「鈇，椹也，質也。鉞，斧也。」諸侯無專刑之道，故賜之鈇鉞，然後行刑。穀梁疏引舊説云：「八曰鈇鉞。謂大柯斧，賜之專殺也。」刑罰既中，則能征不義。故賜之弓矢，所以征不義，伐無道也。王制云：「諸侯賜弓矢然後征。」諸侯不得專征，故必賜之弓矢也。書文侯之命：「平王賜文侯以彤弓一，彤矢百，盧弓十，盧矢千。」僖二十八年左傳「賜晉侯彤弓一，彤矢百，玈弓矢千」，是也。玈即盧，謂黑色也。圭瓚秬鬯，宗廟之盛禮。故孝道備而賜之秬鬯，所以極著孝道。王制云：「賜圭瓚然後爲鬯。」以秬鬯所以祭祀，故孝道備乃賜之也。文侯之命云：「用賚爾秬鬯一卣。」孔叢子居衞篇云：「子思曰：『吾聞諸子夏曰：殷王帝乙之時，王季以九命作伯于西，受圭瓚秬鬯之賜，故文王因之得專征伐。」」是也。穀梁疏引舊説：「九日秬鬯。謂賜秬鬯之酒，盛以圭瓚之中，以祭祀也。」孝道純備，故內和外榮，玉以象德，金以配情，芬香條鬯，以通神靈。玉飾其本，君子之性，金飾其中，君子之道，君子有黃中通理之道美素德。金者精和之至也，玉者德美之至也，鬯者芬香之至也。君子有玉瓚秬鬯者，以配道德也。其至矣，合天下之極美，以通其志也，其唯玉瓚秬鬯乎。周禮玉人云：「大璋中璋九寸，邊璋八寸。射四寸，厚寸。黃金勺，青金外朱中，鼻寸，衡四寸。」注：「射，琰出者也。鼻，勺流也。衡，謂勺徑也。三璋之勺，形如圭瓚。」詩旱麓云：「瑟彼玉瓚，黃流在中。」傳：「玉瓚，圭瓚也。黃金所以飾流鬯也。」是則瓚者盛秬鬯之器，以金飾其中，以圭爲柄，是玉飾其本也。禮書引此，作「玉飾其末」，非。秬鬯，釀秬爲酒，以鬱金之草和之，使其芬香條鬯，故謂之秬鬯。禮郊特牲云：「周人尚臭，灌用鬯，臭鬱合鬯，臭陰達于淵泉，灌以圭璋，用玉氣也。」〔一〕是鬯所以通神靈，故用之也。「君子有玉瓚秬鬯」下，舊衍「乎車」二字，依盧刪。車者，謂有赤有青之蓋，朱輪，特能居前，左右寢米也。盧氏從周廣改「特能」爲「特熊」，「寢米」爲「寢麋」。案「能」即「熊」字，昭七年左傳：「晉侯有疾，夢黃熊入于寢門。」王制注引作「黃能」。爾雅釋魚：「鱉，三足能。」禮疏引先師説，或以爲即黃熊，是特能即特熊也。通典引古今注：「武帝天漢四年，令諸侯王大國朱輪，特虎居前，左兕右麋，小國特熊居前，麋皆居左右。」續漢志：「皇太子、皇子皆安車朱輪，飛軨青蓋。」蓋以漢制明古制也。寢，伏也。「米」卽「麋」叚借。荀子禮論説天子制云：「寢兕、持虎。」「持」卽「特」之訛。蓋天子乘輿畫特虎居前，二寢兕居輪左右。〔二〕盧云：「寢者，以其皮爲席。下以曲禮上

〔一〕「璋」上原衍「瓚」字，「玉」下「氣」原作「器」，據禮記郊特牲刪改。

〔二〕「左右」下原衍「與」字，據文義刪。

正義及公羊莊元年疏訂正，本出宋均注含文嘉也。」以其進止有節，德綏民，路車乘馬以安其身。言成章，行成規，衮龍之衣服表顯其德。〔一〕長于教誨，内懷至仁，則賜時王樂以化其民。尊賢達德，動作有禮，賜之納陛以安其體。居處修治，房内節，男女時配，貴賤有別，則賜朱户以明其德。〔二〕威武有矜，嚴仁堅强，賜以虎賁，以備非常。喜怒有節，誅伐刑刺，賜以鈇鉞，使得專殺。好惡無私，執義不傾，賜以弓矢，使得專征。孝道之美，百行之本也。故賜之玉瓚，使得專爲暢也。公羊疏引宋均禮緯注云：「進止有節，行步有度，賜以車馬，以代其步。言成文章，行成法則，賜以衣服，以表其德。長于教誨，内懷至仁，賜以樂則，以化其民。居處修理，房内不泄，賜以朱户，以明其別。動作有禮，賜以納陛，以安其體。勇猛勁疾，執義堅强，賜以虎賁，以備非常。其亢揚威武，志在宿衛，賜以斧鉞，使得專殺。其内懷至仁，執義不傾，賜以弓矢，使得專征。其孝慈父母，賜以秬鬯，使之祭祀。」與此大同小異。盧校本一改從宋注，非也。此「德綏民」當爲「德可綏民」，「節」上疑脱「以」字，民身規德、仁民、禮體、別德、强常、刺殺、傾征等並叶韻，當是成文也。故王制曰：「賜之弓矢，然後專殺。」又曰：「賜圭瓚然後爲暢。未賜者，資暢於天子。」今王制作「賜弓矢然後征，賜鈇鉞然後殺」。又「暢」經作「鬯」，古暢、鬯通。王度記曰：「天子鬯，諸侯薰，大夫芭蘭，士蕭，庶人艾。」盧引梁處素云：「『鬯皆取草之有氣臭者，蕭乃葭葦之屬，非其類。』案周禮鬱人疏引王度記曰：〔三〕

〔一〕武英殿本「衮龍」作「卷龍」。

〔二〕「其」下「德」原作「别」，據武英殿本改。

〔三〕「鬱人」二字原脱，據盧校本補。

「天子以鬯，諸侯以薰，大夫以蘭芝，士以蕭，庶人以艾。」然則蒹字誤，當爲蕭也。汪云：「芑蘭疑當如內則作茝蘭。」蘭芝或亦蘭芷之訛。」案廣雅釋天云：「天子祭以鬯，諸侯祭以薰，卿大夫祭以茝蘭，士蕭，庶人以艾。」蓋亦本王度記文也。車馬、衣服、樂則三等者賜與其物。禮：「天子賜侯氏車服，路先設，路下四亞之。」又曰：「諸侯奉篋服。」王制曰：「天子賜諸侯樂，則以柷將之。」詩云：「君子來朝，何錫與之？雖無與之，路車乘馬。又何與之？玄袞及黼。」書曰：「明試以功，車服以庸。」朱户、納陛、虎賁者，皆與之制度，而鈇鉞、弓矢、秬鬯，皆與之物，各因其宜也。以下別載異義論九錫分三等，車馬、衣服，樂則爲一等，朱户、納陛、虎賁爲一等，鈇鉞、弓矢、秬鬯爲一等也。所引禮，覲禮文也。其文云：「天子賜侯氏以車服，迎于外門外，再拜，路，先設西上，路下四亞之，重賜無數，在車南，〔一〕諸公奉篋服。」注：「賜車者，同姓以金路，異姓以象路，服則袞也，鷩也，毳也。凡君所乘車曰路，〔二〕路下四，謂乘馬也。亞之，次車而東也。」舊作「天子賜諸侯民服車」，又「亞」作「惡」，「篋」作「選」，依盧據覲禮改正。案亞、惡古通用，易繫詞傳「而不可亞也」，荀爽本作「亞」，云「次也」。案覲禮注所云，是諸侯入覲，天子常賜之典，故仍其命數，賜以車服。若錫命方伯，則當有加，則車宜玉輅，服宜袞冕。故僖二十八年左傳，言周襄王賜晉文公以大輅，卽玉輅也。所引詩、書，詩采芑、書堯典文也。大夫亦有賜車服樂則者。曲禮：「夫爲人子者，三賜不及車馬。」注：「三賜，三命也。凡仕者，一命而受爵，再命而受衣服，三命而受車馬。」又鄉飲酒注：

〔一〕「車」下「南」原作「馬」，據儀禮覲禮改。

〔二〕「則」下原脱「袞也」二字，「車」下「曰」原作「四」，據儀禮覲禮注補改。

「大夫若君賜之樂。」此雖非九錫之正，然大夫自車服樂則而外，更無賜朱户以上之禮，知車服樂則爲一等也。案説苑修文篇紀三賜之禮，一賜以輿服弓矢，再賜以鬯，三賜以虎賁百人，其先後之次，與此微殊。莊元年穀梁注云：「皆所以褒德賞功也。德有厚薄，功有輕重，故命有多少。」各因其宜之義也。**秬者，黑黍，一稃二米。鬯者，以百草之香鬱金而合釀之，成爲鬯。陽達于牆屋，陰入于淵泉，所以灌地降神也。**詩江漢云「秬鬯一卣」，傳：「秬，黑黍也。鬯，香草也。築煑合而鬱之曰鬯。」〔一〕箋云：「秬鬯，黑黍酒也。謂之鬯者，芬香條暢也。」疏引孫毓異同評云：「鬱是草名，今之鬱金，煑以和酒者也。鬯是酒名，以黑黍一稃二米作之，〔二〕芬香條暢，故名爲鬯。鬯非草名，古今書傳，香草無稱鬯者，箋説爲長。」是亦以鬯非草名也。蓋本此。若然，詩疏引禮緯有秬鬯之草，中候有鬯草生郊者，蓋即謂鬱金之草也。以其和鬯，故亦名草爲鬯。或緯、候多言符瑞，非常草也。郊特牲云：「周人尚臭，灌用鬯臭，鬱合鬯，臭陰達于淵泉。」又云：「蕭合黍稷，臭陽達于牆屋。」鄭注以周人先求諸陰，以灌爲獻神之禮，「蕭合黍稷」以下謂饋食時。案饋孰時始有黍稷，則焫蕭在饋孰之後，此以臭鬱皆以氣求神，故連類及之，〔三〕皆所以灌地求神也。**玉瓚者，器名也，所以灌鬯之器也。以圭飾其柄，灌鬯貴玉氣也。**周禮注引漢制度：「瓚槃大五升，口徑八升，下有槃，口徑一尺。天子之瓚，其柄以圭，尺有二寸。諸侯用璋瓚，加九錫則賜以圭瓚，宜九尺，下天子也。」郊特牲云：「灌以圭璋，用玉氣也。」注謂「以圭瓚酌鬯，始獻神也」。彼統言天子諸侯之制，故圭璋並舉也。「氣」舊皆譌作「是」，

〔一〕「而」下「鬱」原作「鬯」，據詩江漢注改。　〔二〕「鬱」下「是」字原作「者」字，「也」下「鬯」字原作「鬱」字，「米」下原衍「者」字，據詩江漢疏改删。　〔三〕「之」上原無「及」字，據文義補。

盧案郊特牲云「灌以圭璋，用玉氣也」，作「氣」爲是。

右論九錫

所以三歲一攷績何？三年有成，故于是賞有功，黜不肖。尚書曰：「三載考績，三攷黜陟。」何以知始攷輒黜之？尚書曰：「三年一攷，少黜以地。」書所以言「三考黜陟」者，謂爵土異也。小國攷之有功，增土進爵，後攷無功削黜，後攷有功，上而賜之矣。此蓋用古文尚書説也。路史注引書大傳曰：「三歲小攷，正職而行事。九歲大攷，黜無職，賞有功也。一之三以至九年，天數窮矣，陽德終矣。積不善至於幽，六極以類降，故絀之，積善至于明，五福以類升，皆所自取也。」然則今文以黜陟須至九年，與此謂一攷輒黜之義殊也。所引尚書「三年一攷」二語，當是尚書古文經生說。又引書「三攷黜陟」，謂爵土之異者，以三年一攷，黜陟以地，二攷則黜陟以爵，故下云「百里之侯，一削爲七十里侯，再削爲七十里伯，三削地盡」也。然則諸侯無功者，〔一〕一陟以地，二陟則以爵明矣。「上」小字本作「止」。五十里不過五賜而進爵土，七十里不過七賜而進爵土。能有小大，行有進退也。周禮大宗伯云：「一命受職，再命受服，三命受位，四命受器，〔二〕五命賜則，六命賜官，七命賜國，八命作牧，九命作伯。」鄭氏以九錫與九命異。曲禮疏引許慎、鄭司農說：皆以九錫卽九命。莊元年公羊注：「禮有九錫，皆所以勸善扶不能。〔三〕禮，百里不過九命，七十里不過七命，五十里不過五命。」穀梁莊元年注：「禮有九錫，皆

〔一〕「諸侯」下「無」原作「有」，據文義改。〔二〕「受位」、「受器」原倒，據周禮大宗伯乙。〔三〕「善」下「扶」原作「助」，據公羊傳莊公元年注改。

所以襃德賞功。德有厚薄，功有輕重，故命有多少。」然則此以子男五賜，侯伯七賜，與鄭衆、許慎、何休、范寧之説同也，蓋亦古文家説。

一説盛德始封百里者，賜三等，得征伐，專殺，斷獄。七十里伯始封，賜二等，至虎賁百人。後有功，賜弓矢。後有功，賜秬鬯，增爵爲侯，益土百里。復有功，入爲三公。五十里子男始封，賜一等，至樂則。復有功，稍賜至虎賁，增爵爲伯。復有功，稍賜至秬鬯，增爵爲侯。此以九錫分爲三等，分授百里、七十、五十里，蓋今文説也。曲禮「三賜不及車馬」，注：「三賜，三命也。凡仕者一命而受爵，再命而受服，三命而受車馬。」用周禮九命文當之，而不以爲九錫之三，則以九錫皆作牧作伯後始得受之也。公羊疏引宋均説，以諸侯有德，當益其地，不過百里，後有功，加以九錫，與後鄭説同，皆與此異也。未賜鈇鉞者，從大國連率方伯而斷獄。儀禮集注引書大傳：「諸侯賜弓矢者得專征，賜鈇鉞者得專殺，賜圭瓚者得爲鬯以祭。不得專征者，以兵屬于得專征之國。」注：「謂七命以下不得弓矢賜者。」春秋傳曰：「魯賦八百，邾賦六百以兵屬于晉。」是也。又云：「不得專殺者以兵屬于專殺之國，不得賜圭瓚者資鬯于天子之國然後祭。」然則鄭氏説書傳，自以九賜分三等。故七命不得有鈇鉞、弓矢、秬鬯是也。王制亦云：「未賜圭瓚，則資鬯于天子。」受命之王，致太平之主，美羣臣上下之功，故盡封之。及中興征伐，大功皆封，所以襃大功也。「襃」舊作「著」，無「也」字，據御覽百九十八改正。此謂以功封者也。後漢祭遵傳：「范升疏曰：『昔高祖班爵割地，與下分功，著録勳臣，頌其德美。生則寵以殊禮，奏事不名，入門不趨。死則疇其爵邑，世無絶嗣，丹書鐵券，傳于無窮。』」又云：「陛下襃序輔佐，封賞功臣，同符祖宗。」是襃大功之義也。盛德之士亦封之，所以尊有德也。以德封者，必試之爲附庸三年，有功，因而封之五十里。末「之」字，盧據御覽補。此謂以德封者，漢世祖封卓茂是也。元士有功者，亦爲附庸，世其位。大夫有功成封五十里，卿功成封七十里，公功成封百里。禮典命職云：「王之三公八命，其卿六命，其大夫四命，及其出封，皆加一等。」注：「加一等，褒有德也。大夫爲子男，卿爲侯伯。」鄭氏從周禮，故以侯伯同命。此以百里當侯，七十里當伯，五十里當子男，其意大同也。王之上士三命，中士再命，下士一命。附庸之君，惟無爵命。以此推之，元士視附庸，知出封亦附庸也。故潛夫論班禄云「天子三公采視公侯，蓋方百里。卿采視伯，〔一〕方七十里，大夫視子男，方五十里。元士視附庸，方三十里。功成者封」也。有功者封，既同于圻外之侯，故得世位。王制云「外諸侯嗣位」是也。

士有功德，遷爲大夫。大夫有功德，遷爲卿。卿有功德，遷爲公。故爵主有德，封主有功也。王制云「大夫不世爵」，此謂無世位之制，以德進者也。

九賜習其賜者何？子之能否未可知也。或曰得之，但未得行其習以專也。三年有功，則皆得用之矣。二考無功，則削其地，而賜自并之，明本非其身所得也。身得之者得以賜，當稍黜之。爵所以封賢也。自「九賜」至此。文義難曉。盧云：「習當與襲同，『習』上當有『不』字。」案此蓋謂七十五十里之國加賜至九賜六賜者，其子不得襲父所賜，以其子之能否未可知也。又引或説，以爲得襲其賜，但未得自行其所襲之專征專殺是也。須三年一考，有功後乃得專用其所襲之賜。故孔叢子居衞篇：「羊客問子思曰：『周自后稷封爲王者之後，至太王、王季、文王。此爲諸侯矣，奚得爲西伯乎？』子思曰：『吾聞諸子夏曰：殷王帝乙之時，王季以九命作伯于西，受圭瓚秬鬯之賜，故文王因之得

〔一〕「卿」下原脱「采」字，據潛夫論班禄篇補。

專征伐。」」是此諸侯襲義所賜，因而專用之事也。若一考無功，則絀爵，並所襲之賜絀之也。而賜自并之。舊誤「之」爲「知」。若己身以有功受九賜，後即無功，得以九賜當所絀之爵土也。梁處素改「子之」爲「予之」，句絶，其説非也。三公功成當封而死，得立其子爲附庸。賢者之體，能有一矣，不二矣。「賢者之體能」下有誤。總謂賢者之後宜有土也。公羊定四年「劉卷卒」，注：「禮，諸侯入爲天子大夫，受采地于京師，天子使大夫爲治其國，有功而卒者，當益封其子。」即此義也。百里之侯，一削爲七十里侯，再削爲七十里伯，三削爲寄公。七十里伯，一削爲五十里伯，二削爲五十里子，三削地盡。五十里子，一削爲三十里子，再削爲三十里男，三削地盡。五十里男，一削爲三十里男，再削爲三十里附庸，三削地盡。所以至三削何？禮成於三，三而不改，雖反無益矣。尚書曰：「三考黜陟。」潛夫論三式云：「大夫必有功于民，乃得保位，故有考績黜陟，九錫三削之義。」蓋即此三削也。路史注引書傳云：「一之三以至九年，天數窮矣，陽德終矣。」然則聖人無不欲人之自新，但一而再，再而三，則論語衞靈篇云：「過而不改，是謂過矣。」先削地後絀爵者何？爵者，尊號也。地者，人所任也。今不能治廣土衆民，故先削其土地也。故王制曰：「宗廟有不順者，君絀以爵。」「山川神祇有不舉者，君削以地。」明爵土不相隨也。自「百里之侯」至此，當亦書古文説。儀禮集注引書傳云：「諸侯有不率正者，天子絀之：一絀少絀以爵，再絀則絀以地，三絀而地畢。」其説與此不同。案孟子告子下：「入其疆，土地辟，田野治，養老尊賢，俊傑在位，則有慶，慶以地。入其疆，土地荒蕪，遺老失賢，掊克在位，則有讓。」不言讓以地，蓋省文也。孟子言土地荒蕪，遺老失賢，則有讓，是因不能治廣土衆民，故先絀之以地也。

或曰：惡人貪狠重土，故先削其所重者以懼之也。下文闕。諸侯始封，爵土相隨者何？君子重德薄刑，賞疑從重。詩云：「王曰叔父，建爾元子，俾侯于魯。」詩閟宫文。後漢祭遵傳：「范升疏曰：「臣聞先王崇政，尊美屏惡。昔高祖大聖，深見遠慮，班爵割地，與下分功。」」是皆爵土相隨也。何本「疑」作「宜」。

右論三考黜陟義

君幼稚，唯考不黜者何？君子不備責童子焉。昭二十三年「尹氏立王子朝」，何注：「尹氏貶，子朝不貶者，年未滿十歲，未知欲富貴，不當坐。」是春秋之義，不備責童子。故成十六年公羊傳：「何以致會？不恥也。曷爲不恥？公幼也。」是則王者不與爲禮，諸侯不與盟會，故無考黜之事焉。是以漢書萬石君傳上以「孤兒幼年未滿十歲，無罪而坐率」爲責。〔一〕周禮司刺云「壹赦曰幼弱」，亦即不備責童子義也。禮八十九十曰耄，七年曰悼。悼與耄，雖有罪不加刑焉。舊作「八十曰耄，九十曰悼」，誤，盧依曲禮文改正。周禮司刺又云：「再赦曰老耄。」鄭司農云：「幼弱老旄，若今時律令年未滿八歲，八十以上，非手殺人，他皆不坐。」即是悼與耄有罪不加刑之義也。然則人君至八十九十以上，亦無考黜之制。此不言者，人君至七十，即傳家事于子孫，故無庸考黜也。二王後不貶黜者何？尊賓客，重先王也。以其尚公也，罪惡足以絶之即絶，更立其次。周公誅禄甫，立微子。續漢志注引通義云：「二王之後不考功。」鄭氏魯頌譜云：「周尊魯，巡守述職，不陳其詩。」又商頌譜云：「問者曰：『列國政衰，則變風作，宋何獨無之？』曰：『有之，乃不録之。王者之後，時王所客也。巡守述職，不陳其詩，亦示無貶黜客之義也。』」是

〔一〕「而」上原脱「無罪」二字，據漢書石奮傳補。

尊客重先王也。「以其尚公也」，舊作「當公」，誤，依盧校改。二王之後不考黜，示其法耳，其有大罪，則亦誅罰之。故通義又云：「有誅無絶。」魯頌譜云：「周之不陳其詩，爲優耳，其有大罪，侯伯監之，行人書之，亦示覺也。」是也。僖三十三年「杞子卒」，何注：「貶，稱子者，春秋黜杞不明，故以其一等貶之，明本非伯，乃公也。又因以見聖人子孫有誅無絶，故貶不失爵也。」所以必立其次者，春秋之義，誅君之子不得立故也。周書序：「成王既黜殷命，殺武庚，命微子啟代殷後，作微子之命。」詩疏引鄭注云：「黜殷命，謂殺武庚也。武王投微子于宋，因命之，封爲宋公，代殷後成湯祀。」即無絶世之義也。

妻父母不削，己昆弟削而不黜何？非以賢能得之也。至于老小，但令得大夫受其罪而已。

王者不臣篇云：「王者不臣妻父母。」封公侯篇云：「封君不臣諸父昆弟。」既不臣之，故不削黜之也。本以推恩得封，無賢不肖之別，故不得以黜陟之律責之也。至于老小，即上所謂「君幼稚」者，以君年稚，無所知識，有過宜罪當國之臣，故春秋譏尹氏，不譏子朝，以其當國也。故後漢東平王蒼傳：「昔象封有鼻，不以任政，誠由愛深，不忍揚其過惡。」是也。

諸侯暗聾跛躄惡疾不免黜者何？尊人君也。春秋曰：「甲戌己丑，陳侯鮑卒。」傳曰：「甲戌之日亡，己丑之日死而得。」有狂易之病，蜚亡而死，由不絶也。

春秋桓五年文。公羊傳：「曷爲以二日卒之？怴也。」注：「怴者，狂也，齊人語。君子，謂孔子也。以二日卒之者，闕疑。」穀梁傳：「陳侯以甲戌之日出，〔一〕己丑之日得，不知死之日，故舉二日以包也。」狂易者，周禮閽人云：「怪民不入宮。」後鄭謂怪民爲狂易。漢成帝綏和二年，男子王褒入北司馬殿東門，上殿入室，曰「天帝命我居此」。收縛考問，狂易不自知入宮狀，是也。死而得，惠氏棟古義説

〔一〕「陳」上原衍「以」字，據穀梁傳桓公五年删。

云：「死而得者，言得其屍也。古通用死爲屍字讀。」前漢陳湯傳云「求谷吉等死」，是也。春秋于陳鮑之卒葬皆無譏文，知不宜絶也。「由」與「猶」同。世子有惡疾廢者何？以其不可承先祖也。故春秋傳曰：「兄何以不立？有疾也。何疾爾？惡疾也。」公羊昭七年「葬衞襄公」，注云：「當時而日者，世子輒有惡疾，不早廢之，臨死乃命臣下廢之。」儀禮喪服「爲君之父母妻長子祖父母」，注：「若是繼體，則其父若祖有廢疾不立。今君受國于曾祖。」是世子未卽位時，有廢疾宜廢也。是以婦人有惡疾者，在七出之科，亦爲其不可承事宗廟也。所引春秋傳，昭二十年公羊傳文。注：「惡疾，謂瘖聾盲癘禿跛傴，不逮人倫之屬也。」穀梁傳亦云：「然則何爲不爲君也？曰：有天疾者，不得入乎宗廟。輒者何也？曰：兩足不能相過。」是惡疾不得立，不可以承尊故也。

右論諸侯有不免黜義

王者不臣（共七章）

王者所不臣者三，何也？謂二王之後，妻之父母，夷狄也。禮疏引鉤命決云：「天子常所不臣者三，惟二王之後，妻之父母，夷狄之君。」通典引義宗云：「三恪之義，有三說焉：一云二王之後更立黃帝、堯、舜後爲三恪；一云二王之前更立一代爲三恪；一云二王之後爲一恪，夷狄之君爲一恪，妻之父母爲一恪。」案前說本禮樂記，次一說本左氏說，末一說蓋用孝經說。意以恪者敬也。時王之所尊敬。故王者三不臣，亦通乎三恪之義焉。不臣二王之後者，尊先王，通天下之三統也。詩云「有客有客，亦白其馬」，謂微子朝周也。尚書曰「虞賓在位」，謂丹朱也。鈎命決云：「不臣二王之後，謂觀其法度，故尊其子孫也。」公羊隱三年「宋公和卒」，注：「宋稱公者，殷後也。王者封二王之後，地方百里，爵稱公，客待之而不臣也。詩云『有客宿宿，有客信信』，是也。」毛詩序云：「有客，微子來見祖廟也。」獨斷：「有客，斥微子也。」左傳僖二十四年云：「宋，先代之後也。于周爲客。」是也。所引尚書，臯陶謨文。周禮疏引鄭注云：「『虞賓在位』者，謂舜以爲賓，即二王後丹朱也。」鄭氏習古文，蓋古文説也。文選注引大傳説云：「舜爲賓客，而禹爲主人。」注：「舜既使禹攝天子事，于祭祀避之，居賓客之位。」是今文説也。與此異。

不臣妻父母何？妻者與己一體，恭承宗廟，欲得其歡心，上承先祖，下繼萬世，傳于無窮，故不臣也。春秋曰：「紀季姜歸于京師。」父母之于子，雖爲王后，尊不加於父母。知王者不臣也。又讖宋三世内娶於國中，謂無臣也。並公羊説也。鈎命決云：「不臣妻之父母者，親與其妻共事先祖，〔一〕欲其歡心。」公羊桓二年注「紀稱侯者，天子將娶於紀，與之奉祖廟，傳之無窮，重莫大焉，故封之百里。月者，明當尊而不臣，所以廣孝敬」也。所引春秋，桓九年文也。公羊傳云：「其辭成矣，則其稱紀季姜何？自我言紀。〔二〕父母之于子，雖爲天王后，猶曰吾季姜。」注：「明子尊不加于父母。」故喪服不杖期章「公妾以及士妾爲其父母」，〔三〕傳曰：「何以期也？妾不得體君，得爲其父母遂也。」〔四〕推傳之意，似正嫡體君者不得爲其父母遂矣，與公羊之義不合。是以鄭注駁之云：「然則女君有尊降其父母者與？春秋之義，雖爲天王后，猶曰吾季姜，是言子尊不加于父母也。此傳似誤矣。」然則君與嫡一體，

〔一〕「其」下「妻」原作「女」，據鈎命決改。〔二〕「我」、「言」二字原倒，據公羊傳桓公九年乙。〔三〕「故」下「喪」原作「禮」，「士」下「妾」原作「妻」，據儀禮喪服改。〔四〕「爲」下原脱「其」字，據儀禮喪服補。

嫡既不得以尊降父母，君亦不得以尊而臣妻之父母可知矣。故僖二十五年云：「宋殺其大夫。」公羊傳：「何以不名，宋三世無大夫，三世內娶也。」注：「內娶大夫女也。言無大夫者，禮不臣妻之父母，國內皆臣，無娶道，故絕去大夫名，正其義也。」然則天子得娶庶女人，以天子得專封也。諸侯無專封之義，故不得娶于大夫。宋內娶，是不臣大夫，故絕去其名，猶無臣也。

夷狄者，與中國絕域異俗，非中和氣所生，非禮義所能化，故不臣也。春秋傳曰：「夷狄相誘，君子不疾。」尚書大傳曰：「正朔所不加，即君子所不臣也。」鉤命決云：「不臣夷狄之君者，此政教所不加，〔一〕謙不臣也。」隱二年公羊傳注：「王者不治夷狄，録戎者，來者勿拒，去者勿追。」然則夷狄不臣者，非尊而不臣，直以不必責以君臣之禮，故畧而不臣也。故漢呼韓單于來朝，蕭望之議曰：「戎狄荒服，言其荒忽無常，至亦宜待以客禮，讓而不臣。」又班氏漢書傳贊云：「春秋內諸夏而外夷狄，〔二〕夷狄之人，貪而好利，披髮左衽，人而獸心，其與中國，殊章服，異習俗，飲食不同，言語不通。」「是以聖人外而不內，疏而不戚，政教不及其人，正朔不加其國也」。是也。所引春秋傳者，昭十六年公羊傳文。彼云：「楚子誘戎蠻子殺之。」傳：「何以不名？夷狄相誘，君子不疾也。曷爲不疾？若不疾，乃疾之也。」注：「不日者，本不卒。不地者，畧也。」以非王化所加，故春秋不備責之焉。所引書傳，宜屬嘉禾篇文。詩疏引云：「越裳獻白雉，重譯而朝，成王以歸周公。公曰：『德澤不加焉，則君子不享其質。政令不行焉，則君子不臣其人。吾何以獲此賜焉？』」又通典引又云：「周公辭不受，曰：『正朔所不施，則君子不臣也。』」與

〔一〕「政」上原脱「此」字，據鉤命決補。〔二〕「傳」下「贊」原作「論」，「外」下原衍「四」字，「夷」下原脱「狄」字，據漢書匈奴傳改補。

此合。

右論三不臣

王者有暫不臣者五，謂祭尸，授受之師，將帥用兵，三老，五更。禮疏引鉤命決云：「暫所不臣者五，謂師也，三老也，五更也，祭尸也，大將軍也。此五者，天子諸侯同之。」不臣祭尸者，方與尊者配也。禮祭統云：「尸在廟門外則疑於臣，在廟中則全於君。君在廟門外則疑于君，〔一〕入廟門則全于臣，全于子。」注：「尸，神象也。鬼神之尊在廟中。」又云：「夫祭之道，孫爲王父尸，所使爲尸者，于祭者子行也，父北面而事之，所以明子事父之道也。」知祭尸不臣也。不臣授受之師者，尊師重道，欲使極陳天人之意也。故禮學記曰：「當其爲師，則弗臣也。當其爲尸，則不臣也。」禮學記云：「大學之禮，雖詔于天子，無北面，所以尊師也。」注：「如武王東面，尚父西面。」疏引皇疏云：「王在賓位，師尚父主位。」「王庭之位，若尋常師徒之教，〔二〕則師東面，弟子西面。與此異也。」呂覽勸學云：「王公大人，弗敢驕也。〔三〕上至于天子，朝之而不慙。」注：「天子朝師，尊有德，故不慙。」又尊師篇云：「天子入太廟，祭先聖，則齒嘗爲師者弗臣，所以見敬學與尊師也。」不臣將帥用兵者，重士衆爲敵國，國不可從外治，兵不可從內御，欲成其威，一其令。春秋之義，兵不稱使，明不可臣也。兵不中御，義見上三軍篇。孔叢子問軍禮篇：「介胄在身，執銳在前，雖君父不拜。」不拜則不臣之矣。不臣三老五更者，欲率

〔一〕「則」下「疑」原作「全」，據禮記祭統改。〔二〕「若」上「位」字原作「地」，「師」上原脫「常」字，據禮記學記疏改補。〔三〕「勸学」原作「幼学」，「驕也」原作「教焉」，據吕氏春秋勸學篇改。

天下爲人子弟。禮曰：「父事三老，兄事五更。」義見上鄉射篇。續漢志注引五經然否論云：「漢初或云三老答天子拜，遭王莽之亂，法度殘缺。漢中興，定禮儀，羣臣欲令三老答拜，城門校尉董鈞駮曰：『養三老，〔一〕所以教事父之道。若答拜，是使父答子拜也。』詔從鈞議。」是三老不臣之制，漢初猶行之。又譙周論之云：「禮，尸服，上服，猶以非親之故答子拜；士見異國君，亦答拜：是皆不得視猶子也。」案譙氏說經，多由臆斷，其言未可據也。通典職官二一：「魏高貴鄉公幸大學，命王祥爲三老，鄭小同爲五更。祥南面几杖，以師道自居，天子北面乞言。」又：「後魏孝文帝養老于明堂，以尉元爲三老，游明根爲五更，帝再拜，三老肅拜。」後周武帝亦行斯禮，是不臣老更之儀，後世又有行之焉。

右論五暫不臣

王者不純臣諸侯何？尊重之，以其列土傳子孫，世世稱君，南面而治。凡不臣者，異于衆臣也。「者」字、「于衆臣也」四字舊脫，盧校補。此今文春秋說也。詩疏引異義：「公羊說，諸侯不純臣。左氏說，諸侯者天子蕃衛，純臣。謹案：禮，王者所不純臣者，〔二〕謂彼人爲臣，皆非己德所及。易曰『利建侯』。侯者，王所親建，純臣也。」鄭駮之云：「玄之聞也，賓者，敵主人之稱。而禮，諸侯見天子，稱之曰賓。不純臣諸侯之明文矣。」〔三〕是鄭据周禮以從公羊，與此同也。案喪服斬衰章，〔四〕有臣爲君，復又有諸侯爲天子，明諸侯有不純臣之義，恐人疑服制亦

〔一〕「校」上原脫「城門」二字，「養」上原衍「禮」字，據五經然否論補刪。〔二〕「諸侯」下、「王」下兩「者」字原脫，據異義補。〔三〕「曰」下「賓」原作「客」，「明」上原衍「義」字，據詩疏改刪。〔四〕「喪服」原作「禮服」，據儀禮喪服改。

差于衆臣，故先列諸侯爲天子制，以見天子待諸侯雖異于王制衆臣，而諸侯待天子則同于衆臣也。故隱元年公羊傳注：「王者据土與諸侯分職，俱南面而治，有不純臣之義。故異姓謂之伯舅叔舅，同姓謂之叔父伯父。」是其異于衆臣也。

朝則迎之于著，覲則待之于阼階，升階自西階，爲庭燎，設九賓，享禮而後歸。是異于衆臣也。

曲禮下：「天子當依而立，諸侯北面而見天子曰覲。天子當宁而立，諸公東面，諸侯西面曰朝。」注：「諸侯春見曰朝，受摯于朝，受享于廟，生氣文也。秋見曰覲，一受之于廟，殺氣質也。朝者位于内朝而序進，覲者位于廟門外而序入，王南面立于依、宁而受焉。」案爾雅釋宫「門屏之間謂之宁」，注：「人君所宁立處。」禮疏引李注云：「正門内兩塾間曰宁。」宁、著通，齊詩「俟我于著乎而」是也。禮疏又引崔氏、皇氏舊禮疏云：「崔以爲諸侯春夏來朝，各乘其命車，至臯門外陳介也。天子平時在大門内，傳詞既訖，則乘車出大門下車，若升朝時。王但迎公，自諸侯以下，則隨之而入，更不别迎也。入至文王廟門，天子還服朝服立于路門之外，諸侯更易朝服執贄而入應門行禮，故王當宁以待，諸侯次第而進，故云序進。」熊氏則以「朝無迎法，唯享有迎諸侯之禮」。案春朝之禮雖亡，以曲禮及諸家説徵之，則朝亦宜迎，蓋生氣文，故于禮有加優焉。覲禮云：「天子設斧依于户牖之間，左右几，天子衮冕負斧依。天子曰：『非他，伯父實來，予一人嘉之。伯父其入，予一人將受之。』」彼經直云「伯父其入」，無迎之于階之文。而夏官齊僕云：「掌馭金路以賓，朝覲宗遇享食皆乘金路。其法儀各以其等，〔一〕爲車送迎之節。」是覲禮亦有迎法也。禮郊特牲云：「覲禮，天子不下堂而見諸侯，下堂而見諸侯，天子之失禮也。」明覲禮迎諸侯，止阼階下也。其燕見天子，亦有迎禮。詩蓼蕭云「既見君子，鞗革沖沖」，箋云：「此説天

〔一〕「法」下原脱「儀」字，據周禮齊僕補。

子之車飾者，諸侯燕見天子，天子必乘車迎于門，是以云然。」又燕禮云：「若四方之賓，公迎之于大門外。」〔一〕故秋官大行人說車迎步數，知六服諸侯皆同也。孔氏云：「鄭以秋冬一受之於廟，殺氣質。鄭又以覲禮不出迎，則冬遇亦不迎。」然則秋冬燕見，亦無出迎之法。覲禮又云「侯氏入門右，坐奠圭」，注：「入門右，執臣道，不敢由賓客位也。」又云：「擯者謁侯氏，坐取圭，升致命，王受之玉。侯氏降階，東北面再拜稽首，擯者延之曰升，升成拜乃出。」注：「侯氏坐取圭，則遂左降。」然則侯氏得擯者之告，遂向門左右堂塗升自西階。故張氏惠言儀禮圖云：「蓋西階上，北面致命，乃進送玉，是升自西階，待之以賓禮也。」周禮司烜氏云：「凡邦之大事，共墳燭庭燎。」疏：「大事者，謂若大喪紀，大賓客，則皆設大燭，在門外。」是以詩庭燎云：「庭燎之光，君子至止。」傳：「庭燎，大燭。君子，謂諸侯也。」彼是宣王時諸侯來朝之事，故知爲庭燎也。禮郊特牲云：「庭燎之百，由齊桓公始也。」然則天子其百燎與？「設九賓享禮」，當作「九食饗禮」。周禮大行人云「上公之禮，饗禮九獻，食禮九舉」是也。按詩湛露「厭厭夜飲」，箋云：「燕飲之禮，宵則兩階及庭門皆設大燭焉。」疏引燕禮曰：「宵則庶子執燭于阼階上，甸人執大燭於庭，閽人爲燭於門外，則爲庭燎。」以下當指燕時事與？

右論諸侯不純臣

始封之君，不臣諸父昆弟何？不忍以己一日之功德加于諸父昆弟也。故禮服傳曰：「封君之子不臣諸父，封君之孫盡臣之。」

喪服大功九月章傳文也。彼云：「是故始封之君不臣諸父昆弟，封君之子不臣諸父而臣昆弟。封君之孫盡臣諸父昆弟。」疏謂「如典命云公八命，卿六命，大夫四命，其出封皆加一等者」。案

〔一〕儀禮燕禮作「若與四方之賓燕，則公迎之於大門內，揖讓升」，與此引有異。

喪服傳，因國君大夫以尊降其親，因廣説此義。然則封君與其子所不得臣者，亦尊所不降者矣。周制天子諸侯絶旁期，卿大夫降旁親，絶緦麻，尊同則不降。若封君爲諸父昆弟，與其子爲諸父，仍服其本親期服，則又所不敢降者也。傳以經無明文，故廣述以益之。是以通典引虞喜釋滯云：「漢魏以來，皆言大夫降其旁親爲士者一等，自謂合禮。喪服經傳始封之君尚不臣諸父昆弟，而始爲大夫便降旁親，尊者就重，而卑者即輕，輕重顛倒，豈禮意哉！」此爲據諸侯成例，包于大夫，以相兼通。然則異姓大夫以功德由士升者，亦不得降其旁期矣。若別子爲大夫，爲其從父昆弟爲大夫者降在大功，以其先君餘尊之所厭也。其爲士者，又降一等在小功也。若別子雖身爲大夫，中間廢退，至其遠世始得爵命者，自仍如邦人服從父昆弟期也。至三世則得降之矣。喪服小記云「與諸侯爲兄弟者服斬」，注：「此謂卿大夫以下，與尊者爲親輕服服之也。」雜記「外宗爲君，夫人猶内宗也」。注：「爲君服斬，夫人齊衰，不敢以其親服服至尊也。」此謂繼體之君，凡在族屬，皆依臣爲君斬之例。若封君及封君之子死，其從父昆弟若從父，仍從本服也。若諸侯尊同，亦不降，如周公、康叔並爲侯，則服期也。

右論不臣諸父兄弟

禮服傳曰：「子得爲父臣者，不遺善之義也。」詩云：「文武受命，召公維翰。」召公，文王子也。

今喪服傳無此文，蓋逸禮也。所引詩者，大雅江漢文也。箋云：「昔文王武王受命，召康公爲之楨幹之臣。」〔一〕是召公爲文王臣也。穀梁莊三十二年：「燕，周之分子也。」注：「分子，謂周之別子孫也。」詩疏引皇甫謐説以爲文王庶子，

〔一〕「召」下「康」字原脱，據詩江漢注補。

王充論衡氣壽篇以召公爲周公之兄，史記燕世家以召公與周同姓，詩疏引譙周古史攷又以爲周之支族。案此自用穀梁說。惠氏棟古義云：「分子猶別子。」禮大傳云「別子爲祖」。注云：「別子爲公子。」然則繼體者爲公子，〔一〕別于世子者爲別子，則召公其文王長庶歟？傳曰：「子不得爲父臣者，閨門當和，朝廷當敬。人不能無過失，爲恩傷義也。」此又一說，以子不得爲父臣也。

右論子爲父臣異說

王者臣不得爲諸侯臣，以其尊當與諸侯同。春秋傳曰：「寓公不世，待以初。」此今文春秋說也。公羊隱四年傳：「南面之君，勢不可復爲臣。」此所引春秋傳，公羊無文。公羊桓七年傳：「貴者無後，待之以初。」蓋卽本此也。何注：「穀、鄧本與魯同，貴爲諸侯，今失爵亡土來朝，託寄也，〔二〕義不可卑，故明當待之如初。所謂故舊不遺，則民不偷，無後者施于所奔國也。獨妻得配夫，托衣食于公家，子孫當受田而耕。」是也。「寓」舊作「許」，依梁校改。汪云：「『不世』疑亦當作『不臣』。」案郊特牲云：「諸侯不臣寓公，故古者寓公不繼世。」則「不世」、「不臣」皆得通也。或曰：王者臣得復爲諸侯臣者，爲衰世主上不明，賢者非其罪而去，道不施行，百姓不得其所，復令得爲諸侯臣，施行其道。易曰：「不事王侯。」此據言王之致仕臣也。言不事王，可知復言侯者，明年少，復得仕于諸侯也。易蠱爻詞也。李氏易傳引荀爽曰：「年老之事，終不當其位，體艮爲止。」故「不事王侯」，是言致仕臣也。又雜記云：「違諸侯之大夫不反服。」諸侯之臣可臣大夫，知天子之臣亦得臣諸侯矣。

〔一〕「爲」下「公」字原作「世」，據文義改。〔二〕「託寄也」三字原脫，據公羊傳桓公七年注補。

右論王臣不仕諸侯異義

王者臣有不名者五。先王老臣不名，親與先王戮力共治國，同功于天下，〔一〕故尊而不名。尚書曰「咨爾伯」，不言名也。新序臣術云：「君之所不名臣者四：諸父臣而不名，諸兄臣而不名，先王之臣臣而不名，盛德之士臣而不名。是謂大順也與？」蓋彼合貴賢與盛德之士爲一矣。此與桓四年公羊傳注大同小異，蓋亦今文春秋説也。彼注云：「禮，君于臣而不名者五。」又云：「老臣不名，宰渠伯糾是也。」曲禮下云「大夫不名世臣姪娣」，注：「世臣，父時老臣。」知王者世臣亦不名也。所引尚書者，堯典文。史記帝紀作「嗟，伯夷。」史公用古文説，是古文有「夷」字，此蓋今文説也。何氏謂「宰渠伯糾」者，桓四年注云「稱伯者，〔二〕上敬老也」。何氏專説公羊，故引不及伯夷也。故莊二十五年「陳侯使女叔來聘」，注：「稱字，敬老也。」禮，七十雖庶人，王孝而禮之，知老臣不得名矣。不名者，貴賢者而已。共成先祖功德，德加于百姓者也。春秋單伯不言名，傳曰：「吾大夫之命于天子者也。」盧以「不名」至「姓者也」二十一字爲衍文。案「不名者」上，脱「上大夫」三字，下衍一「德」字。公羊傳注云：「上大夫不名，祭伯是也。」以上大夫與己共成先祖功德，故優禮之而不名。故曲禮下云：「國君不名卿老。」注以「卿老爲上卿」。王制云「上大夫卿」是也。所引傳者，公羊莊元年文。彼云：「單伯者何？吾大夫之命乎天子者也。」注：「以稱字也。」是傳此文正釋稱字不稱名之義。王制曰：「大國三卿，皆命于天子。」知命卿不名也。何氏以爲如祭伯者，隱元年傳云「天子之大夫」，注：「天子上大夫字，尊之義也。」是意與此同。故隱九年「俠卒」，公羊傳云：「吾大夫之未命者也。」是

〔一〕「功」上「同」字原脱，據各本補。

〔二〕「伯」下「者」字原脱，據公羊傳桓公四年注補。

未命者不字也。盛德之士不名，尊賢也。春秋曰：「公弟叔肸。」不名盛德之士者，不可屈以爵祿也。公羊注云「盛德之士不名」，叔肸是也。所引春秋者，宣公十七年文。何注：「稱字者，賢之。宣公篡立，〔一〕叔肸不仕其朝，不食其祿，終身于貧賤。故孔子曰：『篤信好學，守死善道，危邦不入，亂邦不居，天下有道則見，無道則隱。』此之謂也。禮，盛德之士不名，天子上大夫不名。春秋公子不爲大夫者不卒，卒而字者，〔二〕起其宜爲天子上大夫也。」案孟子萬章云：「盛德之士，君不得而臣。」不得臣之，知不得名之矣。月令「聘名士」，疏引蔡注：「名士者，謂其德行貞純，道術通明，王者不得臣，而隱居不在位者也。」「不名盛德之士」十四字，舊誤在下，宜置此。諸父諸兄不名。諸父諸兄者親，與己父兄有敵體之義也。詩云：「王曰叔父。」春秋傳曰：「王札子何？長庶之稱也。」公羊注云：「諸父諸兄不名。經曰『王札子』，詩曰『王謂叔父』，是也。」所引詩者，閟宮文，載成王呼周公之詞，故但稱以叔父，不名也。所引春秋傳者，宣十五年公羊傳文。彼注：「天子之庶兄。札者，冠且字也。禮，天子庶兄，冠而不名，所以尊之。」是也。故後漢東平憲王蒼傳：〔三〕「肅宗詔曰：『禮云伯父歸寧乃國，詩云叔父，建爾元子，敬之至也。昔蕭相國加以不名，優忠賢也。況兼親尊者乎？其沛、濟南、東平、中山四王，讚皆勿名。』」由此意也。故韓詩內傳曰：「師臣者帝，友臣者王，臣臣者伯，魯臣者亡。」盧云：「魯當與虜通，詩攷同。」又云：「自『春秋畢伯』至此，舊本多舛誤，凡改六字，刪七字，補二字。」荀子堯問篇引中蘬之言云：〔四〕「諸侯自爲得師者王，得友者

〔一〕兩「宣公」原脫「公」字，「賢」下原脫「之」字，據公羊傳宣公十七年注補。〔二〕「字」下原脫「者」字，據公羊傳宣公十七年注補。〔三〕「平」下原脫「憲」字，據後漢書光武十王列傳補。〔四〕「蘬」原作「巋」，據荀子堯問篇改。

新，得疑者存，自爲謀而莫己若者亡。」趙注孟子公孫丑云：「王者師臣，伯者友臣也。」案此亦宜在「盛德之士不名」節下。

右論五不名

蓍龜（共十二章）

天子下至士，皆有蓍龜者，重事決疑，亦不自專。禮曲禮：「龜爲卜，筴爲筮。卜筮者，先聖王之所以使民信時日，敬鬼神，畏法令也。所以使民決嫌疑，定猶與也。」儀禮士喪禮云：「卜日，卜人先奠龜于西塾上南首，有席，楚焞置于燋，在龜東。」是則天子至士皆有蓍龜矣。太玄「童焞于龜資」，注：「龜曰卜。卜者，所以決疑。」故國語晉語云「決之以卜筮」，是也。若然，禮禮器云「家不寶龜」，注「大夫以下」者，彼謂不得以龜爲寶耳。故家語好生篇「臧氏有守龜」，孔子以爲僭也。尚書曰：「汝則有大疑，謀及卿士，謀及庶人，謀及卜筮。」定天下之吉凶，成天下亹亹者，莫善乎蓍龜。書洪範、易繫詞傳文也。正義本石經作「莫大乎蓍龜」。釋文本，定八年公羊注，王肅家語注，禮運注，儀禮疏，羣書治要及等方術傳注，文選絕交論汪鈔本，書鈔藝文部，皆作「莫善」，與此同。校勘記、宋本正義亦作「善」。

右總論蓍龜

禮三正記曰：「天子龜長一尺二寸，諸侯一尺，大夫八寸，士六寸。龜陰，故數偶也。

漢書食貨志「玄龜岠冉長尺二寸」，注：「孟康曰：『冉，龜甲緣也。岠，至也。度背兩邊緣尺二寸也。』」又云：「公九寸，侯七寸，子五寸。」以志推之，伯與侯同，男與子同。則五等之侯各有差降，與此異也。說文龜部「龝」字下云：「龜甲貝也。从龜，毋聲。天子巨龝，尺有二寸，諸侯尺，大夫八寸，士六寸。」說文多用古逸禮也。故初學記引繆襲皇覽逸禮云：「天子龜長尺二寸，諸侯八寸，大夫六寸，士四寸。」是也。御覽引逸禮「天子龜尺二寸，諸侯六寸，大夫四寸，士四寸」，恐有脱。又云：「龜者，陰蟲之老也。」是龜屬陰也。此皆爲卜龜。禮樂記云：「青黑緣者，天子之寶龜也。」公羊定八年傳：「龜青純，皆爲寶龜。」與此異。禮器所謂「諸侯以龜爲寶」是也。**天子蓍長九尺，諸侯七尺，大夫五尺，士三尺。蓍陽，故數奇也。**」此亦三正記語。類聚引逸禮云：「天子之蓍九尺，諸侯七尺，大夫五尺，士三尺。故坐筮。」是也。然則士以上當立筮。故儀禮疏引三正記云：「大夫蓍五尺，故立蓍。士之蓍三尺，當坐蓍。」較爲詳也。說文艸部：「蓍，蒿屬也。生千歲三百莖，易以爲數，天子九尺，諸侯七尺，大夫五尺，士三尺。」蓋亦古逸禮語也。

右論蓍龜尺寸

所以先謀及卿士何？先盡人事，念而不能得，思而不能知，然後問于蓍龜。說苑權謀篇：「聖王之舉事，必先諦之于謀慮，而後考之于蓍龜。白屋之士，皆關其謀，芻蕘之役，咸盡其心。故洪範先謀卿士庶人，後卜筮也。」御覽引書大傳云：「周公先謀于同姓，同姓從，然後謀于朋友，朋友從，然後謀于天下，天下從，然後加之蓍龜也。」聖人雖重卜筮，必先求于人事，天道遠，人道邇故也。**聖人獨見先睹，必問蓍龜何？示不自專也。**禮中庸云：「至誠之道，可以前知。」**或曰：清微無端緒，非聖人所及，聖人亦疑之。尚書曰：「女則有疑。」**

謂武王也。程榮本「清微」作「精微」。漢書五行志注：「應劭曰：『疑事明考之于蓍龜。』」説文卜部：〔一〕「卟，卜以問疑也。」洪範篇「七稽疑」，疏引鄭注云：「言將攷疑事，以事精微，無端緒可求，故問之蓍龜也。」洪範本箕子對武王語，故知女謂武王也。

右論決疑之義

乾草枯骨，衆多非一，獨以蓍龜何？此天地之間壽考之物，故問之也。龜之爲言久也。蓍之爲言耆也。久長意也。初學記「枯骨」作「槁骨」，無「非一」二字，此似衍。又引書傳云：「龜之爲言久也。千歲而靈，禽獸而知吉凶者也。蓍之爲言耆也。百年一本生百莖，此草木之壽，知吉凶者也。」易繫辭云：「莫大乎蓍龜。」禮疏引劉向易繫辭義云：「蓍之爲言耆，龜之爲言久。龜千歲而靈，蓍百年而神，以其長久，故能辨吉凶也。」論衡卜筮篇：「龜之爲言久也。蓍之爲言耆也。」説文：「龜，舊也。」書無逸「舊爲小人」，史記「舊」作「久」。龜久，蓍耆，皆音義同也。故類聚引逸禮又云：「蓍千歲三百莖，先知也。」又御覽引逸禮云：「龜三千歲上游於卷耳上，卷者先知，故君子舉事，必攷之也。」龜曰卜，蓍曰筮何？卜，赴也。爆見兆也。筮也者，信也。見其卦也。尚書曰：「卜三龜。」禮士冠經曰：「筮于廟門外。」曲禮上云：「龜爲卜，筴爲筮。」疏引師説云：「卜，覆也。以覆審吉凶。筮，決也。」又引劉向説云：「卜，赴也。赴來者之心。」詩大田釋文引韓詩曰：「卜，報也。」赴、報、覆，一音之轉。易蒙彖「初筮告」，注：「筮者，決疑之物也。惟決故信也。」所引書曰者，金縢文。所引士冠經文，今無「外」字。知于外者，賈疏案下文云：

〔一〕「卜部」原作「口部」，據説文改。

「布席于門中闑西閾外。」閾外者，即是門外，故特牲禮：「筮日，主人即位于門外西面。」此不言門外，閾外之文可參，故省文也。然則此言門外者，以義言之耳。

右論龜蓍卜筮名義

筮畫卦所以必於廟何？託義歸智于先祖至尊，故因先祖而問之也。禮士冠經「筮與席所卦者」，注：「所卦者，所以畫地記爻。易曰：『六畫而成卦。』」筮法，古用木畫地，今以錢，以三少爲重，三多爲交，兩多一少爲單，兩少一多爲坼，重爲九，交爲六，單爲七，坼爲八，是所以畫卦也。易象辭云：「人謀鬼謀。」禮疏引鄭注云：「鬼謀爲謀卜筮于廟門。」是也。冠義云：「行之于廟者，所以尊重事，尊重事而不敢擅重，所以自卑而尊先祖也。」又鄭注周禮天府云：「卜筮實問於鬼神，龜筮能出其卦兆之占耳。」是歸智先祖之意也。

右論筮必于廟

卜，春秋何方？以爲于西方東面，蓋蓍之處也。卜時西嚮，已卜退東嚮，問蓍于東方西面，以少問老之義。士冠禮：「筮與席所卦者，具饌于西塾，布席于門中闑西閾外，西面。」是筮位設于西方也。又云：「筮人執筴，抽上韇兼執之，進受命于主人，宰自右少退贊命，筮人許諾，右還即席坐，西面。卦者在左，卒筮書卦執以示主人。」〔一〕然則筮人東西受主人命，後又還即席于門西，西面而筮。筮畢，復左還東面，以所筮告主人也。又云：「主人玄冠朝服，緇帶素韠，即位于門東西面。」是主人之位在東，故西面也。士喪禮云：「卜人先奠龜于西塾上，族長涖卜及

〔一〕「筮」下「書」原作「畫」，「以」上原脫「執」字，據儀禮士冠禮改補。

宗人吉服立于門西，東面南上，占者三人在其南，北上。卜人及執燋席者在塾西。」〔一〕又云「涖卜，即位于門東西面」，注：「涖卜，族長也。代主人命卜。」又云：「還卽席，西面坐，命龜。」是則卜與筮其位同也。東方生，西方成，立門東西面問卜，故爲以少問老之義也。

右論卜筮方向

皮弁素積，求之于質也。禮曰：「皮弁素積，筮于廟門之外。」士冠禮「主人玄冠朝服，緇帶素韠」，注：「玄冠，委貌也。朝服者，十五升布衣而素裳也。」「筮必朝服者，〔二〕尊蓍龜之道也。」又云：「有司如主人服。」又雜記：「大夫卜宅與葬日，占者皮弁。」又云「如筮，占者朝服」，注：「筮者，筮宅也。謂下大夫若士也。」則上文之卜宅與葬日，謂上大夫矣。其大夫家祭筮日，則服朝服，以朝服祭服爲祭，而筮，故服祭服。故少牢饋食禮：「筮旬有一日，筮于廟門之外，主人朝服西面于門東，史朝服。」「東面受命于主人」。則祭者、筮者皆朝服也。喪服小記「大祥吉服而筮尸」，則筮日亦服吉服可知。吉服，朝服也。其士祭筮日筮尸則玄端。特牲禮：「及筮日，主人冠玄端，子姪兄弟如主人服，有司羣執事如兄弟服。」又士喪，涖卜則玄端。士喪禮「族長涖卜及宗人吉服」，注：「吉服，服玄端也。」〔三〕然則卜筮有皮弁朝服玄端之異，此統云皮弁，未知何人之禮。又所稱禮曰，今三禮皆無此文，而少牢饋食疏引孝經注亦云：「卜筮冠皮弁素積，百王同之不改易。」則似指天子禮矣。故瞻卬傳：「及大昕之朝，君皮弁素積，卜三宮之夫人世婦之吉者。」知卜用皮

〔一〕上「卜人」下原脱「先」字，「燋」下原脱「席」字，據儀禮士喪禮補。〔二〕「服」下原脱「者」字，據儀禮士冠禮注補。〔三〕「玄」上原脱「服」字，據儀禮士喪禮注補。

弁矣。若祭事之卜，則卜者宜皮弁，君子服冕。祭義「易抱龜南面，天子衮冕北面」，是也。亦以爲祭而卜，故服祭服也。

右論卜筮之服

或曰：天子占卜九人，諸侯七人，大夫五人，士三人。又尚書曰：「三人占，則從二人之言。」此別一說，以天子至士同用三人也。筮人云：「掌三易：一曰連山，二曰歸藏，三曰周易。」金縢云：「乃卜三龜，一習吉。」則天子諸侯卜時皆三龜，筮時皆三易並用也。所云書者，洪範文。儀禮疏引鄭注：「卜筮各三人，太卜掌三兆三易，從其多者。」故士喪禮云「東面旅占」，注：「旅，衆也。友與其屬共占之。」謂掌連山、歸藏、周易者。又占葬云「占者三人」，注：「占者三人，掌玉兆、瓦兆、原兆者也。」然則大夫士凡卜筮亦皆同三人矣。左傳成六年云：「欒武子云：『善鈞從衆。』商書曰：『三人占，從二人，衆故也。』」是也。然則天子九人，諸侯七，大夫五，士三者，其夏殷制與？

右論占卜人數

不見吉凶于蓍，復以卜何？蓍者，陽道多變，變乃成。鄭注周禮占人云：「將卜八事，皆先以筮筮之。」蓋天子諸侯於大事，卜筮並用，先筮後卜。大事者，如大卜之國大貞，卜立君，卜大封，大祭祀。凡出軍旅喪事，及龜之八命：一曰征，二曰象，〔一〕三曰與，四曰謀，五曰果，六曰玉，七曰雨，八曰瘳皆是。若久事，則唯卜不筮。故表記云：「若卜無筮，小事無卜唯筮。」筮人所掌九筮是也。若然，周禮注「筮凶則止不卜」者，禮疏引崔氏云：「凡卜筮，天子皆用三代蓍龜，若三筮並凶，則止而不卜。若一吉一凶，雖筮逆猶得卜之也。故洪範有筮逆龜從之象。」即此也。

〔一〕「二曰」下「象」原作「家」，據周禮大卜改。

右論先筮後卜

龜以荆火灼之何？禮雜記曰：「龜，陰之老也。蓍，陽之老也。龍非水不處，龜非火不兆，以陽動陰也。」今雜記無此文，蓋逸禮也。御覽引三禮圖：「龜以春灼後左，夏灼前左，秋灼前右，冬灼後右。」禮禮運「龜以爲畜」，注：「龜，北方之靈。」北方太陰，是龜爲陰之老。故月令冬「其蟲介」也。李氏易傳引虞注云：「乾爲筮，乾爲老陽。」故蓍爲陽之老也。大戴曾子天圓篇「龍非風不舉，龜非火不兆，皆陰陽之際也」。又管子水地篇：「龜龍伏闇，能存能亡。龜生于水，發之于火，于是爲萬物先，爲禍福正。」是其誼也。必以荆者，取其究音也。禮三正記曰：「灼龜以荆。」類聚引三禮圖云：「楚焞以荆爲然，以灼龜，正以荆者，凡木心皆員，而荆心方，是以用之。」周禮華氏云：「掌共燋契，以待卜事。」杜子春云：「燋讀如細木焦之焦，或讀爲薪樵之樵，謂所爇灼龜之木也，故謂之燋。」後鄭引士喪禮云：「楚焞置于燋，在龜東。」楚焞即契龜所用灼龜也。是楚焞即荆也。以荆爲究音者，盧云「未詳」。案荆疑即名究音，如終葵爲錐之類。文當爲「荆者何？究音也」。以火動龜，不以水動蓍何？以爲嘔則是也。盧云：「未詳。」梁處素云：「『嘔字從口，疑揲蓍時以口嘔气其上，蓋古人如此，後世則以蓍薰于爐上矣。』」案周禮華氏：「凡卜，以明火爇燋，遂歙其焌氣，以待卜師。」後鄭謂「以契柱燋火而吹之也」。或古人用蓍，亦用口吹氣其上也。惠云「漢時有露蓍之説，是以水動蓍也」，未知何出。

右論灼龜

蓍龜敗則埋之何？重之，不欲人褻尊者也。禮曲禮上云「龜筴敝則埋之」，注：「此不欲人褻之也。」

埋之不知龜神之所爲。

右論埋蓍龜

周官曰：「凡國之大事，先筮而後卜。」此筮人文。注：「卜先簭之，卽事之漸也。于簭之凶，則止不卜。」「凡卜筮，君視體，大夫視色，士視墨。」周禮占人文也。彼「視」俱作「占」，注：「體，兆象也。色，兆氣也。墨，兆廣也。體有吉凶，色有善惡，墨有大小。」舊本「卜筮」作「卜人」，譌。「凡卜事，視高揚火以作龜。」卜師文也。「凡取龜用秋時，攻龜用春時。」此龜人文也。「春」舊作「冬」，譌。

右論周禮卜筮及取龜義

聖人（共四章）

聖人者何？聖者，通也，道也，聲也。道無所不通，明無所不照，聞聲知情，與天地合德，日月合明，四時合序，鬼神合吉凶。續漢志引五行傳「思心之不容，是謂不聖」，注：「聖者，通也。」大戴哀公問云：「所謂聖人者，知通乎大道，應變而不窮，能測萬物之情性者也」。荀子哀公篇亦有是語。是聖有通、道二訓也。說文耳部：「聖，通也。从耳，呈聲。」聖从耳得義，故又得聲訓也。是以書無逸「此厥不聽」，唐石經作「不聖」也。「與天地合德」下，易乾文言傳文。禮別名記曰：「五人曰茂。梁處素云：「月令疏引蔡氏辨名記，左傳疏引全此文，亦作辨名記，此作「別」，疑訛。」案辨、別通。小宰注，故書「傅別」作「傅辨」。士師注，故書「別」爲「辨」。別名之爲辨名，猶爾疋釋詁之爲「釋故」也。「五人曰茂」，禮運疏引辨名記、左傳疏引辨名記，俱作「倍人曰茂」。周禮宰夫注：「茂才異等。」漢氏以秀才爲茂才，知茂才爲傑異之才也。十人曰選。月令疏引同。左傳疏引作「千人曰選」。案下有「千人曰英」，左傳疏所引誤也。御覽引風俗通云：「十秭謂之選，故才倍十人者亦曰選」。禮王制：「命鄉論秀士，升之司徒，曰選士。」是也。繁露爵國篇以十人爲豪，與此異。百人曰俊。禮疏、左疏所引並作「倍選曰俊」。繁露爵國篇：「千人者曰俊。」鶡冠子云：「德萬人者謂之俊。」淮南氾論注，楚詞沈江注，史記注引尹文子，後漢書注引馬、鄭書注，並作「才德過千人者謂之俊」。與此異。千人曰英。禮疏、左疏、爾雅疏同。荀子儒效注：「信千人曰英。」禮運注：「英俊，選之尤者。」是也。淮南氾論注以才敵萬人者英，鶡冠子以德百人者爲英，亦與此異。倍英曰賢。禮運疏所引同。萬人曰傑。禮運疏所引亦同。呂覽仲秋紀「簡練桀俊」，注：「才過萬人曰桀。」史記注引尹文子、孟子公孫丑「俊傑在位」注並同。惟呂覽功名篇注「千人曰傑」、繁露爵國篇「百人曰傑」皆異。萬傑曰聖。」禮疏、左疏所引並作「倍傑曰聖」。蓋茂、選、英、俊、聖皆才德出衆之美稱，本無定名，故説各不同焉。

右總論聖人

聖人未殁時，寧知其聖乎？曰：知之。論語曰：「太宰問子貢曰：『夫子聖者歟？』孔子曰：『太宰知我乎？』」聖人亦自知聖乎？曰：知之。孔子曰：「文王既殁，文不在茲乎。」並見子罕篇。

右論知聖

何以知帝王聖人也？易曰：「古者伏羲氏之王天下也」，「於是始作八卦」。又曰：「伏羲氏殁，神農氏作」，「神農氏殁，黄帝堯舜氏作」。文俱言「作」，明皆聖人也。論語曰：「聖乎，堯舜其由病諸。」所引易，繫詞下傳、説卦傳文。文選注引含文嘉云：「伏羲德洽上下」，「始畫八卦」。五行大義引含文嘉云：「神農氏作田道，就耒耜」。「黄帝修兵革」。「堯廣被四表」。「舜修己以安百姓」。皆作者之事。禮樂記云：「作者之謂聖。」故知文皆言作，明俱聖人也。論語見雍也，由猶通。惠氏棟古義云：「作謂著作。『作者之謂聖』，其語本諸易，後借訓作爲起，失之。」惠又以「聖乎堯舜」爲句，「其由病諸」爲句。由與猶通。何以言禹湯聖人？論語曰：「巍巍乎舜禹之有天下而不與焉。」與舜比方巍巍，知禹湯聖人。春秋傳曰：「湯以盛德故放桀。」所引論語，泰伯篇文。何本有「也」字。漢書王莽傳、晉書劉寔傳、論衡語增篇引俱無「也」字，與此所引本同，宜魯論也。何以言文、武、周公皆聖人也？詩曰：「文王受命。」非聖不能受命。易曰：「湯武革命，順乎天。」湯武與文王比方。孝經曰：「則周公其人也。」下言「夫聖人之德，又何以加于孝乎」。詩見文王有聲篇，易見革象，孝經見聖治章。何以言皋陶聖人也？以目篇「曰若稽古皋陶」。聖人而能爲舜陳道。「朕言惠可底行」，又「旁施象刑維明」。並皋陶謨文。疏引鄭氏注，以皋陶屬下讀。江氏聲集注音疏云：「稽古之義爲同天，惟天子得有是目，咎繇雖聖，必不可以同天目之。斯則解爲順攷古道可也。」案鄭氏蓋古文説，故史公本紀「皋陶曰」爲「皋陶述其謀曰」，史公多從安國問故也。此則用今文書説。詩疏引擿雒戒云「曰若稽古周公旦」。周公以有聖德，云「稽古」，故知皋陶稱古，亦聖人也。書序「皋陶矢厥謨」，史本紀「帝舜朝禹，伯夷、皋陶相與語帝前，皋陶述其謀」。是爲舜陳道也。「朕言惠可底行」，亦今文書，本紀謂「吾言底可行乎」。是古文無「惠」字也。新序節士篇：「書曰『象刑旁施惟明』。」與今本作「方施」者異，蓋亦今文也。「目」舊作「自」，譌。

右論古聖人

又聖人皆有異表。傳曰：「伏羲日祿衡連珠，大目山准龍狀，作易八卦以應樞。」舊作「表異」，依盧改。舊脫「日」字，次句作「唯大目鼻龍伏」，依莊述祖校改。所引傳曰，蓋兼用元命苞、援神契諸緯文。路史引援神契云：「伏羲大目山準，日角而連珠衡。」宋注：「木精之人，日角，額有骨表，取象日所出，房所立，有星也。珠衡，衡中有骨表，如連珠，象玉衡星。」大義引援神契又云：「伏羲日角珠衡戴勝。」路史引元命苞云：「伏羲大目山準。」書鈔引元命苞又云：「伏羲龍狀。」然則此「日祿」即日角也。角古音祿也。大義引含文嘉云：「伏羲德洽上下，天應以鳥獸文章，地應以龜魚，伏羲則象作八卦。」〔一〕盧云：「本七字句，珠與樞韻，次句當脫一字。」黄帝龍顏，得天匡陽，上法中宿，取象文昌。御覽引元命苞云：「黄帝龍顏，得天庭陽，上法中宿，取象文昌，戴天履地，〔二〕秉數制剛。」注：「顏有龍象，似軒轅也。庭陽，太微庭也。戴天，天文在首。履陰，陰字在足下也。制，綱紀也。紀，正四輔也。」大義引文燿鉤云：「黄帝龍顏，得天庭，法中宿，取象文昌。」顓頊戴干，是謂清明，發節移度，蓋象招搖。「干」舊作「午」，依盧校改。路史注引演孔圖云：「顓頊戴干，是謂崇仁。」御覽引元命苞以此爲帝嚳之象。宋注：「干，楯也。招搖爲天戈，戈

〔一〕含文嘉作「地應以河圖洛書，伏羲則而象之，乃作八卦」。

〔二〕元命苞「履地」作「履陰」。

楯相剮，戴之者像見天下以爲表。」〔一〕大義引文燿鉤，又以此爲少昊之象。案「明」與「摇」字不叶韻，疑有誤。盧云：「干，楯也。乾鑿度云：『泰表戴干。』」〔二〕宋書符瑞志「首戴干戈」，〔三〕即此。帝嚳駢齒，上法月參，康度成紀，取理陰陽。御覽引元命苞，以此爲顓頊之象。「駢齒」作「駢幹」，「康度」作「集時」，蓋互訛也。宋注：「駢猶重也。水精主月，參伐主斬刈成功。」大義引文燿鉤，亦以此爲顓頊之象。又引世紀云：「帝嚳並齒，有聖德，能順三辰。」是也。案參與陽韻亦未洽。御覽引此，「駢齒」作「駢乾」，「康度」作「集咸」，「取理」作「成理」。路史「康庋」又作「秉庋」。堯眉八彩，是謂通明，歷象日月，璇、璣、玉衡。大義引文燿鉤云：「堯眉八彩，是謂通明，歷象日月，璇、璣、玉衡。」御覽引援神契云「堯鳥庭荷勝八眉。」注：「堯火精，鳥庭，庭有鳥骨，取象朱鳥。八眉，眉彩色有八也。」書堯典云「曆象日月星辰」。漢書李尋傳引此明之云「此言仰觀天文，俯察地理，觀日月消息，候星辰行伍」。〔四〕案此以「璇、璣、玉衡」當書之「星辰」。史記注引文燿鉤云：「斗者，天之喉舌，玉衡屬杓，魁爲璇、璣。」又引運斗樞云：「斗，第一天樞，第二旋，第三璣，〔五〕第四權，第五衡，第六開陽，第七瑶光。第一至第四爲魁，第五至第七爲杓。」天官書亦云：「北斗七星，所謂旋、璣、玉衡，以齊七政。」然則斗魁爲璇、璣，斗柄爲玉衡也。續漢志注引星極則云：「璇、璣，北極星也。玉衡，斗九星也。」白虎通義亦當然。蓋星謂斗建，辰謂北辰也。考大傳即以璇、璣爲北極，蓋今文説如此，與史記用古文不同。

〔一〕「之」上「戴」字原作「載」，據盧校本改。　〔二〕「表」下「戴」字原作「載」，據盧校本改。　〔三〕「戴」原作「載」，據宋書符瑞志改。　〔四〕「漢書」原作「後漢」，「星」上原脱「候」字，據漢書李尋傳改補。　〔五〕「喉」下「舌」原作「若」，「璣」原作「機」，據史記天官書注改。

舜重瞳子，是謂滋涼，上應攝提，以象三光。「滋涼」舊作「玄景」，一作「承原」，一作「慈掠」，盧據初學記宋注：「有滋液之潤，清涼光明而多見也。」類聚引演孔圖云：「舜重童子，是謂重明。」大義引元命苞云：「舜重瞳子，是謂滋涼，上應攝提，以統三光。」又引文燿鉤，文同。御覽引文燿鉤云：「舜目四童，謂之重明，承乾踵堯，海內富昌。」四童，即重瞳也。史記項羽本紀：「太史公曰『吾聞舜目重瞳子』。」是也。爾雅釋天：「太歲在寅曰攝提格。」史記注引李注云：「萬物承陽而起，故曰攝提格。格，起也。」易緯是類謀曰「攝提招紀」，注：「天元甲寅之歲。」蓋舜以甲寅蔀之丙辰攝帝位，故爲上應攝提也。禮說曰：「禹耳三漏，是謂大通，興利除害，決河疏江。自此至「藏元通流」，皆含文嘉文。路史注引演孔圖云：「禹耳三漏，是謂大通。」又引元命苞，文同。淮南修務訓：「禹耳三漏，是謂大通，興利除害，疏河決江。」符瑞志云「兩耳參鏤」，即三漏也。皋陶馬喙，是謂至誠，決獄明白，察于人情。舊作「鳥喙」，誤，依盧改。類聚引元命苞曰：「堯爲天子，季秋下旬，夢白虎遺吾馬喙子。其母曰扶始，升高邱，覩白虎上有雲，感己生皋陶。索扶始問之，如堯言徵與語，〔一〕明于刑法皋次終始，故立皋陶爲大理。」初學記引元命苞：「堯爲天子，夢馬喙子，得皋陶，聘爲大理。」淮南修務訓：「皋陶馬喙，是謂至信，決獄明白，察於人情。」〔二〕論衡骨相篇作「馬口」。湯臂三肘，是謂柳、翼，攘去不義，萬民咸息。路史注引演孔圖云：「湯臂三肘，是謂柳、翼。」御覽引元命苞云：「湯臂四肘，是謂神剛，象月推移，以綏四方。」論衡作「再時」，符瑞志亦作「四時」。文王四乳是謂至仁，天下所歸，百姓所親。路史注引演孔圖云：「文王四乳，是謂含良。」又引元命苞，文同。淮南修務訓：「文王四乳，是謂大仁，天下所

〔一〕「言」下「徵」原作「微」，據元命苞改。〔二〕「察」下「於」原作「乎」，據淮南子修務訓改。

歸，百姓所親。」書鈔又引元命苞云「蓋法酒旗，布恩舒惠」，注：「酒，乳也。能乳天下，布恩之謂也。」**武王望羊，是謂攝揚，盱目陳兵，天下富昌。**書鈔引元命苞：「武王駢齒，是謂剛强。」又御覽引元命苞云：〔一〕「取象參、房，承命誅害，以順天心。」宋注：「房爲明堂，主布政之宫。參爲大辰，主斬殺。兼此二者，故重齒爲表。」宋書符瑞志：「武王駢齒望羊。」家語辨樂解云：「近黠而黑，頎然長曠，如望羊。」注：「望羊，遠視也。」攝揚，蓋遠視之貌。史記荆軻傳「吾嚮者目攝之」，注：「怒視以攝整之。」是也。文選西京賦注引字林云：「盱，張目也。」魏都賦劉注：「盱，舉眉大視也。」方言二注：「盱謂舉眼也。」説文目部：「盱，張目也。」謂張目陳兵。孟子所云「武王一怒而安天下之民」也。**周公背僂，是謂强俊，成就周道〔二〕，輔于幼主。**説文人部：「僂，厄也。」又云：「傴，僂也。」禮問喪注：「傴，背曲也。」國語晉語注：「戚施，僂人也。」左昭四年注：「僂，肩傴也。」穀梁成元年傳：「曹公子手僂。」莊子達生篇：「傴僂承蜩。」僂蓋曲背之疾。淮南地形訓云：〔三〕「西方高土，其人面末僂，修頸卬行。」昭公七年左傳「一命而僂」是也。「强俊」當爲「强後」，與下主韻叶，古音後讀如户也。説文又云：「周公韈僂，或言背僂。」荀子、論衡亦云「背僂」。則「韈僂」説非也。荀子非相篇云：「周公之狀，身如斷菑。」菑爲林木立死者，斷菑亦宜與背僂義同也。**孔子反宇，是謂尼甫，德澤所興，〔四〕藏元通流。**路史注引世本云「反首張面」，言頂上窳也。左傳桓六年「以形生爲象」，注：「若孔子名邱。」爾雅釋邱：「四方而高曰邱。」是孔子首形象邱，四方高，中下，故名邱焉。孔聖全書引文燿鉤云：「首類尼邱山，故以爲名。」甫與流韻不

〔一〕「苞云」二字原作「送之」，據元命苞改。

〔二〕含文嘉「背僂」作「背天」，「强俊」作「俊强」，「成就」作「成龍」。

〔三〕「地形訓」原作「修務訓」，據淮南子改。

〔四〕含文嘉「尼甫」作「尼邱」。「澤」原作「降」，據含文嘉改。

叶，盧改甫爲邱。案邱與流韻亦不叶，邱古音去其反，故易渙六四「渙有邱」，與「匪夷所思」爲韻也。疑有別字。聖人所以能獨見前睹，與神通精者，蓋皆天所生也。詩疏引韓、魯詩説，聖人皆無父，感天而生。

右論異表

八風（一章）

風者，何謂也？風之爲言萌也。養物成功，所以象八卦。御覽引考異郵云：「風之爲言萌也。」又引禮統云：「風，萌也。養物成功，所以象八卦也。」左傳隱五年云「夫舞所以節八音而行八風」，疏引服注云：「八風，八卦之風。乾音石，其風不周。坎音革，其風廣莫。艮音匏，其風融。震音竹，其風明庶。巽音木，其風清明。離音絲，其風景。坤音土，其風涼。兑音金，其風閶闔。」陽立于五，極于九。五九四十五，日變，變以爲風，陰合陽以生風也。玉海引考異郵云：「冬至十一月，陽之氣也。陽立于五，極于九，五九四十五日一變，風以陰合陽，故八卦主八風。距同各四十五日。」〔一〕「立」舊作「生」，梁處素據保章氏疏引考異郵文改。距冬至四十五日條風至。條者，生也。考異郵云：「距冬至四十五日條風至。條者，達生也。」注：「自冬至後四十五日而立春，此風應其方而來，生萬物。」淮南天文訓「距冬至四十五日條風至」，注：「艮卦風，一名融風。」國語周語「瞽告協風」即此。「生」舊譌「正」，盧據樂記疏改。四十五日明庶風至。明庶者，迎衆也。考異郵云：「四十五日明庶風至。明庶者，迎

〔一〕「距」上原衍「相」字，下脱「同」字，據周禮保章氏疏引考異郵刪補。

衆也。」注：「春分之候，〔一〕言庶衆也。陽以施惠之恩德，迎衆物而生之。」天文訓云「四十五日明庶風至」，注：「震卦風。」四十五日清明風至。清明者，青芒也。考異郵云：「四十五日清明風至。清明者，精芒挫收也。」注：「立夏之候也。挫猶止也。時齊麥之屬秀出已備，故挫止其鋒芒，收之使成實。」〔二〕天文訓「四十五日清明風至」，注：「巽卦風。」四十五日景風至。景者，大也。言陽氣長養也。考異郵云：「四十五日景風至。景者，强也。强以成之。」注：「夏至之候强也，言萬物强盛也。」一名颽風。詩邶風「凱風自南」，傳：「南方長養之風，一名巨風。」有始覽云「南方曰巨風」，是也。天文訓注：「離卦風。」「者」字「言」字，盧據正義改。四十五日涼風至。涼，寒也。陰氣行也。考異郵云：「四十五日涼風至。」「涼風者，寒以閉也。」注：「立秋之候也。閉，收也。言陰氣收，〔三〕成萬物也。」天文訓注：「坤卦風。」月令：「孟秋之月，涼風至。」有始覽云「西南曰凄風」，是也。舊作「行陰氣也」，盧據正義改。四十五日昌盍風至。昌盍者，戒收藏也。考異郵云：「四十五日閶闔風至。閶闔者，當寒天收也。」注：「秋分之候也。閶闔，盛也。〔四〕時盛收物，蓋藏之。」天文訓注：「兑卦風。」史記律書：「昌者，倡也。盍者，藏也。」有始覽云「西方曰飂風」，是也。正義「昌盍」作「閶闔」，「戒」作「咸」。四十五日不周風至。不周者，不交也。言陰陽未合化也。考異郵云：「四十五日不周風至。不周者，不交也。陰陽未合化也。」注：「立冬之候也。未合化，言消息純坤無陽也。月令曰『天地不通，閉塞而成冬』也。」天文訓注：「乾卦風。」有始覽云「西北方曰厲風」，是也。宋本正義與此同。今

〔一〕「之」下「候」原作「後」，據考異郵注改。

〔二〕「秀」上原脱「屬」字，「之」下「使」原作「始」，據考異郵注補改。

〔三〕「陰」下「氣」原作「寒」，據考異郵注改。

〔四〕兩「閶闔」原作「昌盍」，據考異郵注改。

本「陽」作「氣」，譌。**四十五日廣莫風至。廣莫者，大莫也。開陽氣也。**考異郵云：「四十五日廣莫風至。廣莫者，精太滿也。」注：「冬至之候也。言冬物無見者，風精大滿，莫無偏。」〔一〕與此微異。天文訓注：「坎卦風。」律書：「廣莫者，言陽氣在下，陰莫陽廣大也。故曰廣莫。」有始覽云「北方曰寒風」，是也。**故曰：條風至地煖。**御覽引禮曰：「立春之日，東風解凍。後五日，蟄蟲始振。後五日，魚上冰。」是條風至地煖也。夏小正「二月，時有俊風」，傳：「俊者，大也。大風，南風也。」又曰「寒日滌凍塗」，傳：「滌也者，變也。變爲煖也。凍塗者，凍下而澤上易也。」即此地煖義也。此下當爲成語。**明庶風至萬物産。**史記律書：〔二〕「明庶風居東方。明庶明衆物盡出也。其於十二子爲卯，卯爲言萬物茂也。其於十母爲甲乙。甲者，萬物剖甲而出。乙者，言萬物生軋軋也。南至於氐，言萬物皆至也。」即萬物産之義也。**清明風至物形乾。**御覽十八引作「清明風至，則黍稷滋」。禮月令：「孟夏行秋令，則苦雨數來，五穀不滋。」又「孟秋之月，農乃登穀」，注：「黍稷於是始熟。」明仲夏始滋也。**景風至棘造實。**說文朿部：「棘，小棗叢生者。从並朿。」淮南兵畧訓「伐棘棗而爲矜」，注：「棘棗，酸棗也。」楚詞「愍命樹枳棘與薪柴」，〔三〕注：「小棗爲棘。」又詩魏風「園有棘，其實之食」，注：「棘，棗也。」造者，始也。蓋至此始實。未實則曰棘，既實則曰棗。故邠風「八月剥棗」也。**涼風至黍禾乾。**月令「孟秋之月，農乃登穀」，注：「黍稷之屬。」凡五穀熟則乾，故此云「黍禾乾」也。又云「孟秋行春令，陽氣復還，五穀無實」，注：「陽氣能生而不能成。」明涼風肅殺之氣與時宜也。**昌盇風至生薺麥。**御覽引作

〔一〕「風」下「精」原作「滿」，「無偏」上原脱「莫」字，據考異郵注改補。〔二〕「律書」字原作「天官書」，據史記改。

〔三〕「樹」下「枳」原作「梠」，據楚辭改。

「則種宿麥黍」。淮南天文訓：「陽生於午，故五月爲小刑，薺麥亭歷枯。」蓋薺麥生於秋，成於夏也。御覽引推度災云：「雄生八月仲節，號曰太初，行三節。」注：「節猶氣也。太初，氣之始也。必知生八月仲者，據此時薺麥生，以爲驗也。陽生物行三節者，須雌俱行乃著也。」〔一〕惟通卦驗敘薺麥生在不周風後。西京雜記引董仲舒曰：「建巳之月爲純陽不客，都無復陰也。但是陽家用事，陽氣之極耳。薺麥枯，由陰殺也。建亥之月爲純陰不客，都無復陽也。但是陰家用事，陰氣之極耳。薺麥始生，由陽升也。」然諸家皆謂薺麥生於秋。五行大義引陰陽書説曰：「庚金在秋，利以木氣，是以薺麥當秋而生。」禮記疏引蔡氏月令章句云：「陽氣初始於酉，故八月薺麥應時而生也。」

不周風至蟄蟲匿。

月令「仲秋之月，蟄蟲坏户」，注：「坏，益也。」蟄蟲益户，謂稍小之也。〔二〕又「季秋之月，蟄蟲咸俯在内，皆墐其户」。呂覽「在内」作「在穴」。俯者，垂首之謂。季秋俯，故至此匿也。又云：「孟冬行夏令，蟄蟲復出。」知此宜蟄蟲匿也。

廣莫風至，則萬物伏。

御覽引尸子：「北方，伏方也。」是萬物冬皆伏，貴賤如一。

是以王者承順之。條風至，則出輕刑，解稽留。

通卦驗云「王者順八風，行八政」，卽此承順之義也。又云：「立春條風至，赦小罪，出稽留。」淮南天文訓「條風至，則出輕繋，去稽留」，注：「立春故出輕繋。」月令「仲春之月，命有司省囹圄」。何代之獄，焦氏答曰：「月令秦書，則秦獄也。」初學記引博物志云：「夏曰念室，殷曰動止，周曰稽留。」則此「出輕刑」，卽禮「去桎梏」也。此「解稽留」，卽禮「省囹圄」也。

明庶風至，則修封疆，理田疇。

通卦驗云：「春分明庶風至，正封疆，修田疇」。天文訓云「明庶風至，

〔一〕「麥」下原脱「生」字，「雌」下原衍「伏」字，「行」下原衍「物」字，據御覽引推度災補删。

〔二〕「稍」下原脱「小」字，據文義補。

則正封疆，修田疇」，注：「春風播穀，故正封疆，治田疇也。」月令：「季春之月，循行國邑，周視原野，修利隄防，〔一〕道達溝瀆，開通道路。」卽修封疆，理田疇之義也。**清明風至，出幣帛，使諸侯。**通卦驗云：「立夏清明風至，出幣帛，禮諸侯。」天文訓同此，注：「立夏長養，布恩惠，故幣帛聘問諸侯也。」〔二〕月令季夏之月云「開府庫，出幣帛，周天下，勉諸侯，聘名士，禮賢者」，與此早差一節，蓋異代制也。**景風至，則爵有德，封有功。**通卦驗云：「夏至景風至，拜大將，〔三〕封有功。」初學記引京房易占：「夏至离王，景風用事，人君當爵有德，封有功。」天文訓「景風至，則爵有位，賞有功」，注：「夏至陰氣在下，陽盛於上，象陽布施，故賞有功，〔四〕封建侯也。」月令「孟夏之月，行賞封諸侯，慶賜遂行」。又云「行爵出祿，必當其位」，亦與此差一節。**涼風至，則報土功，祀四鄉。**通卦驗文同。天文訓「涼風至，則報地德，祀四郊」，注：「〔五〕立秋節，農乃登穀，嘗祭，故報地德，祀四方神也。」詩甫田云「以社以方」，傳：「社，后土也。方，迎四方氣于郊也。」箋云：「秋祭社與四方，以報其功也。」大司馬「仲秋遂以獮田羅弊致禽，以祀祊」，〔六〕注：「祊當爲方，秋田主祭四方，〔七〕報成萬物。」是也。舊作「化四鄉」，御覽引作「禮西郊」，與上下文皆不叶。**昌盍風至，則申象刑，飾囷倉。**通卦驗云「秋分閶闔風至，解縣垂，琴瑟不張」。天文訓「閶闔風至，則收縣垂，琴瑟不張」。與此異。月令：

〔一〕「修」下「利」原作「理」，據禮記月令改。　〔二〕「故」下原衍「用」字，據淮南子天文訓注刪。　〔三〕「至」下「拜」原作「辨」，據通卦驗改。　〔四〕「陽」下「盛於」原作「氣在」，「布」下原衍「惠」字，「賞」上原脱「故」字，據淮南子天文訓注改刪補。　〔五〕「注」字原脱，據淮南子天文訓注補。　〔六〕「秋」下原衍「云」字，「以」下「祀」原作「祭」，據周禮大司馬刪改。　〔七〕「田」上「秋」原作「獮」，據周禮大司馬注改。

「孟秋之月，命有司修法制，〔一〕繕囹圄，具桎梏」。盧云：「飾、飭同。」不周風至，則築宮室，修城郭。通卦驗云：「立冬不周風至，修宮室，完邊城。」天文訓「不周風至，則修宮室，繕邊城」，注：「立冬節，土工其始，故治宮室，繕修邊城，備寇難也。」月令「孟冬之月，坏城郭，戒門閭，修鍵閉，慎管籥，固封疆，〔二〕備邊竟，完要塞，謹關梁，塞徯徑。」是。廣莫風至，則斷大辟，行刑獄。通卦驗云：「冬至廣莫風至，誅有罪，決大刑。」月令「孟秋之月，戮有罪，嚴斷刑」者，秦以十月爲歲首，不便冬至後行刑，故行于孟秋時也。故後漢肅宗紀：「元和二年，詔曰：『律十二月立春，不以報囚。月令冬至之後，有順陽助生之文，而無鞫獄斷刑之政。』」皆與易說殊也。舊作「獄刑」，盧据御覽改。

右論八風節候及王者順承之政

商賈（一章）

商賈，何謂也？商之爲言商也。商其遠近，度其有亡，通四方之物，故謂之商也。說文商部：「商，从外知内也。从冏，章聲。」廣雅釋詁：「商，度也。」管子海王篇「禺英之商曰二百萬」，注：「商，計也。」是則商本度之訓，引伸之爲商賈之商。公羊成元年注：「通財鬻貨曰商。」考工記：「通四方之珍異以資之，謂之商旅。」賈之爲言固也。固其有用之物，以待民來，以求其利者也。廣雅釋言云：「賈，固也。」行曰商，止曰賈。周

〔一〕「修」下原脱「法制」二字，據禮記月令補。

〔二〕「戒」下原脱「門」字，「閭」下原衍「閭」字，「封」上「固」原作「周」字，據禮記月令補刪改。

禮大宰「六曰商賈，阜通貨賄」，注：「行曰商，處曰賈。」司市「以商賈阜貨而行布」，注：「通物曰商，居賣物曰賈。」〔一〕文選西京賦「商賈百族」，薛注：「坐者爲商，行者爲賈。」蓋互訛也。**易曰：「先王以至日閉關，商旅不行，后不省方。」**此復象詞也。引以證行曰商也。集解引虞注：「巽爲商旅，爲近利市三倍」，「姤、巽伏初，故商旅不行。」**論語曰：「沽之哉，沽之哉，我待價者也。」**論語子罕文。引以證止曰賈也。論語「價」作「賈」。說文無「價」字。王制「命市納賈」，注：「謂貴賤也，厚薄也。」漢書食貨志「賈平則止」，注：「賈讀曰價。」是商賈之賈。價值之價，古皆作「賈」，「價」俗字。漢世多習魯論，時隸書盛行，故多俗字。班氏蓋用魯論語。後漢張衡傳、逸民傳兩注皆作「價」也。此引「待價」證「止曰賈」，則亦讀賈爲商賈之賈，故小爾雅廣言云：「賈，價也」。是也。文選琴賦「經千載以待價」，同此。御覽亦作「價」，漢石經「沽」作「賈」。**卽如是，尚書曰「肇牽車牛，遠服賈用」何？言遠行可知也。方言「欽厥父母」，欲留供養之也。**「何」舊作「方」，依盧改。盧云：「上言『卽如是』，下言『何』，乃難問之詞，下『方言』疑是『亦言』或『又言』之誤〔二〕，『欽』字或是『孝養』之異文。此仍是申『止曰賈』之義。」案今古文書皆無攷，此以「用」屬「賈」讀，蓋今文說也。此引經言「遠服賈用」，雖「止曰賈」之義，故復引留養父母以解之。王氏鳴盛後案云：「據商、賈之義本不同，今以牽車遠行之商謂之賈者，欲見留養父母之義也。」是也。

〔一〕「賣」下「物」原作「貨」，據周禮司市注改。

〔二〕「方言」上「下」字原作「不」字，據盧校本改。

白虎通疏證卷八

瑞贄舊作「文質」，孫志祖云：「當即說苑修文反質名篇之義。」莊述祖云：「文質自在下三正篇內具見，此當爲瑞贄。」盧云：「文質所該者廣，不僅當篇，故從莊所改。」今仍之。（共七章）

王者始立，諸侯皆見何？當受法稟正教也。獨斷下云：「烈文，成王即政，諸侯助祭之所歌也。」是則新王即位，諸侯皆來朝，故因以助祭也。尚書「揖五瑞」，「覲四岳」。謂舜始即位，見四方諸侯，合符信。堯典文也。史記五帝紀、漢書郊祀志，並作「輯五瑞」，揖、輯通也。史記注引馬氏書注云：「揖，斂也。五瑞，公侯伯子男所執以爲瑞信也。堯將禪舜，使羣牧斂之，使舜親往班之。」以彼文承「受終文祖」之下，故知舜始即位，見諸侯，合符信也。詩云：「元王桓撥，受小國是達，受大國是達。」言湯王天下，大小國皆來見，湯能通達以禮義也。商頌長發文。毛傳：「元王，契也。」鄭箋云：「元王廣大其政治，始堯封之商爲小國，舜之末年，乃益其土地，爲大國，皆能達其政令。」與此異。此蓋魯詩說也。御覽引中候洛予命云：「天乙在亳，東觀于洛。」「黃魚雙躍出」。「化爲黑玉赤勒，曰：『玄精天乙受神符。』」〔一〕又詩疏引中候我應云：「元湯伐亂。」是湯亦稱元王也。小國大國，並指來朝諸侯言，則下文小球大球，小共大共，亦即爲大小國所執之瑞贄矣。周頌曰：「烈文辟公，錫茲祉福。」言武王伐

〔一〕「躍」下原脫「出」字，「精」下「天」字原作「在」字，「神」下「符」原作「福」字，據中候洛予命補改。

紂定天下，諸侯來會，聚于京師受法度也。遠近莫不至，受命之君，天之所興，四方莫敢違，夷狄咸率服故也。毛詩序，蔡氏獨斷，並以此詩爲成王卽政時所歌，與此異。此蓋亦魯詩說也。

右論諸侯朝會合符信

何謂五瑞？謂珪、璧、琮、璜、璋也。說文玉部：「瑞，以玉爲信也。从玉，耑聲。」管子君臣篇「以瑞以稽之」，注：「瑞，君所與臣爲信，珪璧之屬也。」禮曰：「天子珪尺有二寸。」又曰：「博三寸，剡上，左右各寸半，厚半寸。半珪爲璋。方中圓外曰璧。半璧曰璜。圓中牙外曰琮。」此約玉人職及聘禮記、雜記文。舊本「牙」字下有「身立」二字，係衍文。禮王度記曰：「玉者，有象君子之德，燥不輕，溼不重，薄不橈，廉不傷，疵不掩。是以人君寶之。」說苑修文篇：「圭者，玉也。薄而不橈，廉而不劌，有瑕於中，必見於外。」說文「玉」字下云：「石之美有五德者。潤澤以温，仁之方也。䚡理自外，可以知中，義之方也。其聲舒揚，專以遠聞，智之方也。銳廉而不技，絜之方也。」〔一〕管子水地篇：「夫玉，温潤而澤，仁也。鄰以理者，知也。堅而不蹷，義也。廉而不劌，行也。鮮而不垢，潔也。折而不撓，勇也。」初學記引通義云：「玉有五德。温潤而澤，有似于智。銳而不害，有似于仁。抑而不撓，有似于義。有瑕于內，必見于外，有似于信。垂之如墜，有似于禮。」俱與此大同。然則燥不輕，禮也。溼不重，智也。薄不撓，義也。廉不傷，仁也。疵不掩，信也。是爲君子之德也。「橈」舊作「澆」，誤。天子之純玉，尺有二寸。公侯九寸，四玉一石也。伯子男俱三玉二石也。小字本無「之」字。周禮玉人云：

〔一〕「不」下「技」原作「忮」，據說文改。

「天子用全，上公用龍，侯用瓚，伯用將。」先鄭云：「全，純色也。龍當爲尨，尨謂雜色。」後鄭云：「全，純玉也。龍、瓚、將，皆雜名也。卑者下尊，以輕重爲差，玉多則重，石多則輕。公侯四玉一石，伯子男三玉二石。」說文：「仝，完也。从入从工。篆文从玉作全。純玉曰全。」「駹，〔一〕四玉一石也」。「瓚，三玉二石也」。「將」作「埒」，云「埒，玉石相埒」。則許氏以公四玉一石，侯三玉二石，伯子男玉石相半，與鄭異。許氏說多本賈逵。逵作周官解，多用古文義也。周禮疏引稽命徵云：「天子純玉尺二寸。公侯九寸，四玉一石。伯子男三玉二石。」與此同。禮疏引盈不足術云：「玉方寸重七兩，石方寸重六兩。」是玉多則重，石多則輕。故玉多貴，石多賤也。

五玉者各何施？蓋以爲璜以徵召，璧以聘問，璋以發兵，珪以質信，琮以起土功之事也。各本「質信」作「信質」，從小字本改。公羊定八年「盜竊寶玉大弓」，傳：「寶者何？璋判白。」注：「不言璋言玉者，起圭、璧、琮、璜、璋，五玉盡亡之也。傳獨言璋者，所以郊事天，尤重。詩云『奉璋峩峩，髦士攸宜』，是也。禮，圭以朝，璧以聘，琮以發兵，璜以發衆，璋以徵召。」按傳言璋、璜、琮之所用，與此互異。

珪以爲信何？珪者，兑上，象物始生見于上也。信莫著于作見，故以珪爲信，而見萬物之始莫不自潔。珪之爲言圭也。上兑，陽也。下方，陰也。陽尊，故其理順備也。位在東，陽見義于上也。說文玉部：「珪，瑞玉也。」禮禮器「諸侯以圭爲瑞」，注：「瑞，信也。」是珪以爲信，故取以朝也。莊子馬蹄篇「孰爲珪璋」，釋文引李注：「銳上方下曰圭。」周禮大宗伯注：「禮神者必象其類，圭銳，象春物初生。」聘禮記：「圭與繅皆九寸，剡上寸半。」是圭者銳上，爲象萬物之生也。作「兑」者，兑、銳通。「珪之爲言圭」者，「圭」舊作「潔」，盧依類聚改，

〔一〕「駹」原作「龍」，據說文改。

案圭卽具有潔義。小雅天保「吉蠲爲饎」。周禮蜡氏注引作「吉圭爲饎」。云：「圭，潔也。」考工記匠人注：「圭之爲言珪潔也。」是也。上圓下方，上圓法天，下方法地，故上兑陽，下方陰也。大宗伯：「以青圭禮東方。」東方少陽，故陽上陰下。故易益云「告公用圭」，虞注：「乾爲圭。圭，桓圭也。」是也。此諸侯之圭。若天子所執之冒，上無所屈，卽無鋭。故説文：「諸侯朝天子，執圭，天子執玉以冒之，似犁冠也。」御覽作「爲圭之制，上小下大，狀如梨鋒，至冒乃似犁冠」。御覽「梨」字誤矣。荀子大畧亦云「聘人以珪」，注：「謂使人聘他國以珪璋。」是也。

璧以聘問何？璧者，方中圓外，象地，地道安寧而出財物，故以璧聘問也。方中，陰德方也。圓外，陰繫于陽也。陰德盛于內，故見象于內，位在中央。璧之爲言積也，中央故有天地之象，所以據用也。內方象地，外圓象天也。

荀子大畧「問士以璧」，注：「問，謂訪其國事。」禮聘禮「受享束帛加璧」，注：「君享用璧。」是璧以聘問，蓋可兩用也。説文玉部：「璧，瑞玉圜也。」璧徑五寸，尋繹諸經所載璧制，無內方外圓之形。爾雅釋器云：「肉倍好謂之璧，好倍肉謂之瑗，肉好若一謂之環。」注：「肉，邊也。好，孔也。」程氏瑤田通藝録云：「璧孔一寸，則邊二寸，合兩邊及孔，爲徑五寸。瑗孔二寸半，則邊一寸又四分寸之一，合兩邊及孔，其徑亦五寸。環孔一寸又三分寸之一，則邊亦一寸又四分寸之一，合兩旁及孔，其徑亦五寸。是肉及孔，其形皆圓，設好方肉圓，則孔之四角侵及于肉，何以得云倍與若一也？」此本逸禮爲説，故與雅訓異。逸禮以璧取象天地，故以內方爲陰象地，外圓爲陽象天也。上辟雍篇亦云：「辟之爲言積也。」辟與璧通，辟有積義，故凡衣之結縫稱辟積，故璧亦輾轉訓積也。

璜所以徵召何？璜者半璧，位在北方，北陰極而陽始起，故象半陰。陽氣始施，徵召萬物，故以徵召也。不象陽何？陽始物微，未可見也。璜者，横也。質尊之命也，陽氣横于黄泉，故曰璜。璜之爲言光也。陽光所及，莫不動也。象君之威命所加，莫敢不從，陽之所施，無不節也。淮南説林訓「然非夏后氏之璜」，注：「半璧曰璜，璜以發象。」是璜以徵召也。文選注引字林云：「半璧曰璜。」説文玉部：「璜，半璧也。」詩靈臺箋云：「古者天子辟雍，築土雝水之外，圓如璧。」又泮水箋云：「泮之言半也。蓋東西門以南通水，北無也。」然則天子之辟雍似璧，諸侯之泮宫似璜。故段氏玉裁説文注云：「此黌字之所由來歟？」周禮大宗伯云：「以元璜禮北方。」是位在北方也。彼注云：「象冬閉藏，地上無物，唯天半見，十一月一陽始生之氣微未著，故第取以象半陰也。」璜、横、璜、光皆疊韻，望文生訓，無明文。

璋以發兵何？璋半珪，位在南方。南方陽極，而陰始起，兵亦陰也，故以發兵也。不象其陰何？陰始起，物尚凝，未可象也。璋之爲言明也。賞罰之道，使臣之禮，當章明也。南方之時，萬物莫不章，故謂之璋。周禮典瑞云：「牙璋以起軍旅，以治兵守。」先鄭云：「牙璋，琢以爲牙。牙齒兵象，故以牙璋發兵，若今時以銅虎符發兵。」案漢書齊王傳：「魏勃紿召平曰：『王欲發兵，非有漢虎符驗也。』」又吴王濞傳：「弓高侯責膠西王曰：『未有詔虎符，擅發兵。』」是周用牙璋，漢用虎符，先鄭舉漢以况周，以其用同，故是璋以發兵也。但璋有牙璋、瑑璋之殊，此發兵專指牙璋也。説文玉部「琥」字下云「發兵瑞玉爲虎文」，未知何代之制，或西方金，兵者凶器，亦得用西方玉也。詩斯干「載弄之璋」，傳：「半圭曰璋。」爾雅釋器「璋大八寸謂之琡」，注：「璋，半珪也。」大宗伯「以赤璋禮南方」，注：「半珪曰璋。象夏物半死。」是其位在南方也。太元永云「陰以取武」，注：「兵，陰物也。」左氏哀九年傳「可以興兵」，注：「兵，陰類也。」是兵爲陰類，陰生于夏。又周禮司馬爲夏官，故以夏所用之瑞發兵也。璋明、璋章亦疊韻，望文生義，無明訓。故管子牧民篇：「不璋兩原，則刑乃繁。」是假璋爲章，而章又明訓也。琮以起土功發衆何？琮之爲言宗也。象萬物之宗聚也。功之所成，故以起土功發衆也。位在西方，西方陽，收功于內，陰出成于外，內圓象陽，外直爲陰，外牙而內湊，象聚會也。故謂之琮。后夫人之財也。周禮大宗伯「以黄琮禮地」，注：「琮八方，以象地。」玉篇：「琮玉八角象地。」故以起土功也。琮、宗亦望文生訓。廣雅釋詁云：「宗，聚也。」又云：「宗，衆也。」故取象于萬物之聚，用以發衆也。大宗伯「以白琥禮西方」。或以黄琮屬土，土位西南，故亦得爲位在西方也。三禮圖引潘徽集禮云：「依漢世諸儒所論白虎通説，琮外方內圓，有好。」則此云內圓謂好，外直謂肉。説文玉部：「琮，瑞玉，大八寸，似車釭。」蓋謂外八角而中圓，故似車釭。是琮有好也。玉人云「大琮尺有二寸，射四寸」，注：「射，其外鉏牙。」牙達于外，則內相湊，亦似輪輻。」注：「于轄巾謂之藪。」藪亦聚義，故説文謂形似車釭也。聘禮：「享君以璧，享夫人以琮。」又小行人「琮以錦」，注：「五等諸侯享天子用璧，享后用琮。」玉人云：「駔琮五寸，宗后以爲權。大琮尺有二寸，射四寸，厚四寸，是謂內鎮，宗后守之。」是后夫人之財也。舊「發衆」作「發聚」，「宗也」作「聖也」，「宗聚」下有「聖」字，並依盧校改正。五玉所施非一，不可勝條，畧舉大者也。五玉所施，並詳周禮典瑞、玉人職。

右論五瑞制度

合符信者，謂天子執瑁以朝，諸侯執圭以覲天子。説文玉部：「瑁，諸侯執珪朝天子，天子執玉以冒之，似犁冠。古文作珇。〔一〕周禮玉人云：「天子執瑁四寸，以朝諸侯。」詩長發云：「受小球大球，爲下國綴旒。」箋云：「小

〔一〕「朝」下原衍「于」字，「珇」原作「瑁」，據説文删改。

球長尺二寸，大球長三尺，與小國結定其心，如旌旗之旒。」卽合符信之義也。瑁之爲言冒也。上有所覆，下有所冒也。玉人注云：「名玉曰冒者，言德能覆蓋天下也。」疏引書傳云：「古者圭必有冒，言下之必有冒，不敢專達也。」書顧命云：「上宗奉同瑁。」吳志注、虞翻別傳引馬注，訓爲大同天下。蓋以同瑁爲一物，亦取覆冒天下，故爲大同也。故覲禮曰：「侯氏執圭升堂。」尚書大傳：「天子執瑁以朝諸侯。」又曰：「諸侯執所受珪與璧，朝于天子。無過者，復得其珪以歸其邦，有過者，留其珪，能正行者，復還其珪。三年珪不復，少絀以爵，六年珪不復，少絀以地，九年珪不復，而地畢削。」玉人云：「命圭九寸，謂之桓圭，公守之。命圭七寸，謂之信圭，侯守之。命圭七寸，謂之躬圭，伯守之。」注：「命圭者，王所命之圭也。朝覲執焉，居則守之。」易益六二「告公用圭」，集解引九家易云：「上公執桓圭九寸，諸侯執信圭七寸，諸伯執躬圭七寸，諸子執穀璧五寸，諸男執蒲璧五寸。五等諸侯各執之以朝見天子也。」唯朝覲執以見王，覲禮所云是也。升堂致命，天子受其玉，堯典「輯五瑞」是也。禮畢無過者反之，堯典「班瑞于羣后」是也。有過者留其珪，以差黜削，大傳說是也。御覽引大傳云：「天子執瑁以朝諸侯，見則覆之。」注：「君恩覆之，臣敢進。」又云：「故冒圭者，天子所與諸侯爲瑞也。諸侯所執受圭以朝于天子。瑞也者，屬也。無過者復得以歸，有過行者留其圭，三年能改過者復之，此諸侯之朝于天子也，義則見屬，不義則不見屬。」所引較爲明備也。說苑修文篇：「諸侯貢士三不適，謂之誣。誣者，天子黜之：一黜以爵，再黜以地，三黜而地畢。」又云：「諸侯有不貢士，謂之不率正。不率正者，天子黜之。一黜以爵，再黜以地，三黜而地畢。」彼言三黜之差與此合。誣與不率正，皆諸侯有過之一端也。「六年」以下十八字舊脱，盧據大傳補。「其邦」舊訛作「其拜」。珪所以還何？以爲珪信瑞也。書堯典「班瑞于羣后」，即謂班所輯之五瑞也。禮聘義云：「已聘而還珪璋。」此輕財而重禮之義也。是朝聘皆還珪也。**璧所以留者，以財幣盡，輒更造。何以言之？禮曰：「珪造尺八寸。」有造珪，明得造璧也。**此謂諸侯享天子者也。若子男所執穀璧、蒲璧，亦無留義。周禮小行人云：「合六幣，圭以馬，璋璧以帛，琮以錦。」注云：「五等諸侯享天子用璧，享后用琮。用圭璋者，二王之後也。二王後尊，故享用珪璋而特之。」然則二王後所享之圭璋，亦受之不歸，故得有造珪也。小行人注云：「其大各如其瑞。」則二王之後造珪宜九寸。若諸侯相享，下其瑞一等，則二王後所用之珪宜八寸。此引禮文作「尺八寸」，與諸經不合。**公珪九寸，四玉一石。何以知不以玉爲四器，石持爲也。以尚書合言「五玉」也。**盧云：「『持』疑『特』字之誤。」四玉一石，謂一珪之中，石居四分之一也。」所引尚書，堯典文。今文伏生傳「五玉」作「五樂」，此蓋古文也。公羊疏引鄭注，以五玉即五瑞，故知非玉四器、石又别一器也。

右論合符還圭之義

臣見君有贄何？贄者，質也。質己之誠，致己之悃愊也。王者緣臣子之心以爲之制，差其尊卑以副其意也。周禮大宗伯「以禽作六摯」，注：「贄之言至，所執以自致。」御覽引異義：「謹案：五玉摯，自公卿以下執禽，尊卑之差也。」贄，説文作「摯」，云：「摯，至也。」「一曰：虞書雉摯。」蓋古文書也。摯、贄、質疊韻爲訓，故贄亦作質。孟子滕文公「出疆必載質」，注：「質，臣所執以見君。」是也。士相見禮云「士相見之禮贄」，注：「贄，所執以至者，君子于所尊敬，必執質以將其厚意。」是古人以卑見尊，必有物以將其悃忱爲贄，不敢褻尊之義也。御覽「何」上有

「者」字，一作「凡臣見君，所以必有贄何。」公侯以玉爲贄者，玉取其燥不輕，濕不重，明公侯之德全也。公羊莊二十四年注：「凡摯，天子用鬯，諸侯用玉。玉，取其至清而不自蔽其惡，〔一〕潔白而不受污，內堅剛而外溫潤，有似于備德之君子。」御覽引禮記外傳：「王者朝臣，諸侯之朝臣，非爲面之尊，地不成國，德不比玉，故不執玉也。」是執玉者唯諸侯也。卿以羔爲贄。羔者，取其羣而不黨。卿職在盡忠率下，不阿黨也。大宗伯云「卿執羔」。注「取其羣而不失其類」。〔二〕儀禮士相見禮「上大夫相見以羔」，注：「羔取其從率羣而不黨也。」穀梁莊二十四年注同。公羊注：「羔取其執之不鳴，殺之不號，乳必跪而受之，類死義知禮者也。」繁露執贄篇云：「羔有角而不任，設備而不用，類好仁者。執之不鳴，殺之不啼，類死義者。羔食於其母，〔三〕必跪而受之，類知禮者。」「故卿以爲贄也。」說苑修文篇：「卿以羔爲贄。羔者，羊也。羊羣而不黨，故卿以爲贄。」大夫以雁爲贄者，取其飛成行，止成列也。大夫職在奉命適四方，動作當能自正以事君也。大宗伯「大夫執雁」，注：「取其候時而行。」〔四〕公羊注：「大夫用雁，取其在人上，有先後行列。」士相見禮：「大夫相見以雁。」注：「雁取知時飛翔，有行列也。」說苑修文篇：「雁者，行列有長幼之禮。」曲禮疏引作「飛有行列也」。舊「在」下有「以」字，「命」下有「之」字，疏無，下句作「動作當以正道事君也」。士以雉爲贄者，取其不可誘之以食，懾之以威，必死不可生畜。士行耿介，守節死義，不當移轉也。舊脱「介」字，「耿」作「威」，盧據御覽引改。大宗伯「士執雉」，注：「雉取其守介而死，不失其節。」公羊注：「士用

〔一〕「取」上原脱「玉」字，據公羊傳莊公二十四年注補。　〔二〕「取」上原脱「注」字，據周禮大宗伯注補。　〔三〕「食」下原脱「於」字，據春秋繁露執贄篇補。　〔四〕「取」上原脱「注」字，「其」字原作「以」，據周禮大宗伯注補改。

雉，取其耿介。」士相見禮「冬用雉」，注：「取其耿介，交有時，別有倫也。雉必用死者，爲其不可生服也。」說苑：「士以雉爲贄。雉者，不可指食籠狎而服之，故士以爲贄也。」

曲禮曰：「卿羔，大夫以雁，士以雉爲贄，庶人之贄匹。童子委贄而退。野外軍中無贄，以纓拾矢可也。」言必有贄也。匹謂鶩也。

大宗伯又有「孤執皮帛，工商執雞」。白虎通多用今禮，故依曲禮通之也。御覽引異義：「謹按：周禮說，五玉贄，自孤卿以下執禽，尊卑有差也。禮不下庶人，工商又無朝儀，五經無說庶人工商有贄。」則許氏不以周禮說爲然也。然孟子萬章亦云：「庶人不傳贄爲臣，不敢見于諸侯。」而此有庶人工商之贄者，或自爲相見之禮歟？漢郊祀志：「三帛，二生一死爲贄。」堯典：「二生一死贄。」二生卽羔、雁，死卽雉也。匹，周禮作「鶩」，曲禮注云：「說者以匹爲鶩。」鄭所云「說者」，卽指此。匹古訓偶，訓雙，非物名。孟子告子云：「力不能勝一匹雛。」音義云「匹，周、張如字」，則張氏意謂力不能勝一雙雛耳。曲禮但云「庶人之贄匹」，未知何物。白虎通見周禮云「庶人執鶩」，故申之云「匹謂鶩也」。故鄭氏禮注因引以爲說，非直以匹爲鶩之別名也。陸德明音匹爲木，孔疏直云「匹，鶩也」，皆非。玉篇又有「鴄」字，尤附會失實。大宗伯注：「鶩取其飛不能遷。」蓋謂庶人當循分安常，故執鶩也。說苑：「庶人以鶩爲贄。鶩者，鶩鶩也。鶩鶩無他心，故庶人以鶩爲執也。」

卿大夫贄，古以麑鹿，今以羔雁何？以爲古者質，取其內，謂得美草鳴相呼。今文取其外，謂羔跪乳，雁有行列也。

禮士相見經曰：「上大夫相見以羔，左頭如麛執之。」明古以麑鹿，今以羔也。說文「鹿」字下云：「鹿之性，見食急則必旅行。」故麗爲旅行之義，其字从鹿。小雅鹿鳴云：「呦呦鹿鳴，食野之苹。」傳：「鹿得草，呦呦然鳴而相呼，懇誠發于中，以興嘉樂賓客，當有懇誠相招呼以成禮。」禽獸得食則爭，鹿見美草猶必旅行呼召，義莫甚也。故古卿大夫以爲贄。是以北史裴安祖傳「聞講鹿鳴而兄弟同食」也。鄭氏禮注載有二説。一謂「如麛執之者，秋獻麛，有成，禮如之。」一謂「麛，古之贄也，其禮蓋謂左執前足，右執後足」。右執後足，是今禮先師本有此説，故班氏引以爲義也。卿大夫贄變，君與士贄不變何？人君至尊，極美之物以爲贄。士賤，伏節死義，一介之道也。故不變。「伏」舊作「仗」，非。此明卿大夫有麛鹿羔雁之變，君與士皆用圭與雉之義也。

右論見君之贄

私相見亦有贄何？所以相尊敬，長和睦也。御覽引禮記外傳：「贄幣相見，相敬也。」士相見禮云「相見之禮贄」，注：「贄所執以至者，君子于所尊敬，必執贄以將其厚意也。」又士相見目録云：「士有職位相親，始承贄相見。」是私相見亦有摯，以相尊敬和睦也。對臣見君，故爲私。又荀子堯問篇：「周公曰：『吾所執質而見者十人，還質而相見者三十人。』」則敵者見又有還贄之禮矣。朋友之際，五常之道，有通財之義，振窮救急之意，中心好之，欲飲食之，故財幣者，所以副至意焉。禮士相見經曰「上大夫相見以雁，士冬以雉，夏以腒」也。以腒作脯，仍士相見改，此引士相見文，當並引「上大夫相見以羔，下大夫相見以雁」也。鄭彼注云：「夏用腒，備腐臭也。」周禮庖人云「夏行腒鱐」，注：「腒，乾雉。」然則士冬以鮮雉，夏以薧雉故也。御覽引禮記外傳「夏執乾雉，餘三時執死雉」也。

右論私相見贄

婦人之贄以棗栗腶脩者，婦人無專制之義，御衆之任，交接辭讓之禮，職在供養饋食之問。其義一也。儀禮昏禮：「婦見舅以棗栗，見姑以脯脩。」公羊莊二十四年注：「禮，婦人見舅以棗栗爲贄，見姑以段脩爲贄，見夫人至尊並用之。」〔一〕禮記曲禮云：「婦人之摯，椇榛、脯脩、棗栗。」莊二十四年左傳：「女摯不過榛栗棗脩，以告虔也。」曲禮注：「婦人無外事，見以脩物也。」又郊特牲云：「婦人從人者也。」詩斯干云：「無非無儀，唯酒食是議。」箋云：「婦人無所專于家事，有非，非婦人也，有善，亦非婦人也。婦人之事，唯議酒食爾。」禮記内則：「女子十年不出，觀于祭祀納酒漿、籩豆、菹醢。」是婦人之職在供養，故不同羔雁等物也。故后夫人以棗栗腶脩者，凡内修陰也。又取其朝早起，栗戰自正也。腶修者，脯也。盧云：「『朝』字『栗』字衍，正義無。」國語魯語云：「婦摯不過棗栗。」春秋譏宗婦用幣，知后夫人亦同用棗栗諸摯。禮記昏義云：「后聽内職，以同修内陰故也。」魯語注：「棗取早起，栗取敬栗。」又穀梁莊二十四年注：「棗取其早自矜莊，栗取其敬業。」公羊注：「棗栗取其早自謹敬。」是皆取名爲義也。釋名釋飲食：「脯又曰修。修，縮也，乾燥而縮也。」周禮内饔云：「凡掌共羞修腶脯也。」儀禮有司徹云「入于房，取糗與腶修」，注：「腶修，擣肉之脯。」公羊注：「取其斷斷自修正。」是亦取名爲義也。故春秋傳曰：「宗婦覿用幣，非禮也。然則曷用？棗栗云乎，腶脩云乎。」莊二十四年公羊傳文。舊脱「曷用」二字，依盧補。

右論婦人之贄

子見父無贄何？至親也。見無時，故無贄。臣之事君，以義合也。得親供養，故質己之誠，副己之意，故有贄也。禮記禮器云：「至敬無文，父黨無容。」故無贄也。

〔一〕「見」下「夫人」原作「丈夫」，據公羊傳莊公二十四年注改。

右論子無贅臣有贅

三正（共九章）

王者受命必改朔何？明易姓，示不相襲也。明受之于天，不受之于人，所以變易民心，革其耳目，以助化也。故大傳曰「王者始起，改正朔，易服色，殊徽號，異器械，別衣服」也。宋書禮志引元命苞云：「王者受命，昭然明于天地之理，故必移居處，更稱號，改正朔，易服色，以明天命。〔一〕聖人之實，質文再而改，窮則相承，周則復始。」繁露楚莊王篇：「今所謂新王必改制者，非改其道，非變其理，〔二〕受命于天，易姓更王，非繼前王而王也。」公羊隱元年傳「王正月也」，注：「王者受命，必徙居處，改正朔，易服色，殊徽號，變犧牲，異器械，明受之于天，不受之于人。」大戴禮虞戴德云：「以小繼大，變民示也。」言王者不能修德，諸侯以臣繼之，必變易前制也。「大傳」舊作「喪服文傳」，脱下「者」字，依盧改正。是以禹舜雖繼太平，猶宜改以應天。書堯典云「正月上日」，書疏引鄭注云：「帝王易代，莫不改正，〔三〕堯正建丑，舜正建子。此時未改堯正，故云正月上日。」〔四〕宋書引推度災云：「軒轅、高辛、夏后氏、漢，皆以十三月爲正。少昊、有唐、有殷，皆以十二月爲正。高陽、有虞、有周，皆以

〔一〕「天」下「命」字原作「心」，據宋書禮志引元命苞改。〔二〕「必」下「改」字原作「更」，「非」下「變」字原作「更」，據春秋繁露楚莊王篇改。〔三〕「代」下原脱「莫不」二字，據尚書舜典疏補。〔四〕「正」、「月」二字原倒，「上」原作「元」，據尚書堯典疏改。

十一月爲正。」漢書董仲舒傳對策曰：「孔子曰：『無爲而治者，其舜乎！』改正朔，易服色，以順天命而已。其餘盡循堯道，何更爲哉！」是舜禹亦改制應天也。惟魏志辛毗傳云：「時議改正朔，毗以魏氏遵舜禹之統，應天順民。至于湯武，以戰伐定天下，乃改正朔。」則以舜禹皆未改朔，篡亂之世，經籍道消，不足從也。堯典云「三帛」，史記注引鄭注云：「高陽氏之後用赤繒，高辛氏之後用黑繒，其餘諸侯皆用白繒。」通典引中候云：「高陽氏尚赤，薦玉以赤繒。高辛尚黑，薦玉以黑繒。陶唐氏尚白，荐玉以白繒。」此正古帝王通三統之明據。若自夏以前皆未改朔，有何三統之通，與三帛之異乎？

王者改作，樂必得天應而後作何？重改制也。春秋瑞應傳曰：「敬受瑞應，而王改正朔，易服色。」易曰：「湯武革命，順乎天而應乎民也。」「樂」字疑衍。公羊疏引斗威儀云：「若尚色，〔一〕天命以赤尚赤，以白尚白，以黑尚黑。」宋注：「赤者，命以赤烏，故周尚赤。湯以白狼，故尚白。禹以玄珪，故尚黑也。」〔二〕是得天應而後改作也。大義引感精符云：「帝王之興，多從符瑞。〔三〕周感赤雀，故尚赤。殷致白狼，故尚白。夏錫玄珪，故尚黑。」此皆先兆氣王之符也。所引易，見革彖傳。

右論改朔之義

文家先改正，質家先伐何？改正者文，伐者質。文家先其文，質者先其質。論語曰：「予小子履敢用玄牡，敢昭告于皇王后帝。」此湯伐桀告天以夏之牲也。詩曰：「命此文王，于

〔一〕「尚」下原脱「色」字，據斗威儀補。〔二〕「尚」下「黑也」原作「元」，據公羊疏改。〔三〕「從」上「多」原作「今」，據感精符改。

周于京。」此言文王改號爲周，易邑爲京也。又曰：「清酒既載，騂牡既備。」言文王之牲用騂，周尚赤也。說郛引詩汎麻樞云：「文王受命，必先祭天，乃行王事。詩曰『濟濟辟王，左右奉璋』。此文王之郊。」春秋繁露謂「文王受天命而王天下，〔一〕先郊乃敢行事，而興師伐崇」。又云：「已受命，必先祭天，乃行王事。」案文王以歲入戊午蔀二十九年改元，即虞、芮質成之年。詩疏引大傳：「一年虞、芮質成，六年始伐崇。」孔穎達以六年乃稱王。考棫樸箋云：「祭皇天上帝及三辰。」是以受命祭天。又云：「周王于邁。」是已稱王，豈有受命不稱王之理？是文家先受命改正稱王，然後乃征伐也。此已見三軍篇，微有同異。

右論改朔征伐先後

正朔有三何本？天有三統，謂三微之月也。明王者當奉順而成之，故受命各統一正也。敬始重本也。後漢書章帝紀：「元和二年，詔曰：『春秋于春每月書「王」者，〔二〕重三正，慎三微也。』」注引斗威儀云：「三微者，三正之始。萬物皆微，物色不同，故王者取法焉。」又陳寵傳：「奏曰：『三微成著，以通三統。』」注引義宗云：「故曰三微。王者奉而成之，各法其一，以改正朔也。」朔者，蘇也，革也。言萬物革更于是，故統焉。禮三正記曰：「正朔三而改，文質再而復也。」漢書武帝紀元年注：「應劭曰：『朔，蘇也。』」釋名釋天：「朔，蘇也。月死復蘇生也。」疊韻爲訓。說文月部：「朔，月一日始蘇也。从月，屰聲。」又屰，月初生也，讀如書「哉生魄」之魄，故朔字从此，轉平聲，則並入魚韻也。爾雅釋訓云：「朔，北方也。」書疏引舍人注：「朔，盡也。北方萬物盡，故言朔也。」惟革

〔一〕「而」下原脱「王」字，據春秋繁露郊祭篇補。

〔二〕「于」下「春」字原作「正」，據後漢書章帝紀改。

故盡，故朔又有革義。後漢書注引禮緯云：「正朔三而反，文質再而復。」與三正記同也。朔、革亦疊韻爲訓。

三微者，何謂也？陽氣始施黄泉，動微而未著也。御覽三十九引作「陽氣始施黄泉而未上也」。後漢魯恭傳：「孝章皇帝深求古人之道，助三正之微。」注引前書音義云：「言陽始施，萬物微而未著，故曰微。」又章紀注引書大傳云：「必以三微之月爲正者，當爾之時，物皆尚微，王者受命，當扶微理弱，奉成之義也。」十一月之時，陽氣始養根株黄泉之下，萬物皆赤，赤者，盛陽之氣也。故周爲天正，色尚赤也。十二月之時，萬物始牙而白，白者，陰氣，故殷爲地正，色尚白也。十三月之時，萬物始達，孚甲而出，皆黑，人得加功，故夏爲人正，色尚黑。尚書大傳曰：「夏以孟春月爲正，殷以季冬月爲正，周以仲冬月爲正。夏以十三月爲正，色尚黑，以平旦爲朔。殷以十二月爲正，色尚白，以雞鳴爲朔。周以十一月爲正，色尚赤，以夜半爲朔。不以二月後爲正者，萬物不齊，莫適所統，故必以三微之月也。後漢書注引禮緯云：「十一月，時陽氣始施於黄泉之下，色皆赤。赤者陽氣，故周爲天正，色尚赤。十二月，萬物始牙而色白。白者陰氣，故殷爲地正，色尚白。十三月，萬物孚甲而出，其色皆黑，人得加功展業，故夏爲人正，色尚黑。」又引三禮義宗云：「十一月陽氣始施，萬物動于黄泉之下，微而未著，其色皆赤，赤者陽氣，故周以天正爲歲，色尚赤，夜半爲朔。十二月萬物始牙，色白，白者陰氣，故殷以地正爲歲，〔一〕色尚白，雞鳴爲朔。十三月萬物始達，其色皆黑，人得加功以展其業，夏以人正爲歲，色尚黑，平旦爲朔。」公羊隱元年注：「夏以斗建寅之月爲正，平旦爲朔，法物皆見，色尚

〔一〕「者」上原脱「白」字，「故」下「殷」原作「陰」，據後漢書章帝紀注補改。

黑。〔一〕殷以斗建丑之月爲正，雞鳴爲朔，法物牙，色尚白。周以斗建子之月爲正，夜半爲朔，法物萌，色尚赤。」蓋皆本禮緯、書大傳爲説也。「不以二月」下，御覽作「不以二三月後爲正者，以其萬物不齊，莫有所立」云云，較多數字。又引作「萬物色皆赫赫然，威陽之氣也。」疑誤。又「牙」上有「萌」字。三正之相承，若順連環也。孔子承周之弊，行夏之時，知繼十一月正者，當用十三月也。大義四云：「孔子得天，此謂得天道四時之氣，應八節生殺之期也。故云行夏之時，乘殷之輅，服周之冕，兼三代而爲法，蓋取其可久者也。」御覽引書大傳：「三王之統若循連環，周則又始，窮則反本也。」檀弓疏推鄭君義云：「伏羲以下，女媧以十二月爲正，神農以十一月，黄帝以十三月，少昊以十二月，高陽以十一月，高辛以十三月，堯以十二月，舜以十一月，夏以十三月，殷以十二月，周以十一月。」是三王之相承若循環也。後漢東平王蒼傳云：「孔子曰『行夏之時，乘殷之輅，服周之冕』，爲漢制法也。」公羊襄十四年注亦有「聖人爲漢制法」語。則此蓋本公羊春秋爲説也。

右論三正之義

天道左旋，改正者右行，何也？改正者，非改天道也，但改日月耳。日月右行，故改正亦右行也。天道左旋，日月右行，義具下天地篇、日月篇。

右論改正右行

日尊于月，不言正日，言正月，何也？積日成月，物隨月而變，故据物爲正也。釋名釋天

〔一〕「色」下原脱「尚」字，據公羊傳隱公元年注補。

云：「四方各一時之期也。物之生死，各應積期而至止也。」積日成時，皆據物變之義也。故周書解：「歲者，春秋冬夏，各有孟仲季以名十二月，月中氣以歲時應也。」

右論正言月不言日

天質地文。質者據質，文者據文。周反統天正何也？質文再而復，正朔三而改。三微質文，數不相配，故正不隨質文也。大戴禮注云：「含文嘉云：『質以天德，文以地德，殷援天而王，周據地而王。』」是天質地文也。禮疏引三正記：「文質再而復始。」宋志引推度災云：「三而復者，正朔也。二而復者，文質也。」是文質正朔各自反復，本不相配合也。

右論改正不隨文質

王者受命而起，或有所不改者，何也？王者有改道之文，無改道之實。如君南面，臣北面，皮弁素積，聲味不可變，哀戚不可改，百王不易之道也。鹽鐵論遵道云：「故有改制之名，無變道之實。」禮大傳云：「其不可得變革者則有矣，親親也，尊尊也，長長也，男女有別，此其不可得與民變革者也。」通卦驗：「不易者，其信也。天在上，地在下，君南面，臣北面，父坐子伏，此其不易也。」繁露三代改制篇：「若夫大綱人倫，道理政治，教化習俗，文義盡如故，亦何改哉？故王者有改制之名，無易道之實。孔子曰：『無爲而治者，其舜乎！』言其主堯之道而已。此非不易之效乎？」是其所不改者也。荀子天論篇云「百王之無變，足以爲道貫，一廢一起，應之以貫」，即此。舊「實」作「質」，非。

右論百王不易之道

王者所以存二王之後何也？所以尊先王，通天下之三統也。明天下非一家之有，謹敬謙讓之至也。故封之百里，使得服其正色，行其禮樂，永事先祖。今春秋說文也。郊特牲云：「天子存二代之後，猶尊賢也。尊賢不過二代。」疏引異義：「公羊說，存二王之後，所以通夫三統之義。古春秋左氏說，周家封夏殷二王之後以爲上公，封黄帝、堯、舜之後謂之三恪。謹案：治魯詩丞相韋玄成、治易施讎說，引外傳曰：『三王之樂，可得觀乎？』知王者所封，三代而已。」鄭駮之云：「玄之聞也，所存二王之後者，〔一〕命使郊天以天子之禮，祭其始祖受命之主，自行其正朔服色，此之謂通夫三統。恪者，敬也。敬其先聖而封其後，與諸侯無殊異，何得比夏殷之後？」是鄭與此並用公羊說。詩疏引書大傳云：「王者存二王之後，與己爲三，所以通大三統。」鄭氏商頌譜云：「乃列之以備三頌，著爲後王之義，監三代之成功，法莫大于是矣。」又魯頌譜云：「故孔子録其詩之頌，同于王者之後。」然則夏之篇章既已亡棄，周人封魯，等于二王之後，故卽録商、魯二頌，繫于周頌之後，亦取通三統之義也。左傳隱元年「春，王正月」，疏引服注云：「孔子作春秋，于春每月書『王』，〔二〕以統三王之正。」是則左氏經師亦不廢三統之義。杜預、范寧俗學，故不識先師精意焉。魏志青龍五年詔曰：「仲尼大聖之才，祖述堯舜，憲章文武，制作春秋，論究人事，以百王之則。」此尊先王，通天下三統之義。時王肅輩未顯于世，故猶得及此也。谷永傳「垂三統，列三正，去無道，開有德，不私一姓，明天下迺天

〔一〕「得」下原脱「觀」字，「後」下原脱「者」字，據禮記郊特牲疏補。　〔二〕「元年」原作「三年」，「于」下原脱「春」字，據左傳隱公元年疏改補。

下之天下，非一人之天下也」。又劉向傳云：「故聖賢之君，博觀終始，窮極事情，而是非分明，王者必通三統，〔一〕明天命所授者博，非獨一姓也。」又史記堯本紀：「堯子丹朱，舜子商均，皆有疆土，以奉先祀，服其服，禮樂如之，以客見天子，天子不臣，示不敢專也。」是也。

論語曰：「夏禮吾能言之，杞不足徵也。殷禮吾能言之，宋不足徵也。」春秋傳曰：「王者存二王之後，使服其正色，行其禮樂。」論語見八佾篇，春秋傳當爲春秋説。公羊隱三年「春王二月」，注：「二月、三月皆有『王』者，二月殷之正月也，三月夏之正月也。王者存二王之後，使統其正朔，服其服色，行其禮樂，所以尊先聖，通三統。師法之義，恭讓之道，于是可得而觀矣。」

詩曰：「厥作裸將，常服黼冔。」言微子服殷之冠，助祭于周也。大雅文王篇文。彼上云「殷士膚敏，裸將于京」。傳：「殷士，殷侯也。」是毛詩家亦以此爲微子也。故孟子離婁引此詩，趙注亦云：「殷之美士，執裸鬯之禮，將事于京師，若微子者也。」毛傳：「冔，殷冠。」鄭箋謂「壯美而敏，來助周祭，其助祭自服殷之服」。是服殷之冠助祭于周也。漢書劉向傳：「孔子論詩，至於「殷士膚敏，裸將于京」，喟然嘆曰：「大哉天命！善不可不傳之子孫。是以富貴無常，不如是，則王公其何以戒慎，〔二〕氓民何以勸勉？」蓋傷微子之事周，而痛殷之亡也。」

周頌曰：「有客有客，亦白其馬。」此微子朝周也。詩有客文。毛詩序：「有客，微子來見祖廟也。」

二王之後，若有聖德受命而王，當因其改之耶，天下之所安得受命也，非其運次者。盧云：「此有脱誤，疑是『當因其故，抑改之耶』，下云『天之所廢，安得受命也』。」且「非其運次者」，蓋即一姓不再興之義。」

〔一〕「必」下原脱「通」字，據漢書劉向傳補。

〔二〕「至」下原脱「於」字，「公」下原脱「其」字，據漢書劉向傳補。

右論存二王之後

王者必一質一文者何？所以承天地，順陰陽。陽之道極，則陰道受，陰之道極，則陽道受，明二陰二陽不能相繼也。公羊桓十一年注：「故王者始起，〔一〕先本天道以治天下，質而親，親而不尊。故後王起，法地道以治天下，文而尊尊。及其衰也蔽，其失也尊尊而不親，故復反之于質。」易繫詞傳：「一陰一陽之謂道。」明二陰二陽不能相繼也。若然，表記言「虞夏之質，殷周之文」者，彼自謂夏家雖文，比殷周之文猶質，殷家雖質，比夏家之質猶文。故夏雖有文，同虞夏質，殷雖有質，同周之文，自謂一時民俗而言。若王者取尚，仍一質一文也。質法天，文法地而已。故天爲質，地受而化之，養而成之，故爲文。尚書大傳曰：「王者一質一文，据天地之道。」禮三正記曰「質法天，文法地」也。文選注引元命苞云：「王者一質一文，據天地之道，天質而地文。」公羊桓十一年注：「天道本下，親親而質省。地道敬上，尊尊而文煩。」是也。說苑修文篇：「商者，常也。常者質，質主天。夏者，大也。大者文也，文主地。故王者一商一夏，再而復者也。」帝王始起，先質後文者，順天地之道，本末之義，先後之序也。事莫不先有質性，後乃有文章也。兩「有」字下，論語疏並有「其」字。「天地」舊作「天下」，依盧據論語疏改。

右論文質

〔一〕「始」下原脱「起」字，據公羊傳桓公十一年注補。

三教（共六章）

王者設三教者何？承衰救弊，欲民反正道也。公羊桓十一年注：「王者起，所以必改質文者，爲承衰亂救人之失也。」漢書董仲舒傳對策云：「三王之道，〔一〕非其相反，將以救溢扶衰，所遭之變然也。」三正之有失，故立三教，以相指受。夏人之王教以忠，其失野，救野之失莫如敬。殷人之王教以敬，其失鬼，救鬼之失莫如文。周人之王教以文，其失薄，救薄之失莫如忠。繼周尚黑，制與夏同。三者如順連環，周而復始，窮則反本。「三正」當改爲「三王」。鹽鐵論錯幣云：「三王之時，迭盛迭衰，衰則扶之，傾者定之。是以夏忠、殷敬、周文，庠序之教，恭讓之禮，粲然可觀也。」說苑修文篇云：「夏后氏教以忠而君子忠矣，小人之失野，救野莫如敬。故殷人教以敬而君子敬矣，小人之失鬼，救鬼莫如文。故周人教以文而君子文矣，小人之失薄，救薄莫如忠。故聖人之與聖也，如矩之三雜，規之三雜，周則文昭，窮則反本也。」禮疏引元命苞曰：「三王之有失。故立三教以相變。夏人之立教以忠，其失野，故救野莫如敬。殷人之立教以敬，其失鬼，救鬼莫如文。周人之立教以文，其失蕩，故救蕩莫若忠。如此循環，周則復始，窮則相承。」是也。案「蕩」疑亦「薄」之訛。董仲舒傳對策曰：「由是觀之，繼治世者其道同，繼亂世者其道變。今漢繼大亂之後，若宜少損周之文致，用夏之忠者。」是則繼周而後當與夏制同尚忠矣。淮南說林訓云：「天殷變夏，周變殷，春秋變周，三代之禮不同，何古之從？」說苑君道篇：「孔子曰：『夏道不

〔一〕漢書董仲舒傳「道」下有「所祖不同」四字，不可省。

亡，〔一〕商德不作。商道不亡，周德不作。周道不亡，春秋不作。」皆與公羊家說同也。

右論聖王設三教之義

樂稽耀嘉曰：「顏回尚三教變，虞夏何如？」曰：「教者，所以追補敗政，靡弊溷濁，謂之治也。舜之承堯無爲易也。」或曰：「三教改易，夏后氏始。盧云：「『尚』當『問』字之誤，『變』字絶句，意謂虞夏之受禪亦變否耶，〔二〕下乃夫子所答也。」禮記學記：「教也者，長善而救其失者。」董仲舒傳對策曰：「故孔子曰：『無爲而治者，其舜乎！』改正朔，易服色，以順天命而已，其餘盡循堯道，何更爲哉？故王者有改制之名，無變道之實。然夏尚忠，殷尚敬，〔三〕周尚文者，所繼之捄當用此也。」「夏因于虞，而獨不言所損益者，其道如一，而所尚同也。道之大原出于天，天不變，道亦不變，是以禹繼舜，舜繼堯，三聖相受而守一道，〔四〕無救弊之政也，故不言其所損益也。」然則堯教本所以救弊，堯至禹以治相承，無爲變異，繼治世者其道同故也。若然，自堯以前亦三教相變矣，故又引或說以三教改易自夏始爲別解也。高宗亦承弊，所以不改教何？明子無改父之道也。何以知高宗不改之？以周之教承以文也。乾鑿度云：「猶殷道中衰，王道陵遲，至于高宗，內理其國，以得民心，扶救衰微。」又喪服四制云：「高宗者，武丁。武丁者，殷之賢王也。」當此之時，殷衰而復興，禮廢而復起，故善之。是高宗亦承弊之君也。「何以」舊誤「何言」，依盧改。三教所以先忠何？行之本也。三教一體而分，不可單行，故王者行之

〔一〕「夏」下「道」原作「德」，據說苑君道篇改。

〔二〕「誤」上原脫「之」字，「否」下原脫「耶」字，據盧校補。

〔三〕「殷尚敬」原作「商尚質」，據漢書董仲舒傳改。

〔四〕「相」下「受」原作「變」，據漢書董仲舒傳改。

有先後。何以言三教並施，不可單行也？以忠、敬、文無可去者也。

右論三教

教所以三何？法天地人。内忠，外敬，文飾之，故三而備也。即法天地人各何施？忠法人，敬法地，文法天。人道主忠，人以至道教人，忠之至也，人以忠教，故忠爲人教也。地道謙卑，天之所生，地敬養之，以敬爲地教也。盧云：「疑尚有天教一段，〔一〕文脱耳。」

右論三教所法

教者，何謂也？教者，效也。上爲之，下效之。民有質樸，不教而成。故孝經曰：「先王見教之可以化民。」論語曰：「不教民戰，是謂棄之。」尚書曰：「以教祇德。」詩云：「爾之教矣，欲民斯效。」孝經見三才章，論語見子路篇。合本論語有「以」字，前鄉射篇引有之。穀梁傳僖二十三年云：「以其不教民戰，則是棄其師也。」此無「以」字，與劉勰新論所引同。後漢傳燮傳，鄭太傳隋經籍志，皆引孔子曰：「不教人戰，是謂棄之。」或唐時避「民」字諱，改爲「人」也。書見呂刑，詩見角弓篇，今本作「爾之教矣，民胥傚矣」。翻譯名義集四引元命苞云：「教之爲言傚也。上行之，下傚之。」廣疋：「教，效也。」一切經音義引三蒼云：「教，誨也。」説文攴部：「教，上所施，下所效也。」御覽引元命苞云：「天人同度，正法相授，〔二〕天垂文象，人行其事，謂之教。教之爲言效也。上爲下效，道之始也。」

〔一〕「疑」下「尚」原作「當」，據盧校改。　〔二〕「法」下「相」原作「所」，據元命苞改。

右總論教

忠形於悃忱故失野，敬形於祭祀故失鬼，文形於飾貌故失薄。表記：「夏道尊命，事鬼敬神而遠之，近人而忠焉，其民之敝，惷而愚，喬而野，朴而不文。殷人尊神，率民以事神，其民之敝，蕩而不靜，勝而無恥。周人尊禮尚施，事鬼敬神而遠之，近人而忠焉。其民之敝，利而巧，文而不慙，賊而蔽。」〔一〕與此詳略互見。

右論三教之失

夏后氏用明器，殷人用祭器，周人兼用之何謂？曰：夏后氏教以忠，故先明器，以奪孝子之心也。殷教以敬，故先祭器，敬之至也。周人教以文，故兼用之，周人意至文也。孔子曰：「之死而致死之，不仁而不可爲也。之死而致生之，不知而不可爲也。」故有死道焉，以奪孝子之心焉。有生道焉，使人勿倍焉。「故竹器不成用，木器不成斲，瓦器不成沬，〔二〕琴瑟張而不平，竽笙備而不和，有鐘磬而無簨簴」，懸示備物而不可用也。孔子曰「爲明器者善，〔三〕爲俑者不仁」，「塗車芻靈，自古有之」，言今古皆然也。「殷教以敬」，小字本「殷」下有「人」字，當補入。此檀弓上仲憲問曾子之言也。彼文云：「夏后氏用明器，示民無知也。殷人用祭器，示民有知也。周人兼用之，示民疑也。」注：「示民無知，所謂致死之。示民有知，所謂致生之。示民疑，言使民疑于無知與有知。」又云：「曾子

〔一〕「而」上「賊」原作「賤」，據禮記表記改。　〔二〕禮記檀弓上無「器」字，「沫」作「味」。　〔三〕禮記檀弓下「爲明器者善」作「爲芻靈者善」。

曰：「其不然乎，其不然乎！夫明器，鬼器也。祭器，人器也。』」此曾子以憲言爲非也。本疏引崔靈恩云：「此王者質文相變也。」荀子禮論篇：「薦器則冠有鍪而無縰，甕甒虛而不實，有簟席而無牀笫，木器不成斲，陶器不成物，薄器不成內，笙竽具而不和，琴瑟張而不均，輿藏而馬反，告不用也。具生器以適墓，象徙道也。略而不盡，貌而不功，趨輿而藏之，金革轡靷而不入，明不用也。象徙道，又明不用也。是皆所以重哀也。故生器文而不功，明器貌而不用。」又家語子思解：「子貢問于孔子曰：『死者有知乎，將無知乎？』孔子曰：『吾欲言死之有知，將恐孝子順孫妨生以送死。吾欲言死之無知，將恐不孝之子棄其親而不葬。賜欲知死者有知與無知，非人之急，後自知之。』」亦即此意。說苑辨物篇亦有此語。

右論三代祭器明器之義

三綱六紀（共五章）

三綱者，何謂也？謂君臣、父子、夫婦也。繁露基義篇云：「陽兼于陰，陰兼于陽；夫兼于妻，妻兼于夫；父兼于子，子兼于父；君兼于臣，臣兼于君。君臣、父子、夫婦之義，〔一〕皆與諸陰陽之道。」又云「天爲君而覆露之，地爲臣而持載之；陽爲夫而生之，陰爲婦而助之；春爲父而生之，夏爲子而養之」。「王道之三綱，可求于天」也。六紀者，謂諸父、兄弟、族人、諸舅、師長、朋友也。漢書賈誼傳：「夫立君臣，等上下，使父子有禮，六親有紀，此非天之所爲人之所設也。」六親，即六紀也。此「族人」當謂五屬外者。故含文嘉曰：「君爲臣綱，父爲子綱，

〔一〕「婦」下原脫「之義」二字，據春秋繁露基義篇補。

夫爲妻綱。」又曰：「敬諸父兄，六紀道行，諸舅有義，族人有序，昆弟有親，師長有尊，朋友有舊。」樂記疏引禮緯「六紀道行」作「諸父有善」，當據改正。古經引含文嘉云：「王者敬諸父有善，則大角光明而揚。諸舅有儀，則軒轅東西角大張。族人有序，則宗人倚文正明。王者序長幼各得其正，則房、心有德心應之。王者敬師長有尊，則攝提如列，無則反折。」文選注引含文嘉又云：「朋友有舊，內外有差，則箕爲之直，月至風揚。」不言昆弟，卽長幼得正，容得兼之也。何謂綱紀？綱者，張也。紀者，理也。大者爲綱，小者爲紀。所以張理上下，整齊人道也。人皆懷五常之性，有親愛之心，是以綱紀爲化，若羅網之有紀綱而萬目張也。詩云：「亹亹文王，綱紀四方。」詩棫樸文也。鄭箋云：「張之爲綱，紀之爲理。」毛詩作「勉勉我王」。韓詩外傳引詩云：「亹亹我王。」知所據者韓詩也。說文糸部：「綱，網紘也。紀，別絲也。」書盤庚云：「若網在綱，有條而不紊。」羅網有綱紀，綱舉而紀不亂，而萬目以張，喻人三綱既舉，而六紀自不亂，而庶務亦舉也。「張理」舊作「彊理」，誤，盧據儀禮經傳通解改正。

右總論綱紀

君臣、父子、夫婦，六人也。所以稱三綱何？一陰一陽謂之道，陽得陰而成，陰得陽而序，剛柔相配，故六人爲三綱。一陽一陰謂之道，繫辭傳文。繁露基義篇云：「陰者陽之合，妻者夫之合，子者父之合，臣者君之合。物莫無合，而合各有陰陽。〔一〕是君、父、夫爲陽，臣、子、妻爲陰也。陽剛陰柔，相配而成，故易

〔一〕「而」下原脱「合」字，據春秋繁露基義篇補。

繫辭：「五位相得，而各有合。」左疏引鄭注云：「二五陰陽各有合，然後氣相得施化行也。」天地數十，而位止五，猶君臣、父子、夫婦六人而止稱三綱也。

右論三綱之義

三綱法天地人，六紀法六合。君臣法天，取象日月屈信，歸功天也。父子法地，取象五行轉相生也。夫婦法人，取象人合陰陽，有施化端也。山海經海外南經「六合之間」，注：「四方上下爲六合。」是也。下日月篇引感精符云：「三綱之義，日爲君，月爲臣。」是君臣法天，取象日月也。上五行篇云：「所以更王何？以其轉相生，故有終始也。」以木生火，火生金，金生水，水又生木，亦如父生子，子生孫也。古微書漢含孳云：「水火交感，陰陽以設，夫婦象也。」是夫婦法人，合陰陽也。「人合」舊作「六合」，譌。六紀者，爲三綱之紀者也。師長，君臣之紀也，以其皆成己也。諸父、兄弟，父子之紀也，以其有親恩連也。諸舅、朋友，夫婦之紀也，以其皆有同志爲己助也。古經引宋均禮緯注云：「師者，所以教人爲君者也。長者，所以教人爲長者也。」師長所以成己，故與君臣同也。又引宋均云：「諸父，伯仲叔季也。」爾雅釋親：「男子先生爲兄，後生爲弟。」是諸父爲父昆弟，昆弟爲己昆弟，故爲父子之紀也。不及族人，以宗族皆親恩所連而推故也。釋親又云：「母之舅弟爲舅，母之從父舅弟爲從舅。」又云：「妻之父爲外舅。」是諸舅之稱。皆由母妻之黨而及，故爲夫婦之紀。下引禮記曰：「同志爲友。」夫婦亦同志相助，故亦爲之紀也。此謂六紀以紀三綱，意三綱爲綱，六紀爲緯也。「己」舊作「紀」，譌。

右論綱紀所法

君臣者，何謂也？君，羣也，羣下之所歸心也。臣者，繵堅也，厲志自堅固也。春秋傳曰「君處此，臣請歸」也。廣雅釋言云：「君，羣也。」韓詩外傳及繁露深察名號篇云：「君者，羣也。」周書謚法解：「從之成羣稱君。」是羣下所歸心稱君也。古微書載援神契云：「臣者，堅也。」盧本删「繵」字。案廣雅釋言云：「臣，繕也。」繕、繵皆與臣同韻，故得訓也。然「繵堅」二字不當連，疑「繵」下脱「也」字。儀禮通解引此作「臣，牵也。象屈服之形」，〔一〕與說文同也。堅本从臤得聲，說文讀若鏗，云「古文以爲賢字。」案漢校官碑：「親臤寶智。」左傳成四年「鄭伯堅卒」，〔二〕公羊作「臤」，穀梁作「賢」，是堅、臤、賢皆通用，並從臣得聲。臣、堅、君、羣，皆疊韻爲訓也。所引春秋傳，公羊宣十五年傳文。

父子者，何謂也？父者，矩也，以法度教子也。子者，孳也，孳孳無已也。故孝經曰：「父有爭子，則身不陷于不義。」說文又部：「父，矩也，家長率教者。从又舉杖。」廣雅釋親云：「父者，矩也，以法度威嚴于子。」釋名釋親云：「父，甫也。始生己也。」義異。又云：「子，孳也。相生蕃孳也。」孝經見諫諍篇。

夫婦者，何謂也？夫者，扶也，以道扶接也。婦者，服也，以禮屈服也。昏禮曰：「夫親脱婦之纓。」傳曰：「夫婦判合也。」大戴本命篇：「夫者，扶也。」廣雅釋親：「夫，扶也。」古夫多讀如扶，故亦訓扶也。廣雅又云：「婦，服也」。釋名釋親云：「婦，服也，服家事也。」大戴記又云：「婦人，伏于人也。」案婦與服、伏一音之轉訓也。所引傳曰者，喪服傳文。

朋友者，何謂也？朋者，黨也。友者，有也。禮記曰：「同門曰朋，同志曰友。」論語學而篇：「有朋自遠方來。」皇疏：「朋，黨也。朋古鳳字。」說文：「鳳飛，羣鳥從以萬數，故以爲朋黨字。」引伸之，凡相

〔一〕「屈」下「服」原作「法」，據儀禮通解改。

〔二〕「左傳」下原脱「成」字，據左傳補。

比者皆爲朋。詩七月「朋酒斯享」，謂兩樽也。詩菁莪「錫我百朋」，爲五貝也。禮疏引書傳云：「三鄰爲朋。」是皆因朋黨爲義者也。釋名釋親云：「友，有也。相保有也。」王氏念孫廣雅疏證云：「古者謂相親爲有。」昭六年左傳：「宋向戌謂華亥曰：『女喪而宗室，于人何有？人亦于汝何有？』」注：「言人不能愛汝也。」二十年傳「是不有寡君也」，注：「有，相親友也。」公羊宣十五年傳：〔一〕「中國不救，狄人不有，是以亡也。」詩葛藟：「亦莫我有。」皆謂相親友也。有猶友也。案小雅正月云：「洽比其鄰，昏姻孔云。」箋云：「云猶友也。」廣雅釋詁云：「云，有也。」又有、友可通之證。所引禮記，蓋逸禮文。論語學而「與朋友交」，易疏引鄭注云：「同門曰朋，同志曰友。」公羊定四年注：「同門曰朋，同志曰友。」疏以爲出蒼頡篇。漢書司馬遷傳：「上謂之曰：『李陵非汝同門之朋，同志之友乎？』」其實對文別，散則通也。

朋友之交，近則謗其言，遠則不相訕，一人有善，其心好之，一人有惡，其心痛之，貨則通而不計，共憂患而相救，生不屬，死不托。故論語曰：「子路云：『願車馬衣輕裘與朋友共，敝之。』」又曰：「朋友無所歸，生于我乎館，死于我乎殯。」

趙曦明云：「『貨則』當『貨財』之誤。」案小字本「則」作「財」。皇侃論語義疏以「與朋友共敝之」爲句。證以白虎通「貨財通而不計」，故論語曰「願車馬衣輕裘與朋友共敝之」。則班氏引論語，不以「敝之」屬下讀也。詩無衣疏引王肅云：「豈謂子無衣乎，樂有是袍，與子爲朋友同共弊之。」是也。包氏慎言論語古訓研云：「經言與朋友共敝，本無爾我形骸，車裘之或爲己有，或爲朋友，義自兼通，不必過分畛域。」案如包說，與此「貨財通而不計」，尤爲義足。檀弓：「賓客至，無所館，夫子曰『生于我乎館，死于我乎殯』。」家語子夏問篇曰：「客至無所舍，而夫子曰『生于

〔一〕「宣」上「公羊」二字，據公羊傳宣公十五年補。

我乎館』。客死無所殯，子曰『于我乎殯』。敢問禮與，仁者之心與？」論語鄉黨云：「朋友死無所歸，于我殯。」通典引鄭志：「劉注問：『若此者，迎彼還己館，皆停柩于何所？』答曰：『朋友無所歸，故呼而殯之，不謂己殯迎之也。于己館而殯之者，殯之而不于西階也。』」朋友之道，親存不得行者二。不得許友以其身，不得專通財之恩。友飢，則白之于父兄，父兄許之，乃稱父兄與之，不聽則止。故曰：友飢爲之減餐，友寒爲之不重裘。故論語曰「有父兄在，如之何其聞斯行之」也。曲禮上云：「父母存，不許友以死。」注：「爲忘親也。死，爲報仇讐也。」周禮調人云：「主友之仇，視從父兄弟。」公羊莊四年注：「鄉黨朋友之仇，不同市朝。」禮記曲禮云：「交友之仇不同國。」是朋友本有復仇之意，但父母存，不得行耳。曲禮又云：「不有私財。」檀弓云：「未仕者不敢税人，如税人，則以父兄之命。」注：「不專家財焉。税謂遺于人。」是則朋友有通財之義，但家事統于父兄，不得自專，故必稱父兄之命也。禮坊記云：「父母在，不可有其身，不敢私其財，示民有上下也。」注：「身及財，皆當統於父母也。有猶專也。」又云：「父母在，饋獻不及車馬，示民不敢專也。」注：「車馬，家物之重者。」所引論語者，先進篇文。集解引包曰：「賑救窮乏之事。」包氏習張侯論，兼采齊、魯，疑此所引，魯論說也。盧云：「湌即餐字。」吴志：「全琮以父命，齎米數千斛到吴市易，琮悉以賑贍士大夫，空船而還。」裴松之引論語有「父兄在」之文，謂琮輒散父財，誠非子道。與此意合。何本無「也」字，義疏本有之，與此同。

右論六紀之義

男稱兄弟，女稱姊妹何？男女異姓，故別其稱也。何以言之？禮親屬記曰：「男子先生稱兄，後生稱弟。女子先生爲姊，後生爲妹。」爾雅釋親云：「男子先生爲兄，後生爲弟。女子先生爲姊，後生爲妹。」以女當外適，故别其稱也。親屬記，逸禮篇名。父之昆弟，不俱謂世父，父之女昆弟，俱謂之姑，何也？以爲諸父曰内，親也，故别稱之也。姑當外適人，疎，故總言之也。釋親又云：「父之晜弟，先生爲世父，後生爲叔父。」又云：「父之姊妹爲姑。」是父之昆弟别稱，父之姊妹同稱也。郭注云：「世有爲嫡者嗣世統故也。」釋名釋親云：「父之兄爲世父。言爲嫡統繼世也。」又曰：「伯父，伯，把也，把持家政也。父之弟曰仲父，仲，中也，位在中也。仲父之弟曰叔父，叔，少也。叔父之弟曰季父，季，癸也。甲乙之次，癸最在下，季亦然也。」釋名雖别仲父、季父諸名，然經典止統名爲叔父、世父。故儀禮喪服傳曰：「世父、叔父何以期也？與尊者一體也。」以與尊者爲體，故别之。禮記檀弓云：「姑姊妹之薄也，蓋有受我而厚之也。」是姑外適人疎，故喪服姑出室降大功，亦從畧之義也。「世父」舊作「世叔」，誤。「曰」字衍。至姊妹亦當外適人，所以别諸姊妹何？以爲事諸姑禮等，可以外出又同，故稱畧也。至姊妹雖欲有畧之，姊尊妹卑，其禮異也。詩云：「問我諸姑，遂及伯姊。」「可以」二字疑衍，「欲有」亦有誤字。引詩者，邶風泉水文也。文不及妹，見妹卑于姑姊也。然古人稱姑，亦有稱姑姊姑妹者。襄二十一年左傳：「季武子以公姑姊妻之。」疏引劉炫云：「古人謂姑爲姑姊，此姑姊是襄公父之姊。」又列女傳云：「梁有節姑妹入火而救其子。」是父之妹爲姑妹，但析言之爲姑姊姑妹，統言之則皆姑也。謂之舅姑者何？舅者，舊也。姑者，故也。舊故，老人稱也。舊作「舊故之者，老人之稱也」，盧據爾疋疏改。釋親又云：「婦稱夫之父曰舅，稱夫之母曰姑。」詩疏引孫炎注云：「舅之言舊，尊老之稱也。姑之言古，尊老之名也。」釋名釋親云：「夫之父曰舅。舅，久也，久，老稱也。夫之母曰姑，亦言古也。」謂之姊妹何？姊者，咨也。妹者，末也。廣雅釋親云：「姊，咨也。妹，末也。」説文女部：「姊，女兄也。妹，女弟也。」女兄可咨問，故謂之姊。詩泉水「問我諸姑，遂及伯姊」，是也。女弟末小于己，故稱妹。易「歸妹」注：「妹，少女之稱也。」是也。釋名釋親屬云：「姊，積也。猶日始出，積時多而明也。妹，昧也。猶日始入，歷時少尚昧也。」姊訓咨，訓積，妹訓昧，訓末，皆疊韻爲訓也。姊、末古亦通用，桀妃妹喜，荀子作「末喜」是也。「咨」舊作「恣」，譌，盧据廣雅改。謂之兄弟何？兄者，況也。況父法也。弟者，悌也。心順行篤也。廣雅釋親云：「兄，況也。」古多假兄爲況。桑柔云「倉兄塡兮」，召旻云「職兄斯引」，傳皆云：「兄，滋也。」釋文即音兄爲況。書無佚「則皇是敬德」，漢石經「皇」作「兄」，書疏引王肅本作「況」。況从兄得聲，兄、況疊韻爲訓。故漢書「尹翁歸字子兄」，注「兄讀曰況」也。況本訓大，釋名釋親屬云：「兄，荒也。荒，大也。故青徐人謂兄爲荒。」是其義通也。但此取況父法爲説，故不取大義。廣雅釋親又云：「弟，悌也。」字亦通用。詩旱麓「愷悌君子」，釋文本一作「弟」，是也。稱夫之父母謂之舅姑何？尊如父而非父者，舅也。親如母而非母者，姑也。故稱夫之父母爲舅姑也。儀禮喪服經「婦爲舅姑」，傳曰：「何以期也？以與其子判合，故尊其父母如父母，故從服也。」凡有父母之尊親者，皆可稱舅姑。是以釋親又云：「妻之父爲外舅，妻之母爲外姑。」亦以夫婦敵體，故以此稱報之也。禮記坊記云：「壻親迎，見于舅姑。」是也。

右詳論綱紀別名之義

性情（共六章）

性情者，何謂也？性者陽之施，情者陰之化也。人稟陰陽氣而生，故内懷五性六情。說文心部：「性，人之陽氣，性善者也。情，人之陰氣，有欲者。」御覽引援神契云：「情者魂之使，性者魄之主，情生于陰以計念，性生于陽以理真。」〔一〕論衡初稟篇：「性生于陽，情生于陰。」淮南天文訓：「外景者施，内含者化。」是性爲陽之施，情爲陰之化也。禮記禮運云：「故人者，其天地之德，陰陽之交。」是人皆稟陰陽之氣而生也。情者，靜也。性者，生也。此人所稟六氣以生者也。廣雅釋詁云：「情，靜也。」禮樂記「則性命不同矣」，注：「性之言生也。」故鉤命決曰：「情生于陰，欲以時念也。性生于陽，以就理也。陽氣者仁，陰氣者貪，故情有利欲，性有仁也。」大戴禮子張問入官云「達諸民之情」，注：「情謂喜怒愛惡之屬，情者人之欲。」又云「不可不知民之性」，注：「性爲仁義禮智之等，性者生之質。」漢書董仲舒傳亦云：「情者，人之欲也。」是情陰故欲，性陽故仁也。又性从生得聲，仁者好生，故性有仁也。「就」字舊脱，盧據古微書補。〔二〕

右總論性情

五性者何謂？仁義禮智信也。禮記中庸云「天命之謂性」，注：「木神則仁，金神則義，火神則禮，水神則智，土神則信。」大戴禮雜篇引詩緯文同。漢書翼奉傳「五性不相害」，晉灼注云：「五性，肝性靜，靜行仁，甲己主之。心性

〔一〕上「情」、「性」二字原倒，「理」下「真」原作「契」，據援神契乙改。〔二〕「古微書」上「盧據」二字，據文義補。

燥，燥行禮，丙辛主之。脾性力，力行信，戊癸主之。肝性堅，堅行義，乙庚主之。腎性智，智行敬，丁壬主之。」是五性所本也。「五性」舊作「五常」，譌。仁者，不忍也，施生愛人也。釋名釋言語云：「仁，忍也。好生惡殺，善含忍也。」古微書元命苞云：「仁者情志好生愛人。」孟子公孫丑云「人皆有不忍人之心」。下引入井事爲證，是仁者不忍也。「施」一作「好」。義者，宜也，斷決得中也。禮記祭義云：「義者，宜此者也。」又中庸：「義者宜也。」周禮大司徒云「知、仁、聖、義、忠、和」，注：「義能斷時宜。」禮者，履也，履道成文也。祭義：「禮者，履此者也。」荀子大畧篇：「禮者，人之所履也。」智者，知也。獨見前聞，不惑於事，見微知著也。法言問道云：「智者，知也。」釋名釋言語云：「智，知也。無所不知也。」信者，誠也，專一不移也。詩九罭「于女信處」，箋：「信，誠也。」廣雅釋詁云：「信，誠也。」惟誠故能專一也。故人生而應八卦之體，得五氣以爲常，仁義禮智信也。國語鄭語「平八索以成人」，韋注：「平，正也。八索謂八體，以應八卦也。謂乾爲首，坤爲腹，震爲足，巽爲股，離爲目，兑爲口，坎爲耳，艮爲手。」是人應八卦之體也。干寶搜神記云：「天有五氣，萬物化成。木清則仁，火清則禮，金清則義，水清則智，土清則信。五氣盡純，聖德備也。」六情者，何謂也？喜怒哀樂愛惡謂六情，所以扶成五性。荀子正名篇云：「性之好惡喜怒哀樂謂之情。」又天論篇云：「好惡喜怒哀樂藏焉。夫是之謂天性。」禮記疏引賀瑒云：「性之于情，猶波之于水，静時是水，動則是波，静時是性，動則是情。」樂記云：「人生而静，天之性也。感于物而動，性之欲也。」性之欲，即情也。性所以五，情所以六何？人本含六律五行之氣而生，故内有五藏六府，此情性之所由出入也。樂動聲儀曰：「官有六府，人有五藏。」五行大義三云：「藏府者，由五行六氣而成也。藏則有五，稟自五行，是爲五性。府則有六，因乎六氣，是爲六情。」

右論五性六情

五藏者，何也？謂肝、心、肺、腎、脾也。五行大義三云：「五藏者，肝、心、脾、肺、腎也。」自此至「吐滋液」，宜從白虎通原文。趙氏在翰輯七緯，孫瑴古微書，並屬上「官有六府，人有五藏」，皆爲樂動聲儀語，非也。肝之爲言干也。廣雅釋親云：「肝，幹也。」釋名釋形體云：「肝，幹也。」又云：「干，幹也」，干、幹、肝音義通。大義引作「扞」。肺之爲言費也，情動得序。廣雅釋親云：「肺，費也。」釋名釋形體云：「肺，勃也。」太玄注：「肺之爲言敷也。」肺、費，勃疊韻爲訓，肺、敷一音之轉。心之爲言任也，任于恩也。廣雅釋親云：「心，任也。」繁露深察名號篇云：「枉衆惡于內，弗使得發于外者，心也。故心之爲名枉也。」大義引作「任于思也」。腎之爲言寫也，以竅寫也。釋名釋形體云：「腎，引也。腎屬水，主引水氣貫諸脉也。」引、腎同韻爲訓，引、寫義同，故又轉訓寫，又取形似爲義也。廣雅釋親云：「腎，堅也。」腎、堅皆从臤得聲，亦得相爲訓也。脾之爲言辨也，所以積精稟氣也。釋名釋形體云：「脾，裨也。裨助胃氣，主化穀也。」廣雅釋親云：「脾，卑也。」古微書元命苞云：「脾之爲言附著也。」盧據御覽三百七十六改「辨」作「併」。按大義正引作「脾之爲言辨也，所以積精稟氣」。按脾訓併訓辨皆一音之轉，脾、裨疊韻爲訓也。大義又引元命苞云：「脾者，并也，心得之而貴，肝得之而興，肺得之而大，腎得之而化。」案大義于此上引白虎通文，于此下并引「五藏肝仁」云云，則元命苞所云，當亦白虎通所引之語也。五藏，肝仁，肺義，心禮，腎智，脾信也。此今文尚書說也。大義引異義：「今尚書歐陽說，肝，木也；心，火也；肺，金也；腎，水也；脾，土也。古尚書說，脾，木也；肺，火也；心，土也；肝，金也；腎，水也。謹案月令，春祭脾，夏祭肺，秋祭肝，冬祭腎，季夏祭心，皆五行自相得，則古尚書説是也。」鄭駁之云：「此文異事乖，未察其本意。月令五祭，皆言先，無言後者，凡言先，有後之詞。春祀户，其祭也先脾後腎，夏祀竈，其祭也先肺後心肝，季夏祀中霤，其祭也先心後肺，秋祀門，其祭也先肝後肺，冬祀行，其祭也先腎後脾。凡此之義，以四時之位、五藏之上下次之也。」如鄭此言，則亦以今文説爲然也。案段校本説文云：「肺，火藏也。博士説以爲金藏」。又「脾，木藏也。博士説以爲土藏」。又「肝，金藏也。博士説以爲木藏」。又「心，土藏也。博士説以爲火藏。」彼所引博士説，即伏生説，説文據古文尚書，故以今説爲別解也。太玄云：「木藏脾，金藏肝，火藏肺，水藏腎，土藏心」。皆用古尚書説，〔一〕與此不同。然今醫家以五行配五藏，多同今文。故高誘注吕氏春秋，于「春祭脾」云：「春木勝土，先食所勝。一説脾屬木，自用其藏。」並先今文，後古文，則從今文爲主，與鄭氏、班氏義同也。

肝所以仁者何？肝，木之精也。仁者好生，東方者，陽也，萬物始生，故肝象木色青而有枝葉。大義引元命苞云：「肝所以仁者何？肝，木之精也。仁者好生，東方者陽也，萬物始生，故肝象木，色青而有柔」。御覽引動聲儀云：「肝，木之精也。仁者好生。東方者陽也，萬物始生，故肝象木，色青而有枝葉。」目爲之候何？目能出淚，而不能内物，木亦能出枝葉，不能有所内也。素問金匱真言論云：「開竅於目，藏精於肝。」

肺所以義者何？肺者，金之精。義者斷決，西方亦金，殺成萬物也。故肺象金色白也。大義引元命苞云：「肺所以義者何？肺者金之精，義者能斷，西方殺成萬物，故肺象金色白也。」古微書引元命苞又云：「肺者金之精，制斷立義。」素問刺禁論「肺藏于

〔一〕「尚書」下原脱「説」字，據文義補。

右」注：「肺象金，王于秋也。」「殺」字盧據御覽補。鼻爲之候何？鼻出入氣，高而有竅。山亦有金石累積，亦有孔穴，出雲布雨，以潤天下，雨則雲消。鼻能出納氣也。素問金匱真言論云：「開竅於鼻，藏精於肺。」心所以爲禮何？心，火之精也。南方尊陽在上，卑陰在下，禮有尊卑，故心象火，色赤而銳也。人有道尊，天本在上，故心下銳也。大義引元命苞云：「心所以禮者何？心者，火之精，南方尊陽在上，禮有尊卑，故心象火，赤色而光。」古微書引元命苞云：「心者火之精，上爲張星。火成于五，故人心長五寸也。」耳爲之候何？耳能偏內外，別音語，火照有似于禮，上下分明。盧云：「偏與辨同。」荀子正名篇：「聲音清濁、調竽奇聲以耳異。」素問金匱真言論：「開竅於耳，藏精於心。」腎所以智何？腎者水之精，智者進止無所疑惑，水亦進而不惑。北方水，故腎色黑，水陰，故腎雙。大義引元命苞云：「腎所以智者何？腎，水之精，智者進而不止，無所疑惑，水亦進而不惑。故腎象水色黑，水陰，故腎雙。」「進」下舊有「而」字，盧據御覽刪。竅之爲候何？竅能瀉水，亦能流濡。素問金匱真言論：「開竅於二陰，藏精於腎。」脾所以信何？脾者，土之精也。土尚任養，萬物爲之象，生物無所私，信之至也。故脾象土，色黃也。大義引元命苞云：「脾所以信者何？脾，土之精，土主信，任養萬物爲之象，生物無所私，信之至，故脾象土，色黃。」口爲之候何？口能啖嘗，舌能知味，亦能出音聲，吐滋液。荀子正名篇云：「甘苦鹹淡辛酸奇味以口異。」素問九云：「五味入口，藏于腸胃，味有所藏，以養五氣，氣和而生，津液相成，神乃自生。」素問金匱真言論：「開竅於足，藏精於脾。」按淮南精神訓言「肺主目，腎主鼻，膽主口，肝主耳」，與此異。俞氏正燮癸巳類稿云：「宋范鎮東齋紀事云：『杜杞繪五藏圖，其所剖賸一曰者，則肝缺漏，知素問言是已。』」淮南又言「膽爲雲，肺爲氣，肝爲風，腎爲雨，脾爲雷」，蓋古尚書說。故元命苞曰：「目者肝之使，肝者木之精，蒼龍之位也。鼻者肺之使，肺者金之精，制割立斷。耳者心之候，心者火之精，上爲張星。陰者腎之寫，腎者水之精，上爲虛危。〔一〕口者脾之門戶，脾者土之精，上爲北斗。主變化者也。」大義引援神契云：「肝仁，故目視。肺義，故鼻候。心禮，故耳司。腎信，故竅瀉。脾智，故口誨。」「腎信」「脾智」當互易，御覽人事部引援神契文可證也。此「制割立斷」，當爲「上爲昴、畢」之誤。子華子北宮問篇云：「心之精爲火，其神爲朱鳥。肝之精爲木，其神爲蒼龍。肺之精爲金，其神爲伏虎。腎之精爲水，其神爲玄武。脾之精爲土，其神爲鳳皇。」案張星爲朱鳥之宿，虛危爲玄武之宿，昴、畢爲白虎之宿，伏虎即白虎也。斗運中央，故爲土之精。或曰：舌者心之候，耳者腎之候。子華子北宮問章云：「心，其氣爲離，其色赤，其狀如覆蓮，其竅上通于舌。腎，其氣爲坎，其色黑，其狀如介石，其竅上通于耳。」餘與元命苞、援神契說同。即或曰一說所本也。大義引甲乙經云「鼻爲肺之官，目爲肝之官，口脣爲脾之官，舌爲心之官，耳爲腎之官」，與或說同。又素問陰陽應象大論云：「心生血，血生脾，心主舌。脾生肉，肉生肺，脾主口。腎生骨髓，髓生肝，腎主耳。」亦同。或曰：肝繫于目，肺繫于鼻，心繫于口，脾繫于舌，腎繫于耳。此與子華子同。但彼以「舌爲心候，口爲脾候」爲異。大義引道家太平經云「肝神不在目無光，心神不在脣青白，肺神不在鼻不通，腎神不在耳聾蔽，脾神不在舌不知甘味」，與此合。六府者，何謂也？謂大腸、小腸、胃、膀胱、三焦、膽也。府者，謂五藏宮府也。故禮運記

〔一〕「虛」下「危」字原作「尾」，據元命苞改。

曰：「六情者，所以扶成五性也。」五行大義三云「六府者，大腸、小腸、膽、胃、三焦、膀胱也。膀胱爲陽，小腸爲陰，膽爲風，大腸爲雨，三焦爲晦，胃爲明府」者，以其轉流受納，故謂之府。禮運記今無此語，蓋亦逸禮文。胃者，脾之府也。脾主稟氣。胃者，穀之委也，故脾稟氣也。御覽引元命苞云：「胃者脾之主府，〔一〕稟氣。胃者穀之委，故脾稟氣也。」說文肉部：「胃，穀府也。」釋名釋形體云：「脾，裨也。在胃下，裨助胃氣，主化穀也。」素問靈台祕典論云：「脾胃者，倉廩之官，五味出焉。」又玉機真藏論云：「五藏者皆稟氣于胃，胃者五藏之本也。」又平人氣象論云：「人以水穀爲本，故人絕水穀則死，脉無胃氣亦死。」膀胱者，腎之府也。腎者主瀉，膀胱常能有熱，故先決難也。御覽引元命苞云：「膀胱者，肺之府也。肺斷決，膀胱亦常張有勢，故膀胱決難焉。」以膀胱爲肺腑，與此異。案小字本作「膀胱者，肺之府也，肺者斷決，膀胱常能有熱，故先決難也」。大義引河圖云：「腎合膀胱，故膀胱爲津液之府，膀胱亦爲腎府也。」說文肉部：「脬，旁光也。」淮南說林訓「膀胱不升俎」，注：「膀胱，胞也。」釋名釋形體云：「胞，鞄也。鞄，空虛之言也。主以虛承水汋也。」或曰：「膀胱言其體短而橫廣也。」素問靈台祕典論云：「旁光者，州都之官，津液出焉。」三焦者，包絡府也。水穀之道路，氣之所終始也。故上焦若竅，中焦若編，下焦若瀆。小字本作「三焦者，腎之府也。腎者主瀉，三焦亦以湊液吐瀉，故下接上焦若竅」云云。素問靈台祕典論云：「三焦者，決瀆之官，水道出焉。」大義引河圖云：「三焦孤立，爲中瀆之府。」盧云：「案內經云：『上焦如霧，中焦如漚，下焦如瀆。』此云『若竅』、『若編』，疑誤。」膽者，肝之府也。肝者，木之精也。主仁，仁者不忍，故以膽斷焉。是以仁者必有

〔一〕「胃」下原脫「者脾」二字，據元命苞補。

勇也。肝膽異趣，何以知相爲府也？肝者，木之精也，木之爲言牧也，人怒無不色青目睅張者，是其效也。說文肉部：「膽連肝之府。」素問靈台祕典論：「膽者，中正之官，決斷出焉。」大義引河圖云：「膽合肝爲中精之府。」「仁者」舊作「肝膽二者」，「趣」一作「處」。小腸大腸，心肺之府也。主禮義，禮義者，有分理，腸亦大小相承受也。說文肉部：「腸，大腸小腸也。」素問靈台祕典論云：「大腸者，傳道之官，變化出焉。小腸者，受盛之官，化物出焉。」顏氏急就篇注引此云：「大腸小腸，心之府也。心者主禮，禮者有分理，腸之大小相承受也。」小字本作「大腸小腸，心之府也。心者主禮，禮者有分理，腸之大小相承受也」。案大義引河圖云：「肺合大腸，大腸爲傳道之府。心合小腸，小腸爲受益之府。」則以爲心肺之府者亦通。腸爲心肺主，心爲支體主，故爲兩府也。目爲心視，口爲心譚，耳爲心聽，鼻爲心嗅，是其支體主也。小字本作「腸爲胃記也，心爲支體主，故有兩府也」。案「記」字似誤，白虎通自以小字本爲正，與顏氏合。今所謂心有兩府，自指大腸小腸言也。急就篇注引此云：「腸爲胃紀，胃爲脾府，心爲支體主，故曰兩府。」則小字本「記」當作「紀」。淮南原道訓：「夫心者，五藏之主也。所以制四支，流行血氣。」荀子天論篇云：「耳目口鼻，形能各有接而不相能也，夫是之謂天官。心居中虛以治五官，夫是之謂天君。」又呂氏春秋貴生云：「耳雖欲聲，目雖欲色，鼻雖欲芬香，口雖欲滋味，害於生則止在四官者不欲，利於生者則弗爲。由此觀之，耳目口鼻不得擅行，必有所制。」注：「制，制于心也。」又案御覽引「火成于五，故人心長五寸」，疑是此篇闕文。

右論五藏六府主性情

喜在西方，怒在東方，好在北方，惡在南方，哀在下，樂在上何？以西方萬物之成，故喜。東方萬物之生，故怒。北方陽氣始施，故好。南方陰氣始起，故惡。上多樂，下多哀也。此齊詩説也。漢書翼奉傳：「上封事曰：『知下之術，在於六情十二律而已。北方之情，好也；好行貪狼，申子主之。東方之情，怒也；怒行陰賊，亥卯主之。貪狼必待陰賊而後動，陰賊必待貪狼而後用，〔一〕二陰並行，是以王者忌子卯也。禮經避之，春秋諱焉。南方之情，惡也；惡行廉貞，寅午主之。西方之情，喜也；喜行寬大，己酉主之。二陽並行，是以王者吉午酉也。詩曰：「吉日庚午。」上方之情，樂也；樂行奸邪，辰未主之。下方之情，哀也；哀行公正，戌丑主之。辰未屬陰，戌丑屬陽，萬物各以其類應。』」翼奉習齊詩五際六情之説，故知本齊詩也。左氏昭二十五年傳云：「天有『六氣』，在人爲六情。」又曰：「民有好惡喜怒哀樂，生于六氣。」疏引賈侍中注：「好生于陽，惡生于陰，喜生于風，怒生于雨，哀生于晦，樂生于明。」詩疏又引賈服説云：「風，東方。雨，西方。陰，中央。晦，北方。明，南方。」惟天陽不變，此古文春秋家説，與此不同。御覽引演孔圖：「詩含五際六情。」宋均注：「六情，卽六義也。一曰風，二曰賦，三曰比，四曰興，五曰雅，六曰頌。」亦與齊義乖。

右論六情所配之方

魂魄者，何謂也？魂猶伝伝也，行不休也。少陽之氣，故動不息，于人爲外，主于情也。魄者，猶迫然著人也。此少陰之氣，象金石著人不移，主于性也。淮南主術訓云：「天氣爲魂，地氣爲魄。」素問六節藏象論云：「肝者魂之所居，居陰中之少陽，故通春氣。肺者氣之所居，本魄之所居，處陽中之少陰，故

〔一〕「陰」上「待」字原作「得」，「後」下「用」字原作「動」，據漢書翼奉傳改。

通秋氣。」説文鬼部：「魂，陽氣。魄，陰神也。」是魂爲少陽，魄爲少陰也。情生于陰，當屬魄，性生于陽，當屬魂，此「情」、「性」二字宜互易也。下同。魂訓伝，魄訓迫，亦疊韻爲訓。舊多誤脱，盧據御覽正。魂者，芸也。情以除穢。魄者，白也。性以治內。左疏引援神契云：「魄，白也。魂，芸也。白，明白也。芸，芸動也。形有體質，取明白爲名，氣爲嘘吸，取芸動爲義。」「白也」，御覽亦作「迫也」。

右論魂魄

精神者，何謂也？精者靜也，太陰施化之氣也。象水之化，須待任生也。國語周語「祓除其心，潔也」，注：「精潔也。」潔有静義。易繫辭云：「精氣爲物。」華嚴經音義引劉瓛注云：「精，靈也。」大戴曾子天圓篇：「陰之精氣爲靈。」是精屬陰也。「水」舊作「大」，訛，又無「須待」二字，盧據御覽正。神者恍惚，太陽之氣也，出入無間。總云支體萬化之本也。易繫詞傳「陰陽不測之謂神」，注：「神也者，變化之極。」是即恍惚之義也。易謙象傳：「鬼神害盈而福謙。」集解引虞注：「乾爲神。」論衡論死篇云：「陽氣導物而生，故謂之神。」是太陽之氣也。漢書楊王孫傳云：「精神者，天之有也。」繁露循天之道篇云：「精神者，生之内充也。」説苑反質篇云：「精神者，天之有也。是未有身，先有精神，故爲萬化之本也。「太陽」舊作「太陰」，盧改正。

右論精神

壽命（一章）

命者，何謂也？人之壽也。天命已使生者也。御覽引元命苞云：「命者，〔一〕天之命也。」禮記中庸「天命之謂性」，注：「命，謂天所命生人者也。」論衡骨相篇云：「命謂初所稟得而生者也。」命有三科，以記驗。有壽命以保度，有遭命以遇暴，有隨命以應行。此孝經説。禮記祭法「司命」注：「司命主督察三命。」疏引援神契云：「命有三科：有壽命以保慶，〔二〕有遭命以謫暴，有隨命以督行。受命，謂年壽也。遭命，謂行善而遇凶也。隨命，謂隨其善惡而報之。」孟子盡心云「莫非命也」，注：「命有三名：行善得善曰受命，行善得惡曰遭命，行惡得惡曰隨命。」論衡命義篇云：「傳曰：『説命有三：一曰正命，二曰隨命，三曰遭命。』正命，謂本稟之自得吉也。性善骨善，〔三〕故不假操行以求福而吉自至，故曰正命。隨命者，戮力操行而吉福至，縱情施欲而凶禍到，故曰隨命。遭命者，行善得惡，非所冀望，逢遭于外，而得凶禍，故曰遭命。」是也。左傳成十七年：「晉士燮祈死。」疏引何氏膏肓云：「人生有三命，〔四〕有壽命以保度，有隨命以督行，有遭命以謫暴，未聞死可祈也。」是諸傳之説皆同，惟趙岐所言隨命微異，當以此及緯説爲正。壽命者，上命也。若言文王受命唯中身，享國五十年。御覽引元命苞云：「所受于帝，行正不過得壽命。壽命者，正命也。起九九八十一。」注：「帝，天帝也。八十一，陽氣相乘之極。」此謂行善得善者也。書無佚云：「文王受命唯中身，厥享國五十年。」疏引鄭注：「受命，受殷王嗣位之命。」中身，謂中年。呂氏春秋制樂篇：「文王立國八年，歲六月

〔一〕「命」原作「牟」，據元命苞改。〔二〕「以」下「保」字原作「任」，據援神契改。〔三〕「稟」下「之」字原作「己」，「善」下「骨」字原作「習」字，據論衡命義篇改。〔四〕「成」上當有「左傳」二字，「三」下原脱「命」字，據左傳成公十七年疏補。

地動，改行重善，無幾何，疾乃止。文王卽位八年而地動，已動之後四十三年，〔一〕凡文王立國五十一年而終。」韓詩外傳説亦同此。隨命者，隨行爲命，若言怠棄三正，天用勦絶其命矣。又欲使民務仁立義，無滔天。滔天則司命舉過言，則用以弊之。御覽引元命苞云：「有隨命。隨行爲命也。」注：「援神契曰：『隨者，逆天道常善之行，則隨其暴虐行以教之。』」書甘誓説有扈云：「怠棄三正，天用勦絶其命。」史記注引鄭注，以爲「天地人之正道」。勦，説文作「劋」，云「絶也」。廣雅釋詁云：「劋，天也。」言廢棄正道，則天天絶其命。堯典説共工云：「象恭滔天。」詩蕩云「天降滔德」，傳：「滔，慢也。」故史記「滔天」作「漫天」。漫與慢通。高注淮南訓云：「天，性也。」言欲使民務仁立義，無慢天所付之性，慢天則司命舉過言，則弊之也。」弊者，釋言云：「踣也。」釋文「弊」作「斃」。一切經音義四云：「弊古文作斃、敝二形。」是弊之猶斃之也。「立義」下舊本有「闕」字，蓋謂闕一字也，後入正文，誤。遭命者，逢世殘賊，若上逢亂君，下必災變，暴至，天絶人命，沙鹿崩于受邑是也。冉伯牛危行正言，而遭惡疾，孔子曰：「命矣夫，斯人也而有斯疾也，斯人也而有斯疾也！」御覽引元命苞云「有遭命，遭命者，行正不誤，逢世殘賊，君上逆亂，辜咎下流，〔二〕災譴並發，陰陽散忤，暴氣雷至，滅日動地，天絶人命，沙鹿襲邑是。」注：「忤，錯也。襲猶淪也。河水淪沙鹿之邑，溺殺人也。」「沙鹿崩于受邑」，盧疑有訛。案以春秋緯證之，當是「沙鹿崩，水襲邑」之訛也。公羊僖十四年傳：「沙鹿者何？河上之邑也。此邑也，其言崩何？襲邑也。」注：「襲者，嘿陷入于地中。言崩者，以在

〔一〕「四十三」下原脱「年」字，據呂氏春秋制樂篇補。

〔二〕「不」下「誤」原作「悮」，「逆」下「亂」原作「禮」，「辜」下「咎」原作「負」，據元命苞改。

河上也。」是也。

右論三命之義

夫子過鄭，與弟子相失，獨立郭門外。或謂子貢曰：「東門有一人，其頭似堯，其頸似皋陶，其肩似子產，然自腰以下，不及禹三寸，儡儡然如喪家之狗。」子貢以告孔子，孔子喟然而笑曰：「形狀末也。如喪家之狗，然乎哉，然乎哉！」家語困誓云：「孔子適鄭，與弟子相失，獨立東郭門外。或人謂子貢曰：『東門外有一人焉，其長九尺有六寸，河目隆顙，其頭似堯，其頸似皋陶，其肩似子產，然自腰以下，不及禹者三寸，纍纍然如喪家之狗。』子貢以告孔子，孔子欣然而歎曰：『形狀末也。如喪家之狗，然乎哉！』」注：「喪家狗，孔子生于亂世，道不得行，故累然，是不得意之貌也。」盧云：「此一段疑不相類。」朱云：「似當在前聖人篇末。」孫云：「繫此者，意蓋言孔子不遇，亦命也，卽上文遺命之說。」末二句舊皆作「然哉乎」，今從家語改正。

宗族（共二章）

宗者，何謂也？宗者，尊也。爲先祖主者，宗人之所尊也。詩公劉云「君之宗之」，傳曰：「宗，尊也。」禮喪服傳：「大宗者，尊之統也。」音義引字林云：「宗，尊也，亦主也。」喪服小記「尊祖故敬宗」，注：「宗者，祖禰之正體也。」大宰「五曰宗，以族得民」，注：「繼別爲大宗，收族者也。」是其爲先祖主，宗人所尊也。次「者」字舊脱，盧據通典補。末「者」字舊作「也」，亦譌。禮曰：「宗人將有事，族人皆侍。」此蓋佚禮文也。詩湛露云「厭厭夜飲，不醉無歸」，傳：「宗子將有事，族人皆侍。」儀禮疏引書大傳：「宗子將有事，宗人皆入侍也。」又經傳通解引書傳云：「宗子有事，〔一〕族人皆入侍終日，大宗已侍于賓奠，然後燕私。」鄭注謂「卿大夫以下，宗室大宗子之家也」。蓋皆本佚禮爲說。通典禮三十三引此文，微有增損，又「禮曰」作「毛萇曰」。案此多用魯詩説及書大傳，豈反取毛詩説而轉遺佚説乎？通典蓋因毛傳有此文，遂傳會改之也。

古者所以必有宗，何也？所以長和睦也。大宗能率小宗，小宗能率羣弟，通其有無，所以紀理族人者也。禮大傳云：「親親故尊祖，尊祖故敬宗，敬宗故收族。」注：「收族，序以昭穆也。」喪服齊衰期章「爲人後者爲其父母」，傳云：「大宗者，尊之統也。大宗者收族者也。大宗不可以絶。」又「世父母叔父母」傳云：「故有東宮，有西宮，有南宮，有北宮，異居而同財，有餘則歸之宗，不足則資之宗。」是皆通其有無，紀理族人也。「古者」舊譌「聖者」，「其」舊作「於」，盧據儀禮通解改正。

宗其爲始祖後者爲大宗，此百世之所宗也。宗其爲高祖後者，五世而遷者也。故曰：祖遷于上，宗易于下。宗其爲曾祖後者爲曾祖宗，宗其爲祖後者爲祖宗，宗其爲父後者爲父宗。父宗以上至高祖，皆爲小宗，以其轉遷，別于大宗也。禮大傳云：「有百世不遷之宗，有五世則遷之宗。百世不遷者，別子之後也。宗其繼別子之所自出者，百世不遷者也。宗其繼高祖者，五世則遷者也。」通典引薛綜述鄭氏五宗圖云：「天子之子稱王子，工子封諸侯，諸侯之子稱公子，公子還自任食采于其國，爲卿大夫則子孫自立公子之廟，謂之別子爲祖。則嫡嫡相承作大宗，百代不絶。大宗之庶子，則皆爲小宗。小宗有四五代而遷。己身庶也，宗禰宗。己父庶也，宗祖宗。己祖庶也，宗曾祖宗。己曾祖庶也，宗高祖

〔一〕「宗」下「子」原作「室」，據經傳通解改。

宗。己高祖庶也，則遷而唯宗大宗耳。」又引賀循宗義云：「古者諸侯之別子，及起于是邦爲大夫者，皆有百代祀之，謂太祖。太祖之代，則爲大宗，宗之本統故也。其支子旁親，非太祖之統，謂之小宗。小宗之道，五代則遷。當其爲宗，宗中奉之加于常禮，死則服之齊縗，有以義加也。」然則別子爲祖，別子之嫡子爲大宗，別子之庶子皆宗之，至別子庶子之子，則以別子之長子爲宗，所謂繼禰之宗，並大宗，是爲大宗一，小宗一。別子庶子之孫，則又以別子庶子長子之子爲宗，所謂繼祖之宗，與從兄弟爲宗者也。而別子庶子之衆孫，又各以親兄弟之長者爲禰之宗，是大宗一，小宗二。別子庶子之曾孫，又以其長曾孫爲繼曾祖之宗，是與再從昆弟爲宗者，而別子庶子之衆曾孫，又各以其從兄弟之長者爲祖宗，以其親兄弟之長爲禰宗，是大宗一，小宗三。至別子庶子之玄孫，又以其長玄孫爲宗，所謂繼高祖之宗，與三從兄弟爲宗者，而別子庶子之衆玄孫，又各以其再從兄弟之長者爲曾祖宗，其從兄弟之長者爲祖宗，其親兄弟之長爲禰宗，是爲大宗一，小宗四。故人備五宗者，須至別子庶子之玄孫。至別子庶子之衆來孫，自各以其三從兄弟之長者爲高祖之宗，則不宗別子庶子之長來孫，所謂祖遷于上，宗易于下是也。喪服傳所謂婦人必有歸宗曰小宗者，謂繼禰之宗也。「祖遷于上」二句，舊譌作「高祖遷于上，宗則易于下」，盧據通典改，「父宗」舊不重，亦據通典補。

別子者，自爲其子孫祖，繼別者各自爲宗，所謂小宗有四，大宗有一，凡有五宗，人之親所以備矣。

禮大傳云「別子爲祖，繼別爲宗」，注：「別子之世嫡也，族人尊之謂之大宗，是宗子也。」但鄭以次句指繼別之大宗言，此以指繼別之小宗言，微異耳。其實雖非別子，其起于是邦而爲大夫，其嫡繼子亦百代不遷。故禮王制云：「大夫三廟，一昭一穆，與太祖之廟而三。」注：「太祖，別子始爵者也。雖非別子始爵者亦然。」是也。又別子爲祖，無論庶弟母弟，既別之後，各爲一宗之祖。

故通典引傅純問賀循曰：「王氏以別子爲祖，諸侯母弟則盡爲祖矣。杜氏以爲始封之君，別子一人爲祖。二家不同，願聞其說。」答曰：「君之母弟與羣庶弟爲別子，其後俱爲大宗，則魯之三桓，鄭之七穆，盡其人矣。」又引謝徽注要記云：「母弟于妾子則貴，于嗣子則賤，于妾子同爲庶故也。既死之後，皆成一宗之始祖是也。若公子及身，則亦各有一宗。」禮大傳云：「有小宗而無大宗者，有大宗而無小宗者，有無宗亦莫之宗者，公子是也。」通典引王注謂「君無嫡弟，以庶昆弟爲小宗者，爲有小宗無大宗。大宗一子無小宗者，爲有大宗無小宗也。無宗，謂君一身者也。亦莫之宗，謂君有一弟爲宗，無宗之者也」。案大傳此文，專論公子之身，以其上不得宗君，下未有後世之宗，須人主之，故有此三者之異。王肅所釋下二句之義，非也。通典引賀循喪服要記云：「凡諸侯之嫡子，繼代爲君，君之羣弟不敢宗君，君命其母弟爲宗，諸弟宗之爲大宗，死則有齊縗九月。」案此則有大宗無小宗者也。又云：「若無母弟，則命庶弟之大者爲宗，諸弟宗之亦如母弟，則必爲之大功九月。」案此則有小宗無大宗者也。所以必立一宗者，以喪服無諸侯服庶子之例，先君既不服，子亦不敢相爲服，而兄弟之恩又不可同爨之不若，故君必命長弟以爲之宗，宗立而後相服，無嫌乎服庶兄弟也。其無宗亦莫之宗者，通典引范宣答殷浩云：「謂公子唯己而已，上不敢宗君，而下無昆弟宗己者也。」是也。然則天子庶子始封就國，未爲一國太祖之時，雖諸侯奪宗，要亦宜有所主。故孟子滕文公篇：「滕臣以魯爲宗國猶是也。」但公子爲宗子，制服則微異。喪服齊衰三月章云：「丈夫婦人爲宗子，宗子之母妻。」此謂五服之外者。若五服內，其月算如邦人，皆用齊衰，無大小功緦之別。故公子爲嫡昆弟服齊衰九月，所以九月者，先君餘尊之所厭，不得過大功也。小宗則各如五服之親之服，無所加減，故公子爲庶昆弟爲小宗者服大功九月，從其本服也。若所宗嫡昆弟之母死，則小君也。自宜爲之三年，其妻則齊衰三月。若所宗庶昆弟之母死，則無服，妻則兄弟之妻亦不得据齊衰三月之制服之也。「自爲其子孫祖」，舊作「自爲其子孫爲祖」，「繼別者」，「者」舊作「也」，〔一〕無「所謂」二字，盧並據通典補改。諸侯奪宗，明尊者宜之。大夫不得奪宗何？曰：諸侯世世傳子孫，故奪宗。大夫不傳子孫，故不奪宗也。喪服經曰「大夫爲宗子」，不言諸侯爲宗子也。此今文春秋說也。公羊莊二十四年注：「天子諸侯世以三牲養，禮有代宗之義，大夫不世，不得專宗。」是也。漢書梅福傳云：「諸侯奪宗，聖庶奪嫡。」如淳曰：「奪宗，始封之君尊爲諸侯，則奪其舊爲宗子之事。」梅福習穀梁春秋說也。天子諸侯絶旁期，則不得與天子爲宗。禮大傳曰：「君有合族之道，族人不得以其戚戚君位也。」〔二〕詩公劉云「君之宗之」，毛詩傳以爲大宗，鄭箋故易之以宗爲尊也。通典禮十二引晉建武初孫文上事：「宣帝支子，不應祭豫章、京兆二府君。」刁協云：「諸侯奪宗，聖庶奪嫡，而況天子乎。自皇祚以來，五十餘年，宗廟已序，而文攻乎異端，宜加譏罪。」是也。喪服經齊衰三月章文傳曰：「何以服齊衰三月也？大夫不敢降其宗也。」是則宗子爲士，庶子爲大夫，自不得依尊降之例，以大夫士尊不相絶，以嫡爲重也。禮記曾子問：「宗子爲士，庶子爲大夫，以上牲祭于宗子之家。」注：「貴禄重宗也。」若宗子爲大夫，庶子爲諸侯，諸侯有繼世之道，尊卑相絶，上祭四代，不可以諸侯之禮祭于大夫之家，則別爲立廟，以國體爲重故也。

右論五宗

族者，何也？族者，凑也，聚也。謂恩愛相流凑也。廣雅釋言：「族，凑也。」又釋詁：「族，聚也。」

〔一〕「舊」上「者」字原作「二」，據文義改。

〔二〕「君」下原脫「位」字，據禮大傳補。

族、湊、聚皆疊韻爲訓。上湊高祖，下至玄孫，一家有吉，百家聚之，合而爲親，生相親愛，死相哀痛，有會聚之道，故謂之族。「上湊高祖」二十字舊脱，盧據通典補。書疏引異義：「今禮戴、尚書歐陽説云：『九族乃異姓有屬者。父族四，五屬之内爲一族。己女昆弟適人者與其子爲一族。己之女子子適人者與其子爲一族。母族三：母之父姓爲一族。母之母姓爲一族。母女昆弟適人者與其子爲一族。妻族二：妻之父姓爲一族。妻之母姓爲一族。』古尚書説，九族者，從高祖至玄孫凡九，皆同姓。」許氏謹案：「禮緦麻三月以上，恩之所及，〔一〕禮爲妻父母有服，明在九族中，九族不得但施于同姓。」此下詳述父族、母族、妻族，則用尚書今文説也。鄭駁之云：「玄之聞也，婦人歸宗，女子雖適人，字猶繫姓，明不得與父兄爲異族，其子則然。昏禮請期詞曰：『唯是三族之不虞，』欲及今三族，未有不億度之事而迎歸也。』如此所云，三族不當有異姓，異姓其服皆緦。禮雜記緦麻之服，不禁嫁女娶婦，〔二〕是爲異姓不在族中明矣。周禮小宗伯『掌三族之别』，如喪服小記『親親以三爲五，以五爲九』。以此言之，知高祖至玄孫，昭然察矣。」則鄭氏自用古文説也。尚書曰：「以親九族。」族所以有九何？九之爲言究也。親疏恩愛究竟，謂之九族也。書堯典文也。廣疋釋詁云：「九，究也。」説文九部：「九，陽之變也。象其屈曲究盡之形。」漢書律曆志：「九者，所以究極中和，爲萬物元也。」舊「謂」字在下，〔三〕無「之九族」三字，盧據通典補。父族四，母族三，妻族二。四者，謂父之姓爲一族也，父女昆弟適人有子爲二族也，身女昆弟適人有子爲

〔一〕「適人」下原脱「者」字，「己」下原脱「之」字，「恩」上原衍「服」字，據五經異義補删。〔二〕「不」下原脱「得」字，「緦」下原衍「麻」字，「嫁」下「女」字原作「子」，據五經異義引鄭駁補删改。〔三〕盧校作「舊『謂』字在下文首」。

三族也，身女子適人有子爲四族也。母族三者，母之父母爲一族也，母之昆弟爲二族也，母之女昆弟爲三族也。母昆弟者男女皆在外親，故合言之也。妻族二者，妻之父爲一族，妻之母爲二族。妻之親略，故父母各一族。

「母之女昆弟」，舊作「母昆弟子」，盧依通典改。此與今尚書說大同，唯彼以母之父母各爲一族爲異。程氏易疇喪服足徵記云：「此釋九族，與喪服通一無二。案喪服自斬衰三年至齊衰三月，自齊衰期服下殺之至于緦麻，又旁殺之亦至于緦麻，非所謂父之姓爲一族乎？喪服姑之子緦麻，非所謂父女昆弟適人者爲二族乎？喪服甥緦麻，非所謂身女昆弟適人有子者爲三族乎？喪服外孫緦麻，非所謂身女子適人有子者爲四族乎？喪服爲外祖父母小功，非所謂母之父母爲一族乎？喪服舅與舅之子皆緦麻，非所謂母之昆弟爲二族乎？喪服從母小功，從母之子皆緦麻，非所謂母之女昆弟爲三族乎？喪服妻之父母皆緦麻，非所謂妻之父爲一族，妻之母爲二族乎？然則族之爲言湊聚也者，實乃生相恩愛，死相哀痛，先王因別其貴賤親疎之節，而稱情立文，爲之制喪服以飾羣焉，使人覩于外而有以見其親心，爲隆爲殺，弗可損益焉。」盧氏疑此有誤，謂當如歐陽說，如母之父母各爲一族。案喪服小功章「爲外祖父母」，傳曰：「何以小功也？以尊加也。」然則外親不過緦麻，禮四世而緦，緦麻服之窮也，則母之母姓已于身盡，母之父姓中容有昆弟，母之母姓中容更誰乎？且下云「妻之親略」，故父母各爲一族，則此所說母族，自以母之父母合爲一族也。「母昆弟者男女皆在」八字，通典無。

禮曰：「唯氏三族之不虞。」尚書曰：「以親九族。」

昏禮記文也。彼云：「請期曰：『吾子有賜，命某既申受命也，唯是三族之不虞，使某也請吉日。』」鄭氏以「三族謂父昆弟，己昆弟，子昆弟。」此以禮之三族卽書之九族，則三族卽謂父族、母族、妻族也。案雜記下云：「大功之末，可以冠子，可以嫁子。父小功之末，可以冠子，可以嫁子，可以取婦。己雖小功，既卒哭，可以冠取妻。」外親不過緦麻，加服不過小功，有何不虞之慮，則昏禮之三族自宜不兼異姓矣。「是」作「氏」，古是、氏通用。

一說合言九族者，欲明堯時俱三也。禮所以獨父族四何？欲言周承二弊之後，民人皆厚于末，故與禮母族妻之黨，廢禮母族父之族，是以貶妻族以附父族也。「與」，小字本、元本俱作「興」。盧云：「語不甚了，大約謂二代之季，民有厚母族、薄父族，厚妻族、薄母族者，故矯其弊，損妻族三爲二，增父族三爲四也。」喪服傳云：「禽獸知母而不知父。野人曰：『父母何筭焉？』」是厚于末之義焉。則此一說，意謂堯時父母妻皆三族，合爲九，周禮則父族四，妻族二也。所以必父族四者，通典引雷次宗云：「夫二親恩尊，而中表服異，君子類族辨物，本以性分爲判，故外親之服不過於緦，外祖有尊，從母有名，始得自此以加小功。」又引庾蔚之云：「傳云『以名服』，及云『以名加』，皆是先有其義，故施以此名。外親以緦斷者，抑異姓以敦己族也。若妻之父母，則止服緦麻，並不得以名加，母妻之黨，與宗族輕重之別昭然矣。」

或言九者，據有交接之恩也。若邢侯之姨，譚公惟私也。言四者，據有服耳，不相害所異也。爾雅釋親「妻之姊妹同出爲姨，女子謂姊妹之夫爲私」二句，見詩碩人篇。案語亦不甚了，大意謂有交接之恩者皆在族內，故得有九，其有服制者唯四耳。然姨、私皆指外姻之疏者言，又屬妻族，亦不得在父族之內，蓋有脫誤，不可曉矣。小字本、元本「譚」俱作「覃」，與號篇所引同。

右論九族